普通高等教育案例版系列教材

供预防医学类、卫生管理类专业使用

卫生法律制度与监督学
案例版

主　　编	周　令　娄峰阁		
副 主 编	窦志勇　马　辉　蒲　川		
编　　委	（按姓氏汉语拼音排序）		
	陈　默	桂林医学院	栾耀君　黑龙江省卫生监督局
	陈永聪	兰州大学	马　辉　首都医科大学
	窦志勇	辽宁省卫计委卫生监督局	蒲　川　重庆医科大学
	范红敏	华北理工大学	夏　青　天津医科大学
	郭振友	桂林医学院	熊方毅　辽宁省卫计委卫生监督局
	韩冬梅	包头医学院	徐正东　西南医科大学
	画宝勇	郑州大学	许　红　重庆医科大学
	李　环	北华大学	张蓓蕾　上海市卫计委卫生监督所
	刘利丹	大连医科大学	周　令　大连医科大学
	娄峰阁	齐齐哈尔医学院	
秘　　书	夏　青　刘利丹		

科学出版社

北　京

郑 重 声 明

为顺应教学改革潮流和改进现有的教学模式,适应目前高等医学院校的教育现状,提高医学教学质量,培养具有创新精神和创新能力的医学人才,科学出版社在充分调研的基础上,首创案例与教学内容相结合的编写形式,组织编写了国内首套案例版系列教材。案例教学在医学教育中,是培养高素质、创新型和实用型医学人才的有效途径。

案例版教材版权所有,其内容和引用案例的编写模式受法律保护,一切抄袭、模仿和盗版等侵权行为及不正当竞争行为,将被追究法律责任。

图书在版编目(CIP)数据

卫生法律制度与监督学 / 周令,娄峰阁主编. —北京:科学出版社,2016.12
ISBN 978-7-03-050391-6

Ⅰ.①卫… Ⅱ.①周… ②娄… Ⅲ.①卫生法–中国–医学院校–教材 ②卫生管理–医学院校–教材 Ⅳ.①D922.16②R19

中国版本图书馆 CIP 数据核字(2016)第 262038 号

责任编辑:王 颖 / 责任校对:赵桂芬

责任印制:赵 博 / 封面设计:陈 敬

版权所有,违者必究。未经本社许可,数字图书馆不得使用

科学出版社出版
北京东黄城根北街 16 号
邮政编码:100717
http://www.sciencep.com

中煤(北京)印务有限公司印刷
科学出版社发行 各地新华书店经销
*

2016 年 12 月第 一 版　　开本:787×1092　1/16
2025 年 1 月第五次印刷　　印张:20
字数:478 000
定价:79.80元
(如有印装质量问题,我社负责调换)

前　言

"国无法不治，民无法不立"。卫生监督工作必须在国家相关卫生法律法规的指导和规范下进行。随着我国卫生法制建设的不断加强和完善，卫生监督工作有了迅速发展。由科学出版社出版的《卫生法律制度与监督学（案例版）》教材是适应我国卫生法制建设和卫生监督实践需要而编写的系列教材之一。当前，我国卫生监督体制的改革探索与实践，取得了实质性进展，该教材将卫生法律制度与卫生监督融为一体，为保护公民的健康权益，预防和控制疾病的发生流行，保障社会的稳定与和谐发展，提供了卫生监督管理依据。

本教材是在中国科学院教材建设专家委员会的指导下，由大连医科大学等十余所国内院校及上海市卫计委卫生监督所、辽宁省卫计委卫生监督局、黑龙江省卫生监督局三省（直辖市）卫生监督部门共同编写。本教材是科学出版社首次将案例引入到卫生法律制度与监督系列教材之中。以案例导出问题，增强学生的学习兴趣，使学生能将所学到的知识融会贯通，并会灵活运用。本教材具有独特的课程体系结构，全书分为十六章，包含了卫生法学、卫生监督总论、卫生监督各论三部分内容。第一章包含卫生法学与卫生监督总论两部分内容，主要阐述了卫生法的基础、基本理论、制定与实施以及卫生监督的概述、法律关系及主体、依据及证据、手段、程序、监督文书等卫生监督学基本理论。第二章至第十六章包含监督各论内容，分别阐述了医疗机构、传染病防治、职业病防治、放射卫生、精神卫生、食品安全、药事管理、生活饮用水及涉水产品、健康相关产品、国境卫生检疫、学校与托幼机构、母婴保健、人口与计划生育、公共场所、红十字会法律制度与监督等内容。全书每章均编入了卫生监督典型案例，每个案例均围绕着相关章节的教学范围和学习的具体目标，具有良好的目标针对性和现实意义。通过案例教学，有助于学生对卫生监督理论的进一步理解以及更好地理论联系实际。

本教材可供高等院校预防医学、卫生监督、卫生事业管理及其相关专业教学使用，也可作为执业资格考试和硕士研究生入学考试参考书，还可以作为各级卫生计生主管部门及卫生计生监督人员学习使用。案例式教学尚在不断发展，我国卫生计生监督体制改革也在不断的探索与实践之中，加之编写人员水平有限，疏漏错误在所难免，恳请读者和同仁不吝赐教，我们将十分感谢。

周　令　娄峰阁
2016年10月

目　　录

第一章　卫生法律制度与监督概述 …………1
　第一节　卫生法基础 ………………………1
　第二节　卫生法律制度与监督基本
　　　　　理论 ………………………………5
　第三节　卫生法的制定与实施 ……………10
　第四节　卫生监督概述 ……………………15
　第五节　卫生监督法律关系及卫生
　　　　　监督主体 …………………………19
　第六节　卫生监督依据及证据 ……………22
　第七节　卫生监督手段 ……………………23
　第八节　卫生监督程序 ……………………33
　第九节　卫生监督文书 ……………………40
第二章　医疗机构卫生法律制度与监督 ……46
　第一节　概述 ………………………………46
　第二节　医疗机构执业监督 ………………48
　第三节　卫生技术人员执业监督 …………58
　第四节　法律责任 …………………………64
第三章　传染病防治法律制度与监督 ………72
　第一节　概述 ………………………………72
　第二节　传染病预防与控制的法律
　　　　　规定 ………………………………75
　第三节　艾滋病防治的法律规定 …………80
　第四节　突发公共卫生事件的应急
　　　　　处理 ………………………………82
　第五节　法律责任 …………………………87
第四章　职业病防治法律制度与监督 ………91
　第一节　概述 ………………………………91
　第二节　建设单位的职业病防治法律
　　　　　制度与监督 ………………………93
　第三节　用人单位的职业病防治法律
　　　　　制度与监督 ………………………95
　第四节　职业卫生技术服务机构的职业
　　　　　病防治法律制度与监督 …………101
　第五节　职业健康检查机构的职业病
　　　　　防治法律制度与监督 ……………104
　第六节　职业病诊断机构的职业病
　　　　　防治法律制度与监督 ……………106
　第七节　职业病鉴定机构的职业病
　　　　　防治法律制度与监督 ……………109
　第八节　法律责任 …………………………111
第五章　放射卫生法律制度与监督 …………113
　第一节　概述 ………………………………114
　第二节　预防性放射卫生监督 ……………121
　第三节　经常性放射卫生监督 ……………130
　第四节　放射事故卫生监督 ………………133
第六章　精神卫生法律制度与监督 …………136
　第一节　概述 ………………………………136
　第二节　心理健康促进和精神障碍
　　　　　预防的监督 ………………………138
　第三节　精神障碍的诊断和治疗的
　　　　　监督 ………………………………139
　第四节　精神障碍康复监督 ………………145
　第五节　保障措施监督 ……………………146
　第六节　法律责任 …………………………148
第七章　食品安全法律制度与监督 …………151
　第一节　概述 ………………………………151
　第二节　食品安全法律制度 ………………154
　第三节　食品生产经营的监督 ……………155
　第四节　餐饮业的食品安全监督 …………164
　第五节　特殊食品的监督与管理 …………166
　第六节　食品安全风险监测和评估
　　　　　管理 ………………………………175
　第七节　重大食品安全事故应急
　　　　　处理 ………………………………179
　第八节　法律责任 …………………………183
第八章　药事管理法律制度与监督 …………186
　第一节　概述 ………………………………187
　第二节　药品生产、经营与使用
　　　　　监督 ………………………………193
　第三节　药品安全法律责任 ………………208
第九章　生活饮用水及涉水产品卫生
　　　　监督 ………………………………211
　第一节　概述 ………………………………211
　第二节　集中式供水的卫生监督 …………212

第三节　二次供水的卫生监督………215
　　第四节　涉水产品的卫生监督………217
　　第五节　法律责任………………………220
第十章　健康相关产品卫生监督…………221
　　第一节　概述……………………………221
　　第二节　化妆品的卫生监督……………224
　　第三节　消毒产品的卫生监督…………228
　　第四节　医疗器械的卫生监督…………233
第十一章　国境卫生检疫法律制度与
　　　　　　监督…………………………239
　　第一节　概述……………………………239
　　第二节　国境口岸卫生检疫监测和
　　　　　　监督…………………………242
　　第三节　法律责任………………………248
第十二章　学校与托幼机构卫生法律制度
　　　　　　与监督………………………254
　　第一节　学校卫生法律制度与监督
　　　　　　概述…………………………254
　　第二节　学校卫生法律制度与监督……256
　　第三节　学校卫生监督行政奖励与
　　　　　　法律责任……………………261
　　第四节　托幼机构卫生法律制度与
　　　　　　监督…………………………262
第十三章　母婴保健法律制度与监督……265
　　第一节　概述……………………………265
　　第二节　母婴保健相关法律规定………267
　　第三节　女职工劳动保护特别规定……269
　　第四节　儿童卫生保健…………………270
　　第五节　母婴保健技术服务的监督……272
第十四章　人口与计划生育法律制度与
　　　　　　监督…………………………275
　　第一节　概述……………………………275
　　第二节　生育调节法律制度与监督……277
　　第三节　流动人口计划生育工作管理
　　　　　　法律制度与监督……………279
　　第四节　计划生育技术服务管理法律
　　　　　　制度与监督…………………281
　　第五节　法律责任………………………283
第十五章　公共场所法律制度与监督……286
　　第一节　概述……………………………286
　　第二节　公共场所的卫生监督…………291
　　第三节　公共场所禁烟监督……………296
　　第四节　法律责任………………………299
第十六章　红十字会法律制度与监督……302
　　第一节　概述……………………………302
　　第二节　红十字会的性质和组织………304
　　第三节　红十字标志使用监督…………306
　　第四节　红十字经费监督………………307
　　第五节　法律责任………………………308
参考文献………………………………………310
中英文对照……………………………………312
彩图

第一章　卫生法律制度与监督概述

学习目标

掌握：卫生法的概念及特征、卫生法的渊源、卫生法律救济、卫生行政复议和卫生行政赔偿；卫生监督的概念、功能、原则；卫生监督法律关系构成要素；卫生监督主体的概念；卫生监督依据的概念和形式；卫生行政许可的概念、原则和法律效力；卫生监督检查的概念和特征；卫生行政处罚的概念、特征和原则；预防性卫生监督程序；经常性卫生监督程序；行政处罚的一般程序；卫生监督文书制作的原则、基本要求、常见卫生监督文书的书写。

熟悉：卫生法的调整对象、基本原则；卫生监督的分类；卫生监督证据的概念和种类；卫生监督检查的分类和方式；许可申请、受理及审核；卫生行政处罚的种类和形式；卫生监督程序的特征及基本功能；行政处罚的简易程序和听证程序；卫生监督文书的概念、卫生监督文书的制作规范。

了解：各种卫生法律和制度、卫生监督机关的种类；卫生标准的概念、分类；卫生法制宣传教育的概念、形式；许可的变更、延续；卫生监督文书种类。

卫生法是我国现行国家法律体系的一个组成部分，其宗旨是保护和增进人民健康，促进卫生事业的发展。卫生法规定了所有卫生部门的组成、职责、权限、活动原则、工作程序和工作方法，规定了维护与促进健康的相关部门与公民个人、社会群体在健康相关活动领域的权利和义务，是卫生监督管理的重要工具和手段，也是党的十八大提出的全面依法治国精神在卫生事业中的体现。卫生监督是卫生法规的具体执行，是国家卫生行政管理的重要环节，其目的是行使国家公共卫生职能，实现国家对社会卫生事务的行政管理，保护人民的健康，维护国家卫生法制的统一和尊严。

第一节　卫生法基础

一、卫生法的概念及其特征

（一）卫生法的概念

卫生法（health law）是卫生法律规范的简称，是指由国家制定或认可，并由国家强制力保证实施的，旨在调整保护人体健康的活动中所形成的各种社会关系的法律规范的总称。目前，学术界对卫生法的概念并没有一个特别统一的表述。一般法理上认为，卫生法的概念可以分为广义和狭义两种理解，狭义卫生法是指由国家立法机关即全国人民代表大会及其常务委员会制定颁布的卫生法律；广义卫生法是由国家制定或认可的，与人体健康相关的法律规范的总和，不但包括狭义卫生法所包括的内容，还包括被授权的其他国家机关所制定的从属于卫生法律的，在其所辖范围内普遍有效的一切卫生法律规范，如不仅包括卫生计生部门颁布的各项有关医药卫生、人口计生的法律、条例、行政法规、地方性法规、民主自治条例和单项条例、部门规章、地方规章和办法等，还包括宪法和其他部门法律中有关卫生的内容。目前我国还没有制定形式意义上的基本卫生法典，但已有以公共卫生、医政、药政等为主的单个法律法规，初步形成了我国的卫生法律体系。

（二）卫生法的特征

卫生法的特征是卫生法的本质外延，是卫生法区别于其他法的标志，卫生法主要包括以下特征。

1. 以保护人体健康和促进经济发展为根本宗旨 这是卫生法最主要、最基本的特征，也是卫生法区别于其他法律部门的根本标志。公民生命健康权是指人的机体组织和生理功能的安全受到法律保护的权利。公民生命健康权是公民人身权中一项最基本的权利。卫生法以保障公民的生命健康为根本宗旨，它直接涉及每一个人的切身利益，关系到每一个人的生老病死。我国《宪法》明确规定有"保护人民健康"等内容。食品安全法、药品管理法、精神卫生法、传染病防治法、职业病防治法、国境卫生检疫法、执业医师法、母婴保健法、献血法、侵权责任法、环境保护法等，都是以保护公民的健康权利为根本宗旨的。

2. 调整内容的广泛性和调节手段的多样性 我国卫生法调整的内容非常广泛，它几乎涉及了社会生活的各个领域和方面。卫生法的表现形式具有多样性，如疾病的预防、治疗和控制；劳动、生活条件与环境的改善；医疗卫生机构及组织管理、卫生技术人员管理、生命健康权保护、健康相关产品管理社会保健事业等；因卫生问题而产生的诸多复杂的人际关系及一系列技术物资手段问题；公民的自身健康权利和其他权利的关系等。卫生法的调节手段具有综合性和多样性，既采用纵向的行政手段调整卫生行政管理活动中产生的社会关系，又采用民事手段调整卫生服务活动中的权利义务关系。卫生法除采用自己独有的法律措施外，还需要刑法、劳动法、诉讼法等部门法的调整手段来保护公民的健康权。

3. 科学性和技术规范性 卫生法是依据生物学、医学、药物学、卫生学、生物学等自然科学的基本原理和研究成果制定的，是调整人们各种卫生活动的法律规范。在科技飞速发展的今天，当代科技成果广泛引入医学领域，人类对生命科学探索进入到了全新的境界，使得医学科学的许多理论得到了前所未有的发展，从而为卫生立法与执法奠定了坚实的科学基础。正确反映医学科学的最新成果，才能提高卫生法律、法规的质量，体现卫生法的科学性；同时，卫生法保护的是公民生命健康这一特定的对象，这就必然要将大量的技术性规范法律化，即卫生法将直接关系到公民生命健康安全的科学工作方法、程序、卫生技术规范和操作规程、卫生标准等确定下来，成为技术性法规。医疗技术成果是卫生法的立法依据，也是卫生法的实施手段。把遵守技术性法规确定为法律义务，使公民的生命健康权得到保障。

4. 反映社会共同需求 随着社会的发展，人类的健康问题受到前所未有的关注，卫生问题已经成为当今人类所面临的共同问题。全世界都在探求解决人人享有卫生保健、营造一个清洁卫生适宜的环境、预防消灭疾病、保护人体健康、促进社会经济发展的等问题的办法。在各国卫生法中，都反映了这一具有共性的要求。同时，各国在卫生立法方面不断加强国际合作与交流，以便能够更好地互相借鉴，使卫生法不断完善，从而推动了国际卫生法的发展。世界卫生组织、联合国儿童基金会等国际组织制定了许多国际卫生公约、条例和协议，成为国际社会共同遵守的准则，从而推动了全球卫生法的发展，也使本国的卫生法制建设不断完善，体现了卫生法社会共同性的特征。

二、卫生法的调整对象

卫生法的调整对象（object of regulation of health law），是指国家卫生计生主管部门、医疗卫生行政机构及组织、企事业单位、个人、国际组织之间及其内部因预防和治疗疾病，改善人们生产、学习和生活环境及卫生状况，保护和增进人体健康而产生的社会关系，卫生法的调整对象具有多层次、多侧面、纵横交错的特点。这种纵横交错、相互交织的卫生关系，涉及疾病控制、医疗保健、妇幼卫生、生殖健康、卫生监督管理、药事监督管理、医药生产经营、医学教育科研等诸多方面，具有多层次、多形式和综合性的特点。卫生法是国家法律体系中一个重要的组成部分，是依法治国不可缺少的一环。其既有法律的一般属性，又有特定的调整对象。

(一) 调整人们在卫生管理活动中所形成的社会关系

卫生管理活动是指国家卫生计生主管部门及其他机关，根据国家相关法律规定，采取行政的或其他手段，对人们的生产卫生、生活卫生及其他与人体健康、人类生存和发展直接相关的社会活动，进行计划、组织、领导、监督、调节和评估等活动。其目的是预防、控制和消灭疾病，维护人民健康、促进卫生事业发展。因此，在卫生管理活动中，国家卫生计生主管部门与其他国家机关、企事业单位、社会团体及公民之间形成的权利义务关系，由卫生法来调整。这是一种纵向的行政关系，即领导与被领导、监督与被监督的关系。其具体表现为卫生行政隶属关系；卫生职能监督管辖关系；卫生管理关系，如行政许可关系、行政处罚关系、行政赔偿关系、行政复议关系、行政诉讼关系等。

(二) 调整人们在卫生发展活动中形成的社会关系

卫生发展活动是指人们为改善个人和社会现有卫生状况而实施的有利于社会卫生事业发展的各种建设性活动，如面对社会各种环境污染的综合治理，医疗技术设备的更新，个人生活卫生习惯的改善，食品安全风险评估及食品营养结构的调整等，卫生法通过调整在这些活动中发生的社会关系，达到治理环境污染、改善卫生状况、食品对人体健康不造成任何危害并获取充足的营养、维护公民健康的目的。

(三) 调整人们在卫生组织活动中形成的社会关系

卫生组织活动是指用法律条文的形式将各级卫生计生主管部门和各级各类卫生机构及组织之间的法律地位、隶属关系、职权范围及权利义务等固定下来，形成科学合理的管理体系和制度。通过这一活动，国家对各项卫生工作才能领导有序，各级各类卫生组织才能活动有据。卫生组织活动中的社会关系也由卫生法来调整。

(四) 调整人们在卫生服务活动中形成的社会关系

卫生服务活动是指卫生行政机构、医疗卫生业务机构及有关的企事业单位、社会团体和公民在向公众提供一定的卫生咨询指导、医疗预防保健服务、医疗技术服务、卫生设施等各种服务的活动，如医疗机构与患者方面的医患服务关系、药品公司与顾客之间的药品供需服务关系等。卫生服务活动中产生的社会关系表现为一种横向的社会关系，是一种提供服务与接受服务的平等民事主体之间的权利和义务关系。

(五) 调整各种国际卫生关系及综合性卫生关系

国际卫生关系是指由我国参加的国际公约和国际条例，并得到我国法律许可的有关国际共同遵守的，我国承诺的卫生法律关系。全球卫生外交的崇高目的不仅仅是确保"人人享有健康"作为一项公民的权利，而且是为了在受困扰和威胁的社区甚至任何地方将这种责任转化为实际行动。同时，现代医学与生命科学技术不断发展，日新月异。它给人类带来巨大利益的同时，也向法律提出了前所未有的挑战。卫生法不仅要调整与生命健康相关的法律关系，对于现代医学与生命科学技术发展中的新问题，如基因、克隆技术等也要进行相应的调整。

三、卫生法律原则

(一) 卫生法的基本原则

卫生法的基本原则是指用以调整卫生关系的具有综合性、本原性和稳定性及普遍指导意义的根本准则，它是卫生立法的基础，卫生司法的依据，卫生活动的准则。卫生法除具有法律面前人人平等、罪罚法定、自然公正、诚实信用、公序良俗、民主、程序正义等法律的一般原则外，还具有卫生法所特有的基本原则。

1. 保护人体健康的原则　是指公民每个人都依法享有改善卫生条件、获得基本医疗的权利，以增进身体健康、延长寿命、提高生命质量。卫生法的制定和实施都是从广大人民群众的根本利益出发，并把维护人体健康作为卫生立法的最高宗旨，从而使每个公民都依法享有改善卫生条件，获得基本医疗保健的权利。因此，开展卫生工作必须从全体公民利益出发，保护人体健康，人人享有卫生保健。这是一切卫生工作和卫生立法的最终目的，也是我国卫生法的基本原则之一。

2. 预防为主的原则　预防为主是我国卫生工作三大战略重点的之一，是我国卫生工作的根本方针。根据这一原则，国家先后制定有关免疫规划、妇幼保健、生殖健康、传染病管理、食品安全风险分级管理等法规与标准，建立了相应的组织机构，通过立法建立了许可制度、国家卫生监督制度、免疫规划、职业病危害项目报告和职业病危害预评价、食品安全风险监测和评估制度等。预防为主具有控制疾病的发生和流行，保护和增进人体健康，投入少、效益高的特点。预防为主方针不仅是新中国成立以来卫生工作宝贵经验的总结，也是世界卫生工作发展的潮流。

3. 国家卫生监督的原则　是指卫生行政机关或国家法律、法规授权的卫生行政执法主体对辖区内有关单位和个人执行国家有关卫生法律、法规、规章和标准情况进行的监察督导。为实现这一原则，相关卫生法律、法规对各级各类卫生监督机构的设置、任务、职责、管理、监督程序及行政处罚等一系列问题做了明确规定，要求卫生监督人员准确使用法律。实行国家卫生监督原则，必须把专业性监督与社会监督、群众监督紧密结合起来，同一切违反卫生法的现象做斗争，严格依法办事。

4. 中西医协调发展的原则　传统医学有数千年历史，西方医学是现代科学的重要组成部分；传统医学与现代医学有各自的认知方法和理论体系，但它们都是以研究人体为对象，都是探索人类生命活动的客观规律，共同参与担负着人类保健和健康的作用。我国《宪法》明确规定"国家发展现代医药和我国传统医药"。1991年，《中华人民共和国国民经济和社会发展十年规划和第八个五年计划纲要》，首次提出"中西医并重"，并将其列为新时期卫生工作的五大方针之一。中西医相互补充、协调发展不仅是国家卫生方针政策的内容之一，中西医协调发展的原则要求正确处理好传统医学和西方医学的关系，对疾病的诊疗护理，不但要学习现代医学技术，也要研究、整理、挖掘、继承和发展祖国传统医学，使中西医共同担负起维护和增进人民健康的重任。

5. 全社会参与的原则　全社会参与是卫生工作的一项基本策略，它是卫生工作与群众运动相结合方针的发展和完善。动员全社会参与的原则，是指卫生工作必须做到政府领导，部门配合，社会支持，群众参与，使卫生事业成为全民的事业。动员全社会参与，包括了各级党政领导重视、社会各部门协作配合和广大人民群众积极参与。这一原则又是党的群众路线在卫生事业建设中的具体体现，反映了卫生工作的社会性。

（二）卫生法律规则

卫生法律规则是指卫生法规定权利、义务、责任的准则、标准，或者赋予某种事实状态以法律意义的指示、规定。一个完整的卫生法律规则一般由假定条件、行为模式和法律后果三部分构成。假定条件是指卫生法律规则中有关适用该规则的条件和情况的部分，即在什么时间、空间及在什么情境下对何人适用，对其行为有约束力。行为模式是指卫生法律规则中规定人们如何具体行为方式和范式的部分，行为模式是从大量实际行为中概括出来的行为要求。法律后果是指卫生法律规则中规定人们做出符合或不符合行为模式要求的行为时应当承担相应结果的部分。法律后果分为合法后果和违法后果两部分。卫生法律规则的分类从内容上看，分为授权性规则、义务性规则和复合型规则；从强制性程度上看，分为强行性规则和任意性规则；从内容明确与否上看，分为确定性规则、委任性规则和准用性规则。

第二节 卫生法律制度与监督基本理论

一、卫生法的渊源

卫生法的渊源也称为卫生法的法源，是指卫生法律法规的各种具体表现形式。

（一）《宪法》

《宪法》是国家的根本大法，所规定的内容是社会和国家生活中最根本的问题，是国家一切立法的基础。《宪法》是由国家最高权力机关——全国人民代表大会依照法定程序制定的具有最高法律效力的规范性文件，是其他一切法律法规制定的依据，是我国卫生法的根本渊源。我国宪法在卫生法律体系中具有最高的法律效力，任何其他卫生法律法规的规定和《宪法》规定相抵触时，都要遵循宪法的规定。我国宪法明确规定：国家发展医疗卫生事业，发展现代医药和我国传统医药，举办各种医疗卫生设施，开展群众性卫生活动；国家发展社会保险、社会救济和医疗卫生事业；保护婚姻、家庭、母亲和儿童的合法权益等。

（二）卫生法律

卫生法律是指由全国人民代表大会及其常务委员会依法制定的调整我国卫生法律关系的规范性法律文件，其法律效力仅次于宪法。我国现有的专业卫生法律都是由全国人大常委会制定的，主要有以下十余部：《中华人民共和国食品安全法》、《中华人民共和国药品管理法》、《中华人民共和国国境卫生检疫法》、《中华人民共和国传染病防治法》、《中华人民共和国职业病防治法》、《中华人民共和国母婴保健法》、《中华人民共和国执业医师法》、《中华人民共和国红十字会法》、《中华人民共和国献血法》、《中华人民共和国人口与计划生育法》、《中华人民共和国精神卫生法》等。此外，我国的《中华人民共和国刑法》、《民法》、《劳动法》、《中华人民共和国婚姻法》、《中华人民共和国侵权责任法》等法律中有关卫生的条款也是卫生法的渊源。

（三）卫生法规

卫生法规是以宪法和卫生法律为依据，针对某一特定的调整对象而制定的。它是国家最高行政机关——国务院根据宪法和法律制定颁布的有关医药卫生行政管理的规范性文件，也是卫生法的主要渊源，其效力处于宪法、法律之下而高于地方性卫生法规等。其主要有三种类型：一种是由国务院制定的，如《医疗事故处理条例》、《护士条例》等；第二种是由原卫生部或有关部委提出法规草案，经国务院批准，并授权以部长令的形式发布的，如《国境口岸卫生监督办法》等；第三种是指省、自治区、直辖市及省会所在地的市和经国务院批准的较大的市的人大及其常委会，根据国家授权或为贯彻执行国家法律，结合当地的实际情况，制定的卫生方面的规范性文件，如《江苏省爱国卫生条例》，也称为地方性卫生法规。

（四）卫生规章

卫生规章是指国务院卫生计生主管部门、承担医药卫生管理职能的其他部门如国家药品监督管理局总局、国家中医药管理局等机关制定、发布的规范性法律文件。从制定的程序和发布的形式看它有三种类型：第一种是由国家卫生和计划生育委员会制定发布的，如《职业健康检查管理办法》、《新食品原料安全性审查管理办法》；第二种是由国家卫生和计划生育委员会与其他部门联合制定发布的，如《食品安全信息公布管理办法》；第三种是由各省、自治区、直辖市以及各省、自治区人民政府所在地和经国务院批准的较大城市的人民政府，根据卫生法律制定地方卫生规章，如《北京市控制吸烟条例》、《上海市精神卫生条例》、《厦门市市容环境卫生管理条例》。

（五）技术性法规

技术性法规是有关单位和个人应遵循的技术标准和准则，它包括各种医学技术规范、操作规程和卫生标准等。由有权制定卫生法律、法规的国家机关确认或认可的医学卫生技术规范是我国卫生法的重要渊源。技术性法规是从事卫生监督、监测和管理，进行医学诊断和治疗的准则。以卫生标准为例，它是为实施国家卫生法律、法规和有关卫生政策，保持人体健康，在预防医学和临床医学研究与实践的基础上，对涉及人体健康和医疗卫生服务事项制订的各类技术规定。

卫生标准以保障人体健康为目的，以医药卫生科学成果和实践经验为依据，针对人的生存、生活、劳动和学习等有关的各种自然、人为环境因素和条件所做的一系列量值规定，以及为保证实现这些规定所必需的技术行为规定和管理要求，经有关部门协商一致，由主管部门批准，并以特定程序和形式颁布的统一规定。卫生标准一经批准发布，就是卫生技术法规，具有法律约束力。

我国现行卫生标准按《卫生标准管理办法》分为国家标准、部颁标准和地方标准。

（1）国家标准：是指对保障人体健康，促进生产发展有重大意义而必须在全国范围内各部门、各地区统一执行的标准。

（2）部颁标准：也称专业标准，是指在全国卫生专业范围内统一执行的标准。

（3）地方标准：是指尚未制定国家标准，而在本地区有特殊需要的标准。迄今，我国已组织制定并批准各类卫生标准1800余项，现行有效1100余项，涉及食品、环境、职业、学校、放射五大卫生，还有化妆品、消毒、职业病诊断、放射性疾病诊断、地方病与寄生虫及传染病诊断和控制、临床检验、血液等领域。其中，国家标准（GB或GB/T）730余项，国家职业卫生标准（GBZ或GBZ/T）240余项，卫生行业标准（WS或WS/T）190余项。技术性法规的法律效力虽然不及法律、法规，但在具体的执法过程中却有着非常重要的地位。

（六）国际卫生条约

国际卫生条约是我国与外国签订的或批准的某些国际卫生条约和卫生协定，或者是我国参加、承认的国际条约，除国家声明保留条款外，对我国产生约束力，如《国际卫生条例》。

从法律等级的角度来讲宪法具有最高的法律效力，位于法的效力等级的最高层。一切卫生法律、卫生法规规章、技术性法规都不得同宪法相抵触。宪法位于卫生法效力等级的最高层，以下依次是卫生法律、卫生法规规章、技术性法规等，它们具有不同的效力等级，共同构成了我国卫生法的效力等级体系。

二、卫生法律制度

卫生法律制度是指国家的卫生法律和制度，简称卫生法制。作为我国社会主义法治的重要组成部分的卫生法制，其基本要求是"有法可依，有法必依，违法必究，执法必严"。根据保护我国公民健康权的需要，我国卫生法律制度在现行法律法规基础上，按照调整的对象，大致分为公共卫生和预防保健管理法律制度、医疗机构和卫生技术人员管理法律制度、与人体健康相关产品管理法律制度、传统医学保护法律制度、卫生公益事业法律制度。

（一）公共卫生和预防保健监督管理法律制度

公共卫生是一项社会公共事业，其核心是"公众健康"，更强调"预防为主"。公共卫生法律制度主要包括以下几个方面。

1. 传染病预防控制制度　主要包括七个方面的内容：①传染病预防法律制度，如《传染病防治法》等；②传染病监测、预警制度，如《人禽流感疫情报告管理方案》；③预防接种制度，如《预防接种工作规范》；④传染病疫情报告、通报和公布制度；⑤对传染病患者、疑似传染病患者及传染病患者密切接触者采取隔离治疗、医学观察等控制制度，如《传染性非典型肺炎防治管理办法》；⑥国内交通卫生检疫制度，如《国内交通卫生检疫条例》；⑦国境口岸传染病检疫、监测和卫生监督制度，如《国境卫生检疫法》等。

2. 突发公共卫生事件应急法律制度 主要包括五个方面的内容：①中央与地方的应急管理体制与职责；②全国和省两级突发公共卫生事件应急预案的制订和启动制度；③突发公共卫生事件的监测与预警制度；④突发公共卫生事件的报告与信息公布制度；⑤突发公共卫生事件的应急处理措施。

3. 职业病防治监督法律制度 根据对职业病预防重于治疗、防治结合的特点，主要规定了以下制度：①建设项目职业病危害预评价制度；②职业病危害项目申报制度；③建设项目的职业病防护设施与主体工程同时设计、同时施工、同时投入生产和使用审查制度；④劳动过程中对职业病的防护与管理制度；⑤职业病的国家职业卫生标准制度；⑥劳动者职业卫生保护的权利；⑦职业病诊断和职业病患者保障制度。

4. 公共场所和学校卫生监督法律制度 主要包括：①经营单位实行卫生许可证制度；②公共场所危害健康事故的报告制度；③公共场所直接为顾客服务人员的健康合格证制度；④公共场所危害健康事故报告制度；⑤学生健康进行监测和健康教育制度；⑥学生常见病的预防和治疗制度等。

5. 妇女儿童健康权益和公民生殖健康权益保障法律制度 主要包括：①婚前保健、孕产期保健及婴儿保健制度；②女职工保健制度；③保障公民生殖健康权利制度；④计划生育技术服务制度等。

6. 精神卫生监督法律制度 主要包括：①心理促进和精神障碍预防制度；②精神障碍诊断、治疗和鉴定制度；③精神障碍患者住院治疗自愿制度；④特殊治疗措施及程序制度；⑤精神障碍康复和保障制度；⑥维护精神障碍患者合法权益制度等。

（二）规范医疗机构和技术人员管理法律制度

1. 医疗机构监督管理制度 主要包括：①医疗机构执业实行许可证制度；②医疗机构承担相应预防保健义务制度；③医疗废物无害化处置制度；④医疗事故进行技术鉴定的制度；⑤医疗事故赔偿制度等。

2. 卫生技术人员监督管理制度 主要包括：①执业医师资格考试制度和医师执业注册制度；②医生注册、培训和考核制度；③护士执业注册制度。

3. 医疗技术临床应用监督管理制度 主要包括：①医疗技术分类分级管理制度；②医疗技术临床应用能力审核制度；③医疗技术临床应用登记、停止和注销登记制度等。

（三）与人体健康相关产品监督管理法律制度

1. 食品安全制度 主要包括：①食品安全管理体制；②食品安全风险监测和评估制度；③食品安全标准制度；④食品生产经营管理制度；⑤食品检验管理制度；⑥食品进出口管理制度；⑦食品安全事故处置制度；⑧食品安全管理制度[包括产品生产质量管理规范（GMP）与危害分析和关键控制点（HACCP）制度、分级管理制度、食品安全信息统一公布制度、食品添加剂检验制度、从业人员健康管理制度、进货检查记录、出厂检验记录制度、食用农产品生产记录和农产品投入品安全使用记录]；⑨食品安全生产经营行为法律责任等。

2. 药品管理制度 主要包括：①国家药品标准制度；②药品生产、经营和医疗机构配制试剂许可证制度；③药品管理制度（包括药品生产批准文号管理制度，药品生产经营企业实行GMP、GSP管理制度，处方药与非处方药分类管理制度，放射性药品、精神药品、麻醉药品、医疗用毒性药品特殊管理制度，血液制品管理制度等；④药品包装的管理制度；⑤药品价格和广告管理制度等。

3. 化妆品卫生监管制度　主要包括：①化妆品生产企业卫生许可证制度；②直接从事化妆品生产人员健康检查制度；③生产化妆品所需的原料、辅料以及直接接触化妆品的容器和包装材料卫生标准管理制度；④进口化妆品、特殊用途的化妆品和化妆品新原料安全性评审制度等。

4. 医疗器械监督管理制度　主要包括：①医疗器械分类管理和产品生产注册制度；②医疗器械生产经营许可证制度；③医疗器械产品生产注册制度；④部分第三类医疗器械强制性安全认证制度；⑤医疗器械标准制度；⑥进口医疗器械注册制度等。

5. 消毒产品、涉及饮用水产品安全管理制度　主要包括：①消毒产品、涉及饮用水产品生产审批与许可证制度；②消毒产品、涉及饮用水产品卫生安全性评价制度等。

（四）传统与医学保护法律制度

传统医学保护法律制度主要包括：①保护、扶持、发展中医药事业制度；②坚持中西医并重制度；③中医医疗机构和中医从业人员规范化管理制度；④中药品种分级保护制度。

（五）卫生公益事业法律制度

卫生公益事业法律制度主要包括：①中国红十字会的性质和工作制度；②我国公民自愿参加红十字会制度；③红十字标志使用制度；④健康公民无偿献血制度。

三、卫生法律关系及其构成要素

（一）卫生法律关系的概念

卫生法律关系，是指国家机关、企事业单位、社会团体、公民个人之间在卫生管理和医药卫生预防保健服务过程中，所形成的权利和义务关系。卫生法律关系是一种纵横交错的法律关系。纵向卫生法律关系即包括国家机关在实施卫生管理中，与企事业单位、社会组织和公民个人之间结成的卫生行政法律关系。这种关系可分为社会管理关系和内部管理关系。社会管理关系是指在整个社会范围内的管理关系，如食品安全管理、传染病防治管理等；内部法律关系就是指一个单位内部的管理关系，如对医疗机构内部工作人员管理等。横向卫生法律关系，既包括医疗、预防、保健机构同国家机关、企事业单位、社会组织和公民个人之间，在医疗卫生服务过程中所发生的权利与义务关系，也包括从事食品、药品、保健品、化妆品的生产经营企业和提供公共场所的单位以其卫生服务质量和药品疗效与被服务者之间集成的卫生服务法律关系。在各种服务法律关系中，每一方当事人既享有一定的权利，又承担一定的义务，双方当事人所享有的权利和承担的义务是对等的，如医院有义务向患者提供一定的医疗服务，并有获得一定经济报酬的权利，而接受服务的患者则有义务向医院支付一定的诊疗费用，并有获得相应的医疗护理的权利。

（二）卫生法律关系的构成要素

卫生法律关系的构成要素，是指任何一种卫生法律关系应由哪几个方面组成，如果缺乏其中某一个方面，该卫生法律关系就无法形成或继续存在。卫生法律关系由主体、内容和客体三个要素构成。

1. 卫生法律关系的主体　是指卫生法律关系的参加者，即在卫生法律关系中享有权利并承担义务的当事人。在我国，卫生法律关系的主体包括国家机关、企事业单位、医疗卫生单位、社会团体和公民，如果参加到某一卫生法律关系中并在该法律关系中享有权利和承担义务，均可成为我国卫生法律关系的主体。

主体是卫生法律关系产生的先决条件，是客体的占有者、使用者和行为的实践者。

（1）国家机关：国家卫生计生主管部门通过制定颁布各种卫生政策、法规，采用行政手段、法律手段等管理卫生工作。它有两种情况，一是各级卫生计生主管部门及其卫生监督机构，以卫生监督管理机关的身份依法对管辖的国家机关、企事业单位、医疗卫生单位、社会团体和公民个人结成的卫生行政法律关系；二是各级卫生监督管理机关之间、各级卫生监督管理机关与同级政府之间、各级卫生计生主管部门与法律授权承担公共卫生事务的事业单位之间、各类卫生监督机关与其卫生监督执法人员之间，分别以领导与被领导、管理与被管理的身份结成内部的卫生管理关系。

（2）医疗卫生单位、企事业单位和社会团体：医疗卫生单位是指从国家财政拨款取得经费的医疗卫生组织，包括医院、医学院校、疾病预防控制中心、食品药品检定研究院（检验检测院或研究院）、妇幼保健院（所）等机构。企事业单位和社会团体：企业主要是指与卫生工作有关的食品和药品生产、经营企业及医药研究单位等。社会团体可分为卫生社会团体和一般社会团体卫生社会团体如中华医学会、中国医院协会、中国医师协会、中国红十字会等，它们在卫生法律关系中的地位和作用类似于卫生事业组织，为社会提供卫生咨询和医疗卫生服务工作。它们一是以卫生行政管理相对人的身份，同有管辖权的卫生监督管理机关结成卫生行政法律关系，二是提供医药卫生预防保健服务的企事业单位，一方面是以提供者的身份同需要这种服务和产品的国家机关、企事业单位、医社会团体和公民个人结成卫生服务法律关系；另一方面以管理者的身份同本单位职工结成各种内部管理关系。

（3）公民：其作为卫生法律关系的主体有特定主体和一般主体之分，一种是以特殊身份成为卫生法律关系的主体，如医疗机构内部工作人员管理关系中的医疗机构医师、药师、护师（士）、技师等各种工作人员；另一种是以普通公民身份参加卫生法律关系成为主体如医疗服务关系中的患者。居住在我国的外国人和无国籍的人，也可以成为我国卫生法律关系的主体，如通过国境卫生检疫进出口口岸，接受我国卫生检疫机关检疫查验中的外国出境人员，同有管辖权的卫生监督管理机关结成卫生行政法律关系。

2. 卫生法律关系的内容 指卫生法律关系的主体依法享有的权利和应承担的义务。卫生法律关系主体的权利是卫生法律对主体能够做出或者不做出一定行为，以及要求他人相应做出或不做出一定行为的约束。在具体的不同的卫生法律关系中，卫生法所规定的权利、义务也不尽相同。这些权利和义务都同样受到国家法律的保护。卫生行政法律关系中的卫生行政机关作为主体，有权对作为另一主体的医疗预防保健机构、企事业单位、社会团体和公民个人实行行政、业务领导、指导、卫生监督以及对违反卫生法规定的行为依法做出具体处理；卫生行政机关的义务是有责任依法行使上述职权，为公民提供咨询服务和接受另一方主体监督其执法等。作为卫生行政法律关系另一主体的权利表现为有权对卫生行政机关的执法情况及工作进行监督，对卫生行政机关做出的处理决定，有权提出申诉或起诉，并有获得赔偿和补偿的权利。其义务是应接受卫生行政机关的领导、指导或监督，并对自己的相关违法行为承担相应的法律责任等。

3. 卫生法律关系的客体 指卫生法律关系当事人权利、义务共同所指向的对象。其主要有四类。①生命健康权利：健康是人类生存和发展的基本要素，公民的生命健康权是公民从事正常生活、生产的前提。我国的卫生法律、法规明确地规定了公民的身体健康和公民的生命健康权是卫生法律关系的重要保护客体。公民的生命健康权利是卫生法律关系的最高层次的客体。②行为：指主体为达到一定目的所进行的活动。公民的就医行为、卫生行政管理行为、卫生执法行为。行为分为有作为和不作为两种形式。③物：主要包括进行各种医疗和卫生管理工作过程中需要的生产资料和生活资料，以满足人民群众对医疗保健的需要，如药品、医疗器具等。④精神产品：是主体从事智力活动所取得的成果，如医药卫生科学发明、学术论文、医学著作等知识产权。

（三）卫生法律关系的产生、变更和消灭

卫生法律关系同其他法律关系一样，既不是自然而然形成的，也不是一成不变地永恒存在的。

卫生法律关系的产生、变更和消灭，均以相应的卫生法律规范的存在为前提，以一定的法律事实的产生为直接原因。能够引起卫生法律关系产生、变更和消灭的条件，一是法律规范；二是法律事实，包括法律事件和法律行为。在法理学上，称一定的法律规范是一定法律关系产生、变更和消灭的前提；称一定的法律事实是一定的法律关系产生、变更和消灭的根据。

1. 法律事件 是不以法律关系当事人主观意志为转移并导致一定法律后果的事件。它包括自然事件和社会事件，如地震、洪水、失火、人的出生、人的正常死亡、传染病流行等。

2. 法律行为 是法律关系当事人以其主观意愿表现出来并可以发生法律后果的行为。它包括合法行为和违法行为，是卫生法律关系产生、变更或消灭的最普遍的法律事实。合法行为是指卫生法律关系主体实施符合卫生法律规范，能够产生行为人预期后果的行为。违法行为是指卫生法律关系主体实施卫生法律规范所禁止的、侵犯他人合法权益的行为，如制售假药、劣药等。合法行为为我国法律所确认和保护。违法行为不能产生行为人预期的法律后果，是无效行为并为法律所禁止，同时必须承担法律责任。

第三节　卫生法的制定与实施

一、卫生法的制定

（一）卫生法制定的概念

卫生法的制定，又称卫生立法（health legislation），是拥有立法权的国家机关依照法定的权限和程序，制定、认可、修改、补充、废止卫生法律和其他规范性卫生法律文件的活动，又称为卫生立法活动。

卫生法的制定有狭义和广义之分。狭义卫生法的制定专指全国人民代表大会及其常委会制定卫生法律的活动。广义卫生法的制定是指有权立法的国家机关为保障人体健康，依法制定卫生法律、法规、规范的活动，既包括全国人大及其常委会制定卫生法律，还包括国务院制定卫生行政法规、国务院有关部委制定卫生行政规章、地方人民代表大会及其常委会制定地方性卫生法规、民族自治地方的自治机关制定卫生法规的活动。除制定卫生法律、法规外，对这些法律文件的修改或废止活动，也属卫生立法的范畴。

（二）卫生法制定的原则

卫生法制定的原则，即卫生立法原则，是指卫生立法主体进行立法活动的基本行为准则，是立法过程中应当遵循的指导思想。根据《中华人民共和国立法法》的规定，同其他立法一样，我国立法工作应遵循以下原则。

1. 坚持四项基本原则，为改革开放和社会主义现代化建设服务的原则　四项基本原则是我国的立国之本，是党和国家的一贯方针和基本国策，是社会主义现代化建设顺利进行的根本保证，也是我国立法工作应遵循的基本原则。

2. 以宪法为基础，维护国家法制统一的原则　立法应当依据法定的权限和程序，从国家整体利益出发，维护社会主义法制的统一和尊严，坚持宪法至上的原则。

3. 坚持民主集中制，充分发扬民主的原则　民主集中制是党和国家政权机关的根本组织原则。卫生立法必须依靠群众，充分体现人民的意志，发扬社会主义民主。

4. 实事求是，从我国国情出发的原则　实事求是，从实际出发，从中国国情出发，理论联系实际，是我国卫生立法工作必须遵循的思想路线。

5. 古为今用，洋为中用的原则　在卫生立法时，应对古今中外法律加以研究、分析，有选择地加以借鉴。只有将国外先进的经验和我国卫生事业发展的实际相结合，卫生法制定才能体现中国特色，具有更强的生命力。

二、卫生立法体制与程序

卫生立法体制，是指关于卫生立法权限的划分、卫生立法机关的设置和卫生立法权的行使等方面的体系和制度所构成的有机整体。卫生立法体制的核心是卫生立法权限的划分。卫生立法权是一定国家机关依法享有制定、修改或废止卫生法律等规范性文件的权力。

卫生立法程序是指拥有立法权的国家机构制定卫生法所必须遵循的方式、步骤、顺序。立法机构具有不同的程序。全国人民代表大会及其常务委员会在制定卫生法律时，严格按照《中华人民共和国立法法》规定的程序进行。其程序一般包括法律议案的提出、审议、表决通过、法律的公布四个步骤。国务院在制定卫生法规适用《行政法规制定程序条例》，一般包括立项、起草、审查、通过、公布、备案六个步骤。卫生规章的修改、废止参照《规章制定程序条例》有关规定执行。

三、卫生法的实施

（一）卫生法实施的概念

卫生法的实施（enforcement of health law），是指通过一定的方式使卫生法律规范在社会实际生活中得到贯彻和实现的活动。卫生法的实施过程，是把卫生法的规定转化为主体行为的过程，是卫生法作用于社会关系的特殊形式。卫生法的实施主要有卫生法的遵守和卫生法的适用两种方式。

1. 卫生法的遵守　是指国家通过法制教育，增强全体公民的卫生法律意识，提高全民法律素质，尤其是增强卫生领域公职人员的法制观念和依法办事能力。

2. 卫生法的适用　广义的"卫生法的适用"是指国家机关和法律、法规授权的社会组织依照法定的职权和程序，行使国家权力，将卫生法律规范创造性地运用到具体人或组织，用来解决具体问题的一种专门活动。它包括各级医药卫生计生主管部门及法律法规授权组织，依法进行的卫生执法活动和司法机关处理有关卫生违法和犯罪案件的司法活动。狭义的"卫生法的适用"仅指卫生司法活动，是指各级人民法院和人民检察院行使司法权来适用卫生法。

卫生法的适用同其他执法活动相比较，卫生法的适用根本目的是保护公民健康，主体必须是国家授权的有关机关和组织，以法律规范和卫生标准为准绳，国家卫生监督与社会性、群众性的卫生监督工作相结合。其基本要求是准确、及时、合法。

（二）卫生法的效力范围和解释

卫生法的效力范围（effectiveness range of health law），是指卫生法的适用范围，即卫生法律规范在什么时间、什么地方、对哪些人发生法律效力。其包括卫生法的空间效力、时间效力和对人的效力。

（1）空间效力：是指卫生法律规范适用的地理范围和领域。

（2）时间效力：即卫生法律规范生效、失效日期及对其颁布实施前的时间和行为有无溯及力。

（3）对人的效力：卫生法律规范对哪些人有效，包括自然人、法人和其他组织。

卫生法的解释（interpretation of health law），是指对卫生法律的概念、内容、含义、术语及适用条件等所做出的必要说明。由全国人民代表大会常务委员会对有关卫生法律法令条文本身需要进一步明确界限或做补充规定的解释，称为立法解释；由最高人民法院和最高人民检察院对司法工作中具体应用卫生行政法规、卫生规章所作的解释，称为司法解释；由国务院及国家卫生和计划生育委员会等有关部委对不属于司法工作的有关卫生法律、法令如何具体应用所进行的解释，称为行政解释。上述三种解释又称为法定解释或有权解释、正式解释，它们与卫生法律、法规具有同等法律效力。

四、卫生行政执法

> **知识链接**
> **卫生计生执法机构和职责整合**
> 2015年11月12日，国家卫生和计划生育委员会、中央编办、财政部、人力资源和社会保障部、国家公务员局和国家中医药管理局六部门联合下发《关于进一步加强卫生计生综合监督行政执法工作的意见》（国卫监督发〔2015〕91号），明确了卫生计生综合监督机构的身份定位和职能范围。

1. 卫生行政执法的概念 广义上的卫生行政执法，是指国家卫生计生主管部门、法律法规授权组织和受委托组织及其公职人员，在行使卫生行政权的过程中，依照法定职权和程序执行卫生法律的活动，既包括卫生行政主体的抽象行政行为，也包括卫生行政主体的具体行政行为。狭义的卫生行政执法，亦即平常所称的卫生监督，则仅指卫生行政主体将卫生法律、法规、规章适用现实生活中的具体对象，具体处理特定的卫生事务及案件的活动，也就是指卫生行政主体做出具体行政行为的活动过程。

卫生行政执法应当符合合法性原则、合理性原则、高效率原则。

2. 卫生行政执法主体 指依法享有国家卫生行政执法权力，以自己的名义实施卫生行政执法活动并对行为后果独立承担法律责任的组织。作为我国卫生行政执法主体主要组成部分的是卫生行政机关，如国家、省、市、县（区）各级卫生计生行政机关，是主要的卫生行政执法主体。此外，还有国务院和各级地方政府设置的其他涉及卫生行政执法机关，如食品药品监督管理机关、国境卫生检疫机关、环境保护行政机关、安全生产监督管理机关、爱国卫生管理机关等。除卫生行政机关外，卫生行政执法主体还包括法律、法规授权和受委托组织。

3. 卫生行政执法种类 包括卫生行政许可、卫生行政确认、卫生监督检查、卫生行政强制、卫生行政处罚、卫生行政裁决、卫生行政奖励、卫生行政指导、卫生行政调解等。

4. 卫生行政执法程序 2003年8月，第十届全国人民代表大会常务委员会第四次会议通过的《中华人民共和国行政许可法》（以下简称《行政许可法》）规定，实施卫生行政许可，应当依照法定的权限、范围、条件和程序，应当遵循公开、公平公正和便民的原则，提高办事效率，提供优质服务。卫生行政执法程序分为：申请与受理程序、审查与决定程序、行政许可的期限、听证程序。

5. 卫生行政处罚程序 包括一般程序和简易程序。一般行政处罚程序应经过立案、调查取证、决定、制作行政处罚决定书，依法定形式送达当事人的程序。简易程序是对当场发现的案情简单、事实清楚、违法情节轻微、处罚较轻的行政违法行为当场给予行政处罚的程序。

五、卫生法律责任

（一）卫生法律责任的概念

卫生法律责任（health legal responsibility）是指行为主体由于不履行或拒绝履行卫生法所确定的义务而应承担的带有强制性的法律后果。

卫生法律责任具有以下特点：①只有某种违法行为存在，才能追究其法律责任；②其内容是法律明确规定的；③具有国家强制性，由国家司法机关和国家授权的行政机关依法追究法律责任，并由国家强制力保证其执行。

（二）卫生法律责任的种类

依法追究行为人的卫生违法行为，是国家保障卫生法得以实施的法律强制手段。依照卫生违法行为的性质、情节、动机和危害程度，卫生法律责任可以分为行政责任、民事责任和刑事责任。

1. 行政责任 指行为主体违反卫生法中有关卫生行政管理方面的规范，尚未构成犯罪，而应承担的法律责任。行政责任的构成要件：①行政责任主体必须是行政主体或行政管理相对人；②行为人违反卫生行政管理法律规定的义务，实施了违法行为，依法应承担相应的法律责任；③行为人存在主观过错；④必须依据卫生法律的明确规定追究行为人的行政法律责任，并由国家强制力保证其执行。

追究卫生行政责任的形式有行政处罚和行政处分两种。①行政处罚，是指卫生行政机关和授权的卫生监督机构对违反卫生行政管理法规的单位和个人的一种行政制裁。《行政处罚法》和我国现行卫生法律、法规、规章规定的处罚的种类主要有：警告、罚款、没收违法所得、没收非法财物、责令停产停业、暂扣或吊销有关许可证等。②行政处分是指有管辖权的国家机关或企事业单位的行政领导对所属一般违法失职人员所给予的一种行政制裁。行政处分的种类有警告、记过、记大过、降级、降职、开除 6 种。

2. 民事责任 指行为主体违反卫生法律规定侵害公民的健康权利时，应向受害人承担赔偿责任。违反卫生法的民事责任主要是弥补受害一方当事人的损失，以赔偿责任为主要形式，是一种侵权损害赔偿责任。民事责任的构成要件包括：①有损害事实；②行为人实施了违反卫生法律的客观行为；③主观有过错；④损害事实与违法行为之间有因果关系。

3. 刑事责任 指行为人实施刑事法律禁止行为而应承担的法律责任。卫生法律、法规对于刑事责任的规定，是直接引用《刑法》中的有关条款的规定。

根据我国《刑法》规定，实现刑事责任的方法是刑罚。刑罚是我国审判机关依照刑法的规定，剥夺犯罪人某种权益的一种强制处分。它包括主刑和附加刑，主刑有管制、拘役、有期徒刑、无期徒刑、死刑，它们只能单独使用。附加刑有罚金、剥夺政治权利、没收财产，它们既可以附加使用，也可以独立使用。对于犯罪的外国人，还可以独立使用或附加使用驱逐出境。

六、卫生法律救济

（一）卫生法律救济

卫生法律救济（health legal remedies）是指行为主体在卫生行政执法活动过程中侵犯了公民、法人或者其他组织的权益时，相对人可以通过行政复议、行政诉讼等方式，请求有关国家机关给予法律上的补偿，有关国家机关受理并作出具有法律效力的活动。卫生法律救济包括：通过行政复议与行政诉讼，对违法或不当的卫生监督行为的判定与变更；通过国家赔偿对因卫生执法而收到财产损失及其他损失给予赔偿等。

（二）卫生行政复议

1. 卫生行政复议（health administrative reconsideration） 是指公民、法人或者其他组织认为卫生行政执法机关的具体行政行为侵犯其合法权益，依法提出行政复议申请，由上一级卫生行政机关或本级人民政府依法对原具体行政行为进行全面审查，并做出裁决的一种法律制度。

1999 年 4 月 29 日，第九届全国人民代表大会常务委员会第九次会议通过了《中华人民共和国行政复议法》（以下简称《行政复议法》）并于同年 10 月 1 日起施行。1999 年 12 月，卫生部发布《卫生部行政复议与行政应诉管理办法》，对卫生部的行政复议做出了具体的规定。2007年5月23日，国务院公布了《中华人民共和国行政复议法实施条例》，自2007年8月1日起施行。2009年3月，原卫生部发布公报——《卫生部关于进一步加强卫生行政复议和行政应诉工作的意见》（2009第070号）。

2. 卫生行政复议原则及特征 卫生行政复议的原则主要包括 ①依法独立行使复议权原则；②实行一级复议制原则；③合法、准确、及时和便民的原则；④行政复议不适用调解原则。

卫生行政复议除具备复议的一般特征即行政性、职权性、监督性、程序性和救济性等，卫生行政复议还因卫生监督的特殊性和单行卫生法律法规的具体规定而具有其自身特征。它是一种对管理相对人的合法权益提供保障的非常重要的卫生行政救济制度；是一种专门的内部行政层级监督制度；复议机关依法行使职权，不受任何人的非法干预。

3. 卫生行政复议的程序 卫生行政复议通常包括复议的申请、受理、审理和决定四个程序。①申请，包括申请人与被申请人、申请期限、申请方式。②受理，包括受理条件、对不予受理的救济、卫生行政复议期间具体行政行为不停止执行。③审理，包括审理前准备、审理内容、审理方式、审理依据、审理时限。④决定，包括决定的内容、卫生复议决定的执行。

（三）卫生行政诉讼

1. 卫生行政诉讼（health administration proceedings） 是公民、法人或者其他组织认为卫生行政机关及其工作人员，包括授权与委托的卫生执法组织的具体行政行为侵犯其合法权益时，依法向人民法院提起诉讼，由人民法院依据事实与法律进行审理并做出裁决的活动。1989年4月4日，第七届全国人民代表大会第二次会议通过《中华人民共和国行政诉讼法》。根据2014年11月1日《全国人民代表大会常务委员会关于修改〈中华人民共和国行政诉讼法〉的决定》修订，新修订的《行政诉讼法》自2015年5月1日起施行。

卫生行政诉讼，必须满足以下构成要件：①原告是认为具体行政行为侵犯其合法权益的公民、法人或者其他组织，即卫生管理相对人；②被告是行使卫生行政执法权的行政机关或法律、法规授权组织；③有具体的诉讼请求和实施依据；④被诉讼的客体，必须是法律规定可以向人民法院起诉的行政机关的具体行政行为；⑤必须在法定的期限内向人民法院起诉，并由人民法院受理，依法审理做出裁决。

2. 卫生行政诉讼的特征 主要包括：①卫生行政诉讼是卫生行政管理相对人不服卫生行政执法机关的管理处罚，向人民法院提起的诉讼；②卫生行政诉讼的被告只能是卫生行政机关；③卫生行政诉讼的标准是审查具体卫生行政行为是否合法。

3. 卫生行政诉讼的原则 卫生行政诉讼具备一般诉讼的基本原则如人民法院依法行使职权、对诉讼当事人适用法律一律平等、公开审判、回避和使用本民族语言文字、两审终审原则等。根据《行政诉讼法》的规定，卫生行政诉讼具有如下特有的原则。①卫生行政机关负有举证责任；②卫生行政先行处理原则；③对具体卫生行政行为的合法性进行审查；④诉讼期间不停止执行具体卫生行政行为；⑤审理卫生行政诉讼案件不适用调解。

4. 卫生行政诉讼程序及参加人 卫生行政诉讼程序包括起诉与受理、审理与判决、执行。卫生行政诉讼参加人是指享有诉讼权利和承担诉讼义务的当事人和类似于当事人诉讼地位的人。其包括原告、被告、共同诉讼人、第三人、诉讼代理人。

（四）卫生行政赔偿

1. 卫生行政赔偿（health administration compensation） 是指卫生行政机关及其工作人员违法行使职权，侵犯公民、法人或者其他组织的合法权益造成损害后果，由卫生行政机关依法予以赔偿的制度。1994年5月12日，第八届全国人民代表大会常务委员会第七次会议通过了《中华人民共和国赔偿法》（以下简称《国家赔偿法》）。2010年4月，第十一届全国人民代表大会常务委员会第十四次会议对《国家赔偿法》进行了修改，进一步完善了国家赔偿制度。

2. 卫生行政赔偿责任的特征及构成要件　卫生行政赔偿责任的特征包括：①卫生行政赔偿是因卫生行政管理活动而产生的赔偿，是国家卫生行政机关行使公共权利的侵权赔偿；②卫生行政机关是卫生行政侵权损害责任的赔偿义务主体；③卫生行政赔偿的赔偿范围是特定的；④卫生行政赔偿的形式主要是经济赔偿；⑤卫生行政赔偿可以适用调解。卫生行政赔偿责任的构成要件包括：①侵权主体必须是行使国家卫生管理职权的卫生行政机关，法律法规授权组织，以及受委托行使行政职权的组织及其工作人员；②必须是卫生法行政执法主体及其工作人员违法行使职权的行为；③损害后果是国家卫生行政管理机关及其工作人员的行为直接造成的；④卫生行政赔偿的范围是由法律明确规定的。

3. 卫生行政赔偿的程序　卫生行政赔偿程序是指赔偿请求人请求赔偿，赔偿义务机关履行赔偿义务的赔偿案件过程。①单独请求行政赔偿；②一并提出行政赔偿请求；③申请赔偿的时效。赔偿请求人请求赔偿的时效为2年。在申请行政复议或者提起行政诉讼时一并提出赔偿请求的，适用行政复议法、行政诉讼法有关时效规定。

（周　令）

第四节　卫生监督概述

案例1-1

某自建集中式供水单位水质不合格案

2013年4月8日，某市卫生局2名卫生监督员和2名疾病预防控制中心采样人员在某自建集中式供水单位负责人的陪同下，对该单位的末梢水进行采样，采集样品1份，并当场制作了非产品样品采样记录，于当日送市疾病预防控制中心进行检测。4月26日，该疾病预防控制中心出具的水质检测报告显示：总大肠菌群和耐热大肠菌群两项微生物指标不符合GB5749-2006《生活饮用水卫生标准》。该案于4月27日经领导批准立案。4月28日，两名案件承办监督员将水质检验报告和水质的检验结果告知书送达至该单位，并对该单位水泵房供水周围环境及供水设备设施进行现场检查，现场检查发现该单位水泵房水质消毒设备未启动，导致管网水不符合生活饮用水卫生标准。监督员当场制作了现场检查笔录、对现场未启用水质消毒设备进行了拍照留存，并下达了责令（限期）改正通知书，责令其立即将该消毒设备启动使用，保持正常运转。同时，执法人员对负责人进行了询问，制作了询问笔录。并查阅了卫生许可证、企业法人营业执照等材料。5月7日，该案调查终结。5月10日合议组成员对该案进行了合议，认定该单位水质检测不符合国家生活饮用水卫生标准，违反了《生活饮用水卫生监督管理办法》和《中华人民共和国传染病防治法》的规定。依据上述两法，并结合该省《行政处罚自由裁量权基准》规定，最后得出合议意见：责令该单位立即启用水质消毒设备，并做出给予该单位罚款人民币一万元整的行政处罚。

一、卫生监督的概念和性质

（一）卫生监督的概念

卫生监督（health supervision），是政府有关行政部门依据卫生法律、法规的授权，对公民、法人和其他组织贯彻执行卫生法律、法规的情况进行督促检查,对违反卫生法规、危害人体健康的行为追究法律责任的一种卫生行政执法行为。卫生监督的目的是行使国家公共卫生职能,实现国家对社会卫生事务的行政管理,保护人民的健康,维护国家卫生法制的统一和尊严。

(二)卫生监督的性质

卫生监督属于国家监督,是国家行政监督的一部分,也是国家卫生行政管理的重要环节。从卫生监督的定义我们可以看出,卫生监督的主体必须是行政部门或由法律授权的监督机关,它的对象是卫生监督管理相对人——公民、法人和其他组织。这就表明卫生监督是政府行为,是行政职能。所以,卫生监督的行政性是其根本属性。

我们强调卫生监督的行政性的同时,又必须承认它的技术性,这也许是卫生监督区别于其他许多行政工作的显著特点。卫生监督的许多实际工作,如判定是否合法,是以检测检验数据作为判定标准的,没有这些数据,会很难甚至不能依法监督。因此,技术手段是卫生监督必不可少的,也就是说,卫生监督有赖于许多卫生技术手段才得以有效实施。所以,卫生监督的行政性与技术性是统一的。

二、卫生监督的功能和特征

(一)卫生监督的功能

1. 制约功能 指卫生监督行为对相对人有关权力的限制和在具体行为上的牵制。例如,对食品生产经营活动的各环节各阶段(养殖种植、生产加工、销售经营等)从卫生的角度进行检查、牵制或限制,以随时随地纠正每项具体活动的偏差,从而实现社会生活的各方面协调运作。

2. 规范功能 即有规范人们行为导向的作用,它通过对守法者的认可和对违法者的惩罚,指出了什么样的行为是合法的,或者是法定必须执行的;什么样的行为是违法的,必须禁止的。

3. 预防功能 是预防为主卫生工作方针的具体化,是强制和规范社会卫生事务或行为的一种制度,起到防患于未然的作用。例如,对游泳馆新建工程项目进行卫生审查,从规划、选址、设计、施工及竣工验收几个环节依次审查把关,发现不符合卫生标准和要求时,及时提出改进意见,采取积极有效的措施,把有害健康因素消除在游泳馆建成投入使用之前。

4. 促进功能 卫生监督要通过对问题或违法行为的分析,找出和发现工作中的薄弱环节和产生问题的根源,提出有针对性的弥补措施和解决办法,同时,进行深入分析研究和梳理,从而形成强大的信息源,为卫生监督的决策者和执行者提供改进工作的科学依据,进而在管理制度和立法上最终完善保护人类健康的运行机制。

在卫生监督的功能体系中,制约功能显示了卫生监督的目标,规范功能反映了卫生监督的效果,预防功能突出了卫生监督的重心,促进功能明确了卫生监督的结果。这些功能,它们各自既有特定的含义和作用,相互间又有联系,密切配合,形成了卫生监督的整体功能,共同发挥作用。

(二)卫生监督的特征

1. 法定性与授权性 卫生监督从法律意义讲,实际上是监督机关为了管理社会公共卫生事务,保障人民的身体健康,正确行使卫生管理方面的职权。这种行为是依照国家法律和法规规定行使的。

2. 健康权与合法权益保护性 保护"公民健康权"是卫生监督特有的作用,这也是卫生监督区别于其他行政执法部门的主要标志。一旦公民或组织的上述权益遭到非法侵犯,或者公民和组织非法侵犯他人或组织享有的权益时,卫生监督机关即以强制手段予以保护。所以,保护性是卫生监督的显著特征。

3. 广泛性与综合性 由于影响人体健康的因素是多方面的,它几乎涉及社会生活的一切领域。这就决定了卫生监督行为的广泛性和综合性。它不仅涉及生态环境的维护和改善,而且涉及资源的开发和利用；不仅涉及公民健康权和其他权力的关系，而且涉及因卫生问题而产生的复杂的经济与人际关系。

4. 行政性与技术性 卫生监督与一般的行政执法相比，具有很严格的专业技术性。其在专业知识上表现为自然科学技术与社会科学知识的综合；在手段上表现为预防医学技术与行政法制手段的综合；在方式上表现为业务管理、专业指导、行政执法等措施的综合；在依据上表现为有关卫生法律、法规，卫生标准和卫生技术规范的综合。

5. 强制性与教育性 监督具有强制性是法律的属性之一，关键是人们对法的理解与支持，只有知法，才能守法，也具有教育的功能。

三、卫生监督的分类

（一）按卫生监督的过程分类

1. 预防性卫生监督（preventive health supervision） 是指卫生监督主体依据卫生法律、法规对新建、改建、扩建的建设项目所开展的卫生审查和竣工验收。开展预防性卫生监督旨在使工业企业和食品、化妆品、公共场所、学校、医院及放射性工作场所达到卫生要求，从源头上消除可能对公共卫生秩序、从业人员和人民群众健康损害或伤害的隐患或潜在风险。它是卫生监督主体实施卫生行政许可的前提条件，即对预防性卫生监督不符合要求的申请者不能给予卫生行政许可。

2. 经常性卫生监督（regular health supervision） 是指卫生监督主体定期或不定期地对管辖范围内的企事业单位、个人或有关社会组织遵守公共卫生法规的情况进行的日常性监督活动。监督的重点是了解和掌握健康证、卫生许可证的持有情况，环境卫生、产品质量、污染状况及有无发生危害生产经营人员及消费者健康的隐患等，以便及时发现问题、找出原因，进而采取措施并及时予以纠正。

（二）按卫生监督的行为方式分类

1. 羁束卫生监督行为与自由裁量卫生监督行为 卫生监督以受卫生法律、法规和规章拘束的程度为标准，可分为羁束行为和自由裁量行为。

羁束卫生监督行为（restricted action of health supervision），指凡是卫生法律、法规和规章对行为的内容、形式、程序、范围、手段等作了较详细、具体和明确规定，卫生监督机关严格依法而实施的卫生监督行为。羁束卫生监督行为对卫生监督主体是一种严格的约束，必须严格依法办事，不能或很少能以自己的评价、权衡、裁量参与其间，不能带有随意性，否则就是违法行为。严格的羁束性卫生监督行为有利于规范卫生监督主体的执法行为，但在某种情况下也可能束缚卫生监督主体的手脚，影响行政效率。

自由裁量卫生监督行为（freely considered action of health supervision），是指卫生监督主体有一定自由度的卫生监督行为。法律规范在规定行为的内容、形式、程序、范围和手段等方面留有一定的选择余地或幅度，或者只作原则规定，可以由卫生监督主体根据对法律规范的理解和对相对人的行为状况的了解给予综合考虑，在职权范围内采取卫生监督行为。即这类行为是卫生监督主体可以斟酌、选择、掺杂自己的意志于其间的行为。

羁束与自由裁量的卫生监督行为两者的划分并不是绝对的。羁束是相对于"自由"而言的，羁束行为一般也存在一定的自由裁量的成分，公共卫生法规不可能对卫生监督在所有情况下所作出的行为都作详细、具体、明确的规定。但是，卫生监督机关在实施自由裁量行为时，不准违反授权法的目的，更不能超越卫生法律、法规和规章规定的自由裁量范围。

2. 依职权卫生监督行为与依申请卫生监督行为 依职权卫生监督行为（health supervision in accordance with authority）是指卫生监督主体依据公共卫生法律、法规赋予的职权，无需相对人申请而由主动作出的行为，又称为主动监督行为。依申请卫生监督行为（health supervision in accordance with application），是指卫生监督主体被动情况下做出的行为，只有在相对人申请的条件下，才能依法采取的卫生监督行为，如审批、发放卫生许可证的行为。

3. 要式卫生监督行为与非要式卫生监督行为　要式卫生监督行为（essential action of health supervision）是指卫生监督主体必须依据法定方式实施，同时必须具备一定的法定形式才能产生法律效力和后果的卫生监督行为。例如，卫生行政许可行为、卫生行政处罚行为，必须以法定的方式表现出来，否则就不具有效力。非要式卫生监督行为（unessential action of health supervision）是指卫生监督主体行使职权时，卫生法律、法规未规定具体方式或形式，允许卫生监督机关依据情况自行选择适当方式或形式进行的卫生监督行为。这类行为无论是采用口头、书面的形式，还是电话、电报等各种其认为适当的形式，都可以生效。

四、卫生监督应遵循的原则

在卫生监督活动中不仅要遵循"有法可依，有法必依，执法必严，违法必究"的基本要求，还应注意遵循以下原则。

（一）依法行政的原则

依法行政的原则是国家执法机关或被授权的其他机关执法活动的最基本原则。

1. 以卫生法律、法规为依据　主要应包括以下三个方面：一是卫生监督主体的设立必须合法；二是卫生监督职权的拥有应当合法；三是卫生监督程序必须合法。

2. 适用卫生法律、法规准确无误　首先，卫生监督行为所用的卫生法律、法规必须是现行合法有效的。其次，卫生监督机关所实施的卫生检疫、行政处罚等一切卫生监督行为，都要在卫生法律、法规所设定的范围之内。再次，对当事人行为的认定和对事件性质的判断，必须符合卫生法规所确定的要件，有所适用的具体条款。

3. 在法定权限范围内正当行使监督权　在行使卫生监督活动中，卫生监督主体要时刻注意自己的权限范围，不能超越职权；同时，又要正当地行使职权，不滥用职权，这也是依法行政的一项重要原则。

（二）遵守法定程序原则

遵守法定程序原则的基本含义是卫生监督主体做出影响管理相对人权益的监督行为，必须遵守正当法律程序，包括事先告知相对人，向相对人说明行为的根据、理由，听取相对人的陈述、申辩，事后为相对人提供相应的救济途径等。一般违反规定程序主要表现在步骤、形式、方法、时限、顺序等方面，如规定卫生行政处罚决定以书面形式送达当事人，而卫生监督机关没有制作决定书，仅凭罚款单就属违反法定形式。

（三）以事实为依据的原则

以事实为依据，就是要求卫生监督主体在运用卫生法律规范处理卫生违法案件时，必须一切从实际出发，尊重客观事实，忠于事实真相，以存在的客观事实为依据，决不能以主观想象为根据。以事实为依据，还要求执法者必须坚持实事求是的精神。由于我国经济基础和种种客观原因，有些相对人的行为或产品一时达不到国家卫生要求或标准，因此，在卫生监督中，既要考虑"法不责众"，又要坚持"法必责众"。

（四）独立审查和处理卫生违法案件的原则

（1）卫生违法案件由卫生法律、法规规定的行政执法主体审查和处理，其他机关无权处理。

（2）卫生监督主体处理卫生违法案件，依据的是卫生法律、法规，按照法定的程序、原则和处罚范围、种类，对相对人进行处理。

（3）其他机关、团体或者个人不得干涉卫生监督主体具体处理卫生违法案件。

第五节　卫生监督法律关系及卫生监督主体

一、卫生监督法律关系的概念

卫生监督法律关系（legal relationship of health supervision）是卫生法律规范所调整的，卫生监督主体参与卫生监督活动时产生的卫生监督主体与相对人之间的权利和义务关系。

二、卫生监督法律关系构成要素

卫生监督法律关系构成要素，是指一个具体卫生监督法律关系所必须具备的条件因素。它包括三个方面，即卫生监督法律关系的主体、卫生监督法律关系的客体和卫生监督法律关系的内容，简称法律关系"三要素"。在每一个具体的卫生监督法律关系中，不管缺少其中的哪一个要素，卫生监督法律关系都无法产生和存在。

（一）卫生监督法律关系的主体

卫生监督法律关系的主体，是指卫生监督法律关系的参加者，即参加到卫生监督法律关系中去，在卫生监督法律关系中享有权利和承担义务的个人或组织。从理论上讲，凡是能够参与某种法律关系的法人和自然人都是法律关系主体。

卫生监督法律关系主体是卫生监督法律关系产生的先决条件，没有它，法律关系中的权利义务就无承担者，权利义务就得不到落实，法律关系也就无法确立。

在我国，能够成为卫生监督法律关系主体的人或组织包括国家卫生监督机关、法律法规授权的组织、事业单位、社会组织和公民个人、外国人、无国籍人等。概括起来是处于监督地位的国家卫生监督主体和处于被监督者地位的卫生监督管理相对人所组成。

（二）卫生监督法律关系的客体

卫生监督法律关系的客体，是指卫生监督法律关系主体权利、义务所指向的对象。由于卫生监督法律关系是以保护公众健康的目的而建立的，因此，身体、生命和健康是公众的最大利益，也是卫生监督法律关系中的最高层次的客体，其次还有物、行为和精神产品。

1. 身体、生命与健康　作为实现卫生法意志的手段，卫生监督最根本的目的就是运用法律的强制力，最大限度地保护公民的身体、生命和健康。因此，公民的身体、生命与健康是卫生监督法律关系的最高层次的客体。

2. 物　是指卫生监督法律关系主体支配的、在保护公众健康活动中所需要的客观实体，即与公众生命健康有关的一切物质。物作为卫生监督法律关系客体，既可以是一般物品，也可以是金钱；既可以是生产资料，也可以是生活资料；既可以是动产，也可以是不动产。

3. 行为　是卫生监督法律关系中最普遍的客体。绝大多数卫生监督法律关系，其权利义务所指向的目标都是行为。例如，在因卫生行政许可引起的卫生监督法律关系中，客体是卫生监督主体许可公民或法人从事某一职业和经营。

（三）卫生监督法律关系的内容

卫生监督法律关系的内容，系指卫生监督法律关系的主体依法所享有的权利和承担的义务。

它是抽象卫生监督法律关系的具体化，也是卫生监督法律关系中最基本的要素，并且权利与义务的内容是法定的。

1. 卫生监督主体的权利和义务　权利包括：①对作为卫生监督相对人的企事业单位、社会团体和公民实施行政、业务的管理和指导权（即公务权）；②拥有对上述对象所从事的与健康相关产业的许可、命令和决定权；③对违反卫生法规的人和事依法作出处理的制裁权等。义务包括：①必须依法行使上述职权；②有接受被管理者监督的义务；③有为公民提供咨询服务的义务等。

2. 卫生监督管理相对人的权利和义务　权利包括：①提出从事健康相关产业的许可的申请；②对卫生监督主体的工作进行监督；③对于卫生监督主体对其所作的处理决定及违法失职行为，有权检举、起诉和申诉；④有获得赔偿和补偿因侵权行为造成损失的权利等。义务包括：①遵守卫生法律规范；②接受卫生监督主体的监督；③对自身的卫生违法行为承担法律责任等。

三、卫生监督法律关系变动

卫生监督法律关系同其他法律关系一样，不是一成不变地永恒存在，而是在一定条件下处在不断产生、变更和消灭的运动过程。

（一）卫生监督法律关系产生

卫生监督法律关系产生是卫生监督法律关系的主体，依法取得了某项权利或承担某项义务，也就是主体间形成了一定的权利与义务关系。当一方主体行使权利或履行义务时，便将产生一个具体的法律事实，卫生监督法律关系随之产生。例如，《中华人民共和国职业病防治法》的颁布实施，便产生了职业卫生监督主体与从事生产活动的企业之间的权利与义务关系。卫生监督主体依法开展审批、监督监测的行为，就是具体法律事实。

（二）卫生监督法律关系的变更

卫生监督法律关系变更是由于情况的变化，使当事人之间原来存在的某种卫生监督法律关系发生了变化。卫生监督法律关系的变更主要发生在三种情况下，即主体的变更、内容的变更和客体的变更。

1. 主体的变更　主要包括：①主体在数量上的变化：如由于法律授权的改变，管辖区域的划分等原因，使原来的卫生监督主体丧失了监督权力，卫生监督法律关系主体的合并、分立，企事业单位的合并或分立。②主体在接替上的变化：如卫生监督主体方面，行政机关被撤销，且行政区划调整而变更隶属关系等。卫生监督管理相对人方面，如餐饮经营者将经营权转让给他人，由他人依法变更后继续经营等，二者都将使原有的卫生监督法律关系发生变更。

2. 内容的变更　该情况主要发生在卫生法律、法规的颁布和修订后，新的法律规范使主体原有的权利与义务发生了变更，产生了新的权利和义务。

3. 客体的变更　原客体消灭后，能以另一种客体代替原客体，则原权利义务仍可实现而并未消灭，卫生监督法律关系只是有了一定的变更，如餐饮业更换了经营项目，使得卫生监督法律关系仍然存在，只是监督的客体发生了变化。

（三）卫生监督法律关系的消灭

卫生监督法律关系的消灭是指卫生监督主体间权利和义务关系的消灭。

1. 一方或双方当事人的消灭　主要包括：①卫生监督主体：行政机关的撤销、代理资格的取消、国家公务员职务的免除等；②卫生管理相对人：当事人死亡、丧失意识力或其他原因（如剥夺政治权）等。

2. 客体消灭　原客体消灭后，其他物不能取代原客体，则权利义务无法实现而只能归于消灭。

3. 内容消灭 原卫生监督法律关系中的权利义务已实现或为新的内容所代替,如所适用的法律法规被废除、权利义务已行使或履行完毕及行政相对人放弃自己的权利等。

四、卫生监督主体

(一)卫生监督主体的概念

卫生监督主体(health supervision subject),是指在卫生监督法律关系中享有国家卫生监督权利,能以自己的名义从事卫生监督活动,并对行为后果独立承担法律责任的组织。卫生法律规范能否得到切实的实施,保障人体健康的目的能否达到,主要取决于卫生监督主体的有效活动。

(二)卫生监督主体的基本要求

1. 依法设立 卫生监督主体必须依据组织法或组织规则设立,并且具有外部卫生监督管理职能,能够代表国家与特定公民、法人和其他组织发生卫生监督方面的法律关系。

2. 职权法定 根据我国卫生法制的要求,卫生监督主体必须得到公共卫生法律、法规的明确授权。只有得到明确的授权后才能代表国家行使某一类别卫生监督职权。

3. 权责一致 法律、法规的授权必须与其外部管理职能、管理权限、管理范围一致,包括权限上的一致性及管理范围和对象上的一致性。

4. 相应能力 获得卫生监督主体资格,还应当具备履行专项卫生监督时应具备的执法和技术能力。即卫生监督主体应具备了解和掌握与所行使卫生监督管理职能有关的卫生法律、法规和有关技术知识的工作人员、基本设备和条件。

(三)卫生监督主体的法律地位

1. 法定的监督权力 卫生监督主体的监督权力只能来自于相应的法律、法规授权,所有的权力和范围不得超越卫生法律、法规的规定,越权无效,如《中华人民共和国传染病防治法》将传染病监督权力赋予各级卫生行政机关。

2. 固定的法律地位 卫生监督主体法定的监督权力决定了卫生监督主体地位的不可改变性。卫生监督主体地位的确立、变更都是通过法律法规设定的,不能非经法定的修改或废除程序,既定的卫生监督主体地位不可改变。

3. 垄断的执法资格 卫生监督主体具有单一性和对监督权的垄断性。任何法律、法规对同一事项监督主体的确定是单一的,绝不会同时授予两个或两个以上的监督主体资格。

4. 独立的监督活动 卫生监督主体依法独立行使卫生监督权,任何单位个人无权干涉,即卫生监督主体进行卫生监督活动有其独立性。

5. 明确的法律关系 卫生监督主体的地位一旦确立,便明确了与监督相对人之间的监督法律关系,即前者与后者之间确立了"管与被管"的关系。

6. 有限性的监督权力 无论何种权力都必须受到制约,这是当代国家管理理论的共识。卫生监督主体作为具体行政行为的执行者也必须接受监督和制约,促使其依法行政,减少和避免违法行政和非法行政情况的发生,如卫生监督程序的规范化、同级人民代表的监督检查、上级卫生监督主体的指导、检查和纠正、相对人申请复议和提起诉讼等。

(四)卫生监督主体组成

根据我国卫生法律、法规的规定,我国卫生监督主体由两大类组成,即卫生监督行政机关和法律、法规授权组织。

1. 卫生监督行政机关 是指依据国家法律的规定而设置的行使国家卫生监督管理职能的国

家机关。其主要包括卫生计生行政、食品药品监督管理等机关。

2. 法律、法规授权组织 是指依法律、法规授权而能够以自己的名义行使特定行政职能的行政机关以外的社会组织。它主要有两类：①社会组织、团体，如工会、医学会、医师协会、残疾人联合会等；②企事业单位，主要是行政管理相对人，但在特定情况下，卫生法律、法规也可以授权其行使一定的卫生行政管理职能，使其成为卫生监督主体。

（五）卫生监督员

卫生监督员（health supervisor）是指通过资格考试，经依法聘任，在法定职责范围内履行卫生监督职能的卫生执法人员。卫生监督员具有以下特点：①卫生监督员是卫生监督主体中依法从事卫生监督执法任务的人员。卫生监督主体中并非所有的成员都是卫生监督员。②卫生监督员是卫生监督主体的组成人员，与卫生监督主体是内容与形式的关系。卫生监督主体的职能通过卫生监督员的行为去实现，卫生监督员是卫生监督职能的具体承担者和履行者；卫生监督员也离不开卫生监督主体，离开了卫生监督主体，卫生监督员则成为一般公民，不再具有卫生监督员的身份。③卫生监督员必须通过资格考试依法聘任，国家有关部门经过特别程序选拔和任命的人员才能成为卫生监督员。④卫生监督员的卫生监督行为是卫生监督主体的行政行为。卫生监督员只能以卫生监督机关或所在的组织名义从事卫生监督活动，其行为所产生的后果由所在机关或组织承担。

第六节 卫生监督依据及证据

一、卫生监督依据

卫生监督依据（basis of health supervision）是指卫生监督活动借以成立的根据。卫生监督行为就是卫生监督主体把卫生法律、规范适用于社会生活中的卫生领域，依法处理具体卫生行政事务的行政执法行为。因此，卫生法律、法规、规章和技术法规既是卫生监督主体赖以存在并拥有卫生监督公共职权的根源，也是卫生监督主体实施各项卫生监督职能和做出各种卫生监督行为的依据。

二、卫生监督证据

1. 卫生监督证据的概念 指在卫生监督过程中用以证明案件事实情况的一切材料和事实。卫生监督证据的特征包括客观性、关联性、合法性。

2. 证据的种类 是根据证据存在的外部形式、特点和来源的不同，用法律规定对卫生监督证据所作的分类。我国法律没有专门规定卫生监督的证据有哪些种类，但是，根据我国《行政诉讼法》2015修订版规定，行政诉讼的证据有八种，即：①物证；②书证；③视听资料；④电子数据；⑤证人证言；⑥当事人的陈述；⑦鉴定结论；⑧勘验笔录、现场笔录。卫生监督行为属于行政行为，卫生监督证据种类也应该包括以上八种。

三、卫生监督调查取证

卫生监督调查取证，是指有管辖权的卫生监督主体对决定立案处理的卫生行政违法案件，为查明案件的违法事实真相而依法进行的专门调查、获取证据和采取强制措施的活动。调查取证的目的在于查明卫生行政违法事实，查获卫生行政违法行为的当事人，获取与案件事实有关的各种证据，以便给予卫生行政处罚。

卫生监督调查取证工作，包括收集证据和审查判断证据两个方面。

收集证据由调查和取证两部分组成。调查，主要是指卫生监督人员依照法定程序询问当事人、询问证人及利害关系人；取证，主要是指卫生监督人员依照法定程序提取物证、书证，进行现场勘验、检查和对专门性问题进行鉴定的活动。

审查判断证据，主要是指卫生监督主体通过调查取证，并不断运用分析、判断的方法，对收集到的证据进行"去粗取精、去伪存真、由此及彼、由表及里"地加工整理，使证据与证据之间、证据与案件事实之间反映出必然的内在联系，从而掌握足够的证据，对案件事实做出结论的过程。

1. 卫生监督调查取证的原则　　根据我国法律的有关规定和卫生监督实践经验，收集证据应该遵循以下原则。

（1）迅速及时原则：卫生监督人员发现案件后，应尽快到达案发现场，立即着手提取和收集各种证据材料，对于容易灭失的各种证据迅速采取保全措施。

（2）客观全面原则：卫生监督人员调查取证时，应当尊重客观事实，从案件的实际出发，实事求是，按照证据的本来面目去认识它，客观全面地收集与案件事实相联系的一切事物，尽可能地走访与案件有关的一切人。

（3）合法原则：卫生监督人员调查取证，必须严格依法进行。

（4）回避原则：调查取证的卫生监督人员与当事人有直接利害关系的，应当回避。

2. 卫生监督调查取证的方法　　包括以下六种。

（1）调查询问：是调查取证一种最常用的方法，是卫生监督人员通过询问当事人、证人和其他有关人员，查明事实真相，取得证据的一种手段。卫生监督的调查询问，应当制作询问笔录。

（2）抽样取证：是指从总体中抽取部分个体进行分析判断，从而对总体的某些未知因素做出统计推断，取得执法证据。抽样取证应当遵循公正性、有效性和合法性的原则，必须如实填写《产品样品采样记录》。

（3）委托鉴定：指卫生监督主体为查明卫生违法案件中某些专业性问题，委托或者聘请专业部门或专业人员，对有关事实材料及某些专门性问题进行鉴别和判断。

（4）现场勘验：是指卫生监督主体对与卫生行政处罚案件事实有关的场所、物品进行现场观测，以发现、提取、收集证据。在现场勘验中，应当制作勘验笔录。

（5）证据先行登记保存：是指卫生监督主体在调查取证过程中，在案件物证可能灭失或以后难以取得的情况下，为保全案件证据所采取的措施。证据先行登记保存，应当制作证据先行登记保存决定书。

（6）证据复制：卫生监督人员对当事人或者其他人员提供的资料，根据案件情况可以进行复印、摘录、转录、拍照、录像等形式的复制。经复制取得的资料都要求其持有人签字或盖章，复印件还应标注"与原件一致"字样，并注明原件保存的地方。

第七节　卫生监督手段

一、卫生监督手段概念

卫生监督手段（means of health supervision）是指卫生监督主体贯彻卫生法律规范，实施卫生监督过程中所采取的措施和方法。它主要包括：卫生法制宣传、卫生行政许可、卫生监督检查、卫生行政奖励、卫生行政处罚、卫生行政强制。

二、常用的卫生监督手段

（一）卫生法制宣传教育

1. 卫生法制宣传教育的概念 卫生法制宣传教育（education of health legal system）是指卫生监督主体将卫生法律规范的基本原则和内容向社会做广泛的传播，使人们能够得到充分的理解、认识和受到教育，从而自觉地遵守卫生法律规范的一种活动。

2. 卫生法制宣传教育的形式 卫生法制宣传教育根据对象的不同，有一般性的宣传教育和具体的宣传教育两种形式。

（1）一般性宣传教育：是通过电视、报纸、标语、图画等多种形式的宣传工具，经常性地针对所有的人进行卫生法制宣传，普及卫生法制知识，使人们受到教育。例如，某一新的卫生法律规范颁布以后，从上而下进行大张旗鼓地有重点地宣传新的卫生法律规范的工作。

（2）具体的宣传教育：是指卫生监督机构或者卫生监督人员在具体的监督活动中，通过纠正和处理相对人的违法行为，针对某特定的公民、法人或者其他组织进行卫生法制宣传教育，如卫生监督部门对违反《食品安全法》，经营不符合卫生标准食品的商场进行处罚的同时，由卫生监督人员对其进行食品卫生法律规范的讲解，使其知法、懂法，从而守法。

（二）卫生行政许可

1. 卫生行政许可的概念 卫生行政许可（health administrative permit）是政府相关行政部门根据公民、法人或者其他组织的申请，按照卫生法律、法规、规章和卫生标准、规范进行审查，准予其从事与卫生管理有关的特定活动的行为。卫生行政许可作为卫生监督的重要手段，在我国已成为一项独立的法律制度，即许可证制度。

2. 卫生行政许可的特征 主要包括以下特征。

（1）卫生行政许可存在的前提是法律的一般禁止：卫生行政许可的内容是国家普遍禁止的活动。但是，为适应社会生活和生产的需要，对符合一定条件者即可解除禁止，允许其从事某项活动，享有特定权利和资格。

（2）卫生行政许可是依申请的行政行为：《中华人民共和国行政许可法》规定，行政许可必须"根据公民、法人或者其他组织的申请"进行，所以，管理相对人提出申请是卫生行政许可的前提条件。只有相对人提出申请，受理部门才审查，并决定是否颁发许可证。如果相对人不提出从事法定的某种行为的申请，则行政部门不得主动做出许可的行为。卫生计生主管部门不因相对人准备从事某项活动而主动做出卫生许可行为。

（3）卫生行政许可是授益性行政行为：与卫生行政处罚不同，卫生行政许可不是对相对人权益的剥夺或限制，而是赋予相对人某种资格或权利的行政行为。这是卫生行政许可在内容上的特点。

（4）卫生行政许可是要式行政行为：卫生行政许可必须遵循法定程序，并应以正规的文书、格式、日期、印章等形式予以批准、认可和证明。卫生行政许可一般有卫生许可证和资格证等形式要件，这是卫生行政许可形式上的特点。

3. 卫生行政许可的原则

（1）法定原则：指设定和实施卫生行政许可应当依照法定的权限、范围、条件和程序。其运行过程不得违背法律，其纠纷的解决也必须依照法律进行。

（2）公开、公平、公正原则：卫生行政许可的公开原则是指设定卫生行政许可的过程、规定、程序、决定等都应当是明确和公开的。实施行政许可遵循公开原则的基本要求：①实施的主体要公开，让公众周知；②实施的条件应该是规范、具体和公开的；③实施的程序应当是具体、明确和公开的；④实施期限是公开的；⑤卫生行政机关做出卫生行政准予许可的决定，除涉及国家秘密、商业秘密或者个人隐私的外，应当予以公开，公众有权查阅。

因为卫生行政许可具有广泛的裁量性，所以要求卫生行政机关必须遵循公平、公正原则，合理裁量，平等对待每个申请人，避免出现程序上的偏私。卫生行政许可的公平、公正原则是指卫生行政机关在履行职责、行使权力时，不仅在实体和程序上要合法，而且还要合乎常理，没有偏私。

（3）便民、效率原则：便民原则是指严格遵守法律规定的期限，减少卫生行政许可的环节，简化程序，提高效率，提供优质服务，在法定期限内做出卫生行政许可决定或办完有关事项。其是卫生行政机关履行行政职责、行使行政权力应当恪守的基本准则。

（4）信赖保护原则：要求叙述如下：①公民、法人或其他组织依法取得的卫生行政许可，是正当的合理信赖，应当受到法律保护；②卫生行政许可决定所依据的法律、法规、规章修改或者废止，或者准予卫生行政许可所依据的客观情况发生重大变化，为了公共利益的需要，卫生计生主管部门可以依法变更或者撤回已经生效的卫生行政许可；③卫生计生主管部门依法变更或者撤回已经生效的卫生行政许可给公民、法人或者其他组织造成财产损失的，卫生计生主管部门应当依法给予补偿。

（5）监督原则：指卫生计生主管部门应当依法加强对卫生计生主管部门实施卫生行政许可和从事卫生行政许可事项活动的监督。一方面，上级卫生计生主管部门要加强对下级卫生计生主管部门实施卫生行政许可的监督检查，及时纠正违法行为；另一方面，卫生计生主管部门对相对人从事卫生行政许可事项的活动应当进行有效的监督。这也是"谁许可，谁监督"的原则。

4. 卫生行政许可的形式 有书面文件形式与非书面形式。在书面文件形式中，又可以分为证照式形式与非证照式形式。证照式形式是行政许可的主要表现形式，如许可证等。非证照式的行政许可文书，包括批准书、同意书等。

（1）许可证：指有关行政许可机关根据行政相对人的申请而依法核发的批准书。我国现行的卫生许可证包括：①生产或经营许可证：如药品生产许可证、药品经营许可证和制剂许可证等；②卫生许可证：如食品卫生许可证、化妆品生产企业卫生许可证、公共场所卫生许可证、集中式供水和二次供水设施清洗消毒单位卫生许可证等；③进出口许可证：如进出口药品注册证/许可证、麻醉药品进出口准许证、精神药品进出口准许证等；④执业和工作许可证：如医疗机构执业许可证、单采血浆许可证、母婴保健技术服务执业许可证、大型医用设备配置许可证、放射工作许可证等。

（2）资格证、资质证或者其他合格证书：资格证、资质证是指经过考试、考核等审核程序合格后，颁发给申请人的证明其能力、资格的许可证件。许可证件持有人可以从事某种职业或某种活动。它包括：①执业证书：如医师执业证书、护士执业证书、母婴保健技术考核合格证书、大型医用设备上岗人员技术合格证等；②产品证书：如新药证书、保健食品证书等；③健康合格证明：如食品生产经营人员健康证明、公共场所从业人员健康合格证等；④其他证书：如医疗机构预防接种证书。

（3）卫生计生主管部门的批准文件或者证明文件：卫生计生主管部门的批准文件是指卫生行政机关批准有关主体从事一定活动的书面意见，如批准文号。行政机关的证明文件是指行政机关对特定事实予以确认的书面意见。

（4）法律、法规规定的其他行政许可证件：对于卫生计生主管部门实施卫生行政许可，采取对设备、设施产品、物品进行检验、检测、检疫的，行政机关经检验、检测、检疫合格的，可以直接在设备、设施、产品、物品上加贴表示其合格的标签或者加盖印章。

5. 卫生行政许可的效力 卫生行政许可一经颁发，即获得法律效力，这一法律效力体现在以下几方面。

（1）证明力（power of certification）：是通过两个方面表现的，一方面，可证明持有者的权利能力，即证明许可证持有者具有从事卫生计生主管部门所赋予的某种活动的权利，它起到了证明文书的作用；另一方面，是国家对许可证持有者具有从事某种活动的行为能力认可的证明。

（2）确定力（determination）：指许可证一经卫生计生主管部门颁发，即具有任何人都不得随意变更的效力。对持有人来讲，许可证所确定的事项，未经卫生计生主管部门通过法定程序，不得更改。

（3）拘束力（restriction）：许可一经颁发，许可证中有关权利义务的规定，对相对人具有拘束力。被许可人必须在许可的范围内进行活动，不得违反；许可机关也不得随意加以干预，其他机关或组织、个人也不得侵犯其法定权利。

6. 卫生行政许可的变更与延续

（1）卫生行政许可的变更：指根据被许可人的请求，卫生计生主管部门对许可事项的具体内容在许可被批准后加以变更的行为。被许可人在卫生行政许可有效期满前要求变更卫生行政许可事项的，应当向做出卫生行政许可决定的卫生计生主管部门提出变更申请。卫生计生主管部门对被许可人提出的变更申请，应当按照有关规定进行审查。对符合法定条件和要求的，卫生计生主管部门应当依法办理变更手续。

（2）卫生行政许可的延续：卫生行政许可通常是有一定期限的，相对人只能在卫生许可的有效期内从事许可活动。所以，相对人需要在有效期届满后继续从事被许可活动的，就必须延展行政许可的期限。卫生计生主管部门应当根据被许可人的申请，在该卫生行政许可有效期届满前做出是否准予延续的决定；逾期未作决定的，视为准予延续。

（3）卫生行政许可的撤销、注销与中止：有下列情况之一的，做出卫生行政许可决定的卫生行政部门或者上级卫生计生主管部门，根据利害关系人的请求或者依据职权，可以撤销卫生行政许可：①卫生行政部门工作人员滥用职权，玩忽职守，对不符合法定条件的申请人做出准予卫生行政许可决定的；②超越法定职权做出准予卫生行政许可决定的；③违反法定程序做出准予卫生行政许可决定的；④对不具备申请资格或者不符合法定条件的申请人准予卫生行政许可的；⑤依法可以撤销卫生行政许可决定的其他情形。

有下列情形之一的，卫生计生主管部门应当依法办理有关卫生行政许可的注销手续：①卫生行政许可复验期届满或者有效期届满未延续的；②赋予公民特定资格的卫生行政许可，该公民死亡或者丧失行为能力的；③法人或其他组织依法终止的；④卫生行政许可被依法撤销、撤回、或者卫生行政许可证件被依法吊销的；⑤因不可抗力导致卫生行政许可事项无法实施的；⑥法律、法规规定的应当注销卫生行政许可的其他情形。

卫生行政许可自注销之日起，不再生效。即卫生行政许可的注销，其效力不溯及既往，在注销之日以前，仍然有效。该许可证效力持续到失效原因产生时为止，而不是自始至终不发生效力。

卫生行政许可的中止指卫生行政许可暂时失去法律效力。引起卫生行政许可中止的最重要原因之一是被许可人有违法行为，卫生计生主管部门为制止或惩罚被许可人的违法行为所采取的暂时停止其从事被许可活动的措施。只有在违法行为停止、消除或卫生行政主体实现了对被许可人的惩罚后，卫生行政许可才恢复其法律效力。

（三）卫生监督检查

1. 卫生监督检查的概念 卫生监督检查（health supervision and inspection）是指卫生监督主体依法对管理相对人遵守卫生法律规范和具体行政决定所进行的了解和调查，并依法处理的卫生行政执法活动。

卫生监督检查并不是直接影响相对人的实体权利义务，而只是监督检查相对人是否正确行使或履行卫生法规规定的权利义务，如果发现相对人不正当行使权利或不依法履行义务，卫生监督主体将另行做出相应的制裁性的行政决定或采取某种强制执行措施，其目的在于实现国家的卫生行政管理职能。卫生监督检查主要是对两种情况的监督检查：一种情况是，对相对人是否遵守卫生法律规范进行监督检查，如监督主体对相对人是否遵守《食品安全法》加以监督和检查；另一种情况是，对相对人是否履行监督主体依法做出的卫生行政决定进行监督检查，如相对人在接到罚款的处理决定后，是否按时缴纳。

2. 卫生监督检查的特征 包括以下几种：

（1）卫生监督检查是一种单方的依职权实施的具体行政行为：卫生监督检查是对相对人守法情况的监督检查，所以在行使职权和实施方式上，既不需要以相对人的申请为前提，也不需要与相对人采取协商的方式来实现，而是由卫生监督机构依据法定卫生监督检查权单方决定和主动实施的。同时，卫生监督检查是对相对人遵守卫生法律法规情况的监督检查，针对的是特定相对人和具体的权利和义务，是一种具体行政行为。

（2）卫生监督检查可以影响但不直接处理和改变相对人的法律地位：卫生监督检查不同于那些处理或改变相对人法律地位的卫生行政许可、卫生行政处罚等行为。对相对人权利义务的影响表现为，可能限制其权利的行使，或妨碍其正常活动的进行，或迫使其提供相关材料，但不直接对其实体权利义务做出处理或改变，不会改变或消灭相对人的法律地位。

（3）卫生监督检查是一种给相对人设定程序性义务和限制其权利的行为：卫生监督检查不同于赋予相对人一定权益的行为，如卫生行政许可。卫生监督检查表现出很强的权利（力）性，如强制性的检查、查验、询问等。对于相对人来说，卫生监督检查不会给相对人产生权利，而只会给相对人设定某些程序性义务或对其权利进行一定的限制，如接受检查、询问、如实提供相关材料，暂时停止正常营业等。

3. 卫生监督检查的分类 主要包括以下种类：

（1）一般卫生监督检查与特定卫生监督检查：这是根据卫生监督检查对象是否为特定相对人所做的分类。

一般卫生监督检查指卫生监督主体对不特定的管理相对人遵守卫生法律、法规、规章的情况进行普遍的监督检查，如卫生监督主体对辖区范围内的所有公共场所进行的监督检查。

特定卫生监督检查指卫生监督主体针对特定的管理相对人遵守卫生法律、法规、规章的情况进行的监督检查，如对乳制品加工企业开展三聚氰胺的专项清查。

（2）依职权卫生监督检查与依授权卫生监督检查：这是根据卫生监督检查与监督主体的职权关系所做的分类。

依职权卫生监督检查是指卫生监督主体依据其法定的职权，对相对人所实施的卫生监督检查。

依授权卫生监督检查是指卫实施该项卫生监督检查的机关和单位，并非依据自身的管理职责权限，而是依据有关法律法规授予的监督检查权而实施的。

（3）事前卫生监督检查、事中卫生监督检查和事后卫生监督检查：这是根据卫生监督检查实施的时间阶段所做的分类。

事前卫生监督检查是指卫生监督检查的实施在相对人的某种行为开始之前，如对拟建公共场所项目的设计审查。事中卫生监督检查是指卫生监督检查实施在相对人的行为过程之中，如对医疗机构的卫生服务过程进行的监督检查。事后卫生监督检查是指在相对人完成某一活动之后实施的卫生监督检查，如对已经进入流通领域的药品的监督检查。

事前卫生监督检查的作用在于防患于未然；事中卫生监督检查的作用在于及时发现问题；事后卫生监督检查的作用在于对已实施的违法行为及时进行补救或追究其法律责任。三者相辅相成，缺一不可。

（4）定期卫生监督检查与不定期卫生监督检查：定期卫生监督检查是指卫生监督主体按照工作计划和要求，在一定时期内，如一年、一个季度、一个月，有规律地对管理相对人进行若干次监督检查。这种监督检查一般都有比较规律的时间间隔，有比较固定的检查内容及模式化的检查方式。

不定期卫生监督检查是指没有固定的时间间隔的卫生监督检查。这种检查没有规律性，更有利于发现问题，以便纠正违法行为。

（5）全面卫生监督检查与重点卫生监督检查：全面卫生监督检查是指卫生监督主体对全部管

理相对人进行卫生法规要求的全部内容的监督检查。重点卫生监督检查是指卫生监督主体针对部分相对人或卫生法规的部分要求，或针对部分相对人对法律规范的部分要求进行的卫生监督检查。因此，在实施重点检查时，一种是重点对象的检查；另外一种是重点要求的检查，也可以是重点对象结合重点要求的检查。

另外，还可以从其他不同角度进行分类。根据监督检查方式的不同，可分为现场卫生监督检查和书面卫生监督检查；根据监督检查内容的不同，可分为食品安全监督检查、职业卫生监督检查、放射卫生监督检查、公共场所卫生监督检查、学校卫生监督检查、化妆品卫生监督检查、医疗服务监督检查、传染病防治监督检查等。

4. 卫生监督检查的方式　指卫生监督主体为了达到卫生监督检查的目的而采取的手段和具体措施。卫生监督检查的方式主要有以下几种。

（1）实地检查：作为一种常用的监督检查的方式，是指卫生监督主体直接深入现场进行的监督检查。实地检查的形式多样，既可以综合检查，也可以专项检查；既可以全面检查，也可以抽样检查；既可以定期检查，也可以临时检查。

（2）查验：是卫生监督主体对管理相对人的某种证件或物品进行检查、核对，如卫生监督员对餐饮从业人员的健康证和卫生知识培训合格证的查验。

（3）查阅资料：是一种常用的书面监督检查方法，是指卫生监督主体通过查阅书面材料对管理相对人进行的一种检查方式，如对相对人食品生产经营活动中有关记录、档案及相关资料的审查检查，了解有关情况。

（4）统计：是指卫生监督主体通过统计数据了解相对人情况的一种监督检查方式。凡是负有统计义务的相对人必须按期上报统计资料。例如，疾病预防控制机构、医疗机构和采供血机构及其执行职务的人员发现《传染病信息报告管理规范》规定的传染病疫情时，应当遵循疫情报告属地管理原则，填写传染病报告卡，按照国务院规定的或者国务院卫生计生主管部门规定的内容、程序、方式和时限报告。

（四）卫生行政奖励

1. 卫生行政奖励的概念　卫生行政奖励（health administrative encouragement and reward）是指政府行政部门依照法定条件和程序，对自觉遵守卫生法律规范，为国家、人民和社会做出突出贡献的行政相对人给予精神或物质奖励的具体行政行为。

2. 卫生行政奖励的原则

（1）依法奖励原则：卫生行政奖励是一种法定行为，任何卫生行政奖励都必须坚持法定的标准和条件，实事求是地进行。例如，《突发公共卫生事件应急条例》第九条规定："县级以上各级人民政府及其卫生计生主管部门，应当对参加突发事件应急处理的医疗卫生人员，给予适当补助和保健津贴；对参加突发公共卫生事件应急处理做出贡献的人员，给予表彰和奖励。"

（2）精神奖励与物质奖励相结合原则：物质奖励使受奖人获得某种物质利益，精神奖励满足人们的精神需要。精神和物质相互依存，相互作用，二者无论在宏观领域还是微观领域都具有密不可分的关系。因此，在卫生行政奖励中，也必须坚持精神奖励和物质奖励相结合的原则。

（3）民主公正原则：卫生行政奖励应坚持民主公正原则，奖励条件应当公布，增加卫生行政奖励的民主性和透明度。奖励必须公正合理，严格依条件评定，既不能无功受奖，也不能有功不奖；既不能论资排辈，也不能搞平均主义。

（4）功奖适应原则：根据卫生法律、法规的规定，行政奖励分为若干种类和等级。论功行奖，功奖适应，也是卫生行政奖励必须坚持的原则。

（五）卫生行政处罚

1. 卫生行政处罚的概念　卫生行政处罚（health administration punishment）是指卫生监督主体

为维护公民健康，保护公民、法人或其他组织的合法权益，依法对相对人违反卫生行政法律规范尚未构成犯罪的行为给予的惩戒或制裁。它是卫生监督的重要手段。

2. 卫生行政处罚的特征 主要包括：

（1）主体：是具有法定职权的卫生监督主体。法律法规规定享有卫生行政处罚权的卫生监督主体必须严格依据法定权限实施卫生行政处罚。

（2）对象：是违反卫生法律规范的相对人。这一特征区别于卫生行政机关基于行政隶属关系或监察机关依职权对卫生监督人员做出的行政处分。

（3）前提：是相对人实施了违反卫生法律规范且尚未构成犯罪的行为。它包含三层含义：一是只有相对人实施了违反卫生法律规范的行为，才能给予卫生行政处罚；二是只有卫生法律、法规规定必须处罚的行为才可以处罚；三是必须是尚未构成犯罪的行为才能实施卫生行政处罚，如已构成刑事犯罪，应当予以刑罚处罚。

（4）目的：是行政惩戒制裁。卫生行政处罚是针对相对人不履行法定义务或不正当行使权利所实施的惩戒措施。其制裁性体现在对违法相对人权益的限制或对其规定新的义务，这使之区别于刑事制裁和民事制裁，也区别于授益性的卫生行政奖励和卫生行政许可。

3. 卫生行政处罚的原则

（1）法定的原则：是指实施处罚必须依照卫生法律、法规、规章的明文规定。该原则包含以下内容：一是实施卫生行政处罚的主体必须是法定的；二是卫生行政处罚的依据是法定的；三是卫生行政处罚的程序是合法的。

（2）公正、公开的原则：实施卫生行政处罚不仅要合法，还要合理、公正，要做到公正，首先要做到公开。公开原则是指卫生行政处罚的依据、内容、程序、结果要向全社会及卫生监督相对人公开，增加透明度，提高公民对卫生监督主体及其实施的卫生行政处罚的信任度，同时便于社会对卫生行政执法进行监督，也有利于卫生法制宣传教育。公正原则要求卫生行政部门行使卫生行政处罚的自由裁量权时做到合理、适当、公平，没有偏私。

（3）处罚与教育相结合的原则：是指实施卫生行政处罚必须责令当事人纠正违法行为，并教育当事人今后不再违法。同时，通过处罚纠正违法行为，进行宣传，教育其他公民、法人和其他组织自觉守法。

（4）做出罚款决定的机构与收缴罚款的机构相分离的原则：除依法当场收缴的罚款外，做出罚款决定的卫生监督主体及其执法人员不得自行收缴罚款。监督主体应告知当事人到指定的银行缴纳罚款，银行应当收受罚款，并将罚款直接上缴国库。

（5）一事不再罚的原则：指相对人基于其实施的一个违法行为受到行政处罚后，任何机关不得以同一事实和理由再次对其进行行政处罚。或者是相对人的一个违法行为违反一种行政法律、法规时，只能由一个监督主体做出一次行政处罚。一事不再罚原则解决的是行政实践中多头处罚与处罚过滥的问题，如针对同一相对人的违法行为，县卫生监督主体实施处罚后，市卫生监督主体再进行处罚，这实质上是一种成倍加重处罚的违法行为，严重损害了相对人的合法权益。

（6）处罚救济的原则：在卫生行政处罚的实施中必须对卫生监督相对人的权利给予充分保障。告知相对人有寻求救济的权利，并明确告知救济的期限和途径，以保障相对人的合法权益。当事人享有陈述权、申辩权、申请卫生行政复议权、提起卫生行政诉讼权以及要求卫生监督主体组织听证的权利，这些权利的确定对保障卫生监督相对人权利是十分必要的。

4. 卫生行政处罚的种类和形式

（1）申诫罚（reprimand）：也称精神罚或声誉罚，是影响相对人声誉或名誉的卫生行政处罚。

1）警告：是指卫生计生主管部门对违法行为人予以谴责和告诫的处罚形式。适用于较轻的违法行为，既有教育也有制裁性质，目的是通过对违法行为人精神上的惩戒，申明其有违法行为，使其不再违法。它具有纠正违法行为和有效预防危害结果发生的作用。警告要用书面形式，不同于一般的口头批评教育。

2）通报批评：是卫生计生主管部门将对违法者的批评以书面形式公布于众，指出其违法行为，予以公开谴责和告诫，以避免其再犯的处罚方式。通报批评既有对违法者的惩戒和教育，也是对广大群众的教育，有预防的作用。

（2）财产罚：是影响相对人财产权利的处罚。即强制违反卫生行政法律规范的相对人缴纳一定数额的金钱或剥夺其一定的财产权利。这是应用最广泛的一类以经济手段进行的处罚。

1）罚款：指卫生监督主体强制违反卫生法律规范、不履行法定义务的相对人在一定期限内向国家缴纳一定数额金钱的处罚形式。由于罚款不影响被处罚人的人身自由，同时又能通过经济上的制裁对其违法行为起到惩戒作用，是目前卫生行政处罚中应用最为广泛的一种处罚形式。

2）没收违法所得和没收非法财物：没收是指卫生监督主体依法将违法行为人因违法行为而获得的财产或用于从事违法活动的财物收归国有的处罚形式。违法所得是指以违法行为和手段所获得的财产，如假药、劣药销售后的所得收入。非法财物包括违禁物品和违法行为工具。违禁物品是指卫生法律规范禁止生产、储存、加工运输、销售的物品，如生产卫生法律规范禁止生产经营的食品、食品添加剂等。违法行为工具是指用于生产、储存、加工、运输、销售违禁物品的工具，如生产腐败变质，有毒食品的器具。

（3）行为罚（conduct penalty）：也称能力罚，它是影响相对人卫生行政法上的权利能力和行为能力的处罚。即卫生计生主管部门限制或剥夺相对人卫生行政权权利能力和行为能力的处罚。

1）责令停产停业：是指卫生监督主体根据卫生法律、法规，在自身法定职权范围内，对有行政违法行为的企业责令其停止生产、停业经营的处罚形式。其目的是通过一定期限内暂时剥夺违法行为人的生产经营权，从而促使相对人改善卫生状况或改进生产、经营方式，以消除可能引起对人体健康的危害。等其能够履行法定义务后，一般可以恢复生产经营活动。

2）暂扣许可证：是限制违法行为人从事某项活动的权利或资格的一种处罚方式。暂扣许可证、执照是中止持证人从事某项活动的资格，待其改正违法行为或经过一定期限，再发还证件，恢复其资格，允许其重新享有该权利和资格。

3）吊销许可证：即对违法行为人从事某种活动或享有某种资格的取消。目的是剥夺违法行为人已合法取得的某种特许的权利。这是对相对人违反卫生法律法规的行为所实施的最严厉的一种处罚，应严格依法办理，慎重进行。

5. 卫生行政处罚的管辖（jurisdiction of health administrative punishment） 是指卫生监督主体在受理、处罚相对人违反法律规范行为时的分工和权限。它具体解决某一违反卫生法律规范的行为应由哪一级、哪一个区域的卫生计生主管部门处罚。

（1）地域管辖：指同级卫生监督主体实施行政处罚的权限分工。卫生行政处罚案件由违法行为发生地的县级以上卫生监督主体管辖为一般原则。只要行为人在某个地方实施了违法行为，就应该由当地的卫生计生主管部门实施处罚。

（2）级别管辖：指不同级别的卫生监督主体实施行政处罚的权限分工。《卫生行政处罚程序》规定，县级以上卫生监督主体负责查处所辖区域内的违反卫生法律、法规、规章的案件；省级卫生监督主体可依据卫生法律、法规、规章和本地区的实际，规定所辖区内管辖的具体分工。

（3）指定管辖：指两个以上的卫生监督主体对管辖权发生争议时，应当报请其共同的上级卫生监督主体指定管辖。

（4）移送管辖：指卫生监督主体发现查处的案件不属于自己管辖，应当及时移送给有管辖权的卫生监督主体。受移送的卫生监督主体应当将案件查处结果函告移送的卫生监督主体。受移送地的卫生监督主体如果认为移送不当，应当报请共同的上级卫生监督主体指定管辖，不得再自行移送。

（5）涉嫌犯罪案件的移送：卫生监督主体在依法查处违法行为的过程中，如果发现查处违法行为涉嫌构成犯罪，依法需要追究刑事责任的，应将案件及时移送司法机关。

6. 卫生行政处罚的适用 指对卫生行政法律规范规定的行政处罚的具体运用，也就是卫生监督主体在认定相对人卫生行政违法行为的基础上，依法决定对相对人是否给予卫生行政处罚和如何规定卫生行政处罚的活动。它是将卫生法律规范有关卫生行政处罚的原则、形式、具体方法等运用到各种卫生行政违法案件中的活动。

（1）卫生行政处罚适用的条件：适用卫生行政处罚，必须符合下列条件：

1）必须以卫生行政违法行为的实际存在为前提。它包括：①行为人必须是违反了卫生法律规范的规定，如果只有想做而实际上没有做某种违法行为，则不构成违法；②这一行为必定是在不同程度上侵犯了卫生法律规范保护的社会关系；③行为人出于故意或过失。这些条件都需要卫生计生主管部门调查取证予以认定。

2）必须以《中华人民共和国行政处罚法》（以下简称《行政处罚法》）和相应的卫生法律规范为依据。

3）必须由享有该项卫生行政处罚权的卫生监督主体实施。

4）所适用的对象必须是违反卫生行政法律规范并已达到法定责任年龄和有责任能力的公民、法人或者其他组织。

5）适用卫生行政处罚必须遵守时效的规定。根据《行政处罚法》的规定，一般情况下，违法行为必须是在违法行为发生之日起 2 年内被发现的才予处罚，违法行为有连续或者继续状态的，从违法行为终了之日起计算。

（2）卫生行政处罚适用的方法

1）不予处罚或免于处罚：不予处罚是指卫生行政机关对某些形式上虽然违法但实质上不应承担违法责任的人，不适用行政处罚。有下列情形之一的不予处罚：①不满 14 岁的人实施违法行为的；②精神病患者在不能辨认或者不能控制自己行为时有违法行为的；③违法行为轻微并及时纠正，未造成危害后果的；④超过追究时效的；⑤行为属于正当防卫或紧急避险的；⑥因意外事故而致违法。

免于处罚是指卫生计生主管部门依照卫生法律法规的规定，考虑有法定的特殊情况存在，对本应处罚的违法者免除其处罚。法定的应当免除处罚的情况有：①行为人的违法行为是因行政管理人员的过错造成的；②因国家法律、法规和政策影响及其他要素而违法的。

2）从轻或减轻处罚：从轻处罚是指卫生监督主体在法定的处罚种类和幅度内，适用较轻的处罚种类和幅度较低的处罚。减轻处罚是指卫生监督主体在法定的处罚幅度最低限以下使用行政处罚。《行政处罚法》规定以下几种情况应当从轻或减轻处罚：①已满 14 周岁不满 18 周岁的人有违法行为的；②主动消除或者减轻违法行为危害后果的；③受他人胁迫有违法行为的；④配合行政机关查处违法行为有立功表现的；⑤其他依法从轻或者减轻行政处罚的。

3）从重处罚：是指卫生监督主体在法定的处罚种类和幅度内，适用较重的处罚种类或者较高幅度的惩罚。

4）行政处罚与刑事处罚的竞合适用：相对人的某一行为既违反了卫生法律法规的规定，同时又触犯了刑律的规定，从而构成了行政违法行为与犯罪行为竞合。由于违法行为的竞合，产生了行政处罚与刑罚的竞合。

（六）卫生行政强制

1. 卫生行政强制措施的概念及特征　卫生行政强制措施（health administrative compulsory measures）是指卫生监督主体为预防或制止危害公共健康的行为或事件的发生或扩大，维持公共卫生的正常秩序，依法采取的强制限制相对人的人身或财产流通的各种措施。例如，为预防控制某些急性传染病的传播，卫生监督主体应当依据《传染病防治法》的规定，对患者和病原携带者采取卫生行政强制措施，实施隔离治疗及其他必要的预防控制措施。

卫生行政强制措施具有以下特征：

（1）强制性：卫生行政强制措施是以国家强制力为依托，对相对人的人身权或财产权强行加以限制的手段，具有明显的强制性，相对人必须服从。

（2）预防性或制止性：卫生行政强制措施的适用是为了预防可能发生的违法行为，或制止危害健康的行为或事件的扩大，并非对违法相对人的惩罚。因此，它不是行政制裁行为，而是具有预防性或制止性的行政措施。

（3）暂时性：卫生行政强制措施是通过对正在实施或可能实施违反卫生行政法律规范的相对人，或可能带来健康危害的相对人的人身权或财产权予以限制，将其暂时控制在一定状态，以便根据具体情况和法律规定，进一步做出卫生行政处理决定，它不是对相对人权利义务的最终处分，而是在紧急情况下所采取的暂时性手段。

2. 卫生行政强制措施的实施要件

（1）必须有法律依据：卫生行政强制措施是由卫生监督主体不进行任何预告而突然采取的强制措施，对相对人的人身、财产具有较大的制约作用，很容易导致相对人的合法权益的损害。因此，一般说来，实施强制措施必须要有明确的法律根据，如《传染病防治法》规定，如果甲类传染病患者拒绝隔离治疗或隔离期未满擅自脱离隔离治疗的，可以由公安部门协助治疗单位采取强制隔离治疗措施。

（2）合法实施卫生行政强制措施：合法实施即要求实施强制措施的主体、内容、程序、形式都严格按照卫生法律规范的规定，做到主体合法、内容合法，程序法定、形式完备。

（3）准确适用卫生行政强制措施：适用卫生行政强制措施的人、财物、行为，必须准确，证据确凿。如果强制措施的标的不准确、导致不该实施强制措施的财物或人身被强制，造成合法权益损害的，卫生监督主体应予以行政赔偿。

（4）合理采取卫生行政强制措施：合理性原则是行政法的基本原则，行政强制措施作为一种行政行为，必须合理、适当。这就要求卫生监督主体实施行政强制措施应当依据法定条件，选择适当的方式，既要达到卫生行政管理的目的，又要最小限度地损害相对人的合法权益。

3. 卫生行政强制措施的分类　　根据卫生行政强制措施的目的，可分为预防性强制措施和制止性强制措施。

（1）预防性强制措施：是在危害事件发生之前采取的强制措施，且措施的直接目的是预防危害事件的发生。其特点是相对人的行为或物品即将对社会或公共利益产生危害，非采取即时强制不足以防止危害结果的发生。如根据《国境卫生检疫法》第六条规定，在国外或者国内有检疫传染病大流行的时候，国务院可以下令封锁有关的国境或者采取其他紧急措施。目的即是防止传染病的传入。

（2）制止性强制措施：是在危害事件发生而没有结束之前采取的强制措施，且措施的直接目的是制止危害事件的继续。其特点是相对人危害社会的行为已经开始，非采取即时强制不足以遏制危害结果的继续和发展，如根据《传染病防治法》第四十二条规定，传染病暴发、流行时，县级以上地方人民政府应当立即组织力量，按照预防、控制预案进行防治，切断传染病的传播途径。

卫生行政强制措施还可按控制对象分为对人的强制措施，如强制隔离、强制治疗等，以及对财物的强制措施，如封存、查封和扣押、销毁等。

4. 卫生行政强制执行

（1）卫生行政强制执行的概念：卫生行政强制执行（forcible execution of health administration），是指相对人逾期拒不履行法定义务或拒不执行卫生监督主体做出的已生效的具体行政行为，由卫生监督主体申请，人民法院强制其履行义务的行政行为。

卫生行政强制执行特征具有以下主要特征：

1）卫生行政强制执行以相对人不履行法定义务为前提：卫生行政强制执行对于卫生监督主体来说，是一种执法手段。只有当相对人不履行法定义务时，卫生监督主体为了使卫生监督活动正常进行，不得已而采取的一种强迫相对人履行义务的手段。

2）卫生行政强制执行由人民法院实施：根据我国现行法律、法规规定，行政强制执行的主体有行政机关或人民法院,由谁适用行政强制执行,必须依据法律、法规规定。

3)卫生行政强制执行的目的是实现义务的履行:卫生行政强制执行的目的是实现法律直接规定或由行政行为所确立的义务的履行。即卫生行政强制执行不具有惩罚性,不是给相对人设定新的权利义务关系,而是实现已经确立的权利义务。

4)在卫生行政强制执行中不得进行执行和解:执行和解是指在执行过程中,双方当事人在自愿协商、互谅互让的基础上,就生效法律文书确定的权利义务关系达成协议,解决争议,从而结束执行程序的一种制度。所以,与民事强制执行不同,在行政强制执行中不得进行执行和解。

(2)卫生行政强制执行的内容:卫生计生主管部门申请强制执行的内容主要是涉及财产权和人身权的强制执行。

1)涉及财产权的强制执行:如《医疗机构管理条例》第五十一条规定:"当事人对行政处罚决定不服的,可以依照国家法律、法规的规定申请行政复议或者提起行政诉讼。当事人对罚款及没收药品、器械的处罚决定未在法定期限内申请复议或者提起诉讼又不履行的,县级以上人民政府卫生计生主管部门可以申请人民法院强制执行。"

2)涉及人身权的强制执行:如《传染病防治法》第三十九条规定:"拒绝隔离治疗或者隔离期未满擅自脱离隔离治疗的,可以由公安机关协助医疗机构采取强制隔离治疗措施。"

(3)卫生行政强制执行的形式:人民法院根据卫生计生主管部门的申请,实施强制执行的形式通常有以下几种:

1)滞纳金(overdue fine):是指有缴纳金钱义务的相对人不按时缴纳应缴款项时,依法反复科以新的金钱给付义务,迫使相对人尽快履行金钱缴纳义务。相对人履行缴纳义务的时间越晚,所交滞纳金越多。

2)强行扣缴(coercive deduction):相对人不肯履行缴纳金钱的义务,法院则可以从相对人的另一笔款项中扣除并代为缴纳。

3)强行划拨(coercive appropriation):相对人不履行缴纳金钱的义务,法院通知银行从义务人的存款中强行划拨相当数额的金钱。强行扣缴和强行划拨无本质上的区别,只是形式上不同。强行划拨是指在银行账目上的变动,强行扣缴则指扣住货币或取出货币。

4)强制履行(forcible fulfillment):指相对人拒不履行卫生行政义务决定时,则强制其履行的执行方法。

第八节 卫生监督程序

一、卫生监督程序的概念

卫生监督程序(health supervision procedure),是指卫生监督主体实施卫生监督行为的形式、方法、步骤、顺序和期限。即卫生监督主体依法行使职权的时间和空间表现形式。作为政府行为或行政行为的卫生监督,必须经过一定的监督程序来实施,从而避免在卫生监督过程中可能出现的随意性和盲目性,以保证卫生监督的法定性和规范性。

二、卫生监督程序特征

1. 法定性 卫生监督程序由卫生法律规范所规定,这是卫生监督行为有效的构成要件之一。倘若卫生监督行为违反了程序规定,就会发生监督行为无效(invalidity)、部分无效(partial invalidity)或经补正(redress)后才有效的法律后果,如原卫生部发布的《卫生行政处罚程序》、

《健康相关产品卫生行政许可程序》等。

2. 有序性 卫生监督程序必须是完整、统一和有序的，其中每个步骤都应是必要的，不能因其缺少环节而导致监督工作的阻滞。因此，卫生监督程序所规定的顺序步骤必须符合逻辑关系，精练严谨，并且是完整、统一和有序的。例如，卫生行政处罚的程序包含受理与立案、调查取证、处罚决定、送达、执行与结案等五个步骤的内容和时间顺序。

3. 保障和制约性 卫生监督程序源自国家的法律法规，由国家强制力保证其实施，如有违反，必须承担相应的法律责任。卫生监督程序又是对监督活动的制约，使卫生监督机构及其卫生监督人员，须按一定的程序规则来行使职权，以保证卫生行政行为的公平、公正，保护相对人的合法权益。

三、卫生监督程序的基本原则

1. 程序公正原则 由回避程序、调查程序、合议程序、辩论程序等具体程序规则体现，是指卫生监督主体及其监督人员实施具体行政行为时，在程序上应平等地对待相对人，排除一切可能造成不平等或者偏见的因素。

2. 法定程序原则 卫生执法必须依法进行，既包括遵守行政实体法，也包括遵守行政程序法，这是实现公共卫生执法效力和维护相对人合法权益的保证基础。

3. 公开原则 由表明身份程序、告知程序、说明理由程序、咨询程序等具体程序规则来体现，是指卫生监督主体通过一定的方式和途径让相对人了解有关卫生监督的情况。卫生监督活动的公开，将提高相对人对卫生监督机构及其卫生监督人员的信任度，也有利于提高卫生行政执法的公平公正性。

4. 相对人参与原则 卫生监督主体必须公开实施卫生监督行为的程序，让相对人事先了解其在程序上的权利和义务，接受相对人的监督；相对人对影响其权利和义务的具体卫生监督行为，有权知道结论，也有权要求告知理由；卫生监督主体在做出影响相对人权利和义务的具体行为时，必须给相对人发表意见或提出申辩的机会。

5. 效率原则 提高卫生行政效率是卫生监督程序的设立目的之一，主要通过时效、紧急处置和简易程序等来实现。例如，卫生监督活动的效率，强调简便、实用；卫生监督活动在程序顺序上不能颠倒；卫生监督机构必须在法定期限内做出具体行政行为；具体行政行为的方式应规范化，各种执法文书的制作应使用统一格式。

四、卫生行政许可程序

卫生行政许可程序是有关卫生行政许可的申请、审查、听证、决定、变更、延续、收回、撤销、注销等一系列步骤和过程的总称。卫生行政许可行为直接影响申请人的利益得失，因此对许可权在程序上应当严格控制。

（一）许可的申请和受理

卫生行政许可是一种要式的行政行为，这一行为的前提条件是申请人提出申请。卫生行政部门接收卫生行政许可申请时，根据不同情况分别做出处理。

1. 许可的申请 《卫生行政许可管理办法》规定，公民、法人或者其他组织申请卫生行政许可，应当按照法律、法规、规章规定的程序和要求向卫生计生主管部门提出申请。如果委托代理人提出卫生行政许可申请，代理人应当提供委托代理证明。

卫生行政许可申请人向卫生监督机构提出许可申请，必须具备下列几项条件：①申请内容：必须是卫生法律、法规规定经许可方能进行的活动或事项；②申请主体：申请人必须具有申请许可事项的行为能力；③申请形式：必须由申请人以书面形式明确提出申请某种许可的意思表示；

④申请管辖：申请人必须向依法享有颁发某种许可证的卫生监督机构提出申请。

2. 许可的受理 卫生计生主管部门接收卫生行政许可申请时，应当对申请事项是否需要许可、申请材料是否齐全等进行核对，并根据情况分别做出处理：①不予受理：申请事项依法不需要取得卫生行政许可的，应当即时告知申请人不受理；申请事项依法不属于卫生计生主管部门职权范围的，应当即时做出不予受理的决定，并告知申请人向有关行政机关申请。②更正、补全材料。③予以受理：申请材料齐全、符合法定形式，或者申请人按照要求提交全部补正申请材料的，卫生计生主管部门应当受理其卫生行政许可申请。

卫生计生主管部门受理或者不予受理卫生行政许可申请，均应出具加盖卫生计生主管部门专用印章和注明日期的文书。

（二）申请的审核

申请的审核，是指卫生监督机构接到申请人的申请书，依照法定权限进行审查核实。审核内容一般包括程序性审核和实质性审核两个方面。

1. 程序性审核 是指审查核定申请许可的事项是否符合法定程序和法定形式，是否向有关机构提出的申请，申请与手续是否完备等。

2. 实质性审核 是指审查核定申请许可的事项是否具备条件，核定申请人本身是否具备从事该事项的行为能力，并进行相应的实地核对查实。

（三）许可证件的颁发

卫生监督主体经审核，认为申请人的申请符合法定条件、标准的，应当依法做出准予卫生行政许可的书面决定。卫生监督主体做出不予卫生行政许可的书面决定的，应当说明理由，告知申请人享有依法申请行政复议或者提起行政诉讼的权利。

卫生监督主体做出的卫生行政许可决定，除涉及国家秘密、商业秘密或者个人隐私的外，均应当予以公开，公众有权查阅。申请人依法取得的卫生行政许可，其适用范围没有地域限制的，在全国范围内有效。

（四）许可的变更与延续

1. 许可的变更 被许可人在卫生行政许可有效期满前要求变更卫生行政许可事项的，应当向做出卫生行政许可决定的卫生计生主管部门提出申请，并按照要求提供有关材料。卫生计生主管部门对被许可人提出的变更申请，应当按照有关规定进行审查。对符合法定条件和要求的，卫生计生主管部门应当依法予以变更，并换发行政许可证件或者在原许可证件上予以注明；对不符合法定条件和要求的，卫生计生主管部门应当做出不予变更行政许可的书面决定，并说明理由。

2. 许可的延续 被许可人依法需要延续卫生行政许可有效期的，应当在该卫生行政许可有效期届满 30 日前向做出卫生行政许可决定的卫生计生主管部门提出申请，并按照要求提供有关材料。卫生计生主管部门接到延续申请后，应当按照有关规定做出受理或者不予受理的决定。

五、预防性卫生监督程序

预防性卫生监督程序，是指对建设项目，即新建、扩建、改建工程的选址和设计进行卫生审查，并参加工程验收的步骤和方式的总称。

1. 可行性研究阶段的卫生审查 对新建的建设项目一般都有可行性研究过程，须经发展和改革委员会、规划、卫生、环保等部门评定、论证后才能报有关部门批准立项。按国家法律、法规必须执行建设项目卫生评价报告书制度的建设项目，应当在施工设计前进行建设项目的可行性研究，并向卫生监督主体提交卫生评价报告书。获得卫生监督主体审核同意后，有关部门才能批准该建设项目。在这一阶段，除要求将卫生法规的有关规定列入可行性报告外，卫生审查的重点是对建设项目选址的审查。不同的建设项目，其选址的卫生要求也不尽相同，但目的却是一致的——避免对建设项目使用人员健康、周围环境质量和人群健康造成不良影响。

2. 设计阶段的卫生审查 主要是为了保证建设项目的建筑结构、场所设置、布局、分隔、面积等方面具有合理的设计，卫生监督主体依据相关卫生要求和卫生标准进行审查。在设计卫生审查阶段，建设项目单位应向卫生监督主体提供以下资料：①《建设项目卫生审查申请书》；②建设项目设计全套图纸；③建设项目卫生篇章。其中，建设项目卫生篇章应载明以下主要内容：①建设项目概况；②建筑物布置；③工艺流程及设备布置；④有害因素或卫生问题的分析；⑤拟采取的卫生防护措施及预期效果；⑥卫生防护专用投资概算；⑦存在问题及建议。

建设项目设计卫生审查的重点是：①建筑物的布置及其建筑材料是否符合卫生要求；②工艺流程及设备布局是否合理，是否产生卫生问题；③卫生防护措施的配置是否符合规定要求，是否产生有效的卫生防护效果。

完成建设项目设计的卫生审查后，卫生监督主体对不符合卫生要求的，应提出具体意见，要求建设单位或设计单位按卫生审查意见修改设计；对符合卫生要求的，同意其设计。

3. 施工阶段的卫生审查 其任务主要是对建设项目施工过程进行检查，监督建设项目单位和施工单位按照卫生监督机构审批的施工图纸进行施工。施工期间，任何人不得擅自修改施工设计，若需变更施工设计的，必须征得原审批卫生监督主体的同意。

4. 建设项目的竣工验收 建设项目竣工后，建设单位应向原审批的卫生监督主体提出卫生验收申请。卫生监督主体按照所审批的施工图纸进行验收，对验收合格的，准予工程验收，对验收不合格的，要求限期整改。工程验收不合格的，不能办理卫生许可证。

六、经常性卫生监督程序

经常性卫生监督是建立在预防性卫生监督基础之上的，是最常用的卫生监督手段，检查结果直接左右着卫生行政处理决定。

1. 监督前的准备 准备工作是实施经常性卫生监督的一个重要环节。卫生监督人员进入现场监督检查前，应当做好以下准备工作：①熟悉被检查人的有关情况和现场检查的有关内容；②备好现场监督检查所需的检验、测试、采样及取证工具；③备好现场监督检查所需的文件、佩戴监督员胸章，携带监督证件；现场检查须进入洁净区域时，卫生监督人员应穿戴洁净衣帽、口罩及一次性手套，并遵守被检查人的卫生、安全的有关规定。

2. 监督检查 根据有关卫生法律、法规的规定，卫生监督人员进入现场监督检查时，应不少于2人。

实施卫生监督检查，首先应当履行表明身份的义务，即在进入现场时，卫生监督人员必须向相对人出示监督执法证件（监督员证），否则，相对人有权拒绝接受检查。同时，卫生监督人员还应当向相对人说明实施卫生监督检查的原因、依据及进行检查的方法，并允许相对人陈述。

现场检查应按事先确定的项目进行，既可以是全面的监督检查，也可以仅对某一项目或环节进行，一般应围绕以下几个方面的内容进行：卫生许可证、健康证和有关生产经营人员卫生知识培训情况；有关职业危害及卫生（防护）设施、设备布局、工艺流程、劳动条件、污水污物消毒处理情况；有关产品的加工、生产、包装、储存、运输、销售过程的卫生及产品卫生或质量检验情况；有关产品的标志、说明书及外购索证、检验情况等。

3. 调查取证 监督人员应本着客观、全面、及时、真实的原则进行调查取证工作，尊重被检查人的人格尊严，保守被检查单位的商业机密。

（1）制作现场检查笔录和询问笔录：现场监督检查应根据监督检查内容当场制作现场检查笔录，由相对人核对无误后，卫生监督人员和相对人在笔录上共同签字。监督检查时，卫生监督人员可以对相对人或有关证人进行询问，并当场制作询问笔录，由被询问人核对无误后，卫生监督人员和被询问人在笔录上签名。相对人或被询问人对笔录内容有异议的，可在笔录上说明理由并签名，卫生监督人员应在其后签名。相对人或被询问人拒绝签名的，由 2 名以上卫生监督人员在笔录上签名并注明相对人拒绝签名情况，同时记录在场人员姓名、职务等。

（2）现场采样或检测：必要时，卫生监督人员可根据监测目的以及相关卫生检验标准方法的规定，采样和现场检测。采样的卫生监督员必须向被采样单位和个人出具采样凭证，应当制作采样记录和检测记录或在现场笔录上记录检测结果，并由当事人书面确认。

（3）调阅相关书面材料：卫生监督机构及其卫生监督人员有权要求被监督单位提供相关的书面材料，如传染病疫情报告登记表、食品原料购买台账等。现场检查所取证物应尽可能是原件、原物，调查取证原件、原物确有困难的，可由提交证据的单位或个人在复制品、照片等物件上签章，并注明"与原件（物）相同"字样或文字说明。

4. 告知 卫生监督人员完成卫生监督检查后，应向相对人通报卫生监督检查的结果，告知其拥有的权利，并签字。实施行政处罚时，应遵守《行政处罚法》、《卫生行政处罚程序》的规定。相对人对检查结果有异议的，允许其申辩，并做好记录。

七、卫生行政处罚程序

卫生行政处罚程序，是指卫生监督机构对相对人实施卫生行政处罚的方式、步骤以及实现这些方式、步骤的时间和顺序的行为过程。作为国家行政执法行为之一，卫生行政处罚的权威性不言而喻，而规范统一的程序，则是维护其权威性的重要保证。

（一）简易程序

卫生行政处罚的简易程序，又称当场处罚程序，是指卫生监督机构对事实清楚、情节简单、后果轻微的卫生行政违法行为当场进行处罚的程序。简易程序具有简便、灵活、快捷的特点，既节省了行政执法的成本、提高了行政效率，又减少了不必要的行政程序对卫生监督机构及当事人的拖累，在卫生行政处罚中起着重要的作用。

1. 简易程序的适用条件 《卫生行政处罚程序》第四十三条规定，对于违法事实清楚、证据确凿并有下列情形之一的，卫生监督机构可以当场做出卫生行政处罚决定：①予以警告的行政处罚；②对公民处以 50 元以下罚款的行政处罚；③对法人或者其他组织处以 1000 元以下罚款的行政处罚。

适用简易程序的卫生行政处罚行为，应该具备三个要素：即违法事实清楚并且证据确凿、有法定依据、处罚程度较轻。

2. 简易程序的具体内容 包括：①表明身份：卫生监督人员当场做出行政处罚决定的，应当向当事人出示卫生监督身份证件；②说明理由和依据：卫生监督人员指出当事人的违法行为，说明给予行政处罚的理由及行政处罚依据，必要时进行现场取证；③制作当场行政处罚决定书：卫生监督人员应在现场填写预定格式、编有号码并加盖卫生行政机关印章的当场行政处罚决定书；④交付与告知：行政处罚决定书应当场交付当事人，并告知履行时限、方式、拒不履行时应承担的法律后果以及申请复议或者提起行政诉讼的权利；⑤备案：卫生监督人员当场做出的行政处罚决定，应当在七日内报所属卫生行政机关备案。

（二）一般程序

一般程序，亦称普通程序，是指行政机关实施行政处罚的基本程序，行政主体在实施行政处罚过程中，除法律、法规有特别规定或者依法可以适用简易程序的案件外，实施行政处罚应当依照一般程序。一般程序包括受理与立案、调查取证、听证、处罚决定、送达、执行、结案等六个步骤。

1. 受理与立案 卫生计生主管部门对以下四类案件应当及时受理并做好记录：①在卫生监督

管理中发现的；②卫生机构监测报告的；③社会举报的；④上级卫生计生主管部门交办、下级卫生计生主管部门报请的或者有关部门移送的。

卫生计生主管部门受理的案件符合下列条件的，应当在七日内立案：①有明确的违法行为人或者危害后果；②有来源可靠的事实依据；③属于卫生行政处罚的范围；④属于本机关管辖。卫生计生主管部门对决定立案的应当制作报告，由直接领导批准，并确定立案日期和2名以上卫生执法人员为承办人。

2. 调查取证　对于依法给予卫生行政处罚的违法行为，卫生计生主管部门应当调查取证，查明违法事实。案件的调查取证，必须有2名以上卫生监督人员参加，并出示有关证件。

调查终结后，承办人应当写出调查报告。其内容应当包括案由、案情、违法事实、违反法律、法规或规章的具体款项等。

3. 处罚决定　调查终结后，卫生计生主管部门应当对违法行为的事实、性质、情节及社会危害程度进行合议并做好记录，合议应当根据认定的违法事实，依照有关卫生法律、法规和规章的规定分别提出处理意见。处罚决定的程序如下：

（1）合议：对于重大的处罚决定，应实行合议制度。应当由承办案件的执法人员与其他执法人员3人或3人以上的单数组成合议小组，在调查终结后，对违法行为的事实、性质、情节及社会危害程度进行集体讨论，根据认定的违法事实，依照有关卫生法律、法规和规章的规定，分别提出不同的处理意见：①确有应当受行政处罚的违法行为的，依法提出卫生行政处罚的意见；②违法行为轻微的，依法提出不予卫生行政处罚的意见；③违法事实不能成立的，依法提出不予卫生行政处罚的意见；④违法行为不属于本机关管辖的，应当移送有管辖权的机关处理；⑤违法行为构成犯罪需要追究刑事责任的，应当移送司法机关。同时应当予以行政处罚的，还应当依法提出卫生行政处罚的意见。

（2）告知：卫生计生主管部门在做出合议之后，应当及时告知当事人行政处罚认定的事实、理由和依据，以及当事人依法享有的权利。对拟给予较大数额罚款、责令停产停业、吊销许可证照处罚的案件，还应依法告知当事人有要求举行听证的权利。卫生计生主管部门必须充分听取当事人的陈述和申辩，并进行复核，当事人提出的事实、理由或者证据成立的，应当采纳。卫生行政机关不得因当事人申辩而加重处罚。告知的方式有口头和书面两种。

（3）听证：适用听证程序的，见下文"（三）听证程序"部分。

（4）审批：通过调查取证、听证等程序，对当事人违法事实已查清，依据卫生法律、法规、规章的规定应给予行政处罚的，承办人应起草行政处罚决定书文稿，报卫生计生主管部门负责人审批。

（5）决定：调查终结，卫生计生主管部门负责人根据具体情况做出行政处罚决定。对于重大、复杂的行政处罚案件，应当由卫生计生主管部门负责人集体讨论决定。行政处罚决定做出后，卫生计生主管部门应当制作行政处罚决定书，写明违法事实、处罚依据、处罚内容及不服处罚的救济途径和期限。

4. 送达　卫生行政处罚决定书应当在宣告后当场交付当事人并取得送达回执。当事人不在场的，卫生计生主管部门应当在7日内依照规定，将卫生行政处罚决定书送达当事人。

5. 执行　卫生行政处罚决定做出后，当事人应当在处罚决定的期限内予以履行。当事人对卫生行政处罚决定不服申请行政复议或者提起行政诉讼的，行政处罚不停止执行，但行政复议或行政诉讼期间裁定停止执行的除外。应特别注意以下情况：①做出罚款决定的卫生计生主管部门应当与收缴罚款的机关分离；②当事人在法定期限内不申请行政复议或者不提起行政诉讼又不履行的，卫生计生主管部门可以采取下列措施：到期不缴纳罚款的每日按罚款数额的3%加处罚款、申请人民法院强制执行。

6. 结案　卫生行政处罚决定履行或者执行后，承办人应当制作结案报告。并将有关案件材料进行整理装订，加盖案件承办人印章，归档保存。适用听证程序的行政处罚案件，应在结案后一个月内报上一级卫生计生主管部门法制机构备案。

(三)听证程序

听证程序,指行政机关在做出行政处罚决定之前,由行政机关指派专人主持听取案件调查人员和当事人就案件事实、处罚理由及适用依据进行的陈述、质证和辩论的法定程序。听证程序在行政处罚程序中不是一个单独的程序,而是一般程序中的一个环节。它发生在行政机关事先告知违法事实、处罚理由、依据和相关权利之后,在正式做出处罚决定之前的阶段。

1. 听证程序的适用范围 《卫生行政处罚程序》第三十条规定,卫生行政机关在作出的责令停产停业、吊销许可证或者较大数额罚款等行政处罚决定前,应当告知当事人有要求举行听证的权利。

2. 听证的原则 听证应遵循公正、公开的原则,并实行告知、回避制度,依法保障当事人的陈述权和申辩权。

3. 听证程序的基本内容 包括:①告知听证权利:卫生计生主管部门对于适用听证程序的卫生行政处罚案件,应当在做出行政处罚决定前,向当事人送达听证告知书。②听证的申请与决定:听证程序的适用以当事人的申请为前提,卫生计生主管部门不主动启动听证程序。当事人对符合法定条件的行政处罚案件要求听证的,应当在卫生行政机关告知后3日内提出。③听证通知:卫生计生主管部门决定予以听证的,听证主持人应当在当事人提出听证要求之日起2日内确定举行听证的时间、地点和方式,并在举行听证的7日前,将听证通知书送达当事人。④听证的组织:听证由做出行政处罚的卫生行政机关组织,当事人不承担听证的费用。⑤听证的形式:除涉及国家秘密、商业秘密或者个人隐私外,听证一般以听证会的形式公开举行。⑥听证的内容:举行听证时,案件调查人提出当事人违法事实、证据和适用听证程序的行政处罚建议,当事人进行陈述、申辩和质证。案件调查人员对认定的事实负有举证责任,当事人对自己提出的主张负有举证责任。⑦听证笔录:听证应当制作笔录,由听证主持人在听证后将听证笔录当场交当事人和案件调查人员审核,并签名或盖章。当事人拒绝签名的,由听证主持人在听证笔录上说明情况。

听证是一般程序中对特定行政处罚案件的特殊调查取证方式,听证结果是重大卫生行政处罚决定的主要依据,必须严格按照程序执行。

八、卫生行政强制执行程序

卫生行政强制执行是指卫生计生主管部门申请人民法院对不履行发生法律效力的卫生行政决定的行政相对人采取强制方式,以迫使该相对人履行义务,或达到义务履行的同一状态的行为或制度。卫生行政强制执行程序是指实施这一行为或制度的方式、步骤和顺序。

行政机关做出强制执行决定前,应当事先催告当事人履行义务。催告应以书面形式做出,并载明下列事项:①履行义务的期限;②履行义务的方式;③涉及金钱给付的,应当有明确的金额和给付方式;④当事人依法享有的陈述权和申辩权。

经催告,当事人逾期仍不履行政决定,且无正当理由的,行政机关可以做出强制执行决定。一般应以书面形式提交申请执行书。申请执行书应写明申请执行的事项和理由,同时附上作为执行根据的法律文书。申请强制执行应在法律文书发生法律效力后提出。按规定申请须向第一审法院提出,若法院认为申请执行的事项有遗漏或有明显差错,或者执行内容不清的,卫生监督机关须遵照法院的要求,及时地予以补正。

九、卫生行政案件移送

卫生行政案件移送是指卫生行政执法机关发现受理的行政处罚案件不属于自己管辖的或者认为所管辖的案件中的违法行为已经构成犯罪,依法将案件移送给其他有管辖权的行政执法机关或处理犯罪案件的司法机关处理的制度。

依据《行政处罚法》第二十二条规定，违法行为构成犯罪的，行政机关必须将案件移送司法机关，依法追究刑事责任。

第九节　卫生监督文书

一、卫生监督文书的概念和作用

（一）卫生监督文书的概念

卫生监督文书（document of health supervision）是卫生监督主体在卫生监督过程中，针对特定的管理相对人和事依法制作的具有法律效力或法律意义的公用文书。

上述概念包含了五个含义：①卫生监督文书制作的主体是卫生监督主体；②卫生监督文书是针对特定主体、特定事项的法律文书，不是具有普遍约束力的规范性法律文件；③卫生监督文书必须依法制作；④卫生监督文书是具有法律效力或者法律意义的文书；⑤卫生监督文书是由卫生监督员个人制作的，但是它代表的是卫生监督主体。

（二）卫生监督文书的作用

1. 卫生监督的必备手段　卫生监督文书是实施法律的必备手段，它是所依据法律效力的具体体现。通过使用卫生监督文书，卫生监督机关就能依法监督管理相对人履行卫生法律、法规规定的义务，处理各种违反卫生法律、法规行为，从而保证卫生法律、法规的具体实施。

2. 卫生监督的忠实记录　卫生监督活动的每一环节都需要制作相应的卫生监督文书，用以忠实地记录卫生监督活动的全过程。通过文书可以了解采取的具体监督行为是否合法合理。文书的制作水平可以反映卫生监督主体开展卫生监督活动的具体情况和卫生监督人员的素质。同时，卫生监督文书也是人民法院审理卫生行政诉讼案件的重要书证。

3. 卫生法制宣传的重要途径　卫生监督文书是具有较强说服力和教育实效的教材。它可以警告不法分子不要重蹈违法犯罪的覆辙，同时又可以增强人们的卫生法制观念。

4. 考核卫生监督人员的重要内容　卫生监督文书的质量直接反映了卫生监督队伍的整体素质和执法水平。卫生监督文书制作的优劣不单纯是语言文字的问题，而是衡量制作者观察问题、分析问题、处理问题综合能力的客观尺度。

5. 卫生监督人员培训的实用教材　卫生监督文书是研究和分析卫生执法案例，总结经验教训的第一手资料。一些高质量的文书可直接为卫生监督人员提供示范实例，而较差的文书也会使卫生监督人员从中发现存在的问题，引以为戒，不再出现类似的失误。

二、卫生监督文书的种类

按照不同的分类标准，卫生监督文书可以分为以下几类：

1. 按文书的性质分类　分为：①建设项目审批及卫生许可类，包括建设项目卫生审查申请书、建设项目设计卫生审查认可书、建设项目竣工卫生验收认可书、卫生许可证申请书、卫生许可证、不予行政许可决定书等；②产品样品采集、鉴定类，包括产品样品采样记录、产品样品确认告知书、检验结果告知书等；③卫生监督检查处理类，包括卫生监督意见书、职业禁忌人员调离通知书、卫生行政控制决定书等；④卫生行政处罚类，包括立案报告、案件移送书、现场检查笔录、询问笔录、行政处罚决定书、送达回执、强制执行申请书及结案报告等；⑤卫生行政复议类，包括行政复议申请书（口头申请行政复议笔录）、行政复议答复书、行政复议决定书等；⑥卫生行政应诉类文书，包括行政诉讼答辩状、行政诉讼上诉状等。

2. 按文书的用途分类　分为：①执行类文书，包括各种通知书（告知书）、决定书、许可证等；②证据类文书，包括各种笔录、记录、鉴定结论等；③内部工作类文书，包括立案报告、合议记录、结案报告等。

3. 按文书的制作方法分类　分为：①填写式文书，包括案件移送书、采样记录等；②叙述式文书，包括现场检查笔录、卫生监督意见书等。

三、卫生监督文书的制作原则及制作基本要求

（一）卫生监督文书的制作原则

1. 合法原则　制作的主体合法、所依据的法律文件合法、制作程序合法、内容合法。

2. 准确原则　对象准确、标的物准确、适用法律准确、选用文书准确。

3. 实用原则　第一形式要实用；第二范围要实用。

（二）卫生监督文书制作的基本要求

1. 项目要填写齐全　规范的卫生监督文书中，设定的各个项目都代表着特定的法律意义，是卫生监督执法所必需的重要信息。因此，制作文书如有空项无疑要损失某种重要的信息，严重时则可造成所制作的文书失去法律效力。

2. 实体内容要严谨　包括：①描述事实要严谨：要选择符合制作文书宗旨的事实材料，要突出重点，选材要精确适当，所列的事实要有充分的说服力，并且要列举确凿的证据，事实和证据要相互印证。②引用法律：一是要引用权利或义务条款说明事实的违法，提出处罚或某一具体行政行为的理由；二是要引用处罚条款提出处罚的法律依据。③行政决定：以事实为依据、以法律为准绳，做出职权范围内的具体行政决定。

3. 运用语言要规范　卫生监督文书是实效性文书，对文字语言都有特殊的要求，准确规范的语言是高质量卫生监督文书的重要标志。语言规范就是要正确的遣词造句，正确使用标点符号，做到言简意赅，切忌重复。具体要做到：①语言要朴素。语言必须准确，直截了当，不能渲染、虚饰、比喻和夸张。②语言要庄重。力求"法言法语"，郑重严肃，尽量避免口语、方言，还须注意褒贬词的使用。③语言要具有科学性。在制作时应熟练、准确地运用法律名词和专业术语。④语言要完整。文书中出现的各种名称，如法律名称、单位名称或当事人名称及物品名称等都应该使用全称，不得随意省略。出现的数量词，如年、月、日、文号、序号、编号等都应使用阿拉伯数字。

4. 制作程序要完备　有些卫生监督文书需要在卫生监督主体内部运转处理后，才能正式发出而产生效力。一些文书既要发给文书的接受者，又要存档，根据实际需要有些文书采取联单式，有些文书采取存根式，而有些则需再行复制。例如，现场检查笔录在现场制作完毕后，要让被监督人签字；执行类文书或具有重要意义的文书则须有送达回执。

四、卫生监督文书制作规范

为规范卫生监督行为，保障公民、法人和其他组织的合法权益，卫生部 2012 年 9 月 6 日公布了修订后的《卫生行政执法文书规范》，自 2012 年 12 月 1 日起实施。《卫生行政执法文书规范》对卫生监督文书制作提出如下要求。

（1）制作的文书应当完整、准确、规范，符合相应的要求。文书中卫生计生主管部门的名称

应填写机关全称。

（2）文书本身设定文号的，应在文书标注的"文号"位置编写相应的文号，编号方法为：地区简称+卫+执法类别+执法性质+[年份]+序号。文书本身设定编号的，应当在文书标注的"编号："后印制编号，编号方法为：年份+序号。

（3）现场使用的文书应按照规定的格式印制后填写。两联以上的文书应用无碳复写纸印制。应用蓝色或黑色的水笔或签字笔填写，保证字迹清楚、文字规范、文面清洁。

（4）因书写错误需要对文书进行修改的，应用杠线划去修改处，在其上方或者接下处写上正确内容。对外使用的文书做出修改的，应在改动处加盖校对章，或由对方当事人签名或盖章。

（5）文书也可以按照规范的格式打印。执法过程中需要利用手持移动执法设备现场打印文书的，在文书格式和内容不变的情况下，文书规格大小可以当调整。

（6）预先设定的文书栏目，应逐项填写。摘要填写的文书栏目，应简明、完整、准确。签名和注明日期，必须清楚无误。

（7）调查询问所作的记录应具体详细，涉及案件关键事实和重要线索的，应尽量记录原话。不得使用推测性词句，以免发生词句歧义。对方位、状态及程度的描述记录，应依次有序、准确清楚。

（8）当场制作的采样记录、现场检查笔录、询问笔录、陈述和申辩笔录、听证笔录等文书，应当在记录完成后注明"以下空白"，当场交由有关当事人审阅或者向当事人宣读，并由当事人签字确认。当事人认为记录有遗漏或者有差错的，应当提出补充和修改，并在改动处用指纹或印鉴覆盖。当事人认为现场检查笔录、询问笔录所记录的内容真实无误的，应在笔录上注明"以上笔录属实"并签名。当事人拒不签名的，应当注明情况。采取行政强制措施时，当事人不到场的，应当邀请见证人到场在现场笔录上签名或者盖章。

（9）文书本身设有"当事人"项目的，按以下要求填写：是法人或其他组织的，应填写单位的全称、地址、联系电话，法定代表人（负责人）的姓名、性别、民族、职务等内容；是个人的应填写姓名、性别、年龄、民族、住址、联系电话等内容。"案件来源"按照《卫生行政处罚程序》规定的内容填写。文书首页不够记录时，可以续页记录，但首页及续页均应有当事人签名并注明日期。

（10）案由统一写法为：当事人名称（姓名）+具体违法行为+案。如有多个违法行为，以主要的违法行为作为案由。文书本身设有"当事人"项目的，在写案由时可省略有关当事人的内容。

（11）对外使用的文书本身设定签收栏的，在直接送达的情况下，应由当事人直接签收。没有设定的，一般应使用送达回执。

五、常用的几种卫生监督文书

（一）建设项目设计审查及行政许可类文书

1. 建设项目设计卫生审查认可书　是指卫生监督主体对建设项目设计进行审查之后，把审查意见形成的书面材料。

制作要求：文书编号是卫生计生主管部门发出"认可书"的编号；申请单位要填写建设项目申请单位的全称；项目名称无论是新、改、扩、续建的项目都要写全称；项目编号要填写设计单位在设计该项目图纸时的编号。

审查结论对图纸中设计的卫生设施或卫生专篇，应重点给予说明。对于设计遗漏或设计不合理的卫生设施，要一一指出，并要求在施工中补上。总的结论意见可写"本项目经卫生审查可以施工，对于存在的卫生问题要在施工过程中解决"。

2. 建设项目竣工卫生验收认可书　是卫生监督主体对一项建设项目在竣工时进行验收之后，

表示的意见而形成的书面材料。

制作要求：申请单位要填写项目建设单位的全称，设计卫生审查认可书文号要填写该项目在卫生计生主管部门进行设计审查时发出的"认可书"文号。

验收结论要对已具备的主要卫生设施一一给予鉴定，对于暂不完善或缺少的卫生设施也要一一指出，并提出尽快完善和补充的要求。发出验收"认可书"就是表示基本同意，虽然还存在某些问题和不足，但不影响使用。因此总的验收意见可写"本项目可以使用。对于存在的卫生问题限×日内解决。"

3. 卫生许可证　是卫生监督主体在企业开业前依据其申请进行预防性卫生监督审查之后，认为经营的项目和卫生设施等都符合相应企业的卫生标准和要求而制发的卫生许可证明书。

制作要求：单位名称要填写申请单位的全称。地址按经营场所的详细地址填写，城市要写明区、街、段、里、号，农村要写县、乡、村。

卫生许可项目要填写《卫生许可证申请书》中卫生监督主体批准的项目，不能任意添加和减少。有效期限要填写具体的起止日期。

（二）卫生监督现场检查处理类文书

1. 现场笔录　是在案件调查、现场监督检查或者采取行政强制措施过程中，对与案件有关的现场环境、场所、设施、物品、人员、生产经营过程等进行检查时作的记录。

现场检查笔录客观记载了现场状况，是卫生监督中非常重要的证据类文书。通过笔录中的文字内容，可以再现现场客观存在的状况，使没有到过现场的人对现场的卫生状况以及生产经营者存在的违法事实有一个比较全面的了解。

制作要求：检查时间指到现场检查的时间，检查地点，应写清勘验、察看地点的具体方位和具体地点。检查内容记录，要将涉及案件事实的有关情况准确、客观地记录下来。

制作说明：①记录顺序可以与勘验、检查工作的顺序一致，边检查边记录；也可以在检查结束后，当场对检查内容加以归纳整理，并结合法律条款内容有针对性地加以记录。在检查过程中，拍摄现场照片、提取物证的，也应同时记录下来。②检查笔录要突出重点，抓住主要违法事实作详细记录，不能事无巨细全部记录。记录时只对现场状况和违法行为作记载，不作任何评价，不写处罚与否。③对违法事实的描述必须具体，主要从地点（部位）、内容、数量、状况等方面考虑，不能笼统、抽象。④检查笔录不能当作催款单使用；不能当作产品推销广告；不能当作责令改正通知书；不能当作行政控制决定书；不能当作违法物品的收据或者清单。⑤笔录要记录物证和拍照的物品所在的位置、名称、数量、状态、标记等。如果在现场采取了行政控制措施或保存证据措施的，应该在记录中记载。⑥一案多个现场或同一现场进行多次检查的，应当分别制作现场检查笔录，不能结合起来只制作一份笔录。

2. 卫生监督意见书　是卫生监督主体制作的对被监督单位或个人具有指导性或指令性作用的文件。《卫生监督意见书》的用途较为广泛。卫生监督主体凡是需要对被监督对象提出卫生要求、改进意见、技术指导、卫生学评价、产品卫生质量评价等的均可使用。此外对虽有违法事实，但情节轻微，不需要给予行政处罚的当事人提出责令改正意见时，也应使用本文书。

卫生监督意见书的具体作用主要体现在两方面：一是警示作用，即管理相对人有轻微违法行为时，卫生监督主体可以不做出行政处罚，以监督意见的形式责令其改正违法行为；二是技术指导作用，即通过监督意见指导和帮助管理相对人达到卫生法律规范设定的卫生标准和要求。

制作要求：监督意见栏应针对发现的问题提出切实可行的改进办法，使其达到卫生标准或卫生要求，一般用于设施、设备、工艺、具体操作等。对虽有违法事实，但情节轻微，不需要给予行政处罚的当事人提出责令改正意见时，应写明法律依据、改正期限及责令改正意见等内容。

（三）卫生行政处罚类文书

1. 行政处罚决定书 是对事实清楚、证据确凿的违法案件根据情节轻重依法做出处罚决定的文件，适用于一般程序和听证程序的卫生行政处罚。

制作要求：被处罚人是单位的，填写单位全称。是个人的，填写姓名。同时还应写明被处罚人的地址。决定书应写明查实的违法事实、相关证据、违反的法律条款、行政处罚依据、行政处罚决定的内容，同时应提出责令立即或限期改正的意见。决定书还应将有关告知事项交代明白，如罚款缴往单位、地址和缴纳期限，复议和诉讼的途径、方法和期限等。

制作说明：①违法事实：是案件定性和给予行政处罚的依据，要求逻辑清楚、层次分明。书写时不要把与案件定性无关的次要情节和细节都写上，尤其是证据不充分或法律、法规没有明确规定的事实。②证据：要将在监督检查及调查时所取得、能够证明当事人违法事实的文字、影像、录音、证人证言等证据详细列出。③法律依据：引用的法律条款要准确，要与当事人违法事实相对应，能够确定违法事实中陈述的行为是违法行为；引用的法律条款要全面、具体，卫生监督主体对被处罚主体所做出的行政处罚，要与法律条款中规定的处罚完全一致；要尽可能引用法律地位较高的法律、法规条款作为依据；处罚部分，除了处罚决定的内容外，还应责令当事人立即或限期改正违法行为。

2. 送达回执 是将卫生监督文书送交有关当事人而证明受送达人已收到的凭证。其主要用于送达决定书、通知书、告知书等对外使用的文书。

送达回执是卫生行政执法文书中的一种重要文书，也是进行复议、诉讼时的重要证据材料。相对人在送达回执上签收，表示卫生监督主体制作的卫生行政执法文书已经交付相对人，意味着该文书产生法律效力。

制作要求：送达回执应写明受送达人、送达机关、送达文件名称及文号、送达地点等内容。送达方式主要有：直接送达、邮寄送达、留置送达和公告送达等法定方式。

制作说明：①受送达人：即送达文书的接收单位，应与所送达文书的当事人相一致。②送达人和受送达人应分别签名，注明送达和收到的时间。送达人由承办人员签名。受送达人是公民的由本人签名，本人不在时，交同住的成年家属签名；受送达人是法人或者其他组织的，由法定代表人、其他组织负责人或者该单位负责收件人员签收。③在当事人拒绝签字而采用留置送达方式时，可由送达人员在该文书备注栏处注明相关情况，可摄像、拍照，并要注意参照物，邀请见证人签署姓名及日期。④采用邮寄送达方式，回执注明的收件日期为送达日期。⑤当事人不在，卫生监督主体在 7 日内将卫生行政处罚决定书送达当事人。如当事人下落不明无法送达的，以公告方式送达，自发出公告之日起经过 60 日即视为送达。

（四）卫生行政复议类文书

1. 卫生行政复议申请书 是公民、法人或者其他组织认为卫生计生主管部门或其执行机构及卫生法律、法规授权组织的具体行政行为侵犯了其合法权益，依法向做出具体行政行为的上一级卫生计生主管部门或本级人民政府提出复议请求，要求撤销、变更、责令重新做出具体行政行为或履行法定职责的法律文书。

行政相对人的复议申请是行政复议的前提和基础，是行政复议活动的起始环节。同时，行政复议申请书又是卫生行政复议行为实施和做出决定的书面依据，是卫生行政复议机关审查复议申请是否符合《行政复议法》规定的唯一书面材料。申请行政复议可以书面申请，也可以口头申请。口头申请的，行政复议机关应当记录申请人的基本情况、行政复议请求、申请复议的主要事实、理由和时间。因此卫生行政复议机关工作人员应了解并掌握行政复议申请书的格式和内容。

2. 行政复议决定书 是指行政复议机关在查明复议案件事实的基础上，根据事实与法律规定对原具体行政行为做出维持、变更、撤销、确认违法的决定，重新做出具体行政行为和责令履行法定职责等决定时制作的法律文书。

行政复议决定书是行政复议机关对被申请复议的具体行政行为进行审查后得出的结论，体现了行政复议机关对案件的态度。撰写行政复议决定书是整个行政复议活动的最后环节，也是最关键的环节。

制作要求：行政复议决定书适用于除申请人撤回申请而终止以外的所有被卫生行政复议机关受理并经审理后做出行政复议决定的行政复议案件。它是直接对外发生法律效力的文书，可以直接对当事人的权利义务产生影响，因此制作必须规范。

本章小结

卫生法是指由国家制定或认可，并由国家强制力保证实施的，旨在调整保护人体健康的活动中所形成的各种社会关系的法律规范的总称。卫生法的调整对象涉及疾病控制、医疗保健、妇幼卫生、生殖健康、卫生监督管理、药事监督管理、医药生产经营、医学教育科研等诸多方面。卫生法的基本原则是卫生立法的基础，卫生司法的依据，卫生活动的准则。卫生监督是卫生计生行政部门依据卫生法律、法规的授权，对公民、法人和组织贯彻执行卫生法律、法规的情况进行督促检查，对违反卫生法规、危害人体健康的行为追究法律责任的一种卫生行政执法行为。本章主要阐述了卫生法的概念、调整对象、基本原则，卫生法律救济、卫生行政复议和卫生行政赔偿的原则、程序、特征及构成要件；卫生监督概念、功能、原则和分类，卫生监督法律关系和卫生监督主体，卫生监督依据和证据，卫生监督手段，卫生监督程序，卫生监督文书等内容。通过卫生法律制度与监督概述部分的学习，学生掌握卫生法的概念、特征、基本原则，卫生法的渊源、卫生法律救济、卫生行政复议和卫生行政赔偿；卫生监督学的基本知识和基本理论以及进行卫生监督活动的基本技能，并对我国卫生监督体系有了全面了解，为学习各类卫生法律制度与监督奠定基础。

思 考 题

1. 案例中的违法事实有哪些？对其进行处罚的依据有哪些？
2. 结合案例谈谈执法中应收集哪些证据？
3. 结合案例论述卫生行政处罚的程序。
4. 结合案例论述卫生监督原则有哪些？

（娄峰阁）

第二章 医疗机构卫生法律制度与监督

 学习目标

掌握：医疗机构、卫生技术人员、医疗损害的概念，医疗机构执业监督，医师执业监督，医院感染监督，病历及处方监督。

熟悉：护士执业监督，临床用药监督，临床用血监督，医疗废物监督，医疗广告监督，医疗损害赔偿制度。

了解：医疗事故处理法律制度，医疗事故罪，非法行医罪，非法采供血罪。

> **案例 2-1**
> **未取得相应技术许可证擅自从事终止妊娠手术、计划生育技术服务案**
>
> 2013 年 5 月，某区卫生和人口计划生育委员会卫生监督员到辖区某医院某社区健康服务中心现场检查。在妇科诊室，监督员查见"门诊病人登记本"一本，内有"人流、取环"字样。依登记本登记的姓名，监督员在妇科诊室及收费处电脑打印出该患者处方笺、治疗单、收费单，处方笺未显示医师姓名，治疗单上有"手术费 4"、"手术费 2"字样。该社区中心负责人及妇科医师承认，查获的处方笺和治疗单为该社区中心医生李某在岗期间所开具，"手术费 4"、"手术费 2"指"人工终止妊娠手术、取环"等妇科治疗项目收费。
>
> 某区卫生计生局做出处理决定如下：某医院某社区健康服务中心未取得相应技术服务资格开展终止妊娠手术，依照《中华人民共和国母婴保健法》及《中华人民共和国母婴保健法实施办法》，处以警告、没收违法所得壹仟柒佰陆拾元并罚款人民币壹万元整；某医院某社区健康服务中心擅自从事计划生育技术服务，依照《计划生育技术服务管理条例》，给予警告、没收违法所得肆佰元整并罚款人民币壹万元整。
>
> 某区卫生计生局于 2013 年 7 月 31 日发出《行政处罚事先告知书》，在当事人当场放弃陈述申辩后，发出《行政处罚决定书》。
>
> 某区卫生计生局于 10 月 9 日跟踪复查，未发现该社区健康服务中心开展计划生育及人工终止妊娠手术服务。
>
> **问题：** 从事终止妊娠术应取得的技术服务资格是什么？

第一节 概　　述

> **案例 2-2**
> **未取得医疗机构执业许可证擅自从事诊疗活动案**
>
> 2013 年 5 月，根据群众举报线索，某市卫生计生局会对王某在该市开办的诊所进行监督检查。监督员发现，诊所墙壁悬挂 6 个输液挂钩，现场有一名老年男性正在输液，治疗桌上放有 4 个玻璃瓶，内装有酒精棉球，9 个已拆封使用过的一次性输液器包装袋，治疗桌右侧涂料桶内放有 8 个注射液空瓶，另一房间的木柜内放有药品。王某现场无法出示有效的医疗

机构执业许可证。卫生监督员当场对木柜内存放的药品依程序进行了查封（扣押），并下达了《查封（扣押）决定书》及《卫生监督意见书》，并责令立即停止诊疗活动。经进一步调查核实，王某自 2012 年 10 月中旬开展诊疗活动，擅自执业时间在 3 个月以上。王某本人只有助理医师资格证书，未取得执业医师证书。经立案、调查、集体合议等程序后，卫生局依据《医疗机构管理条例》做出没收《查封（扣押）决定书》所登记的药品、并处以玖仟玖佰元（9900 元）罚款的行政处罚决定。

问题：
1. 非法行医的典型表现形式是什么？
2. 哪些证据应予固定？

一、医疗机构的概念及分类

（一）概念

医疗机构（medical institution）是依法设立的从事疾病预防、诊断、治疗活动的机构的总称，包括医院、卫生院、疗养院、门诊部、诊所、卫生所（室）及急救站等。

（二）分类

1. 根据功能、任务、规模 医疗机构分为：①综合医院、中医医院、中西医结合医院、民族医院、专科医院、康复医院；②妇幼保健院；③社区卫生服务中心、社区卫生服务站；④中心卫生院、乡（镇）卫生院、街道卫生院；⑤疗养院；⑥综合门诊部、专科门诊部、中医门诊部、中西医结合门诊部、民族医门诊部；⑦诊所、中医诊所、民族医诊所、卫生所、医务室、卫生保健所、卫生站；⑧村卫生室（所）；⑨急救中心、急救站；⑩临床检验中心；⑪专科疾病防治院、专科疾病防治所、专科疾病防治站；⑫护理院、护理站；⑬其他诊疗机构。

2. 按照性质、社会功能及其承担任务 医疗机构分为营利性医疗机构和非营利性医疗机构。非营利性医疗机构，即为社会公众利益服务而设立和运营的医疗机构，不以营利为目的，其收入用于弥补医疗服务成本，实际运营中的收支结余只能用于自身的发展，如改善医疗条件、引进技术、开展新的医疗服务项目等。政府举办的非营利性医疗机构主要提供基本医疗服务并完成政府交办的其他任务，其他非营利性医疗机构主要提供基本医疗服务，非营利性医疗机构也可以提供少量的非基本医疗服务。营利性医疗机构是指医疗服务所得收益可用于投资者经济回报的医疗机构，营利性医疗机构根据市场需求自主确定医疗服务项目，政府不举办营利性医疗机构。

二、卫生技术人员的概念及分类

（一）概念

卫生技术人员（medical personnel）是指受过高等或者中等医药卫生教育或培训，掌握医药卫生知识，经卫生计生主管部门审查合格，从事医疗、预防、药剂、护理、医技、卫生技术管理等专业的技术人员。

卫生技术人员应该满足以下四个条件：①接受过医药卫生教育；②掌握医药卫生知识；③具备政府规定的从事特定医药卫生工作的各项条件；④从事医药卫生工作。典型的卫生技术人员包括医生、护士和药师，但不包括未经执业注册的医务人员、护理员、卫生监督员、卫生协管员、医疗机构的管理人员和工勤人员。

（二）分类

1. 医师（士）类卫生技术人员 医生（physician）是掌握医药知识、以治病为业人员的统称，包括医师、医士、乡村医生。医师是指依法取得执业医师、执业助理医师资格，经注册在医疗机构从事医疗、预防、保健等工作的人员。医士是指受过中等医学教育或具有同等能力、经国家卫生部门审查合格的负医疗责任的医务工作者。乡村医生是指经注册在村医疗卫生机构从事预防、保健和一般医疗服务的乡村医生。

2. 护师（士）类卫生技术人员 护士（nurse）是从事护理技术工作人员的统称，指经执业注册取得护士执业证书，依法在医疗机构从事护理工作的人员，其专业技术职称分为护师和护士两大类。

3. 药师（士）类卫生技术人员 药师（pharmacist）是药学专业技术人员的统称，指受过高等药学教育或在医疗预防机构、药事机构和制药企业从事药品调剂、制备、检定和生产等工作并经卫生计生主管部门审查合格的药学技术人员。药师的专业技术职称包括初级的药士和药师、中级的主管药师、高级的副主任药师和主任药师。

4. 技师（士）类卫生技术人员 技师是技能工程师的简称，指具备相关技术，掌握或精通某一类技巧、技能的人员。从事医疗卫生服务的技术人员通常被称为医技人员。根据卫生和计划生育委员会发布的《医疗机构从业人员行为规范》，医技人员的定义为医疗机构内除医师、护士、药学技术人员之外从事其他技术服务的卫生专业技术人员。一般认为，检验科、影像科、B 超室、心电图、脑电图等辅助检查科室的技工人员，口腔技师和医疗器械维护人员，盲人医疗按摩人员都属于医技人员。

三、卫生监督的法律依据

我国现行医疗机构管理法制建设始于 20 世纪 90 年代中期，标志是 1994 年的《医疗机构管理条例》及《医疗机构管理条例实施细则》。1998 年全国人民代表大会常务委员会通过了《中华人民共和国执业医师法》（以下简称《执业医师法》），原卫生部发布了《医师资格考试暂行办法》、《医师执业注册暂行办法》、《关于医师执业注册中执业范围的暂行规定》、《医师外出会诊管理暂行规定》、《医师定期考核管理办法》、《处方管理办法》等配套规章制度。2009 年，医改再次启动，改革的总目标为"建立健全覆盖城乡居民的基本医疗卫生制度，为群众提供安全、有效、方便、价廉的医疗卫生服务"。随后，《基本医疗卫生法》的立法工作提上议事日程。

四、监督机构及职责

卫生计生主管部门负责对医疗机构及医务人员的监督管理工作，其中，国务院卫生计生主管部门总揽全局，县级以上人民政府卫生计生主管部门负责辖区内医疗机构及医务人员的监督管理工作。

第二节 医疗机构执业监督

一、医疗机构设置的条件和程序

设置医疗机构应当符合《医疗机构设置规划》和《医疗机构基本标准》。申请设置医疗机构时，应提交设置申请书、设置可行性研究报告、选址报告和建筑设计平面图等文件，经县级以上地方人民政府卫生计生主管部门审查批准，并取得《设置医疗机构批准书》后，方可向有关部门办理其他手续。

《医疗机构管理条例》及其实施细则规定,有下列情形之一的,不得申请设置医疗机构:①不能独立承担民事责任的单位;②正在服刑或者不具有完全民事行为能力的个人;③医疗机构在职、因病退职或者停薪留职的医务人员;④发生二级以上医疗事故未满5年的医务人员;⑤因违反有关法律、法规和规章,已被吊销执业证书的医务人员;⑥被吊销医疗机构执业许可证的医疗机构法定代表人或者主要负责人等。

卫生计生主管部门对设置医疗机构申请,应当自受理之日起30日内,依据当地《医疗机构设置规划》进行审查,对符合医疗机构设置规划和原卫生部制订的医疗机构基本标准的,发给《设置医疗机构批准证书》。有下列情形之一的,设置医疗机构申请不予批准:①不符合当地《医疗机构设置规划》;②设置人不符合规定的条件;③不能提供满足投资总额的资信证明;④投资总额不能满足各项预算开支;⑤医疗机构选址不合理;⑥污水、污物、粪便处理不合理等。卫生计生主管部门对不予批准的要以书面形式告知理由。

二、医疗机构执业登记

(一)执业登记的申请条件

医疗机构申请执业(practice)登记应具备下列条件:①有《设置医疗机构批准书》;②符合医疗机构的基本标准;③有适合的名称、组织机构和场所;④有与其开展的业务相适应的经费、设施、设备和专业卫生技术人员;⑤有相应的规章制度;⑥能够独立承担民事责任。

(二)执业登记提交的材料

申请医疗机构执业登记应当填写《医疗机构申请执业登记注册书》,并提交下列材料:①《设置医疗机构批准书》或者《设置医疗机构备案回执》;②医疗机构用房产权证明或者使用证明;③医疗机构建筑设计平面图;④验资证明、资产评估报告;⑤医疗机构规章制度;⑥医疗机构法定代表人或者主要负责人及各科室负责人名录和有关资格证书、执业证书复印件等。

申请门诊部、诊所、卫生所、医务室、卫生保健所和卫生站执业登记的,还应当提交附设药房(柜)的药品种类清单、卫生技术人员名录及其有关资格证书、执业证书复印件等。

(三)不予登记的情形

《医疗机构管理条例》及其实施细则规定,有下列情形之一的,不予登记:①不符合《设置医疗机构批准书》核准的事项;②中外合资、合作医疗机构不符合《医疗机构基本标准》;③投资不到位;④医疗机构用房不能满足诊疗服务功能;⑤通讯、供电、上下水道等公共设施不能满足医疗机构正常运转;⑥医疗机构规章制度不符合要求;⑦消毒、隔离和无菌操作等基本知识和技能的现场抽查考核不合格;⑧省、自治区、直辖市政府卫生计生主管部门规定的其他情形。

(四)变更登记

医疗机构改变名称、地址、主要负责人、诊疗科目、床位,必须向原登记机关办理变更登记;歇业(包括非因改建、扩建、迁建原因停业超过一年的),必须向原登记机关办理注销登记,经核准后收缴医疗机构执业许可证。

(五)校验

床位在100张以上的综合医院、中医医院、中西医结合医院、民族医医院及专科医院、疗养院、康复医院、妇幼保健院、急救中心、临床检验中心和专科疾病防治机构的校验期为三年,其他医疗机构的校验期为1年。医疗机构应当于校验期满前3个月向登记的卫生计生主管部门申请办理校验手续,并提交医疗机构校验申请书、医疗机构执业许可证副本等。卫生计生主管部门应当在受理校验申请后 30 日内完成校验。

《医疗机构管理条例》及其实施细则规定,有下列情形之一的,卫生计生主管部门可以根据情况给予 1 至 6 个月的暂缓校验期:①不符合医疗机构设置标准;②限期改正期间;③省、自治区、直辖市卫生计生主管部门规定的其他情形。不设床位的医疗机构在暂缓校验期内不得执业。暂缓校验期满仍不通过校验的,卫生计生主管部门注销其医疗机构执业许可证。

三、医疗机构行为规范

> **案例 2-3**
>
> **擅自鉴定胎儿性别案**
>
> 2013 年 5 月,某晚报报道有街边诊所花几十元能看"男女"。某市卫生和计划生育委员会卫生监督员与报道记者联系,了解情况并获知某"诊所"的地址后,联合公安部门共同对某门诊部进行了检查。现场检查发现,该门诊部有《医疗机构执业许可证》,诊疗科目为内科、外科、儿科、口腔科。门诊部二楼一房间内放有妇科诊察床一张,ECHO CAMERA SSC-290 型号 B 超机一台,操作台上发现使用过的医用超声耦合剂一瓶。经调查,该门诊部自 2012 年 10 月份开始聘用徐某开展 B 超诊疗活动。徐某持有《医师执业证书》,执业范围为医学影像和放射治疗专业。徐某提供胎儿性别鉴定共 2 次,收入人民币伍拾元。
>
> 卫生局根据《中华人民共和国人口与计划生育法》和《医疗机构管理条例》,合并给予该门诊部以下处罚:①警告;②没收违法所得人民币伍拾元整;③合计罚款人民币贰万元整。
> **问题:** 该门诊部哪些行为违法?

(一)一般规定

1. 依法开展诊疗活动 根据《医疗机构管理条例》,未取得医疗机构执业许可证,任何单位或者个人不得开展诊疗活动。经登记注册(register)后,医疗机构开展诊疗活动须按照核准登记的诊疗科目进行。被吊销或者注销执业许可证的医疗机构,禁止开展诊疗活动。

政府鼓励医疗机构开展义诊,但为防止有些单位和个人以义诊的名义非法行医、欺骗群众、诈骗钱财,国家加强了对义诊活动的管理。首先,参加义诊的机构必须是经县级以上卫生计生主管部门核发医疗机构执业许可证的医疗机构或批准设置的预防、保健机构;其次,参加义诊进行医疗、预防、保健咨询活动的人员必须具有医学专业技术职务任职资格,并经县级以上卫生计生主管部门执业注册的医务人员;再次,医务人员参加义诊需经所在医疗、预防、保健机构批准,并在义诊时佩带本机构统一印制的胸卡,县级以上卫生计生主管部门负责对义诊活动的备案、审查、监督和管理;最后,义诊组织单位原则上应组织本地区的医务人员在本地区范围内举行义诊,在开展义诊活动前 15 日到义诊所在地县级以上卫生计生主管部门备案。义诊组织单位到卫生计生主管部门备案时需提交以下材料:①义诊情况说明,包括义诊的组织单位,开展义诊的时间、地点,义诊的内容,参加的医疗、预防、保健机构名称,医务人员数量及其从事专业等。②组织单位法人代表签发的责任承诺书,内容包括在预定时间、地点开展所备案的义诊,义诊中不从事商业活动,不误导、欺骗公众,不聘请、雇佣非医务人员提供医疗、预防、保健咨询,不妨碍公共秩序等。③参加义诊医疗、预防、保健机构的医疗机构执业许可证(复印件)或卫生计生主管部门批准设置的有效证明(复印件)。④参加义诊医务人员所在医疗、预防、保健机构出具的同意其参加义诊的证明。⑤在城镇公共场所开展义诊须提供城管等部门的同意书。

2. 急救义务 对危重患者,医疗机构应当立即抢救,不得以超出诊疗科目等理由拒绝救治,如因设备或者技术条件不能诊治,应当及时转诊。

> **案例2-4**
>
> **违反传染病管理制度案**
>
> 　　2013年12月,某市卫生监督所接到举报,举报某医院2011年7月至2013年上半年非法收治结核病患者。该市卫生监督所立即成立调查小组,赴被举报医院进行调查。调查发现,2011年7月至2013年7月,该院收治肺炎(广义)600例,经某市结核医院两名专家协助调查,从中筛选出2例确诊为肺结核、5例疑似肺结核病例。上述事实有询问笔录(2012年12月20日)、该医院住院病历复印件7份(2份确诊、5份疑似)、病志调查筛选过程照片10张、7份病例名单为证。卫生监督机构依据《结核病防治管理法》,责令立即改正违法行为,并依法给予警告处罚。
>
> **问题:** 该医院的违法事实是什么?

　　3. 报告义务　《传染病防治法》、《药品管理法》、《职业病防治法》、《医疗事故处理条例》等均规定了医务人员的报告义务,即发现医疗事故、法定传染病、药品不良反应或者医疗器械不良事件、职业病等,医务人员应按照法定时限、程序进行报告。

　　医务人员在医疗活动中发生或者发现医疗事故、可能引起医疗事故的医疗过失行为或者发生医疗事故争议的,应当立即向所在科室负责人报告,科室负责人应当及时向本医疗机构负责医疗服务质量监控的部门或者专(兼)职人员报告;负责医疗服务质量监控的部门或者专(兼)职人员接到报告后,应当立即进行调查、核实,将有关情况如实向本医疗机构的负责人报告,并向患者通报、解释。发生医疗事故的,医疗机构应当按照规定向所在地卫生计生主管部门报告。如果发生重大医疗过失行为的,医疗机构应当在12小时内向所在地卫生计生主管部门报告,所谓重大医疗过失行为是指符合下列条件之一的:①导致患者死亡或者可能为二级以上的医疗事故;②导致3人以上人身损害后果;③国务院卫生计生主管部门和省、自治区、直辖市人民政府卫生计生主管部门规定的其他情形。

　　医疗机构发生严重院内感染事件,应当于12小时内向所在地的县级地方人民政府卫生计生主管部门报告,并同时向所在地疾病预防控制机构报告。所在地的县级地方人民政府卫生计生主管部门确认后,应当于24小时内逐级上报至省人民政府卫生计生主管部门。省级人民政府卫生计生主管部门审核后,应当在24小时内上报至卫生计生主管部门。严重院内感染事件指符合下列条件之一的:①5例以上医院感染暴发;②由于医院感染暴发直接导致患者死亡;③由于医院感染暴发导致3人以上人身损害后果。

　　药品不良反应、医疗器械不良事件和职业病等报告制度见其他相关章节。

　　4. 公示义务　《医疗机构管理条例》规定,医疗机构必须将医疗机构执业许可证、诊疗科目、诊疗时间和收费标准悬挂于明显处所。医疗机构工作人员上岗工作,必须佩带载有本人姓名、职务或者职称的标牌。

> **案例2-5**
>
> **胃镜消毒未执行国家规范案**
>
> 　　2013年6月,某区卫生和计划生育委员会监督员在对某医院有限公司进行监督检查时发现该医院胃镜清洗消毒与诊疗为同一房间,现场未见到酶洗液;未见到每日诊疗工作开始前,对当日拟使用的胃镜进行再次消毒的消毒记录;现场未见到胃镜生物学监测记录;现场未见与胃镜消毒清洗有关的患者姓名、清洗时间、消毒时间、操作人员姓名等登记记录。监督员询问该医院医政科科长张某得知,该医院于5月初开始提供胃镜检查服务,胃镜使用率不高,每周不到1例。卫生计生委据此认定,该医院违反了《消毒管理办法》有关"应当建立消毒管理组织,制

定消毒管理制度，执行国家有关规范、标准和规定"，违反了《内镜清洗消毒技术操作规范》有关"内镜的清洗消毒应当与内镜的诊疗工作分开进行，分设单独的清洗消毒室和内镜诊疗室"、"内镜室应当做好内镜清洗消毒的登记工作，登记内容应当包括为就诊病人姓名、使用内镜的编号、清洗时间、消毒时间以及操作人员姓名等事项"、"每日诊疗工作开始前，必须对当日拟使用的消毒类内镜进行再次消毒"等规定。依据《消毒管理办法》，卫生计生委做出罚款2000元的行政处罚决定。

问题： 在对医疗机构感染管理制度进行监督检查时，通常应从何处入手？

（二）医院感染管理制度

《传染病防治法》规定，医疗机构的基本标准、建筑设计和服务流程，应当符合预防传染病医院感染（infection）的要求。医疗机构应当按照规定对使用的医疗器械进行消毒；对按照规定一次使用的医疗器具，应当在使用后予以销毁；按照国务院卫生计生主管部门规定的传染病诊断标准和治疗要求，采取相应措施，提高传染病医疗救治能力。《医疗机构管理条例实施细则》规定，医疗机构应当严格执行无菌消毒、隔离制度，采取科学有效的措施处理污水和废弃物，预防和减少医院感染。为更好地贯彻《传染病防治法》和《医疗机构管理条例实施细则》，原卫生部出台了《医院感染管理办法》。

《医院感染管理办法》规定，医疗机构应当建立医院感染管理责任制，制订并落实医院感染管理的规章制度和工作规范，严格执行有关技术操作规范和工作标准，有效预防和控制医院感染，防止传染病病原体、耐药菌、条件致病菌及其他病原微生物的传播。住院床位总数在100张以上的医院应当设立医院感染管理委员会和独立的医院感染管理部门。住院床位总数在100张以下的医院应当指定分管医院感染管理工作的部门。其他医疗机构应当有医院感染管理专（兼）职人员。医疗机构应当按照《消毒管理办法》，严格执行医疗器械、器具的消毒工作技术规范，并达到以下要求：①进入人体组织、无菌器官的医疗器械、器具和物品必须达到灭菌水平；②接触皮肤、黏膜的医疗器械、器具和物品必须达到消毒水平；③各种用于注射、穿刺、采血等有创操作的医疗器具必须一用一灭菌，且不得重复使用一次性医疗器械。医疗机构须控制医院感染的危险因素，保证医务人员的手卫生、诊疗环境条件、无菌操作技术和职业卫生防护工作符合规定要求，并建立有效的医院感染监测制度。

（三）临床用药管理制度

1. 药品调剂 《药品管理法》规定，医疗机构必须配备依法经过资格认定的药学技术人员，非药学技术人员不得直接从事药剂技术工作。药剂人员调配处方，必须经过核对，对处方所列药品（drugs）不得擅自更改或者代用。对有配伍禁忌或者超剂量的处方，应当拒绝调配；必要时，经处方医师更正或者重新签字，方可调配。《医疗机构管理条例实施细则》规定，医疗机构不得使用假劣药品，过期和失效药品及违禁药品。

2. 医疗机构制剂 医疗机构可以自行配制制剂，但应当是本单位临床需要而市场上没有供应的品种，且并须经所在地省、自治区、直辖市人民政府药品监督管理部门批准后方可配制。配制的制剂必须按照规定进行质量检验；合格的，凭医师处方在本医疗机构使用，不得在市场销售。特殊情况下，经国务院或者省、自治区、直辖市人民政府的药品监督管理部门批准，医疗机构配制的制剂可以在指定的医疗机构之间调剂使用。

3. 抗菌药物管理 为促进临床合理应用抗菌药物，控制细菌耐药，保障医疗质量和医疗安全，国家卫生计生主管部门发布了《抗菌药物临床应用管理办法》。根据安全性、疗效、细菌耐药性、价格等因素，抗菌药物分为三级：非限制使用级、限制使用级与特殊使用级。非限制使用级抗菌药物是指经长期临床应用证明安全、有效，对细菌耐药性影响较小，价格相对较低的抗菌药物；限制使用级抗菌药物是指经长期临床应用证明安全、有效，对细菌耐药性影响较大，或者价格相对较高的抗菌药物；特殊使用级抗菌药物是指具有以下情形之一的抗菌药物：①具有明显或者严重不良反应，不宜随意使用的抗菌药物；②需要严格控制使用，避免细菌过快产生耐药的抗菌药物；③疗效、安全性方面的临床资料较少的抗菌药物；④价格昂贵的抗菌药物。

临床应用抗菌药物，医师和药剂师均需获得相应的资格。具有高级专业技术职务任职资格的医师，可授予特殊使用级抗菌药物处方权；具有中级以上专业技术职务任职资格的医师，可授予限制使用级抗菌药物处方权；具有初级专业技术职务任职资格的医师，在乡、民族乡、镇、村的医疗机构独立从事一般执业活动的执业助理医师及乡村医生，可授予非限制使用级抗菌药物处方权。药师经培训并考核合格后，方可获得抗菌药物调剂资格。另外，二级以上医院应当定期对医师和药师进行抗菌药物临床应用知识和规范化管理的培训，经本机构培训并考核合格后，医师获得相应的处方权、药剂师获得抗菌药物调剂资格。其他医疗机构依法享有处方权的医师、乡村医生和从事处方调剂工作的药师，由县级以上地方卫生计生主管部门组织相关培训、考核，经考核合格的，授予相应的抗菌药物处方权或者抗菌药物调剂资格。

医师开具抗菌药物应遵守以下规则：预防感染、治疗轻度或者局部感染应当首选非限制使用级抗菌药物；严重感染、免疫功能低下合并感染或者病原菌只对限制使用级抗菌药物敏感时，方可选用限制使用级抗菌药物。特殊使用级抗菌药物不得在门诊使用，临床应用特殊使用级抗菌药物应当严格掌握用药指征，经抗菌药物管理工作组指定的专业技术人员会诊同意后，由具有相应处方权医师开具处方。特殊使用级抗菌药物会诊人员由具有抗菌药物临床应用经验的感染性疾病科、呼吸科、重症医学科、微生物检验科、药学部门等具有高级专业技术职务任职资格的医师、药师或具有高级专业技术职务任职资格的抗菌药物专业临床药师担任。因抢救生命垂危的患者等紧急情况，医师可以越级使用抗菌药物。越级使用抗菌药物应当详细记录用药指征，并应当于24小时内补办越级使用抗菌药物的必要手续。

（四）临床用血管理制度

案例 2-6

应急采血案

2005年6月8日，产妇×××在××省××市××区人民医院做完剖宫产手术后，出现子宫大出血，需紧急输血。当时，医院没有储存AB型血，寻找义务献血者未果，区人民医院主治医生××无偿献血200ml，使×××转危为安。省卫生和计划生育委员会调查发现，2004年12月17日到2005年6月16日，区人民医院为7名大出血患者进行应急采血，其中有2例未上报区卫生计生主管部门备案。另查，2004年9月至2005年6月，该医院共自采血液6200ml用于临床。同年8月15日，省卫生计生委发出的《行政处罚决定书》，认定该医院以临床紧急用血为由多次无证采血，属于无采供血许可证非法采集血液的行为，根据《中华人民共和国献血法》责令该医院立即整改，并处以6万元罚款。

问题：医院应该被处罚么？

根据《献血法》，医疗机构临床用血（blood for clinical use）必须来自于捐献。临床用血由血站采集、分离、检验并提供。为保证临床用血的供应，国家鼓励公民自愿献血，提倡择期手术的患者自身储血，动员家庭、亲友、所在单位及社会互助献血。非因法定事由，医疗机构不得自行采集血液，只承担临床用血核查、使用责任。

1. 血液接收、核查、储存制度 医疗机构临床用血由卫生计生主管部门指定的血站提供，为保障临床用血需求，医疗机构须配合血站建立血液库存动态预警机制。医疗机构负责血液预订、接收、入库、储存、出库及库存预警等进行管理，保证血液储存、运送符合国家有关标准和要求。

在接收血站发送的血液后，医疗机构须对血袋标签进行核对，核对的主要内容是：①血站的名称；②献血编号或者条形码、血型；③血液品种；④采血日期及时间或者制备日期及时间；⑤有效期及时间；⑥储存条件。

经核查，对于符合国家标准和要求的血液，医疗机构入库，做好登记，并按不同品种、血型和采血日期（或有效期），分别有序存放于专用储藏设施内，全血、红细胞的储藏温度应当控制在 2～6℃，血小板的储藏温度应当控制在 20～24℃。储血保管人员应当做好血液储藏温度的 24 小时监测记录。

2. 临床用血申请制度　同一患者一天申请备血量少于 800ml 的，由具有中级以上专业技术职务任职资格的医师提出申请，上级医师核准签发后，方可备血。同一患者一天申请备血量在 800～1600ml 的，由具有中级以上专业技术职务任职资格的医师提出申请，经上级医师审核，科室主任核准签发后，方可备血。同一患者一天申请备血量达到或超过 1600ml 的，由具有中级以上专业技术职务任职资格的医师提出申请，科室主任核准签发后，报医务部门批准，方可备血。

3. 临床输血知情同意制度　在输血治疗前，医师应当向患者或者其近亲属说明输血目的、方式和风险，并签署临床输血治疗知情同意书。因抢救生命垂危的患者需要紧急输血，且不能取得患者或者其近亲属意见的，经医疗机构负责人或者授权的负责人批准后，可以立即实施输血治疗。

4. 医疗机构应急采血制度　《献血法》规定，为保证应急用血，医疗机构可以临时采集血液，但应当依法定程序采集，并须确保采血用血安全。《医疗机构临床用血管理办法》将此条进行了细化，规定应急采血须符合以下条件：①危及患者生命，急需输血；②所在地血站无法及时提供血液，且无法及时从其他医疗机构调剂血液，而其他医疗措施不能替代输血治疗；③具备开展交叉配血及乙型肝炎病毒表面抗原、丙型肝炎病毒抗体、艾滋病病毒抗体和梅毒螺旋体抗体的检测能力；④遵守采供血相关操作规程和技术标准。

在临时采集血液后，医疗机构应当 10 日内将情况报告县级以上人民政府卫生计生主管部门。

5. 医疗机构合理用血制度　《献血法》规定，医疗机构临床用血须遵循合理、科学的原则，不得浪费和滥用。为此，医疗机构应当积极推行成分输血。除此而外，《医疗机构临床用血管理办法》进一步规定，医疗机构要建立科室和医师临床用血评价及公示制度，将临床用血情况纳入科室和医务人员工作考核指标体系，但禁止将用血量和经济收入作为输血科或者血库工作的考核指标。

（五）医疗废物管理制度

案例 2-7

医疗废物暂存设施不符合卫生要求案

2013 年 3 月，某市卫生和计划生育委员会卫生监督所对某医院医疗废物暂时储存情况进行监督检查，发现如下情形：医疗废物暂存间的门离地留有 10cm 的缝隙，暂存间内无上、下水设施和紫外线消毒设施，屋顶有 10cm 缝隙，无防渗漏、防鼠、防蚊蝇、防蟑螂等措施。据此卫生监督所认定，该医院的医疗废物暂时储存设施、设备无防渗漏、防鼠、防蚊蝇、防蟑螂、防盗等安全措施，无法定期消毒。依据《医疗废物管理条例》，市卫生和计划生育委员会做出处理决定如下：①责令立即改正，给予警告；②罚款人民币 2000 元。

问题：医疗废物为何要严格管理？

医疗废物（medical waste），是指医疗卫生机构在医疗、预防、保健及其他相关活动中产生的具有直接或者间接感染性、毒性及其他危害性的废物。医疗卫生机构收治的传染病患者或者疑似传染病患者产生的生活垃圾，按照医疗废物进行管理和处置。

1. 医疗废物集中处置制度　国家推行医疗废物集中无害化处置，县级以上地方人民政府负责组织建设医疗废物集中处置设施。从事医疗废物集中处置活动的单位，应当向县级以上人民政府环境保护行政主管部门申请领取经营许可证。开展医疗废物集中处置业务的企业，至少每2天到医疗卫生机构收集一次医疗废物。在运送医疗废物过程中应当确保安全，不得丢弃、遗撒。处置医疗废物，应当符合国家规定的环境保护、卫生标准、规范，并安装污染物排放在线监控装置，确保监控装置经常处于正常运行状态。

不具备集中处置医疗废物条件的农村，医疗卫生机构应当按照县级人民政府卫生计生主管部门、环境保护行政主管部门的要求，自行就地处置其产生的医疗废物。自行处置医疗废物的，应当符合下列基本要求：①使用后的一次性医疗器具和容易致人损伤的医疗废物，应当消毒并作毁形处理；②能够焚烧的，应当及时焚烧；③不能焚烧的，消毒后集中填埋。

2. 医疗废物收集、运输、暂时储存制度　医疗卫生机构应当及时收集本单位产生的医疗废物，并按照类别分置于防渗漏、防锐器穿透的专用包装物或者密闭的容器内。医疗废物专用包装物、容器，应当有明显的警示标识和警示说明。

医疗卫生机构应当建立医疗废物的暂时储存设施、设备，不得露天存放医疗废物；医疗废物暂时储存的时间不得超过2天。医疗废物的暂时储存设施、设备，应当远离医疗区、食品加工区和人员活动区及生活垃圾存放场所，并设置明显的警示标识和防渗漏、防鼠、防蚊蝇、防蟑螂、防盗及预防儿童接触等安全措施。医疗废物的暂时储存设施、设备应当定期消毒和清洁。

医疗卫生机构应当使用防渗漏、防遗撒的专用运送工具，按照本单位确定的内部医疗废物运送时间、路线，将医疗废物收集、运送至暂时储存地点。运送工具使用后应当在医疗卫生机构内指定的地点及时消毒和清洁。

医疗废物中病原体的培养基、标本和菌种、毒种保存液等高危险废物，在交医疗废物集中处置单位处置前应当就地消毒。

（六）医疗广告管理制度

> **案例 2-8**
> **违反《互联网医疗保健信息服务管理办法》案**
>
> 2013年7月，某省卫生和计划生育委员会卫生监督局发现某医院网站有如下内容：①宣传"领导信任、百姓信赖，昆明最权威的专业男科医院"、"云南最权威的性功能障碍诊疗中心"、"国家生殖道感染干预工程防治医院"等字样；②宣传牌匾上有"云南不孕不育科研中心"、"疑难不孕不育诊疗国际合作医院"、"国际男科疑难病临床技术合作医院"等字样；③列明男科专家×××等，声称"全国26家知名医院160位男科医学领域的教授、博士生导师、国务院特殊津贴级的医疗专家组成强大的昆明男科专家顾问团，定期前来亲诊等"；④诊疗技术宣传：智源肽前列腺治疗系统，疗效显著；高选择敏感神经微控术，让早泄男延时40分钟等；⑤宣传语有"男性生殖整形依×××医院，阴茎延长术、尿道下裂整形、生殖器官短小"等字样；⑥在该院网站主页上未见标明互联网医疗保健信息审核同意书或复核同意书编号。
>
> 卫生监督局依据《互联网医疗保健信息服务管理办法》给予该院警告、罚款5000元的行政处罚，并责令其立即改正违法行为。
>
> **问题**：医院的宣传内容违法了哪些规定？

医疗广告（medical advertisement），是指利用各种媒介或者形式直接或间接介绍医疗机构或医疗服务的广告。根据《医疗广告管理办法》，工商行政管理机关负责医疗广告的监督管理。卫生计生主管部门、中医药管理部门负责医疗广告的审查，并对医疗机构进行监督管理。

医疗广告的发布者只能是医疗机构，非医疗机构及医疗机构内部科室无权发布。医疗机构发布广告前须取得《医疗广告审查证明》。所在地省级卫生计生主管部门、中医药管理部门负责医疗广告的审查,对审查合格的医疗广告,省级卫生计生主管部门、中医药管理部门发给《医疗广告审查证明》,并将通过审查的医疗广告样件和核发的《医疗广告审查证明》予以公示。《医疗广告审查证明》的有效期为一年。到期后仍需继续发布医疗广告的,应重新提出审查申请。

医疗广告内容仅限于以下项目:①医疗机构第一名称;②医疗机构地址;③所有制形式;④医疗机构类别;⑤诊疗科目;⑥床位数;⑦接诊时间;⑧联系电话。且①~⑥项发布的内容必须与卫生计生主管部门、中医药管理部门核发的医疗机构执业许可证或其副本载明的内容一致。

医疗广告的表现形式不得含有以下情形:①涉及医疗技术、诊疗方法、疾病名称、药物的;②保证治愈或者隐含保证治愈的;③宣传治愈率、有效率等诊疗效果的;④淫秽、迷信、荒诞的;⑤贬低他人的;⑥利用患者、卫生技术人员、医学教育科研机构和人员以及其他社会社团、组织的名义、形象作证明的;⑦使用解放军和武警部队名义的;⑧法律、行政法规规定禁止的其他情形。

国家禁止医疗机构利用新闻形式、医疗资讯服务类专题节(栏)目发布或变相发布医疗广告。有关医疗机构的人物专访、专题报道等宣传内容,可以出现医疗机构名称,但不得出现有关医疗机构的地址、联系方式等医疗广告内容,不得在同一媒介的同一时间段或者版面发布该医疗机构的广告。

(七)医疗技术临床应用管理制度

根据《医疗技术临床应用管理办法》,我国实行医疗技术(medical technology)分类管理制度。以医疗技术本身的安全性、有效性为标准,医疗技术被分为三类。第一类医疗技术是指安全性、有效性确切,医疗机构通过常规管理在临床应用中能确保其安全性、有效性的技术。第二类医疗技术是指安全性、有效性确切,涉及一定伦理问题或者风险较高,卫生计生主管部门应当加以控制管理的医疗技术。第三类医疗技术是指具有下列情形之一,需要卫生计生主管部门加以严格控制管理的医疗技术:①涉及重大伦理问题;②高风险;③安全性、有效性尚需经规范的临床试验研究进一步验证;④需要使用稀缺资源;⑤原卫生部规定的其他需要特殊管理的医疗技术。

2009年出台的《医疗技术临床应用管理办法》规定了第二、三类医疗技术审核、审定制度。2015年7月2日,根据《国务院关于取消非行政许可审批事项的决定》(国发〔2015〕27号),卫生和计划生育委员会决定取消第三类医疗技术临床应用准入审批,目前,《医疗技术临床应用管理办法》正在修订中。

(八)医疗文书管理制度

医疗文书(medical documents)的范围宽泛,即有病历、处方、诊断证明等与患者直接相关的,也有仅为提高管理效率制作的各类文书。因前者与患者权益密切相关,国家制订了严格的管理制度,本节的医疗文书特指前者。

1. 证明书 《医疗机构管理条例》规定,未经医师(士)亲自诊查患者,医疗机构不得出具疾病诊断书、健康证明书或者死亡证明书等证明文件;未经医师(士)、助产人员亲自接产,医疗机构不得出具出生证明书或者死产报告书;医疗机构为死因不明者出具的《死亡医学证明书》,只作是否死亡的诊断,不作死亡原因的诊断,如有关方面要求进行死亡原因诊断的,医疗机构必须指派医生对尸体进行解剖和有关死因检查后方可做出。

2. 病历(medical record) 是指医务人员在医疗活动过程中形成的文字、符号、图表、影像、切片等资料的总和,包括门(急)诊病历和住院病历。

《病历书写基本规范》规定,病历书写应当客观、真实、准确、及时、完整、规范。病历书写应规范使用医学术语,文字工整,字迹清晰,表述准确,语句通顺,标点正确。病历书写过程中出现错字时,应当用双线划在错字上,保留原记录清楚、可辨,并注明修改时间,修改人签名。

不得采用刮、粘、涂等方法掩盖或去除原来的字迹。

门（急）诊病历记录分为初诊病历记录和复诊病历记录。初诊病历记录书写内容应当包括就诊时间、科别、主诉、现病史、既往史，阳性体征、必要的阴性体征和辅助检查结果，诊断及治疗意见和医师签名等。复诊病历记录书写内容应当包括就诊时间、科别、主诉、病史、必要的体格检查和辅助检查结果、诊断、治疗处理意见和医师签名等。急诊病历书写就诊时间应当具体到分钟。

住院病历内容包括住院病案首页、入院记录、病程记录、手术同意书、麻醉同意书、输血治疗知情同意书、特殊检查（特殊治疗）同意书、病危（重）通知书、医嘱单、辅助检查报告单、体温单、医学影像检查资料、病理资料等。上述文书内容均应符合《病历书写基本规范》的相应要求。

医疗机构负责病历保存，其中，由医疗机构保存的门诊病历，其保存期不得少于15年，住院病历的保存期不得少于30年。

3. 处方（prescription） 是指由注册的执业医师和执业助理医师（以下简称医师）在诊疗活动中为患者开具的、由取得药学专业技术职务任职资格的药学专业技术人员（以下简称药师）审核、调配、核对，并作为患者用药凭证的医疗文书。处方包括医疗机构病区用药医嘱单。

经注册的执业医师在执业地点取得相应的处方权。经注册的执业助理医师在医疗机构开具的处方，应当经所在执业地点执业医师签名或加盖专用签章后方有效。经注册的执业助理医师在乡、民族乡、镇、村的医疗机构独立从事一般的执业活动，可以在注册的执业地点取得相应的处方权。对出现超常处方3次以上且无正当理由的，医疗机构应对该医师提出警告，限制其处方权；限制处方权后，仍连续2次以上出现超常处方且无正当理由的，取消其处方权。出现下列情形之一的，处方权由其所在医疗机构予以取消：①被责令暂停执业；②考核不合格离岗培训期间；③被注销、吊销执业证书；④不按照规定开具处方，造成严重后果的；⑤不按照规定使用药品，造成严重后果的；⑥因开具处方谋取私利。

医师开具处方和药师调剂处方应当遵循安全、有效、经济的原则，根据医疗、预防、保健需要，按照诊疗规范、药品说明书中的药品适应证、药理作用、用法、用量、禁忌、不良反应和注意事项等开具处方。

处方开具当日有效。特殊情况下需延长有效期的，由开具处方的医师注明有效期限，但有效期最长不得超过3天。处方一般不得超过7日用量；急诊处方一般不得超过3日用量；对于某些慢性病、老年病或特殊情况，处方用量可适当延长，但医师应当注明理由。

医师利用计算机开具、传递普通处方时，应当同时打印出纸质处方，其格式与手写处方一致；打印的纸质处方经签名或者加盖签章后有效。药师核发药品时，应当核对打印的纸质处方，无误后发给药品，并将打印的纸质处方与计算机传递处方同时收存备查。

取得药学专业技术职务任职资格的人员方可从事处方调剂工作。具有药师以上专业技术职务任职资格的人员负责处方审核、评估、核对、发药及安全用药指导；药士从事处方调配工作。药师应当认真审核处方，准确调配药品，正确书写药袋或粘贴标签，注明患者姓名和药品名称、用法、用量、包装；向患者交付药品时，按照药品说明书或者处方用法，进行用药交待与指导，包括每种药品的用法、用量、注意事项等。

药师经处方审核后，认为存在用药不适宜时，应当告知处方医师，请其确认或者重新开具处方。药师发现严重不合理用药或者用药错误，应当拒绝调剂，及时告知处方医师，并应当记录，按照有关规定报告。

（九）医疗事故预防与处理制度

计划经济时代，生命健康受损的患者无法获得赔偿，肇事医务人员会受到行政处罚或者处分。1985年医疗卫生服务体制市场化改革方向确立后，受损患者的赔偿问题受到各界关注。1987年，我国最早的医疗事故（medical accident）处理制度《医疗事故处理办法》出台，明确了医疗事故的标准、等级、鉴定、补偿、直接责任人的行政责任等制度。随着医疗卫生体制市场化改革深入，改革初期制定的《医疗事故处理办法》暴露了诸多问题，如医疗过失判断标准过高、补偿标准过低、鉴定人不中立等。2002年，《医疗事故处理办法》修订为《医疗事故处理条例》。再次修订的《医疗事故预防与处理条例（草案）》已进入送审程序。根据现行《医疗事故处理条例》，医疗事故是指医疗机构及其医务人员在医疗活动中，违反医疗卫生管理法律、行政法规、部门规章和诊疗护理规范、常规，过失造成患者人身损害的事故。

1. 医疗事故分级　一级医疗事故指造成患者死亡、重度残疾的；二级医疗事故指造成患者中度残疾、器官组织损伤导致严重功能障碍的；三级医疗事故指造成患者轻度残疾、器官组织损伤导致一般功能障碍的；四级医疗事故指造成患者明显人身损害的其他后果的。《医疗事故分级标准（试行）》进一步将其细化为4级12等。同时，《医疗事故处理条例》明确规定了不属于医疗事故的几种情形：①在紧急情况下为抢救垂危患者生命而采取的紧急医学措施造成不良后果的；②在医疗活动中由于患者病情异常或者患者体质特殊而发生医疗意外的；③现有医学科学技术无法预料无法避免的；④无过错输血感染造成不良后果的；⑤因不可抗力造成不良后果的；⑥因患方原因延误诊疗导致不良后果的。

2. 医疗机构的义务　发生医疗事故争议后，医疗机构应履行如下义务：①病历资料的封存和保管，在发生医疗事故争议时，患者的死亡病历讨论记录、疑难病例讨论记录、上级医师查房记录、会诊记录、病程记录应当在医患者双方在场的情况下封存和启封，并由医疗机构负责保管。②可疑医疗物品的封存，疑似输液、输血、注射、药物等引起不良后果时，医患双方应当共同对现场实物进行封存和启封，对于疑似输血引起不良后果的，医疗机构还应当通知提供该血液的采供血机构派员到场。③医疗事故报告，可能会出现医疗事故争议时，医务人员应当逐级上报，对于重大医疗事故，还应向当地卫生计生主管部门报告。在医疗事故争议经人民法院判决或调解后，医疗机构应当自收到生效的人民法院的判决书或调解书之日起7日内，向当地卫生计生主管部门做出书面报告，并附具判决书或调解书。④尸体剖验，在医患双方不能确定患者死因或者对死因有异议时，应当在患者死亡后48小时进行尸检，具备尸体冻存条件的，可以延长至7日。

3. 医疗事故技术鉴定　设区的市级地方医学会和省、自治区、直辖市直接管辖的县（市）地方医学会负责组织首次医疗事故技术鉴定工作。省、自治区、直辖市地方医学会负责组织再次鉴定工作。必要时，中华医学会可以组织疑难、复杂并在全国有重大影响的医疗事故争议的技术鉴定工作。

医疗事故技术鉴定，由负责组织医疗事故技术鉴定工作的医学会组织专家鉴定组进行，技术鉴定实行合议制。专家鉴定组依照医疗卫生管理法律、行政法规、部门规章和诊疗护理规范、常规，运用医学科学原理和专业知识，独立进行医疗事故技术鉴定。专家鉴定组应当在事实清楚、证据确凿的基础上，综合分析患者的病情和个体差异，作出鉴定结论。鉴定结论应专家鉴定组成员过半数通过。

第三节　卫生技术人员执业监督

一、医师执业监督

医师执业监督（practicing physician supervision）是卫生计生主管部门和卫生监督员依据有关法律和法规，对本辖区内各级各类医疗机构医务人员的执业资格、执业注册进行监督检查，规范医疗服务行为，打击非法行医的管理活动。

> **案例 2-9**
>
> **非法行医案**
>
> 2013年7月21日，A市某电视台专题节目报道某县某养老服务中心涉嫌非法行医等问题，节目播出后，卫生监督执法人员迅速赶赴现场，就相关情况展开调查。经调查发现：该养老服务中心医务室于2012年10月取得《医疗机构执业许可证》，诊疗项目登记为中医科；该中心使用无卫生技术人员资质的张某为疗养者进行针灸诊疗活动；使用执业范围为医学影像和放射治疗专业的顾某为疗养者进行针灸诊疗活动；护士高某执业地点在B市某诊所。卫生监督员认为，该养老服务中心存在的行为，违反了《医疗机构管理条例》第二十八条、《护士条例》第二十一条第一款第二项，依据《医疗机构管理条例》第四十八条、《医疗机构管理条例实施细则》第八十一条第一款第一项、第二款及《护士条例》第二十八条第二项，决定给予该养老服务中心如下行政处罚：①使用未办理执业地点变更手续的护士在本机构从事诊疗技术活动，给予警告；②使用两名非卫生技术人员从事医疗卫生技术工作，罚款人民币5000元整，并吊销其《医疗机构执业许可证》。
>
> **问题**：本案中老年服务中心的哪些行为是非法行医行为？

（一）执业资格

1. 医师资格考试的报考条件 医师资格考试分为执业医师资格考试和执业助理医师资格考试。报考执业医师资格考试需要具备下列条件之一：①具有高等学校医学专业本科以上学历，在执业医师指导下，在医疗、预防、保健机构中试用期满1年的；②取得执业助理医师执业证书后，具有高等学校医学专科学历，在医疗、预防、保健机构中工作满2年的，或具有中等专业学校医学专业学历，在医疗、预防、保健机构中工作满5年的；③以师承方式学习传统医学满3年或者经多年实践医术确有专长的，经县级以上人民政府卫生计生主管部门确定的传统医学专业组织或者医疗、预防、保健机构考核合格并推荐的。

报考执业助理医师资格考试的需要具备下列条件之一：①具有高等学校医学专科学历或者中等专业学校医学专业学历，在执业医师指导下，在医疗、预防、保健机构中试用期满1年的；②以师承方式学习传统医学满3年或者经多年实践医术确有专长的，经县级以上人民政府卫生计生主管部门确定的传统医学专业组织或者医疗、预防、保健机构考核合格并推荐的。

2. 医师资格考试的考核方式 评价申请医师资格者是否具备执业所必需的专业知识与技能是医师资格考试的最终目的。专业知识通过笔试的方式考核，专业技能通过实际操作来考察，前者称为医学综合笔试，后者被命名为实践技能考试。实践技能考试由省级医师资格考试领导小组负责，考试合格的，发给由主考签发的实践技能考试合格证明。实践技能考试合格者方能参加医学综合笔试。医学综合笔试考试成绩合格的，授予执业医师资格或执业助理医师资格，由省级卫生计生主管部门颁发卫生和计划生育委员会统一印制的医师资格证书。

3. 医师资格证书的换领 原则上医师资格证书终生有效，无需更换，但军队医师转业、复员或者退休，须到地方换领医师资格证书。根据相关规定，换取地方医师资格证书时，申请人应提交解放军总后勤部卫生部出具的有关其核发执业资格的证明材料，主要包括：由大军区级单位联（后）勤机关卫生部门出具的换领医师资格证书介绍信；转业、复员或退休移交地方人民政府安置证明；原持有的军队医师资格证书和复印件。

（二）执业注册

获得医师资格证书的人员拟申请执业注册的，县级以上卫生计生主管部门应予办理，除具有以下情形外：①不具有完全民事行为能力的；②因受刑事处罚，自刑罚执行完毕之日起至申请注册之日止不满 2 年的；③受吊销医师执业证书行政处罚，自处罚决定之日起至申请注册之日止不满 2 年的；④有国务院卫生计生主管部门规定不宜从事医疗、预防、保健业务的其他情形的。执业注册的主要事项：

1. 执业类别 是指临床、中医（包括中医、民族医和中西医结合）、口腔、公共卫生。医师进行执业注册的类别必须以取得医师资格的类别为依据。医师依法取得两个或两个类别以上医师资格的，除以下两种情况之外，只能选择一个类别及其中一个相应的专业作为执业范围进行注册：①在县及县级以下医疗机构（主要指乡镇卫生院和社区卫生服务机构）执业的临床医师，从事基层医疗卫生服务工作，确因工作需要，经县级卫生计生主管部门考核批准，报市级卫生计生主管部门备案，可申请同一类别至多三个专业作为执业范围进行注册。②在乡镇卫生院和社区卫生服务机构中执业的临床医师因工作需要，经过国家医师资格考试取得公共卫生类医师资格，可申请增加公共卫生类别专业作为执业范围进行注册；在乡镇卫生院和社区卫生服务机构中执业的公共卫生医师因工作需要，经过国家医师资格考试取得临床类医师资格，可申请增加临床类别相关专业作为执业范围进行注册。

2. 执业范围 是医师依法有权从事医疗活动的领域，即诊疗服务被限定于特定一级诊疗科目或二级诊疗科目之内。医师不得从事执业注册范围以外其他专业的执业活动。在医疗机构中执业的临床医师以妇产科专业作为执业范围进行注册的，其范围含计划生育技术服务专业。在计划生育技术服务机构中执业的临床医师，其执业范围为计划生育技术服务专业。取得全科医学专业技术职务任职资格者，方可申请注册全科医学专业作为执业范围。

3. 执业地点 是指医师执业的医疗、预防、保健机构及其登记注册的地址。需要注意的是，获得执业助理医师资格的农村医学专业毕业生，其执业地点、执业机构受到严格限制，依法只能到村卫生室和边远贫困地区乡镇卫生院执业，申请到其他医疗机构执业的，卫生计生主管部门不予受理。

4. 注销注册 医师注册后有下列情形之一的，其所在的医疗、预防、保健机构应当在 30 日内报告准予注册的卫生计生主管部门，卫生计生主管部门应当注销注册，收回医师执业证书：①死亡或者被宣告失踪的；②受刑事处罚的；③受吊销医师执业证书行政处罚的；④因考核不合格，暂停执业活动期满，经培训后再次考核仍不合格的；⑤终止医师执业活动满 2 年的；⑥身体健康状况不适宜继续执业的；⑦有出借、出租、抵押、转让、涂改医师执业证书行为的；⑧有国务院卫生计生主管部门规定不宜从事医疗、预防、保健业务的其他情形的。

5. 重新注册 有下列情形之一的，医师应当重新申请注册：①终止医师执业活动 2 年以上的；②规定不予注册的情形消失的。重新申请注册的人员，应当首先到县级以上卫生计生主管部门指定的医疗、预防、保健机构或组织，接受 3~6 个月的培训，并经考核合格，方可依照有关规定重新申请执业注册。

6. 变更注册 医师变更执业地点、执业类别、执业范围等注册事项的，应当到注册主管部门办理变更注册手续，并提交医师变更执业注册申请审核表、医师资格证书、医师执业证书及省级以上卫生计生主管部门规定提交的其他材料。

（三）行为规范

医师应规范行医，须严格遵循临床诊疗技术规范，使用适宜诊疗技术和药物，因病施治，合理医疗，不隐瞒、误导或夸大病情，不过度医疗。另外，在实施特定医疗行为时，医师的行为还需符合某些特别要求。

1. 胎儿性别鉴定 实施医学需要的胎儿性别鉴定的，应当由实施机构三人以上的专家组集体审核。经诊断，确需终止妊娠的，由实施机构为其出具医学诊断结果，并通报县级人民政府卫生计生主管部门。

2. 产前诊断 孕妇有下列情形之一的，经治医师应当书面建议其进行产前诊断：①羊水过多或者过少的；②胎儿发育异常或者胎儿有可疑畸形的；③妊娠早期接触过可能导致胎儿先天缺陷的物质的；④有遗传病家族史或者曾经分娩过先天性严重缺陷婴儿的；⑤年龄超过35周岁的。

在发现胎儿异常的情况下，经治医师必须将继续妊娠和终止妊娠可能出现的结果及进一步处理意见，以书面形式明确告知孕妇，由孕妇夫妻双方自行选择处理方案，并签署知情同意书。若孕妇缺乏认知能力，由其近亲属代为选择。涉及伦理问题的，应当交医学伦理委员会讨论。

开展产前诊断技术的医疗保健机构出具的产前诊断报告，应当由 2 名以上经资格认定的执业医师签发。

3. 终止妊娠 符合省、自治区、直辖市人口与计划生育条例规定生育条件，已领取生育服务证，拟实行中期以上（妊娠14周以上）非医学需要的终止妊娠手术的，需经县级人民政府计划生育行政部门或所在乡镇人民政府、街道办事处计划生育工作机构批准，并取得相应的证明。承担施行终止妊娠手术的医务人员，应在手术前查验、登记受术者身份证，并查验医学诊断结果或相应的证明。

二、护士执业监督

（一）执业资格

凡申请护士执业者必须通过卫生计生主管部门统一执业考试，取得中华人民共和国护士执业证书。获得高等医学院校护理专业本科以上毕业文凭者，以及获得经省级以上卫生计生主管部门确认免考资格的普通中等卫生（护理）学校护理专业毕业文凭者，可以申请护士执业考试。

（二）执业注册

1. 注册申请 护士执业注册的应当具备下列条件：①具有完全民事行为能力；②在中等职业学校、高等学校完成国务院教育主管部门和国务院卫生计生主管部门规定的普通全日制 3 年以上的护理、助产专业课程学习，包括在教学、综合医院完成 8 个月以上护理临床实习，并取得相应学历证书；③通过国务院卫生计生主管部门组织的护士执业资格考试；④符合国务院卫生计生主管部门规定的健康标准。

护士执业注册有效期为 5 年。护士执业注册有效期届满需要继续执业的，应当在护士执业注册有效期届满前 30 日向执业地省、自治区、直辖市人民政府卫生计生主管部门申请延续注册。收到申请的卫生计生主管部门对具备法定条件的，准予延续，延续执业注册有效期为 5 年；对不具备法定条件的，不予延续，并书面说明理由。护士被吊销执业证书的，自执业证书被吊销之日起 2 年内不得申请执业注册。

2. 变更注册 护士在其执业注册有效期内变更执业地点的，应当向拟执业地省、自治区、直辖市人民政府卫生计生主管部门报告。收到报告的卫生计生主管部门应当自收到报告之日起 7 个工作日内为其办理变更手续。护士跨省、自治区、直辖市变更执业地点的，收到报告的卫生计生主管部门还应当向其原执业地省、自治区、直辖市人民政府卫生计生主管部门通报。

3. 校验注册 护士注册有效期满后需连续注册者，在前一注册期满前 60 日，对中华人民共和国护士执业证书进行个人或集体校验注册。

4. 注销注册 有下列情形之一，注销其中华人民共和国护士执业证书：①注册有效期届满未延续注册；②受吊销中华人民共和国护士执业证书处罚；③护士死亡或者丧失民事行为能力；④法律法规规定的应当注销的其他情形的。

5. 重新注册 中断注册 3 年以上者，必须按省、自治区、直辖市卫生计生主管部门的规定参加临床实践 3 个月，并向注册机关提交有关证明，方可办理再次注册。

（三）行为规范

护士应正确执行临床护理实践和护理技术规范，全面履行医学照顾、病情观察、协助诊疗、心理支持、健康教育和康复指导等护理职责，为患者提供安全优质的护理服务。

县级以上地方人民政府卫生计生主管部门应建立护士执业信息记录系统。执业信息记录分为良好记录和不良记录，护士执业良好记录包括护士受到的表彰、奖励以及完成政府指令性任务的情况等内容。护士执业不良记录包括护士因违反条例以及其他卫生管理法律、法规、规章或者诊疗技术规范的规定受到行政处罚、处分的情况等内容。

三、药师执业监督

（一）执业资格

根据《执业药师资格制度暂行规定》和《执业药师资格考试实施办法》，凡中华人民共和国公民和获准在我国境内就业的其他国籍的人员具备以下条件之一者，均可申请参加执业药师资格考试：①取得药学、中药学、化学、医学、生物学专业中专学历，从事药学或中药学专业工作满 7 年；②取得药学、中药学、化学、医学、生物学专业大专学历，从事药学或中药学专业工作满 5 年；③取得药学、中药学、化学、医学、生物学专业大学本科学历，从事药学或中药学专业工作满 3 年；④取得药学、中药学或、化学、医学、生物学专业第二学士学位、研究生班结业或取得硕士学位，从事药学或中药学专业工作满 1 年；⑤取得药学、中药学、化学、医学、生物学专业博士学位。

按照国家有关规定评聘为高级专业技术职务，并具备下列条件之一，可免试药学（或中药学）专业知识（一）、药学（或中药学）专业知识（二）两个科目，只参加药事管理与法规、综合知识与技能两个科目的考试：①中药学徒、药学或中药学专业中专毕业，连续从事药学或中药学专业工作满20年；②取得药学、中药学专业或相关专业大专以上学历，连续从事药学或中药学专业工作满15年。

（二）执业注册

1. 注册申请　药师注册者必须同时具备下列条件：①取得执业药师资格证书；②遵纪守法，遵守药师职业道德；③身体健康，能坚持在执业药师岗位工作；④经所在单位考核同意。

执业药师按照执业类别、执业范围、执业地区注册，执业类别分为药学、中药学，执业范围分为药品生产、药品经营、药品使用，执业地区是省、自治区或者直辖市。

执业药师注册有效期为 3 年，有效期满前 3 个月，持证者须到注册机构办理再次注册手续。执业药师变更执业地区、执业范围应及时办理变更注册手续。

2. 注销注册　执业药师有下列情形之一的，由所在单位向注册机构办理注销注册手续：①死亡或被宣告失踪的；②受刑事处罚的；③受取消执业资格处分的；④因健康或其他原因不能或不宜从事执业药师业务的。

（三）行为规范

医疗机构内的药学专业技术人员的主要工作是药品调剂。根据《处方管理办法》，具有药师以上专业技术职务任职资格的人员负责处方审核、评估、核对、发药及安全用药指导——药品调剂工作，药士只能从事处方调配——调和、配合工作。处方调剂的基本规则是非经医师处方不得调剂，除此而外，还须遵守以下规则：①处方审核：药师首先要逐项检查处方前记、正文和后记书写是否清晰、完整。其次，要审核处方是否合法、用药是否适当。例如，规定必须做皮试的药品，处方医师是否注明过敏试验及结果的判定；处方用药与临床诊断的相符性；剂量、用法的正确性；

选用剂型与给药途径的合理性；是否有重复给药现象；是否有潜在临床意义的药物相互作用和配伍禁忌；其他用药不适宜情况。对于不规范处方或者不能判定其合法性的处方，不得调剂。药师经处方审核后，认为存在用药不适宜时，应当告知处方医师，请其确认或者重新开具处方。药师发现严重不合理用药或者用药错误，应当拒绝调剂，及时告知处方医师，并应当记录，按照有关规定报告。②调配药品：药师调配药品要准确，且具体调配工作可由药士负责。另外，随着静脉用药集中调配工作的广泛开展，集中调配工作需要遵守卫生和计划生育委员会《静脉用药集中调配质量管理规范》的各项要求。③书写药袋或粘贴标签：药师应正确书写药袋或粘贴标签，注明患者姓名和药品名称、用法、用量。④用药指导：向患者交付药品时，按照药品说明书或者处方用法，进行用药交待与指导，包括每种药品的用法、用量、注意事项等。

四、乡村医生执业监督

我国实行乡村医生执业注册制度。只有经注册取得执业证书的乡村医生，方可被聘于村医疗卫生机构从事预防、保健和一般的医疗服务。未经注册取得乡村执业证书的，不得执业。

（一）执业注册

1. 执业注册 符合下列条件之一，县级人民政府卫生计生主管部门应予注册为乡村医生：①已经取得中等以上医学专业学历的；②在村医疗卫生机构连续工作20年以上的；③按照省、自治区、直辖市人民政府卫生计生主管部门制订的培训规划，接受培训取得合格证书的。

乡村医生有下列情形之一的，不予注册：①不具有完全民事行为能力的；②受刑事处罚，自刑罚执行完毕之日起至申请执业注册之日止不满2年的；③受吊销乡村医生执业证书行政处罚，自处罚决定之日起至申请执业注册之日止不满2年的。

2. 变更注册 乡村医生应当在聘用其执业的村医疗卫生机构执业，变更执业的村医疗卫生机构的，应当依照规定的程序办理变更注册手续。

3. 注销注册 乡村医生有下列情形之一，由原注册的卫生计生主管部门注销执业注册，收回乡村医生执业证书：①死亡或者被宣告失踪的；②受刑事处罚的；③终止执业活动满2年的；④考核不合格，逾期未提出再次考核申请或者经再次考核仍不合格的。

4. 校验 乡村医生执业证书有效期为5年，乡村医生执业证书有效期满需要继续执业的，应当在有效期满前3个月向县级人民政府卫生行政主管部门申请再注册。

（二）行为规范

（1）乡村医生应当协助有关部门做好初级卫生保健服务工作；按照规定及时报告传染病疫情和中毒事件，如实填写并上报有关卫生统计报表，妥善保管有关资料。

（2）乡村医生在执业活动中，不得重复使用一次性医疗器械和卫生材料。对使用过的一次性医疗器械和卫生材料，应当按照规定处置。

（3）乡村医生应当如实向患者或者其家属介绍病情，对超出一般医疗服务范围或者限于医疗条件和技术水平不能诊治的患者，应当及时转诊；情况紧急不能转诊的，应当先行抢救并及时向有抢救条件的医疗卫生机构求助。

（4）乡村医生不得出具与执业范围无关或者与执业范围不相符的医学证明，不得进行实验性临床医疗活动。

（5）省、自治区、直辖市人民政府卫生计生主管部门应当按照乡村医生一般医疗服务范围，制订乡村医生基本用药目录。乡村医生应当在乡村医生基本用药目录规定的范围内用药。

（6）县级人民政府对乡村医生开展国家规定的预防、保健等公共卫生服务，应当按照有关规定予以补助。

第四节 法律责任

一、民事责任

（一）医疗损害的概念

《侵权责任法》所指的医疗损害，既包括有过错的诊疗行为引起的患者损害，也包括有缺陷的产品和不合格血液引起的患者损害。

（二）医疗损害的类型

医疗损害大致分为医疗技术损害、医疗产品损害和医疗伦理损害。

1. 医疗技术损害 指医疗机构及医务人员从事病情的检验、诊断、治疗方法的选择，治疗措施的执行，病情发展过程的追踪及术后照护等医疗行为，不符合当时既存的医疗专业知识或技术水准的过失行为。

医疗技术损害适用过错责任原则。过错，在民法上指因故意或过失而损害他人的违法行为；故意，即行为人明知其行为将损害他人的权益而有意为之或听任损害的发生；过失，即行为人能注意、应注意而不予注意的主观心理状态。

在适用过错责任原则的一般情况下，证明医疗机构及医务人员的医疗行为存在技术损害要件，须由原告即受害患者一方承担举证责任，即使是医疗过失要件也由受害患者一方负担。

在适用过错责任原则时存在特殊情况，即在法定情形下直接推定医疗机构及医务人员有过错。《中华人民共和国侵权责任法》第五十八条规定：患者有损害，因下列情形之一的，推定医疗机构有过错：①违反法律、行政法规、规章及其他有关诊疗规范的规定；②隐匿或者拒绝提供与纠纷有关的病历资料；③伪造、篡改或者销毁病历资料。

2. 医疗产品损害 指医疗机构在医疗过程中使用有缺陷的药品、消毒药剂、医疗器械和血液及制品等医疗产品，因此造成患者人身损害的医疗行为。《侵权责任法》规定，对于医疗产品损害责任，应当适用无过错责任原则，即无论医疗机构或者医疗产品的制造者、销售者是否具有过错，只要产品存在缺陷，都应当承担侵权责任。缺陷，在产品质量法上指产品存在危及人身、他人财产安全的不合理的危险，产品有保障人体健康和人身、财产安全的国家标准、行业标准的，是指不符合该标准。

3. 医疗伦理损害 指医疗机构及医务人员从事各种医疗行为时，未对病患充分告知或者说明其病情，未对病患提供及时有用的医疗建议，未保守与病情有关的各种秘密，或未取得病患同意即采取某种医疗措施或停止继续治疗等，而违反医疗职业良知或职业伦理上应遵守的规则的过失行为。医疗伦理损害适用过错推定原则，直接推定医疗机构的过失，除非医疗机构能够证明自己已经履行了相应义务，否则应当就其医疗伦理过错造成的损害承担赔偿责任。

（三）医疗损害的责任构成

1. 存在医患关系 患者对其与医疗机构之间存在的医患关系负有举证责任。患者应提供挂号单、交费凭证、病历、出院证等单据证明与医院之间存在医患关系。

2. 医方存在过错医疗行为 包括：①违反医疗卫生法律、法规、规章实施诊疗活动；②违反相关诊疗技术规范实施医疗行为；③未尽与当时医疗水平相应的诊疗注意义务；④未尽法定告知义务及知情同意义务；⑤未尽法定的病历管理义务；⑥未尽使用合格医疗产品实施医疗活动的义务；⑦未尽合理检查的义务；⑧未尽保护患者隐私的义务。

3. 医方的过错造成患者损害 ①死亡。②身体损害。它应当包括两个方面内容：一是组成人的身体的躯干、四肢、组织及器官受到损害使其正常功能不能得到发挥的；二是虽然表面上并未使患者的肢体、器官受到损坏，但却致其功能出现障碍，如大脑受药物刺激造成的精神障碍。③精神损害。它是指医疗损害所导致的受害人心理和感情遭受创伤和痛苦。医疗机构及其工作人员应依法对患者所遭受的精神损害进行赔偿。

4. 医疗过错与损害后果与之间存在因果关系　对医疗损害赔偿责任中因果关系的认定，应从事实上的因果关系和法律上的因果关系两个层面进行。应首先由赔偿权利人证明事实上因果关系存在，如果事实上的因果关系不存在，以赔偿权利人的败诉结束。如果已经证明医疗过错行为与损害结果之间存在事实上的因果关系，再由法官判断在法律上是否有充分理由使医方对损害后果承担赔偿责任。

二、行 政 责 任

（一）违反医疗机构管理制度的行政责任

医疗机构违反《医疗机构管理条例》及《医疗机构管理条例实施细则》时，医疗机构及其直接责任人员都应承担相应的法律责任，主要包括以下几项：①任何单位和个人，未取得医疗机构执业许可证擅自执业的，由县级以上人民政府卫生计生主管部门责令其停止执业活动，没收非法所得和药品、器械，并可以根据情节处以10 000元以下的罚款。②医疗机构逾期不办理校验医疗机构执业许可证又不停止诊疗活动的，责令其限期补办校验手续；在限期内仍不办理校验的，吊销其医疗机构执业许可证。③出卖、转让、出借医疗机构执业许可证的，由县级以上人民政府卫生计生主管部门没收非法所得，并可以处以5000元以下的罚款；情节严重的，吊销其医疗机构执业许可证。④除急诊和急救外，诊疗活动超出登记的诊疗科目范围的，由县级以上人民政府卫生计生主管部门予以警告，责令其整改，并可以根据情节处以3000元及以下的罚款，没收违法所得，情节严重的，吊销其医疗机构执业许可证。⑤使用非卫生技术人员从事医疗卫生技术的，由县级以上人民政府卫生计生主管部门责令其限期改正，并可以处以5000元以下的罚款，情节严重的，吊销其医疗机构执业许可证。⑥医疗机构出具虚假证明文件的，由县级以上人民政府卫生计生主管部门予以警告；对造成危害后果的，可以处以1000元以下的罚款；对直接责任人员由所在单位或者上级机关给予行政处分。

（二）违反卫生技术人员管理制度的行政责任

1. 医生违规行医的行政责任　医师在执业活动中，有下列行为之一的，由县级以上地方人民政府卫生计生主管部门给予警告或者责令暂停6个月以上1年以下执业活动，情节严重的，吊销执业证书：①违反卫生行政规章制度或技术操作规范，造成严重后果的；②由于不负责任延误急危患者的抢救和诊治，造成严重后果的；③造成医疗责任事故的；④未经亲自诊查、调查，签署诊断、治疗、流行病学等证明文件或有关出生、死亡等证明文件的；⑤隐匿、伪造或者擅自销毁医学文书及有关资料的；⑥使用未经批准使用的药品、消毒药剂和医疗器械的；⑦不按照规定使用麻醉药品、医疗用毒性药品、精神药品和放射性药品的；⑧未经患者或其家属同意，对患者进行实验性临床医疗的；⑨泄露患者隐私，造成严重后果的；⑩利用职务之便，索取、非法收受患者财物或谋取其他不正当利益的；⑪发生自然灾害、传染病流行、突发重大伤亡事故以及其他严重威胁人民生命健康的紧急情况时，不服从卫生计生主管部门调遣的；⑫发生医疗事故或发现传染病疫情及患者涉嫌伤害事件或非正常死亡，不按照规定报告的。

乡村医生职业活动超出规定的职业范围，违反规定使用乡村医生基本用药目录以外的处方药品的，违反规定出具医学证明、或者伪造卫生统计资料的，发现传染病疫情、中毒事件不按规定报告的，由县级人民政府卫生计生主管主管部门责令限期改正，给予警告；逾期不改正的，责令暂停3个月以上6个月以下执业活动；情节严重的，由原发证部门暂扣乡村医生执业证书。

2. 护士违规的行政责任　护士在执业活动中有下列情形之一的，由县级以上地方人民政府卫生主管部门依据职责分工责令改正，给予警告；情节严重的，暂停其6个月以上1年以下执业活动，甚至由原发证部门吊销其护士执业证书：①发现患者病情危急未立即通知医师的；②发现医嘱违反法律、法规、规章或者诊疗技术规范的规定，未依照《护士条例》规定提出或者报告的；③泄露患者隐私的；④发生自然灾害、公共卫生事件等严重威胁公众生命健康的突发事件，不服从安排参加医疗救护的。

（三）违反血液管理制度的行政责任

（1）医疗卫生机构在临床用血的包装、储存、运输过程，不符合国家规定的卫生标准和要求的，由县级以上地方人民政府卫生计生主管部门责令改正，给予警告，可以并处1万元以下的罚款。

（2）医疗卫生机构有下列行为之一的，由县级以上地方人民政府卫生计生主管部门予以取缔、没收违法所得，可以并处10万元以下的罚款；构成犯罪的，依法追究刑事责任：①非法采集血液的；②血站、医疗机构出售无偿献血的血液的；③非法组织他人出卖血液的。

（3）血站违反有关操作规程和制度采集血液，由县级以上地方人民政府卫生计生主管部门责令改正；给献血者健康造成损害的，应当依法赔偿，对直接负责的主管人员和其他直接责任人员，依法给予行政处分。

（4）卫生计生主管部门及其工作人员在献血、用血的监督管理工作中，玩忽职守，造成严重后果，构成犯罪的，依法追究刑事责任；尚不构成犯罪的，依法给予行政处分。

（四）违反传染病防治法律制度的行政责任

医疗机构违反《传染病防治法》，出现以下情况之一的，由县级以上人民政府卫生计生主管部门责令限期改正，通报批评，给予警告；造成传染病传播、流行或者其他严重后果的，对负有责任的主管人员依法给予降级、撤职、开除的处分，并可以依法吊销有关责任人员的职业证书：①未按照规定承担本单位的传染病预防、控制工作、医院感染控制任务和责任区域内的传染病预防工作的；②未按照规定报告传染病疫情，或者隐瞒、谎报、缓报传染病疫情的；③发现传染病疫情时，未按照规定对传染病患者、疑似患者提供医疗救护、救援、接诊、转诊的，或者拒绝接受转诊的；④未按照规定对本单位内被传染病病原体污染的场所、物品及医疗废物实施消毒或者无害化处理的；⑤未按照规定对医疗器械进行消毒，或者对按照规定一次使用的医疗器具未予销毁，再次使用的；⑥在医疗救治过程中，未按照规定保管医学记录资料的；⑦故意泄露传染病患者、病原携带体、疑似患者、密切接触者及个人隐私资料的。

（五）违反医疗废物管理条例的行政责任

（1）医疗卫生机构违反《医疗废物管理条例》，有下列情形之一的，由县级以上地方人民政府卫生计生主管部门责令限期改正、给予警告；逾期不改正的，处以2000元以上5000以下的罚款：①未建立、健全医疗废物管理制度，或者未设置监控部门或者专（兼）职人员的；②未对有关人员进行相关法律和专业技术、安全防护及紧急处理等知识的培训的；③未对医疗废物进行登记或者未保存登记资料的；④未对机构内从事医疗废物分类收集、运送、暂时储存、处置等工作的人员和管理人员采取职业卫生防护措施的；⑤未对使用后的医疗废物运送工具及时进行清洁和消毒的；⑥自行建有医疗废物处置设施的医疗卫生机构，未定期对医疗废物处置设施的卫生学效果进行检测、评价，或者未将检测、评价效果存档、报告的；⑦未及时收集、运送医疗废物的。

（2）医疗卫生机构违反《医疗废物管理条例》，有下列情形之一的，由县级以上地方人民政府卫生计生主管部门责令限期改正、给予警告，可以并处5000元以下的罚款；逾期不改正的，处

5000 元以上 3 万元以下的罚款：①医疗废物暂时储存地点、设施或者设备不符合卫生要求的；②未将医疗废物按类别分置于专用包装物或者容器的；③使用的医疗废物运送工具不符合要求的；④未安装污染物排放在线监控或监控装置未经常处于正常运行状态的。

（3）医疗卫生机构违反《医疗废物管理条例》，有下列情形之一的，由县级以上地方人民政府卫生计生主管部门责令限期改正，给予警告，并处 5000 元以上 1 万元以下的罚款；逾期不改正的，处 1 万元以上 3 万元以下的罚款；造成传染病传播的，由原发证部门暂扣或者吊销医疗卫生机构执业许可证件：①在运送过程中丢弃医疗废物，在非储存地点倾倒、堆放医疗废物或者将医疗废物混入其他废物和生活垃圾的；②未执行危险废物转移联单管理制度的；③将医疗废物交给未取得经营许可证的单位或个人收集、运送、储存、处置的；④对医疗废物的处置不符合国家规定的环境保护卫生标准、规范的；⑤未按照规定对污水、传染病患者或者疑似传染病患者的排泄物进行严格消毒，或者未达到国家规定的排放标准，排入污水处理系统的；⑥对收治的传染病患者或者疑似传染病患者产生的生活垃圾，未按照医疗废物进行管理和处置的。

（4）医疗卫生机构发生医疗废物流失、泄漏、扩散时，未采取紧急处理措施，或者未及时向卫生计生主管部门报告的，由县级以上地方人民政府卫生计生主管部门责令改正，给予警告，并处 1 万元以上 3 万元以下的罚款；造成传染病传播的，由原发证部门暂扣或者吊销医疗卫生机构执业许可证件。

（5）医疗卫生机构未按照《医疗废物管理条例》的要求处置医疗废物的，由县级以上地方人民政府卫生计生主管部门责令限期改正，给予警告；逾期不改的，处 1000 元以上 5000 元以下的罚款；造成传染病传播的，由原发证部门暂扣或者吊销医疗卫生机构执业许可证件。

（6）医疗卫生机构违反规定，将未达标污水、传染病患者或者疑似传染病患者的排泄物排入城市排水管网的，由县级以上地方人民政府卫生计生主管部门责令限期改正，给予警告，并处 5000 元以上 1 万元以下的罚款；逾期不改的，处 1 万元以上 3 万元以下的罚款。

（六）违反药品管理法律制度的行政责任

（1）医疗机构从无药品生产许可证、药品经营许可证的企业购进药品的，责令改正，没收违法购进的药品，并处违法购进药品货值金额 2 倍以上 5 倍以下的罚款；有违法所得的，没收违法所得；情节严重的，吊销药品生产许可证、药品经营许可证或者医疗机构执业许可证。

（2）医疗机构擅自使用其他医疗机构配制的制剂的，责令改正，没收违法购进药品，并处货值金额 2 倍以上 5 倍以下的罚款；医疗机构未经批准向其他医疗机构提供本单位配制的制剂的，责令改正，没收违法销售的制剂，并处货值金额 1 倍以上 3 倍以下的罚款。

（3）医疗机构未取得药品生产许可证、药品经营许可证或者医疗机构制剂许可证生产药品、经营药品的，依法予以取缔，没收违法生产、销售的药品和违法所得，并处违法生产、销售的药品（包括已售出的和未售出的药品）货值金额 2 倍以上 5 倍以下的罚款。

三、刑事责任

案例 2-10
医疗事故罪

2011 年，某省某市某医院妇产科大夫李某以医疗事故罪被起诉的案件引起社会广泛关注。产妇陈某产后大出血死亡，经某省医学会鉴定认为，李某没有意识到陈某出血性休克的状态，给陈某注射了呋塞米针，以及在患者病情不稳定的时候，将其送至病房。李某对病情认识不足，抢救措施不力，与陈某的死亡存在因果关系，该案件被认定为一级甲等医疗事故。陈某身为妇产科医生，在抢救陈某产后出血过程中，严重不负责任，造成患者因产后出血致失血性休克死亡，其行为触犯了《中华人民共和国刑法》第三百三十五条，犯罪事实清楚，证据确实充分，以医疗事故罪追究其刑事责任。

问题： 医疗事故罪中，严重不负责任的行为包括哪些？

（一）医疗事故罪

1. 概念 医疗事故罪（crime of medical accident），是指医务人员由于严重不负责任，造成就诊人死亡或者严重损害就诊人身体健康的行为。

2. 特征 医疗事故罪的主体为医务人员，包括医疗人员、防疫人员、药剂人员、护理人员、医疗管理人员、医疗工程技术人员、医疗后勤技术人员等。客体是国家对医疗工作的管理秩序和就诊人的生命和健康权利。

医疗事故罪在主观上是过失，即行为人对造成就诊人死亡或者严重损害就诊人身体健康的后果，在主观上持否定的态度。

客观主要表现如下：

（1）医务人员在诊疗护理工作中有严重不负责任的行为。严重不负责任是指在诊疗护理工作中违反规章制度和诊疗护理常规。这里的规章制度，是指与保障就诊人的生命、健康安全有关的诊疗护理方面的规章制度，包括诊断、处方、麻醉、手术、输血、护理、化验、消毒、医嘱、查房等各个环节的规程、规则、守则、制度、职责要求等。医疗事故案件中常见的违反规章制度的情况有：错用药物、错治患者、错报输血、错报病情、擅离职守、交接班草率、当班失职等。

（2）因严重不负责任行为导致患者严重损害身体健康或死亡的结果。危害结果的大小是衡量违法行为社会危害性的大小和区分罪与非罪的客观标准，构成本罪在客观上必须要求发生了患者重伤或死亡的结果。严重损害身体健康是指按照1987年国务院颁布的《医疗事故处理办法》第6条所称的二级医疗事故和三级医疗事故。二级医疗事故是指造成就诊人严重残疾或者严重功能障碍的；三级医疗事故是造成就诊人残废或者功能障碍的。

（3）严重不负责任行为与病员重伤、死亡之间必须存在刑法上的因果关系。医疗伤亡结果之形成不同于一般加害事件之处在于，后者是加害行为本身直接引起人体机体损伤，而前者则多是由于医疗措施未能有效阻止病情发展而导致病情恶化而引起伤残或死亡，或者是医疗措施对人体侵害直接引起患者伤亡，或者由于医疗措施客观上加重了病情，促使患者伤亡，可见医疗伤亡结果的出现既同原患疾病有关，又同医疗行为有关。

3. 刑事责任 医务人员在诊治护理工作中，违反医疗卫生管理法律、行政法规、部门规章和诊疗护理规范常规，触犯了《刑法》第三百三十五条的规定，犯有医疗事故罪，处3年以下有期徒刑或拘役。

（二）非法行医罪

案例 2-11

非法行医罪

2012年11月初，某区卫生局卫生监督所接群众举报，有人在某医院门口附近为孕妇抽血进行胎儿性别鉴定。经调查核实：①当事人卢某，为注册执业护士，但未取得《医师资格证书》和《医师执业证书》，系非医师；②当事人卢某未取得医师资格擅自使用一次性采血针等医疗器械为孕妇静脉采血，并将血液标本通过中间人送至广东某机构利用检查X/Y染色体技术进行胎儿性别鉴定，鉴定后，卢某将结果（男/女）以短信形式告知被抽血的孕妇，卢某向孕妇提供此医疗行为均有收费。③案发当天卢某共为9名孕妇抽血准备送鉴定，违法所得共人民币

89 600元整；违法时间近4个月。④执法人员从卢某电子邮箱中提取了抽血鉴定胎儿性别的报告157份，截至卫生计生主管部门调查终结，已确认有4名孕妇因想生男孩通过卢某抽血鉴定得知胎儿性别是女性后选择了终止妊娠。2013年9月9日，某区人民法院认为被告人卢某未取得医师执业资格，非法行医，情节严重，其行为已构成非法行医罪，公诉机关指控的罪名成立。

问题：非法行医罪的主观要件有哪些？

1. 概念 非法行医罪（crime of illegal medical practice），是指未取得医生执业资格的人擅自从事医疗活动，情节严重的行为。

2. 特征 非法行医罪的主体是已满16周岁且具有刑事责任能力、未取得医生执业资格的人。客体是国家对医疗工作的管理秩序和就诊人的生命安全和健康权利。

非法行医罪在主观上是直接故意，即行为人明知自己没有取得医生执业资格，为了谋利而非法行医。但对非法行医所造成的危害后果，一般是出于过失，即行为人不希望危害结果发生，也不是放任危害结果发生。

在客观上表现为非法行医的行为，指未取得医生执业资格，非法开展诊疗活动。

3. 刑事责任 根据《中华人民共和国刑法》第三百三十六条的规定，未取得医生执业资格的人擅自从事医疗活动，情节严重的处3年以下有期徒刑、拘役或者管制，并处或单处罚金；严重损害就诊人身体健康的，处3年以上10年以下有期徒刑，并处罚金；造成就诊人死亡的，处10年以上有期徒刑，并处罚金。

（三）非法采供血罪

1. 概念 非法采集、供应血液、制作、供应血液制品罪（crime of illegally collecting or supplying blood），是指非法采集、供应血液或者制作、供应血液制品，不符合国家规定的标准，足以危害人体健康，或者对人体健康造成严重危害的行为。

2. 特征 非法采供血罪的主体是已满16周岁并且具有刑事责任能力的自然人。客体是国家对血液的采集、供应和血液制品的制作、供应的管理制度和受血者的生命安全和身体健康。行为对象只能是血液和血液制品。

在主观方面非法采供血罪是出于故意，即行为人明知自己违反有关操作规定，或者明知自己没有资格从事采集、供应血液或者制作、供应血液制品活动仍决意为之。

在客观上非法采供血罪表现为在采集、供应血液或者制作、供应血液制品的工作中，不依照规定进行检测或者违背其他操作规定，造成危害他人身体健康后果的行为。其表现为非法采集、供应血液或制作、供应血液制品，不符合国家规定的标准，足以危害人体健康的行为。它具体包括以下几层含义：必须有非法采集、供应血液或者制作、供应血液制品的行为。所谓非法，不仅指违反操作规定，而且指未经国家主管部门批准，不具有采集、供应血液或者制作、供应血液制品的资格。非法采集、供应血液或者制作、供应血液制品的行为，包括非法采集、供应血液的行为和非法制作、供应血液制品的行为。非法采集、供应血液的行为，具体而言包括：①采集血液、血浆前未按照国务院卫生计生主管部门颁布的健康检查标准对供血者、供血浆者进行健康检查和血液化验的；②采集非划定区域内的供血者、供血浆者或其他人员的血液、血浆的，或者不对供血者、供血浆者进行身份识别，采集冒名顶替者、健康检查不合格者或者无供血证、供血浆证者的血液、血浆的；③违反有关血液采集的技术操作标准和程序，过频过量采集血液、血浆的；④向医疗机构直接供应原料血浆或者擅自采集血液的；⑤未使用单采血浆机械进行血浆采集的；⑥未使用有产品批准文号并经国家药品生物制品检定机构逐批检定合格的体外诊断试剂以及合格的一次性采血器材的；⑦未按国家规定的卫生标准和要求包装、储存、运输血液、血浆的；⑧对国家规定检测项目检测结果呈阳性的血液、血浆不清除、不及时上报的；⑨对污染的注射器、采血器材及不合格血液等不经消毒处理，擅自倾倒、污染环境，造成社会危害的；⑩重复使用一次性采血器材的；⑪其他非法采集、供应血液的行为。

3. 刑事责任 根据《中华人民共和国刑法》第三百三十四条的规定，非法采集、供应血液或者制作、供应血液制品，不符合国家规定的标准，足以危害人体健康的，处5年以下有期徒刑或者拘役，并处罚金；对人体健康造成严重危害的，处5年以上10年以下有期徒刑，并处罚金；造成特别严重后果的，处10年以上有期徒刑或者无期徒刑，并处罚金或者没收财产。

经国家主管部门批准采集、供应血液或者制作、供应血液制品的部门，不依照规定进行检测或者违背其他操作规定，造成危害他人身体健康后果的，对单位判处罚金，并对其直接负责的主管人员和其他直接责任人员，处5年以下有期徒刑或者拘役。

（四）妨害传染病传播罪

1. 概念 妨害传染病防治罪（crime of obstruction of the spread of infectious diseases），是指违反传染病防治法规定，引起甲类传染病传播或者有传播严重危险的行为。

2. 特征 妨害传染病防治罪的主体是个人或者单位，前者是已满16周岁且具有刑事责任能力的自然人。客体是国家关于传染病防治的管理秩序。行为对象是甲类传染病。甲类传染病主要是指鼠疫、霍乱。

妨害传染病防治罪在主观上是过失，即应当预见自己违反传染病防治法规定的行为会引起甲类传染病或者有传播的严重危险，因为疏忽大意而没有预见，或者已经预见而轻信能够避免。但是，行为人实施违反传染病防治法规定的行为可能是故意的，但对于传染病传播的结果或危险的发生是持过失或放任心态。客观上表现为违反传染病防治法的规定，引起甲类传染病传播。

3. 刑事责任 根据《刑法》第三百三十条的规定，违反传染病防治法的规定，有下列情形之一，引起甲类传染病传播或者有传播严重危险的，处3年以下有期徒刑或者拘役；后果特别严重的，处3年以上7年以下有期徒刑：①供水单位供应的饮用水不符合国家规定的卫生标准的；②拒绝按照卫生防疫机构提出的卫生要求，对传染病病原体污染的污水、污物、粪便进行消毒处理的；③准许或者纵容传染病患者、病原携带者和疑似传染病患者从事国务院卫生计生主管部门规定禁止从事的易使该传染病扩散的工作的；④拒绝执行卫生防疫机构依照传染病防治法提出的预防、控制措施的。单位犯前款罪的，对单位判处罚金，并对其直接负责的主管人员和其他直接责任人员，依照前款的规定处罚。甲类传染病的范围，依照《中华人民共和国传染病防治法》和国务院有关规定确定。

（五）其他罪名

1. 妨害国境卫生检疫罪 《中华人民共和国刑法》第三百三十二条规定，违反国境卫生检疫规定，引起检疫传染病传播或者有传播严重危险的，处3年以下有期徒刑或者拘役，并处或者单处罚金。单位犯前款罪的，对单位判处罚金，并对其直接负责的主管人员和其他直接责任人员，依照前款的规定处罚。

2. 生产、销售不符合安全标准的食品罪 《中华人民共和国刑法》第一百四十三条规定，生产、销售不符合卫生标准的食品，足以造成严重食物中毒事故或者其他严重食源性疾病的，处3年以下有期徒刑或者拘役，并处罚金；对人体健康造成严重危害的，处3年以上7年以下有期徒刑，并处罚金；后果特别严重的，处7年以上有期徒刑或者无期徒刑，并处罚金或者没收财产。

3. 生产、销售不符合卫生标准的化妆品罪 根据《中华人民共和国刑法》第一百四十八条规定，生产不符合卫生标准的化妆品，或者销售明知是不符合卫生标准的化妆品，造成严重后果的，处3年以下有期徒刑或者拘役，并处罚金。

4. 生产、销售不符合标准的医用器材罪 根据《中华人民共和国刑法》第一百四十五条规定，生产不符合保障人体健康的国家标准、行业标准的医疗器械、医用卫生材料，或者销售明知是不符合保障人体健康的国家标准、行业标准的医疗器械、医用卫生材料，足以严重危害人体健康的，处 3 年以下有期徒刑或拘役，并处罚金；对人体健康造成严重危害的，处 3 年以上 10 年以下有期徒刑，并处罚金；后果特别严重的，处 10 年以上有期徒刑或者无期徒刑，并处罚金或者没收财产。

本 章 小 结

医疗机构是依法设立的从事疾病预防、诊断、治疗活动的机构的总称。经执业登记后，医疗机构有权向社会公众提供诊疗服务，但应依法提供诊疗服务、使用药品、处理医疗废物、书写医疗文书、处理医疗事故、发布医疗广告等。医疗机构内从事医疗、预防、药剂、护理或其他卫生技术工作的人员被称为卫生技术人员，卫生技术人员应遵守卫生管理法律规范，按照注册的执业地点、执业类别、执业范围执业。医疗机构及卫生技术人员违法执业，依法应承担相应的民事责任、行政责任和刑事责任。

思 考 题

1. 非法行医与无证行医的联系与区别是什么？
2. 非法行医罪与医疗事故罪有何区别？

（马　辉　夏　青）

第三章 传染病防治法律制度与监督

学习目标

掌握：传染病分类管理；传染病预防工作的主体及其职责；传染病预防的主要制度；传染病发生或暴发、流行时的控制制度；突发公共卫生事件信息发布与报告制度；突发公共卫生事件应急处理；违反传染病防治法和突发公共卫生事件应急处理的法律责任。

熟悉：违反艾滋病防治条例规定的法律责任，突发公共卫生事件应急预案的主要内容。

了解：传染病的立法概况及主要原则。

案例 3-1

疾病预防控制机构的传染病检测行为法律性质争议案件

陶甲、黄乙之女陶丙疑似患手足口病，经丁市疾病预防控制中心对陶丙进行病理检测确认为手足口病。陶甲、黄乙夫妇向丁市疾病预防控制中心要求查询复制陶丙手足口病检测报告等资料，但丁市疾病预防控制中心以其检测行为不属于医疗机构诊疗行为为由明确拒绝，陶甲、黄乙遂以丁市疾病预防控制中心不履行政府信息公开法定职责违法为由，对其提起行政诉讼，并要求行政赔偿。

问题：
1. 疾病预防控制机构的传染病检测行为属于何种性质，为什么？
2. 本案是否属于行政诉讼，人民法院应如何处理？

第一节 概 述

传染病（infectious disease）预防与控制度是公共卫生中重要的法律制度，也是国家疾病控制与预防的重要内容。传染病是危害人民身体健康，威胁人民生命的最严重疾病之一。传染病防治是预防、控制和消除传染病的发生与流行，保障人民健康的综合措施。预防，指在传染病发生前采取有效的措施以减少传染病的发生与流行。控制，指在传染病发生后及时采取综合性防疫措施，消除各种传播因素，对患者进行隔离治疗，以保护易感人群，使疫情不再继续蔓延。消除，指某种传染病在一定范围内经过一定时间的监测，不再出现，虽然发生这种传染病的可能性仍然存在，但可以认为在这一范围内该传染病已被消除。国家对传染病防治实行预防为主的方针，防治结合、分类管理、依靠科学、依靠群众。突发公共卫生事件（public health emergency）则是突然发生、造成或者可能造成社会公众健康严重损害的重大传染病疫情、群体性不明原因疾病、重大食物和职业中毒及其他严重影响公众健康的事件。传染病防治法（the prevention and control of infectious diseases），是调整预防、控制和消除传染病的发生与流行，保障人民健康活动中产生的各种社会关系的法律规范的总称。

一、传染病防治的立法背景

新中国成立以后，我国传染病的防治工作已初步形成了一套科学的管理制度，并初步确立了疫情报告、免疫规划、家犬管理等传染病防治和管理的法律制度。为了更好地预防、控制和消灭各类传染病的发生和流行，保障人民身体健康，在总结新中国成立40年对传染病防治工作的方针、政策及成功经验的基础上，1989年2月21日，第七届全国人民代表大会常务委员会第六次会议通过了《中华人民共和国传染病防治法》（以下简称《传染病防治法》），2004年8月28日第十届全国人民代表大会常务委员会第十一次会议修订，并于同年12月1日起施行。传染病防治法，是调整预防、控制和消除传染病的发生与流行，保障人民健康活动中产生的各种社会关系的法律规范的总称。这部法律的实施和修订，系统地确立了我国对传染病的预防、疫情报告与公布、控制和监督的法律制度，标志着我国传染病防治工作开始全面走上法制化管理轨道。此后，原卫生部等有关部门制定了一系列配套法规及规章，对疫情报告、疫情通报的时限和做法，对性病、艾滋病、结核病的防治管理，以及对传染病防治监督处罚程序等做了进一步规定。1997年7月第八届全国人民代表大会常务委员会第二十六次会议通过了《中华人民共和国动物防疫法》，2007年8月30日第十届全国人民代表大会常务委员会第二十九次会议完成修订，完善了对动物防疫的法律制度。1997年3月14日第八届全国人民代表大会第五次会议修订的《刑法》以及2001年12月29日、2002年12月28日通过的《刑法修正案（三）》、《中华人民共和国刑法修正案（四）》中，对违反传染病防治法的犯罪及刑罚做了专门地补充与修改。2003年5月，国务院依照《传染病防治法》和其他有关法律的相关规定，在总结防治非典型肺炎工作实践经验的基础上，制定了《突发公共卫生事件应急条例》，将传染性非典型肺炎列入传染病防治法法定传染病管理。2003年5月12日，卫生部发布了《传染性非典型肺炎防治管理办法》。2003年11月7日，卫生部发布了《突发公共卫生事件与传染病疫情监测信息报告管理办法》；2004年11月5日，国务院第69次常务会议通过《病原微生物实验室生物安全管理条例》；2005年3月16日国务院第83次常务会议通过《疫苗流通和预防接种管理条例》；以及根据《传染病防治法》而制订的《消毒管理办法》、《医院感染管理办法》、《医疗机构传染病预检分诊管理办法》等，从而完善了我国对于传染病防治的法律制度。

二、传染病的防治原则

传染病防治法，以保障人民生命健康为宗旨，总结了新中国成立以来传染病防治管理经验，确立了以预防为主、防治结合、分类管理、依靠科学、依靠群众五项基本原则，规定了传染病预防、疫情报告与公布、疫情控制、医疗救治与监督管理等法律制度。

（一）预防为主

预防为主原则是我国卫生工作的基本方针，也是人类在与传染病长期斗争中总结出来的经验。我国在传染病防治工作中始终坚持贯彻预防为主的方针，在预防、控制传染病发生与流行上取得了巨大成功。预防为主是指传染病防治要把预防工作放在首位，从预防传染病发生入手，通过采取各种防治措施，使传染病不发生，不流行。需要指出的是，预防为主并不是不要重视医疗，而是要求无病防病，有病治病，立足于防。

（二）防治结合

防治结合要求在贯彻预防为主方针的前提下，实行预防措施和治疗措施相结合。防与治本身是相辅相成的。它既符合阻断相关传染病流行的三个环节，即管理传染源，切断传播途径，保护易感人群；又适应由过去单纯的生物医学模式向生物、心理、社会医学模式的转变，由过去单纯的医疗服务扩展到医疗预防服务，从生理服务扩大到心理服务，从院内服务扩展到社会服务。

(三）分类管理

分类管理原则是根据传染病不同病种的传播方式、传播速度、流行强度及对人类健康危害程度的不同，实行分别管理，既是法律的原则性与灵活性相结合的体现，也是突出重点兼顾一般的经济的有效管理原则的体现，是符合我国国情，特别是符合广大农村客观情况的。传染病防治法根据传染病的危害程度和应采取的监督、监测、管理措施，参照国际上统一分类标准，结合我国实际情况，将全国发病率较高、流行面较大、危害严重的 39 种急性和慢性传染病，列为法定管理传染病，并分为甲、乙、丙类，实行分类管理。同时，在 2013 年国家卫生和计划生育委员会颁布了《关于调整部分法定传染病病种管理工作的通知》（国卫疾控发〔2013〕28 号）进行了相应调整。

1. 甲类传染病 指鼠疫、霍乱。此类传染病发病率高，治疗延误时引起病死率高，在人与人之间传播速度快，波及面广，可能危及社会安全，流行时需要采取强制性隔离患者或者密切接触者，甚至采取疫区封锁或者交通卫生检疫等措施。所以，甲类传染病也称强制管理传染病。

2. 乙类传染病 指传染性非典型肺炎、艾滋病、病毒性肝炎、脊髓灰质炎、人感染高致病性禽流感、麻疹、流行性出血热、狂犬病、流行性乙型脑炎、登革热、炭疽、细菌性和阿米巴性痢疾、肺结核、伤寒和副伤寒、流行性脑脊髓膜炎、百日咳、白喉、新生儿破伤风、猩红热、布鲁菌病、淋病、梅毒、钩端螺旋体病、血吸虫病、疟疾。其中，传染性非典型肺炎、炭疽中的肺炭疽这两种传染病虽被纳入乙类，但可直接采取甲类传染病的预防、控制措施。此类传染病发病率较高，引起高病死率，传播能力有限或能在人与人之间传播但没有高致残、高致畸能力，对社会造成一定危害，是需要采取计划性疫苗接种，进行义务性、公众性检查与治疗，对传染源或者对传播环节进行系统控制等社会性控制工程的传染病。

3. 丙类传染病 是指流行性感冒、流行性腮腺炎、风疹、急性出血性结膜炎、麻风病、流行性和地方性斑疹伤寒、黑热病、包虫病、丝虫病，除霍乱、细菌性和阿米巴性痢疾、伤寒和副伤寒以外的感染性腹泻病、手足口病、甲型 H1N1 流感。此类传染病对社会和人民健康造成一定影响，需要开展主动性系统监测以掌握流行情况，为监测管理传染病，需要建立和改善控制措施，开展防治的传染病。

传染病的病种很多，列入法定管理的传染病病种只是其中的一部分。随着致病性菌毒种的变化，人类社会的发展进步，科学技术的不断革新，还会有新的危害严重的传染病出现。因此，传染病防治法授权国务院卫生计生主管部门根据传染病暴发、流行情况和危害程度，需要列入乙类、丙类传染病的，决定并予以公布；乙类传染病和突发原因不明的其他传染病需要采取甲类传染病控制的，由国务院卫生计生主管部门报国务院批准后予以公布、实施；省、自治区、直辖市人民政府对本行政区域内常见、多发的其他地方性传染病，可以根据情况决定按照乙类或者丙类传染病管理并予以公布，报国务院卫生计生主管部门备案。

（四）依靠科学

依靠科学原则就是在传染病防治工作中，要发扬科学精神，坚持科学决策；普及科学知识，加强科学引导；做好科学预防，实行科学治疗；依靠科学技术，组织科学攻关。

（五）依靠群众

这是因为传染病防治工作的依靠力量是群众，工作对象也是群众，所以传染病防治工作必须以群众自觉参与和积极配合为条件。国家支持和鼓励公民个人参与传染病防治工作，同时，公民也应当根据法律的规定，接受疾病预防控制机构、医疗机构有关传染病的调查、检验、采集样本、隔离治疗等预防、控制措施，如实提供有关情况。

第二节 传染病预防与控制的法律规定

传染病预防是传染病防治工作的首要环节。搞好传染病预防工作，对减少、控制和消灭传染病的发生和流行具有至关重要的意义。传染病防治法对传染病预防工作的主体及其职责，防治措施和管理制度等做了具体规定。

一、传染病预防工作的主体及其职责

（一）各级人民政府对传染病的预防与控制职责

（1）各级政府应当组织领导辖区内新闻、广播、电视、出版、文化、教育、卫生、科协等部门有针对性地开展传染病预防知识和预防措施的健康教育，倡导文明健康的生活方式，提高公众对传染病的防治意识和应对能力，使群众掌握预防传染病和识别传染病的知识，养成良好的卫生习惯，减少并防止传染病的发生或早期发现传染病患者，及时得以控制与治疗。

（2）各级政府应加强环境卫生建设，消除鼠害和蚊、蝇等病媒生物的危害。农业、水利、林业行政部门按照职责分工负责指导和组织消除农田、湖区、河流、牧场、林区的鼠害与血吸虫危害，以及其他传播传染病的动物和病媒生物的危害；铁路、交通、民用航空部门负责组织消除交通工具及相关场所的鼠害和蚊、蝇等病媒生物的危害。

（3）地方各级政府应加强对公共卫生的管理，有计划地建造和改造公共卫生设施，对污水、污物、粪便进行无害化处理，改善饮用水卫生条件，包括水源选择、水源卫生防护及水质卫生监督与监测等，保证饮用水符合《生活饮用水卫生标准》（GB5749-2006）。公共卫生设施包括公共厕所、粪便无害化处理场和再利用的配套设施、垃圾污物储存和运输、无害化处理系统、污水和雨水排放系统等。在城市应当修建符合卫生要求的公共厕所、无害化处理场及污水处理排放系统，医院污水必须经过处理，符合《医疗机构水污染物排放标准》（GB18466-2005）后排放；在农村，粪便、垃圾应进行无害化处理(堆肥或沼气发酵)，符合《农村实施〈生活饮用水卫生标准〉（GB5749）准则》、《粪便无害化卫生标准（GB7959）》和《农村户厕卫生标准》（GB19379）中的规定。

（4）县级以上人民政府建立健全传染病防治的疾病预防控制、医疗救治和监督管理体系。疾病预防控制、医疗救治和监督管理体系是构成我国公共卫生体系的三个主要组成部分。按照国务院要求，县级以上人民政府要负责建立公共卫生体系。

（二）各级疾病预防控制机构职责

疾病预防控制机构是政府举办的实施疾病预防控制与公共卫生技术管理和服务的公益事业单位。国家级和省级疾病预防控制机构以宏观管理、业务指导、科研培训和质量控制为主。计划单列市、地市级疾病预防控制机构在上级疾病预防控制机构的指导下，承担了较大公共卫生突发事件和救灾防病等问题的调查处理和技术支持；承担了一定的科研工作；组织指导、考核下级疾病预防控制机构的工作，培训中、初级专业技术和管理人员；协助和配合上级开展相关工作。县级疾病预防控制机构在上级疾病预防控制机构的指导下，负责辖区疾病预防控制具体工作的管理与组织落实。

（三）医疗机构的职责

各级各类医疗机构应当设立预防保健组织或人员，承担传染病疫情报告、本单位的传染病预防、控制以及责任区域内的传染病预防工作；承担医疗活动中与医院感染有关的危险因素监测、安全防护、消毒、隔离和医疗废物处置工作。市、市辖区、县设立传染病医院或者指定医院设立传染病门诊和传染病病房。

（1）县级以上医疗机构及城市街道医院，设立预防保健科（股、组）承担下列传染病防治工作：①本单位及责任地段内的医疗预防工作，包括疫情报告、传染病的消毒隔离、免疫规划、预防性投药等；②在责任地段内开展传染病预防、治疗工作，积极防治传染病、结核病等常见病、多发病；③完成疾病预防控制机构交付各项传染病防治和监测任务；④积极开展、检查、指导本院和责任地段内的爱国卫生运动，经常宣传卫生知识，做好除害灭病工作。

（2）社区医疗机构执行法定传染病登记报告制度，协助开展漏报调查；配合有关部门对传染源予以隔离，对疫源地进行消毒；指导恢复期患者定期复查并随访；开展免疫规划工作。

（3）乡镇卫生院（所）设立预防保健组（室、站），承担下列工作：①传染病的预防，规划免疫及传染病的疫情报告、管理和疫区处理；②深入各村（屯）进行巡诊，做到早发现传染病患者，做好患者的治疗，必要时指导患者进行现场隔离或协助转至最近的医疗单位住院治疗；③根据接触病种的不同，对密切接触者进行必要的应急接种或者预防性服药；④对传染病患者居住地进行必要的消毒、杀虫、灭鼠工作和指导患者及家属进行日常消毒、杀虫、灭鼠工作；⑤对乡镇居民进行卫生防病知识的教育，开展清除垃圾、污物、粪便和搞好食品卫生指导和管理工作。

（4）村卫生室提供常见伤病的初级诊治。其在传染病防治中的主要任务是落实传染病、地方病、寄生虫病等疾病的预防控制措施；按照规定报告疫情；开展免疫规划工作；常见病、多发病的一般诊治和转诊服务；提高现代结核病控制策略的人口覆盖率，为艾滋病等传染病患者提供咨询等。

（四）卫生监督机构的职责

依法监督管理食品、化妆品、消毒产品、生活饮用水及涉及饮用水卫生安全产品；依法监督管理公共场所、职业、放射、学校卫生等工作；依法监督传染病防治工作；依法监督医疗机构和采供血机构及其执业人员的执业活动，整顿和规范医疗服务市场，打击非法行医和非法采供血行为；承担法律法规规定的其他职责。

（五）供水单位的职责

供水单位主要指城乡自来水厂和有自备水源的集中式供水单位。集中式供水必须符合国家《生活饮用水卫生标准》（GB5749-2006），应具备必要的净化处理设备和消毒设备，加强对取水、净化蓄水、配水和输水等设备的管理，建立行之有效的放水、消毒、清洗、排污和检修等制度和操作规程。各单位自备水源，未经城市建设部门和卫生计生主管部门批准，一般不得与城镇集中式供水系统连接。

（六）其他单位和个人的职责

（1）医疗保健机构、疾病预防控制机构、采供血机构从事致病性微生物实验单位，必须严格执行国务院卫生计生主管部门规定的管理制度、操作规程，防止传染病的医源性感染、医院内感染、实验室感染和致病性微生物的扩散。

（2）被甲类传染病病原体污染的污水、污物、粪便，有关单位和个人必须在疾病预防控制机构、卫生监督机构的指导监督下进行消毒后处理，拒绝消毒处理的，当地政府可以采取强制措施。被乙类、丙类传染病病原体污染的污水、污物、粪便，有关单位和个人必须按照疾病预防控制机构提出的卫生要求进行处理。

（3）在国家确认的自然疫源地计划兴建水利、交通、旅游、能源等大型建设项目的，应当事先由省级以上疾病预防控制机构对施工环境进行卫生调查。建设单位应当根据疾病预防控制机构的意见，采取必要的传染病预防、控制措施。施工期间，建设单位应当设专人负责工地上的卫生防疫工作。工程竣工后，疾病预防控制机构应当对可能发生的传染病进行监测。

（4）对从事传染病预防、医疗、科研、教学的人员，现场处理疫情的人员，以及在生产、工作中接触传染病病原体的其他人员，有关单位应当根据国家规定采取有效的防护措施和医疗保健措施。

二、传染病预防的法律规定

（一）传染病监测制度

国务院卫生计生主管部门制订国家传染病监测（monitoring of infectious diseases）规划和方案。省、自治区、直辖市人民政府卫生计生主管部门根据国家传染病监测规划和方案，制订本行政区域的传染病监测计划和工作方案。各级疾病预防控制机构对传染病的发生、流行以及影响其发生、流行的因素，进行监测；对国外发生、国内尚未发生的传染病或者国内新发生的传染病，进行监测。

（二）传染病预警制度

传染病预警（early warning of infectious diseases）制度国务院卫生计生主管部门和省、自治区、直辖市人民政府根据传染病发生、流行趋势的预测，及时发出传染病预警，根据情况予以公布。

（三）免疫规划制度

1. 免疫规划（immunization program） 是根据疫情监测和人群免疫状况分析，按照规定的免疫程序、有计划地利用生物制品进行人群预防接种，以提高人群的免疫水平，达到控制直至消灭相应传染病的目的。用法律形式规定国家实行免疫计划预防接种制度，是控制和消除某些传染病的有效手段之一。各级政府卫生计生主管部门负责制订本辖区内计划免疫规划工作规划、目标，并组织实施，各级疾病预防控制机构负责辖区内免疫规划的技术指导。各级医疗机构和乡镇卫生院（所）具体实施预防接种工作。

2. 预防接种（preventive inoculation） 对象是居住在我国境内的任何人。他们不分民族、信仰、性别和居住地区，服刑在押人员也应包括在内，均应按照有关规定接受预防接种。国家对儿童实行预防接种证制度。儿童预防接种制度特别规定了儿童预防接种的起始年龄、接种剂量、免疫次数、完成全程免疫和加强免疫接种的时限。

（四）菌种、毒种管理制度

国家建立传染病菌种、毒种库，实行分类管理。其他单位和个人不得擅自保留菌毒种。使用时，必须严格按照程序，申请被批准后方可进行。按照传染病菌毒种不同的危险程度，进行划分，区别对待。对可能导致甲类传染病传播以及国务院卫生计生主管部门规定的菌种、毒种和传染病检测标本，应当严格管理。确需采集、保藏、携带、运输和使用的，须经省级以上人民政府卫生计生主管部门批准，具体办法由国务院卫生计生主管部门制订。

（五）消毒管理制度

严密消毒，是切断传染病传播途径的重要措施。消毒管理是指对传染病病原体所污染的环境、物品、空气、水源和可能被污染的物品、场所等，有关单位和个人必须在疾病预防控制机构、卫生监督机构的指导监督下，同时、全面、彻底地进行消毒处理。拒绝执行的，当地政府可以采取强制措施。医疗机构必须严格执行消毒隔离制度和操作规程，防止医院内感染和医源性感染。其他消毒管理依照卫生部2002年3月颁发的《消毒管理办法》执行。

三、传染病疫情报告与公布的法律规定

（一）疫情报告

1. 疫情报告人 《传染病防治法》规定，疫情报告人（the outbreak speaker）分两种：一种为义务疫情报告人；一种为责任疫情报告人。义务报告人是指责任报告人之外的一切其他人员，他们在发现传染病患者、疑似传染病患者时，负有及时向附近的疾病预防控制机构或者医疗机构报告的义务。人民政府有关部门、疾病预防控制机构、医疗机构、采供血机构及其工作人员为责任报告单位和责任报告人，在发现疫情或接到疫情报告时，必须按规定程序报告疫情，并做好疫情登记，采取控制传染病传播的措施。

2. 疫情报告时限和程序

（1）日常疫情报告：责任报告单位和责任疫情报告人发现甲类传染病和乙类传染病中的肺炭疽、传染性非典型肺炎、脊髓灰质炎、人感染高致病性禽流感患者或疑似患者时，或发现其他传染病和不明原因疾病暴发时，应于2小时内将传染病报告卡通过网络报告；未实行网络直报的责任报告单位应于2小时内以最快的通信方式（电话、传真）向当地县级疾病预防控制机构报告，并于2小时内寄送出传染病报告卡。对其他乙、丙类传染病患者、疑似患者和规定报告的传染病病原携带者在诊断后，实行网络直报的责任报告单位应于24小时内进行网络报告；未实行网络直报的责任报告单位应于24小时内寄送出传染病报告卡。县级疾病预防控制机构收到无网络直报条件责任报告单位寄送的传染病报告卡后，应于2小时内通过网络进行直报。

（2）传染病暴发、流行时的疫情报告：依《突发公共卫生事件与传染病疫情监测信息报告管理办法》的规定，获得突发公共卫生事件相关信息的责任报告单位和责任报告人，应当在2小时内以电话或传真等方式向属地卫生行政部门指定的专业机构报告，具备网络直报条件的要同时进行网络直报，直报的信息由指定的专业机构审核后进入国家数据库。不具备网络直报条件的责任报告单位和责任报告人，应采用最快的通讯方式将《突发公共卫生事件相关信息报告卡》报送属地卫生计生主管部门指定的专业机构，接到《突发公共卫生事件相关信息报告卡》的专业机构，应对信息进行审核，确定真实性，2小时内进行网络直报，同时以电话或传真等方式报告同级卫生计生主管部门。

接到突发公共卫生事件相关信息报告的卫生计生主管部门应当尽快组织有关专家进行现场调查，如确认为实际发生突发公共卫生事件，应根据不同的级别，及时组织采取相应的措施，并在2小时内向本级人民政府报告，同时向上一级人民政府卫生计生主管部门报告。如尚未达到突发公共卫生事件标准的，由专业防治机构密切跟踪事态发展，随时报告事态变化情况。任何单位和个人对发生或者可能发生传染病暴发、流行的，不得隐瞒、缓报、谎报或者授意他人隐瞒、缓报、谎报。

（3）有关部门的疫情报告：铁路、交通、民航、厂（场）矿所属的医疗卫生机构发现突发公共卫生事件和传染病疫情，应按属地管理原则向所在地县级疾病预防控制机构报告；军队内的突发公共卫生事件和军人中的传染病疫情监测信息，由中国人民解放军卫生主管部门根据有关规定向国务院卫生计生主管部门直接报告。

（二）疫情通报与公布

传染病疫情的通报和公布，是传染病防治管理工作的重要组成部分，同时，对外及时公布疫情也是我国作为WHO成员国必须承担的国际义务。

《传染病防治法》规定，国务院卫生计生主管部门定期公布全国传染病疫情信息。省、自治区、直辖市人民政府卫生计生主管部门定期公布本行政区域的传染病疫情信息；传染病暴发、流行时，国务院卫生计生主管部门负责向社会公布传染病疫情信息，并可以授权省、自治区、直辖市人民

政府卫生计生主管部门向社会公布本行政区域的传染病疫情信息；公布传染病疫情信息应当及时、准确。国境口岸所在地卫生计生主管部门指定的疾病预防控制机构和港口、机场、铁路等疾病预防控制机构及国境卫生检疫机构，发现国境卫生检疫法规定的检疫传染病时，应当互相通报疫情。

四、传染病控制的法律规定

传染病控制，指传染病发生或暴发、流行时，政府和有关部门为了阻止传染病的扩散和蔓延，而采取的必要措施。

（一）一般控制措施

一般控制措施是指针对传染病流行的三个环节（传染源、传播途径、易感人群）所采取的以针对其中一个环节为主或同时控制几个环节的综合措施，包括隔离治疗传染源、切断传播途径、保护易感人群。传染病防治法律规定：

（1）对甲类传染病患者和病原携带者，乙类传染病中传染性非典型肺炎、炭疽中的肺炭疽和人感染高致病性禽流感患者和病原携带者，予以隔离治疗。隔离期限根据医学检查结果确定。拒绝隔离治疗或者隔离期未满擅自脱离隔离治疗的，可以由公安部门协助医疗机构采取强制隔离治疗措施。

（2）对除传染性非典型肺炎、炭疽中的肺炭疽和人感染高致病性禽流感患者以外的乙类、丙类传染病患者，根据病情采取必要的治疗和控制传播措施。

（3）对疑似甲类传染病患者，在明确诊断前，在指定场所进行医学观察。

（4）对传染病患者、病原携带者、疑似传染病患者污染的场所、物品和密切接触的人员，实施必要的卫生处理和预防措施。在实施以上传染病控制措施时，传染病患者及其家属和有关单位以及居民或者村民组织应当配合。

（二）临时紧急措施

临时紧急措施也称即时强制，是指传染病暴发、流行时，县级以上地方人民政府应当立即组织力量，按照预防、控制预案进行防治，切断传染病的传播途径，必要时，报经上一级人民政府决定，可以采取下列紧急措施并予以公告：①限制或者停止集市、影剧院演出或者其他人群聚集的活动；②停工、停业、停课；③封闭或者封存被传染病病原体污染的公共饮用水源、食品以及相关物品；④控制或者扑杀染疫野生动物、家畜家禽；⑤封闭可能造成传染病扩散的场所。上级人民政府接到下级人民政府关于采取前款所列紧急措施的报告时，应当即时做出决定。紧急措施的解除，由原决定机关决定并宣布。

（三）疫区封锁

所谓疫区（the epidemic area），指传染病在人群中暴发或者流行，其病原体向周围播散时所能波及的地区。疫区封锁就是限制疫区与非疫区之间的各种形式的交往。

1. 宣布疫区　《传染病防治法》规定，甲类、乙类传染病暴发、流行时，县级以上地方人民政府报经上一级人民政府决定，可以宣布本行政区域部分或者全部为疫区；国务院可以决定并宣布跨省、自治区、直辖市的疫区。县级以上地方人民政府可以在疫区内采取本法第四十二条规定的紧急措施，并可以对出入疫区的人员、物资和交通工具实施卫生检疫。

2. 封锁疫区　《传染病防治法》规定，可以对甲类传染病疫区实行封锁。省、自治区、直辖市人民政府可以决定对本行政区域内的甲类传染病疫区实施封锁；但是，封锁大、中城市的疫区或者封锁跨省、自治区、直辖市的疫区，以及封锁疫区导致中断干线交通或者封锁国境的，由国务院决定。疫区封锁的解除，由原决定机关宣布。

（四）行政征调与协同配合

《传染病防治法》规定，传染病暴发、流行时，根据传染病疫情控制的需要，国务院有权在全国范围内或者跨省、自治区、直辖市范围内，县级以上地方人民政府有权在本行政区域内紧急调集人员或者调用储备物资，临时征用房屋、交通工具及相关设施、设备。紧急调集人员的，应当按照规定给予合理报酬。临时征用房屋、交通工具及相关设施、设备的，应当依法给予补偿；能返还的，应当及时返还。

（五）尸体处理

患甲类传染病、炭疽死亡的，应当将尸体立即进行卫生处理，就近火化。患其他传染病死亡的，必要时，应当将尸体进行卫生处理后火化或者按照规定深埋。为了查找传染病病因，医疗机构在必要时可以按照国务院卫生计生主管部门的规定，对传染病患者尸体或者疑似传染病患者尸体进行解剖查验，并应当告知死者家属。

案例 3-2

违反传染病报告制度案

2013 年 12 月 12 日，甲市卫生监督所接到投诉举报，举报乙医院 2011 年 7 月至 2013 年上半年非法收治结核病患者。甲市卫生监督所立即成立的调查小组，赴乙医院调查了 2011 年 7 月份至 2013 年 7 月份的所有患者住院病例共 3198 份，从中筛选出 600 例肺炎（广义）病例。于 12 月 18 日，通过甲市结核医院两名专家的协助调查，在这 600 例肺炎（广义）病例中，进一步筛选出 2 份确诊为肺结核的病例，5 份疑似肺结核病例。乙医院在明知收治的患者中有新发的结核病患者和疑似患者而未作疫情报告义务并未做转诊工作。经初步审查，上述违法事实有询问笔录（2012 年 12 月 20 日）、乙医院住院病历复印件 7 份（2 份确诊、5 份疑似）、病志调查筛选过程照片 10 张、7 份病例名单为证。

问题：
1. 本案中，乙医院发现肺结核患者后依法应当如何处理？
2. 对于乙医院的行为，甲市卫生监督所应如何处理？

第三节 艾滋病防治的法律规定

一、艾滋病流行及国外艾滋病防治立法

艾滋病（acquired immune deficiency syndrome，AIDS）是从英语字头的缩写形式音译过来的，即"获得性免疫缺陷综合征"。其致病病源是人类免疫缺乏病毒（HIV），潜伏期为 5~10 年。艾滋病的迅速传播已经引起全世界的极大关注。许多国家纷纷从本国实际情况出发，制定了艾滋病防治的政策和法律，以防止艾滋病的传入和蔓延。丹麦于 1985 年 11 月实行了《医师关于艾滋病的报告制度》；奥地利于 1986 年 5 月公布了《关于防止艾滋病传染的法规》；美国许多州和地区也采取了一系列法律措施；芬兰、法国、加拿大等国家也都对防止艾滋病的传播采取了法制措施。

二、我国艾滋病防治立法

艾滋病在全球的流行已经威胁到我国。我国发现艾滋病后，国家高度重视预防和控制艾滋

病的工作：一是组建了艾滋病防控组织机构，成立了国家预防和控制艾滋病领导小组和专家委员会，在全国各地建立了监测点，开展艾滋病的监测工作，在初步摸清了我国艾滋病感染的主要途径和分布情况的基础上，制定了《全国预防艾滋病规划》；二是开展健康教育、宣传工作和科研工作；三是广泛开展国际合作，在 WHO 的协助下共同制订了中国预防和控制艾滋病中长期规划；四是加强立法，将艾滋病管理工作逐步纳入法制化轨道。1988 年 1 月经国务院批准，卫生部、外交部、公安部、国家教育委员会、国家旅游局、中国民用航空局、国家外国专家局联合发布了《艾滋病监测管理的若干规定》，这是我国的第一个有关控制与管理艾滋病的法规，它明确规定了监测的对象和具体的措施、监测工作的主要内容及违反本规定的法律责任。1995 年经国务院批准发布了《关于预防和控制艾滋病工作的意见》；1998 年国务院印发了《中国预防和控制艾滋病中长期规划（1998—2010）》；1999 年 4 月经国务院批准，卫生部出台了《关于对艾滋病病毒感染者和艾滋病人的管理意见》。为了遏制艾滋病性病疫情快速上升的势头，降低艾滋病性病发病率，国务院分别于 2001 年和 2006 年制定了《中国遏制与防治艾滋病行动计划（2001—2005 年）》、《中国遏制与防治艾滋病行动计划（2006—2010 年）》。2006 年 1 月，国务院根据传染病防治法，制定了《艾滋病防治条例》，为预防、控制艾滋病的发生与流行，保障人体健康和公共卫生提供了法律保证。

三、艾滋病防治部门与职责

艾滋病防治工作坚持预防为主、防治结合的方针，建立政府组织领导、部门各负其责、全社会共同参与的机制，加强宣传教育，采取行为干预和关怀救助等措施，实行综合防治。

（1）县级以上人民政府统一领导艾滋病防治工作：建立健全艾滋病防治工作协调机制和工作责任制，对有关部门承担的艾滋病防治工作进行考核、监督。县级以上人民政府有关部门按照职责分工负责艾滋病防治及其监督管理工作。

（2）国务院卫生计生主管部门制订国家艾滋病监测规划和方案：省、自治区、直辖市人民政府卫生主管部门根据国家艾滋病监测规划和方案，制订本行政区域的艾滋病监测计划和工作方案，组织开展艾滋病监测和专题调查，掌握艾滋病疫情变化情况和流行趋势。

（3）疾病预防控制机构负责对艾滋病发生、流行以及影响其发生、流行的因素开展监测活动：疾病预防控制机构应当按照属地管理的原则，对艾滋病病毒感染者和艾滋病患者进行医学随访。

（4）医疗机构应当为艾滋病病毒感染者和艾滋病患者提供艾滋病防治咨询、诊断和治疗服务。

（5）出入境检验检疫机构负责对出入境人员进行艾滋病监测，并将监测结果及时向卫生主管部门报告。

四、艾滋病病毒感染者和艾滋病患者的义务

《艾滋病防治条例》规定，艾滋病病毒感染者和艾滋病患者应当履行下列义务：①接受疾病预防控制机构或者出入境检验检疫机构的流行病学调查和指导；②将感染或者发病的事实及时告知与其有性关系者；③就医时，将感染或者发病的事实如实告知接诊医生；④采取必要的防护措施，防止感染他人。艾滋病病毒感染者和艾滋病患者不得以任何方式故意传播艾滋病。

五、违反艾滋病防治条例规定的法律责任

（1）我国《艾滋病防治条例》明确规定，地方各级人民政府未依照本条例规定履行组织、领导、保障艾滋病防治工作职责，或者未采取艾滋病防治和救助措施的，由上级人民政府责令改正，通报批评；造成艾滋病传播、流行或者其他严重后果的，对负有责任的主管人员依法给予行政处

分；构成犯罪的，依法追究刑事责任。

（2）县级以上人民政府卫生计生主管部门违反本条例规定，有下列情形之一的，由本级人民政府或者上级人民政府卫生计生主管部门责令改正，通报批评；造成艾滋病传播、流行或者其他严重后果的，对负有责任的主管人员和其他直接责任人员依法给予行政处分；构成犯罪的，依法追究刑事责任：①未履行艾滋病防治宣传教育职责的；②对有证据证明可能被艾滋病病毒污染的物品，未采取控制措施的；③其他有关失职、渎职行为。出入境检验检疫机构有前款规定情形的，由其上级主管部门依照本条规定予以处罚。

（3）县级以上人民政府有关部门未依照本条例规定履行宣传教育、预防控制职责的，由本级人民政府或者上级人民政府有关部门责令改正，通报批评；造成艾滋病传播、流行或者其他严重后果的，对负有责任的主管人员和其他直接责任人员依法给予行政处分；构成犯罪的，依法追究刑事责任。

（4）医疗卫生机构未依照本条例规定履行职责，有下列情形之一的，由县级以上人民政府卫生计生主管部门责令限期改正，通报批评，给予警告；造成艾滋病传播、流行或者其他严重后果的，对负有责任的主管人员和其他直接责任人员依法给予降级、撤职、开除的处分，并可以依法吊销有关机构或者责任人员的执业许可证件；构成犯罪的，依法追究刑事责任：①未履行艾滋病监测职责的；②未按照规定免费提供咨询和初筛检测的；③对临时应急采集的血液未进行艾滋病检测，对临床用血艾滋病检测结果未进行核查，或者将艾滋病检测阳性的血液用于临床的；④未遵守标准防护原则，或者未执行操作规程和消毒管理制度，发生艾滋病医院感染或者医源性感染的；⑤未采取有效的卫生防护措施和医疗保健措施的；⑥推诿、拒绝治疗艾滋病病毒感染者或者艾滋病患者的其他疾病，或者对艾滋病病毒感染者、艾滋病患者未提供咨询、诊断和治疗服务的；⑦未对艾滋病病毒感染者或者艾滋病患者进行医学随访的；⑧未按照规定对感染艾滋病病毒的孕产妇及其婴儿提供预防艾滋病母婴传播技术指导的。出入境检验检疫机构有以上规定情形的，由其上级主管部门依照规定予以处罚。

（5）艾滋病病毒感染者或者艾滋病患者故意传播艾滋病的，依法承担民事赔偿责任；构成犯罪的，依法追究刑事责任。

> **案例 3-3**
>
> **故意传播传染病案**
>
> 2009年年初，经好友介绍，张甲之妻刘乙到广东丙市某童鞋制造厂打工，但因工作时间长、劳动强度大且工资待遇低而离职，刘乙离职后3个月未找到合适工作，后经人介绍进入某酒店从事色情服务。2010年6月，刘乙自费到丁医院进行了一次体检，发现HIV抗体阳性，丁医院向丙市有关部门进行了报告，并根据刘乙填写的联系人姓名与电话，将刘乙的相关情况告知了张甲，致张甲与刘乙离婚。此后，刘乙报复社会，继续从事色情服务，致多人感染艾滋病。
> **问题：**
> 1. 丁医院是否应当将刘乙感染艾滋病的相关情况告知张甲，为什么？
> 2. 刘乙明知自己已感染艾滋仍故意传播艾滋病的行为应当如何处理？

第四节 突发公共卫生事件的应急处理

一、突发公共卫生事件概述

突发公共卫生事件是突然发生、造成或者可能造成社会公众健康严重损害的重大传染病疫情、群体性不明原因疾病、重大食物和职业中毒以及其他严重影响公众健康的事件。突发公共卫生事件具有以下几个方面的特性：

1. 突发性 突发公共卫生事件的一个重要特征即是突然发生，因其突发性，在事件发生之前，人们往往缺乏防范和准备，以致在事发初期，不能得到有效的控制，使得社会公众的健康受到严重损害或者严重威胁。

2. 严重性 突发公共卫生事件常常造成或者可能造成社会公众健康严重损害，因此具有严重的社会危害性。若所发生的事件没有或并不对社会公众健康造成严重损害，则不是我们所称的突发公共卫生事件。

3. 广泛性 突发公共卫生事件的方面广，不仅包括发生重大传染病疫情，而且包括发生群众性不明原因疾病、重大食物和职业中毒以及其他严重影响公众健康的事件。另外，突发公共卫生事件影响的范围广，常常不仅涉及一个单位，而是涉及若干单位乃至一个地区、几个地区，甚至可能涉及全国，往往影响一定人群、公众的健康，影响社会安定。因此，对突发公共卫生事件的防治也具有广泛性，必须社会动员、协调运作、综合治理。

二、《突发公共卫生事件应急条例》的立法背景及意义

《突发公共卫生事件应急条例》（emergency regulations for public health emergencies）是依照《传染病防治法》的规定，特别是针对2003年防治非典型肺炎工作中暴露出的突出问题制订的，为抗击非典型肺炎提供了有力的法律武器。

2003年春，一场由"非典"引发的突发公共卫生危机考验了中国的医药卫生体系，特别是卫生防疫体系，也检验了我国突发公共卫生事件法律制度。为了有效预防、及时控制和消除突发公共卫生事件的危害，保障公众身体健康与生命安全，维护正常的社会秩序，2003年4月8日，卫生部发布了《关于将传染性非典型肺炎（严重急性呼吸道综合征）列入法定管理传染病的通知》，将传染性非典型肺炎列入了1989年2月21日第七届全国人民代表大会常务委员会第六次会议通过的《中华人民共和国传染病防治法》法定传染病进行管理。经第十届全国人民代表大会常务委员会第十一次会议修订的《传染病防治法》把传染性非典型肺炎直接列入乙类传染病。2003年5月9日，在总结防治"非典"工作实践经验的基础上，国务院依照《传染病防治法》和其他有关法律的相关规定，公布并施行了《突发公共卫生事件应急条例》（以下简称《条例》），明确规定了处理突发公共卫生事件的组织领导，应当遵循的原则、各项制度、措施以及违反《条例》行为的法律责任等，重点解决了突发公共卫生事件应急处理工作中存在的信息不准确、反应不及时、应急准备不足等问题。《条例》的出台，促进了我国突发公共卫生事件应急处理机制的建立和完善，为及时、有效地处理突发公共卫生事件建立起了"信息通畅、反应敏捷、指挥有力、责任明确"的应急法律制度。它标志着我国突发公共卫生事件法律制度开始建立，突发公共卫生事件应急处理工作走上了法治化轨道。

三、突发公共卫生事件的组织领导和工作原则

《条例》规定，突发事件发生后，国务院设立全国突发事件应急处理指挥部，由国务院有关部门和军队有关部门组成，国务院主管领导人担任总指挥，负责对全国突发事件应急处理的统一领导、统一指挥。国务院卫生计生主管部门和其他有关部门，在各自的职责范围内，做好突发事件应急处理的有关工作。省、自治区、直辖市人民政府成立地方突发事件应急处理指挥部，省、自治区、直辖市人民政府主要领导人担任总指挥，负责领导、指挥本行政区域内突发事件应急处理工作。县级以上地方人民政府卫生计生主管部门，具体负责组织突发事件的调查、控

制和医疗救治工作。县级以上地方人民政府有关部门，在各自的职责范围内做好突发事件应急处理的有关工作。

国务院有关部门和县级以上地方人民政府及其有关部门应当建立严格的突发事件防范和应急处理责任制，切实履行各自的职责，保证突发事件应急处理工作的正常进行。

突发事件应急工作，应当遵循预防为主、常备不懈的方针，贯彻统一领导、分级负责，反应及时、措施果断，依靠科学、加强合作的原则。

四、突发公共卫生事件的预防与应急准备

（一）制订应急预案

国务院卫生计生主管部门按照分类指导、快速反应的要求，制订国家突发公共卫生事件应急预案，报请国务院批准；省、自治区、直辖市人民政府根据国家突发公共卫生事件应急预案，结合本地实际情况，制订本行政区域的突发公共卫生事件应急预案。

国家突发公共卫生事件应急预案应当包括以下主要内容：①突发公共卫生事件应急处理指挥部的组成和相关部门的职责；②突发公共卫生事件的监测与预警；③突发公共卫生事件信息的收集、分析、报告、通报制度；④突发公共卫生事件应急处理技术和监测机构及其任务；⑤突发公共卫生事件的分级和应急处理工作方案；⑥突发公共卫生事件预防、现场控制，应急设施、设备、救治药品和医疗器械及其他物资和技术的储备与调度；⑦突发公共卫生事件应急处理专业队伍的建设和培训。突发公共卫生事件应急预案应当根据突发事件的变化和实施中发现的问题及时进行修订、补充。

（二）加强预防工作

（1）地方各级人民政府应当依照法律、行政法规的规定，做好传染病预防和其他公共卫生工作，防范突发事件的发生。县级卫生计生主管部门和其他部门，应当对公众开展突发公共卫生事件应急知识的专门教育，增强全社会对突发事件的防范意识和应对能力。

（2）监测与预警：国家建立统一的突发公共卫生事件预防控制体系；县级以上地方人民政府应当建立和完善突发公共卫生事件监测与预警系统。县级以上各级人民政府卫生行政主管部门，应当指定机构负责开展突发公共卫生事件的日常监测，并确保监测与预警系统的正常运行。

监测与预警工作应当根据突发公共卫生事件的类别，制订监测计划，科学分析、综合评价监测数据。对早期发现的潜在隐患以及可能发生的突发公共卫生事件，应当依照本条例规定的报告程序和时限及时报告。

（三）做好应急准备

国务院有关部门和县级以上地方人民政府及其有关部门，应当根据突发公共卫生事件应急预案的要求，保证应急设施、设备、救治药品和医疗器械等物资储备。

县级以上各级人民政府应当加强急救医疗服务网络的建设，配备相应的医疗救治药物、技术、设备和人员，提高医疗卫生机构应对各类突发事件的救治能力。设区的市级以上地方人民政府应当设置与传染病防治工作需要相适应的传染病专科医院，或者指定具备传染病防治条件和能力的医疗机构承担传染病防治任务。

县级以上地方人民政府卫生计生主管部门，应当定期对医疗卫生机构和人员开展突发公共卫生事件应急处理相关知识、技能的培训，定期组织医疗卫生机构进行突发公共卫生事件应急演练，推广最新知识和先进技术。

五、突发公共卫生事件信息报告与发布

针对在防治非典工作中暴露出的信息渠道不畅和信息报告不及时、不准确等问题，为了及时、准确掌握疫情，做好突发事件的应急处理工作，《条例》规定国家建立突发公共卫生事件应急报告制度和信息发布制度。其包括以下四项。

（一）突发公共卫生事件应急报告制度

（1）国务院卫生计生主管部门制订突发事件应急报告规范，建立重大、紧急疫情信息报告系统。

（2）省级人民政府系统和原卫生部的报告责任：有下列情形之一的，省、自治区、直辖市人民政府必须在接到疫情等突发公共卫生事件报告1小时内，向国务院卫生计生主管部门报告：①发生或者可能发生传染病暴发、流行的；②发生或者发现不明原因的群体性疾病的；③发生传染病菌种、毒种丢失的；④发生或者可能发生重大食物和职业中毒事件的。国务院卫生计生主管部门对可能造成重大社会影响的突发公共卫生事件，应当立即向国务院报告。

（3）县级以上地方人民政府卫生计生主管部门的报告责任：县级以上地方人民政府卫生计生主管部门在接到疫情等突发公共卫生事件报告2小时内，向本级人民政府和上级卫生计生主管部门报告，并同时向国务院卫生计生主管部门报告。

（4）其他机构的报告责任：突发公共卫生事件监测机构、医疗卫生机构和有关单位发现有《条例》第十九条规定的情形之一的，应在2小时内向所在地县级人民政府卫生计生主管部门报告。

（二）突发公共卫生事件举报制度

国家建立突发公共卫生事件举报制度，公布统一的突发公共卫生事件报告、举报电话。任何单位和个人有权向人民政府及其有关部门报告突发公共卫生事件隐患，有权向上级人民政府及其有关部门举报地方人民政府及其有关部门不履行突发公共卫生事件应急处理职责，或者不按照规定履行职责的情况。接到报告、举报的有关人民政府及其有关部门，应立即组织进行调查处理。对举报有功的单位和个人，应予以奖励。

（三）突发公共卫生事件通报制度

国务院卫生计生主管部门应根据发生突发公共卫生事件的情况，及时向国务院有关部门和各省、自治区、直辖市人民政府卫生计生主管部门通报；突发公共卫生事件发生地的省、自治区、直辖市人民政府卫生计生主管部门，应向毗邻省、自治区、直辖市人民政府卫生行政主管部门通报；接到通报的省、自治区、直辖市人民政府卫生计生主管部门，必要时应及时通知本行政区域内的医疗卫生机构；县级以上地方人民政府有关部门，已经发生或者发现可能引起突发公共卫生事件的情形时，应及时向同级人民政府卫生计生主管部门通报。

（四）突发公共卫生事件信息发布制度

国务院卫生计生主管部门负责向社会发布突发公共卫生事件的信息。必要时可以授权省、自治区、直辖市人民政府卫生计生主管部门向社会发布本行政区域内突发公共卫生事件的信息。信息发布应及时、准确、全面。

六、突发公共卫生事件应急处理

为确保突发公共卫生事件能够快速、有效地做出应急处理，《条例》规定了以下方面的应急处

理措施。

（一）启动应急预案，明确职责要求

（1）突发公共卫生事件发生后，卫生计生主管部门应当组织专家对突发公共卫生事件进行综合评估，初步判断突发事件的类型，提出是否启动应急预案的建议。在全国范围内或者跨省、自治区、直辖市范围内启动国家突发公共卫生事件应急预案，由国务院卫生计生主管部门报国务院批准后实施；省、自治区、直辖市启动突发公共卫生事件应急预案，由省、自治区、直辖市人民政府决定，并向国务院报告。

（2）应急预案启动前，县级以上各级人民政府有关部门应当根据突发公共卫生事件的实际情况，做好应急处理准备，采取必要的应急措施。应急预案启动后，突发公共卫生事件发生地的人民政府有关部门应当根据预案规定的职责要求，服从突发公共卫生事件应急处理指挥部的统一指挥，立即到达规定岗位，采取有关的控制措施；医疗卫生机构、监测机构和科学研究机构，应服从突发公共卫生事件应急处理指挥部的统一指挥，相互配合、协作，集中力量开展相关的科学研究工作。

（3）全国突发公共卫生事件应急处理指挥部对突发公共卫生事件应急处理工作进行督察和指导，地方各级人民政府及其有关部门应予以配合；省、自治区、直辖市突发公共卫生事件应急处理指挥部对本行政区域内突发公共卫生事件应急处理工作进行督察和指导。省级以上人民政府卫生计生主管部门或者其他有关部门指定的突发公共卫生事件应急处理专业技术机构，负责突发公共卫生事件的技术调查、确证、处置、控制和评价工作，有权进入突发公共卫生事件现场进行调查、采样、技术分析和检验，对地方突发公共卫生事件的应急处理工作进行技术指导，有关单位和个人应当予以配合；任何单位和个人不得以任何理由予以拒绝。

（二）采取应急措施，控制突发事件

（1）国务院卫生计生主管部门对新发现的突发传染病，根据危害程度、流行强度，依照《中华人民共和国传染病防治法》的规定及时宣布为法定传染病；甲类传染病的宣布，由国务院决定。

（2）突发公共卫生事件发生后，国务院有关部门和县级以上地方人民政府及其有关部门，应当保证突发公共卫生事件应急处理所需的医疗救护设备、救治药品、医疗器械等物资的生产、供应；铁路、交通、民用航空行政主管部门应当保证及时运送。

（3）根据突发公共卫生事件应急处理的需要，突发公共卫生事件应急处理指挥部有权紧急调集人员、储备物资、交通工具及相关设施、设备；必要时其有权对人员进行疏散或者隔离，并可以依法对传染病疫区实行封锁。

（4）突发公共卫生事件应急处理指挥部根据突发公共卫生事件应急处理的需要，可以对食物和水源采取控制措施。县级以上地方人民政府卫生计生主管部门应当对突发公共卫生事件现场等采取控制措施，宣传突发公共卫生事件防治知识，及时对易受感染的人群和其他易受损害的人群采取应急接种、预防性投药、群体防护等措施。

（5）参加突发公共卫生事件应急处理的工作人员，应当按照预案的规定，采取卫生防护措施，并在专业人员的指导下进行工作。

（三）尽快组织力量，严格控制疫情

（1）对新发现的突发传染病、不明原因的群体性疾病、重大食物和职业中毒事件，国务院卫生行政计生部门应尽快组织力量，制订相关的技术标准、规范和控制措施。

（2）交通工具上发现根据国务院卫生计生主管部门的规定需要采取应急控制措施的传染病患者、疑似传染病患者，其负责人应当以最快的方式通知前方停靠点，并向交通工具的营运单位报告。交通工具的前方停靠点和营运单位应立即向交通工具营运单位行政主管部门和县级以上地方人民政府卫生计生主管部门报告。卫生计生主管部门接到报告后，应立即组织有关人员采取相应

的医学处置措施。交通工具上的传染病患者密切接触者,由交通工具停靠点的县级以上各级人民政府卫生计生主管部门或者铁路、交通、民用航空行政主管部门,根据各自的职责,依照传染病防治法律、行政法规的规定,采取控制措施。

(3)医疗卫生机构应当对突发公共卫生事件致病的人员提供医疗救护和现场救援,对就诊患者必须接诊治疗,并书写详细、完整的病历记录;对需要转送的患者,应当按照规定将患者及其病历记录的复印件转送至接诊的或者指定的医疗机构。医疗机构收治传染病患者、疑似传染病患者,应当依法报告所在地的疾病预防控制机构,接到报告的疾病预防控制机构应当立即对可能受到危害的人员进行调查,根据需要采取必要的控制措施。

(4)传染病暴发、流行时,街道、乡镇及居民委员会、村民委员会应当组织力量,团结协作,群防群治,协助卫生行政主管部门和其他有关部门、医疗卫生机构做好疫情信息的收集和报告、人员的分散隔离、公共卫生措施的落实工作,向居民、村民宣传传染病防治的相关知识。

(5)对传染病暴发、流行区域内流动人口,突发事件发生地的县级以上地方人民政府应当做好预防工作,落实有关卫生控制措施,对传染病患者和疑似传染病患者,应采取就地隔离、就地观察、就地治疗的措施。

(6)在突发事件中需要接受隔离治疗、医学观察措施的患者、疑似患者和传染病患者密切接触者在卫生计生主管部门或者有关机构采取医学措施时应当予以配合;拒绝配合的,由公安机关依法协助强制执行。

(7)县级以上各级人民政府应当提供必要资金,保障因突发公共卫生事件致病、致残人员得到及时、有效的治疗。

第五节 法 律 责 任

一、行 政 责 任

(一)行政处罚

《传染病防治法》规定,违反本法规定,有下列行为之一的,由县级以上政府卫生计生主管部门责令限期改正,没收违法所得,并处以罚款:①饮用水供水单位供应的饮用水不符合国家卫生标准和卫生规范的;②涉及饮用水卫生安全的产品不符合国家卫生标准和卫生规范的;③用于传染病防治的消毒产品不符合国家卫生标准和卫生规范的;④出售、运输疫区中被传染病病原体污染或者可能被传染病病原体污染的物品,未进行消毒处理的;⑤生物制品生产单位生产的血液制品不符合国家质量标准的;⑥非法采集血液或者组织他人出卖血液的;⑦未经检疫出售、运输与人畜共患传染病有关的野生动物、家畜家禽的;⑧在国家确认的自然疫源地兴建水利、交通、旅游、能源等大型建设项目,未经卫生调查进行施工的,或者未按照疾病预防控制机构的意见采取必要的传染病预防、控制措施的。

当事人对罚款决定不服的,可自收到处罚决定通知书之日起15日内向上一级卫生计生主管部门申请复议;对复议决定仍然不服的,可自收到复议决定通知书之日起15日内向法院提起诉讼。当事人也可自收到处罚决定通知书之日起15日内,直接向法院提起诉讼。逾期不申请复议或者不提起诉讼又不履行的,做出处罚决定的卫生计生主管部门可以申请法院强制执行。

(二)行政处分

根据《传染病防治法》规定,出现下列行为的可受到行政处分。
(1)地方各级人民政府未依照本法的规定履行报告职责,或者隐瞒、谎报、缓报传染病疫情,或者在传染病暴发、流行时，未及时组织救治、采取控制措施，造成传染病传播、流行或者其他严重后果的。

（2）地方各级人民政府卫生计生主管部门未依法履行传染病疫情通报、报告与公布职责，或者隐瞒、谎报、缓报传染病疫情；发生或可能发生传染病传播时未及时采取预防、控制措施；未依法履行监督检查职责，或者发现违法行为不及时查处；未及时调查、处理单位和个人对下级卫生计生主管部门不履行传染病防治职责的举报，造成传染病传播、流行或其他严重后果的。

（3）县级以上人民政府有关部门未依照本法的规定履行传染病防治和保障职责，造成传染病传播、流行或其他严重后果的。

（4）疾病预防控制机构未依法履行传染病监测职责；未依法履行传染病疫情报告、通报职责或隐瞒、谎报、缓报传染病疫情；未主动收集传染病疫情信息，或者对传染病疫情信息和疫情报告未及时进行分析、调查、核实；发现传染病疫情时，未依据职责及时采取本法规定的措施的；故意泄露传染病患者、病原携带者、疑似传染病患者、密切接触者涉及个人隐私的有关信息、资料的。

（5）医疗机构未按照规定承担本单位的传染病预防、控制工作，医院感染控制任务和责任区域内的传染病预防工作；未按照规定报告传染病疫情，或者隐瞒、谎报、缓报传染病疫情；发现传染病疫情时，未按照规定对传染病患者、疑似传染病患者提供医疗救护、现场救援、接诊、转诊的，或者拒绝接受转诊；未按照规定对本单位内被传染病病原体污染的场所、物品及医疗废物实施消毒或者无害化处置；未按照规定对医疗器械进行消毒，或对按照规定一次使用的医疗器具未予销毁，再次使用；在医疗救治过程中未按照规定保管医学记录资料；故意泄露传染病患者、病原携带者、疑似传染病患者、密切接触者涉及个人隐私的有关信息、资料，造成传染病传播、流行或者其他严重后果的。

（6）采供血机构未按照规定报告传染病疫情；隐瞒、谎报、缓报传染病疫情；未执行国家有关规定，导致因输入血液引起经血液传播疾病发生，造成传染病传播、流行或者其他严重后果的。

（7）国境卫生检疫机关、动物防疫机构未依法履行传染病疫情通报职责，造成传染病传播、流行或其他严重后果的。

（8）铁路、交通、民用航空经营单位未依照本法的规定优先运送处理传染病疫情的人员及防治传染病的药品和医疗器械，造成严重后果的。

（9）疾病预防控制机构、医疗机构和从事病原微生物实验的单位，不符合国家规定的条件和技术标准，对传染病病原体样本未按照规定进行严格管理，造成实验室感染和病原微生物扩散；违反国家有关规定，采集、保藏、携带、运输和使用传染病菌种、毒种和传染病检测样本；未执行国家有关规定，导致因输入血液、使用血液制品引起经血液传播疾病发生，造成传染病传播、流行及其他严重后果的。

二、刑事责任

（1）《刑法》第三百三十条规定，违反传染病防治法的规定，有下列情形之一，引起甲类传染病传播或者有传播严重危险的，处三年以下有期徒刑或拘役；后果特别严重的，处三年以上七年以下有期徒刑：①供水单位供应的饮用水不符合国家规定的卫生标准的；②拒绝按照卫生防疫机构提出的卫生要求，对传染病病原体污染的污水、污物、粪便进行消毒处理的；③准许或者纵容传染病患者、病原携带者和疑似传染病患者从事国务院卫生计生主管部门规定禁止从事的易使该传染病扩散工作的；④拒绝执行卫生防疫机构依照传染病防治法提出的预防、控制措施的。单位犯前款罪的，对单位判处罚金，并对其直接负责的主管人员和其他直接责任人员，依照前款的规定处罚。甲类传染病的范围，依照《传染病防治法》和国务院有关规定确定。

（2）《刑法》第三百三十一条规定，从事实验、保藏、携带、运输传染病菌种、毒种的人员，违反国务院卫生计生主管部门的有关规定,造成传染病菌种、毒种扩散,后果严重的,处三年以下有期徒刑或者拘役;后果特别严重的,处三年以上七年以下有期徒刑。

(3)《刑法》第三百三十二条规定,违反国境卫生检疫规定,引起检疫传染病传播或者有传播严重危险的,处三年以下有期徒刑或者拘役,并处或单处罚金。单位犯前款罪的,对单位判处罚金,并对其直接负责的主管人员和其他直接责任人员,依照前款的规定处罚。

(4)《刑法》第三百三十六条规定,明知自己患有梅毒、淋病等严重性病而卖淫、嫖娼的,处五年以下有期徒刑、拘役或者管制,并处罚金。

(5)《刑法》第四百三十九条规定,从事传染病防治的政府卫生计生主管部门的工作人员严重不负责任,导致传染病传播或流行,情节严重的,处三年以下有期徒刑或拘役。

三、民事责任

单位和个人违反《传染病防治法》规定,导致传染病传播、流行,给他人人身、财产造成损害的,应当依法承担民事责任。

四、违反突发公共卫生事件应急处理规定的法律责任

突发公共卫生事件应急处理工作具有艰巨性、复杂性,要保证《条例》规定的各项法律制度得到切实贯彻、执行,针对违反本《条例》的行为,设定合理、适当的责任追究制度是关键之一,《条例》为此规定了针对性较强的法律责任。

(一)政府及其有关部门的法律责任

《条例》规定,有关政府及其部门对突发公共卫生事件隐瞒、缓报、谎报或授意他人隐瞒、缓报、谎报的;未依照规定完成突发公共卫生事件应急处理所需要的设施、设备、药品和医疗器械等物资的生产、供应、运输和储备的;对上级部门的调查不予配合或者阻碍、干涉的;在突发公共卫生事件调查、控制、医疗救治工作中玩忽职守、失职、渎职的,以及拒不履行应急处理职责的,责令改正、通报批评、给予警告;对政府主要领导人及有关部门的主要负责人,负有责任的主管人员和其他直接责任人员,依法给予降级或者撤职的行政处分;造成传染病传播、流行或者对社会公众健康造成其他严重危害后果的,依法给予开除的行政处分;构成犯罪的,依法追究刑事责任。

(二)医疗卫生机构的法律责任

《条例》规定,医疗卫生机构有下列行为之一的,由卫生行政主管部门责令改正、通报批评、给予警告;情节严重的,吊销医疗机构执业许可证;对主要负责人、负有责任的主管人员和其他直接责任人员依法给予纪律处分;造成传染病传播、流行或者对社会公众健康造成其他严重危害后果,构成犯罪的,依法追究刑事责任:①未依照本条例的规定履行报告职责,隐瞒、缓报、谎报的;②未依照本条例的规定及时采取控制措施的;③未依照本条例的规定履行突发公共卫生事件监测职责的;④拒绝接诊患者的;⑤拒不服从应急处理指挥部调度的。

(三)有关单位和个人的法律责任

《条例》规定,在突发公共卫生事件应急处理工作中,有关单位和个人未依照本条例的规定履行报告职责,隐瞒、缓报、谎报,阻碍突发公共卫生事件应急处理工作人员执行职务,拒绝国务院卫生行政主管部门或者其他有关部门指定的专业技术机构进入突发公共卫生事件现场,或者不配合调查、采样、技术分析和检验的,对有关责任人员依法给予行政处分或者纪律处分;触犯

《中华人民共和国治安管理处罚条例》，构成违反治安管理行为的，由公安机关依法予以处罚；构成犯罪的，依法追究刑事责任。

（四）扰乱社会秩序和市场秩序者的法律责任

针对这次防治"非典"工作中发生的个别扰乱社会秩序、市场秩序的违法行为，《条例》加大了处罚力度。《条例》规定，在突发公共卫生事件发生期间，散布谣言、哄抬物价、欺骗消费者，扰乱社会秩序、市场秩序的，由公安机关或者工商行政管理部门依法给予行政处罚；构成犯罪的，依法追究刑事责任。

本 章 小 结

传染病预防与控制法律制度作为公共卫生中重要的法律制度及国家疾病控制与预防的重要内容，在立法背景和防控原则方面都独具特色。通过学习传染病预防与控制相关法律规定，重点需要关注对传染病预防工作的主体及其职责、防治措施及管理制度的理解，其中在传染病防控措施及管理制度中的传染病预防、传染病疫情报告与公布、传染病控制环节的相关法律规定尤为重要。在典型传染病如艾滋病的防治法律规定中，注重比较法的研究关注国外艾滋病立法的最前沿动态，并且立足我国的艾滋病防治立法工作，集中探讨艾滋病的防治部门及其职责、艾滋病病毒感染者和艾滋病患者的法律义务和违反《艾滋病防治条例》规定的法律责任。通过研习突发公共卫生事件的应急处理的相关法律规定，在把握突发公共卫生事件特征的基础上，进一步揭示《条例》的立法背景及意义及突发公共卫生事件的组织领导和工作原则，研究突发公共卫生事件的预防与应急准备、报告与发布及应急处理等阶段的相关法律制度。最后，关于违反传染病防治法的法律责任问题将聚焦行政责任、刑事责任、民事责任及违反突发公共卫生事件应急处理规定的法律责任。

思 考 题

1. 什么是突发公共卫生事件及其特征？
2. 违反《传染病防治法》需要承担什么样的刑事法律责任？

（徐正东　乔　宁）

第四章 职业病防治法律制度与监督

学习目标

掌握：职业卫生监督管理部门对建设单位、用人单位、职业卫生技术服务机构、职业健康检查机构、职业病诊断机构、职业病鉴定机构可给予处理的违法行为。

熟悉：建设单位、用人单位、职业卫生技术服务机构、职业健康检查机构、职业病诊断机构、职业病鉴定机构的主要法定职责。

了解：建设单位、用人单位、职业卫生技术服务机构、职业健康检查机构、职业病诊断机构、职业病鉴定机构等法律制度与监督的相关概念。

第一节 概 述

职业病（occupational disease）是指企业、事业单位和个体经济组织等用人单位的劳动者在职业活动中，因接触粉尘、放射性物质和其他有毒、有害因素而引起的疾病。

一、职业病防治法律制度体系

职业病防治法律制度，是指调整在预防、控制和消除职业病危害，保护劳动者健康和相关权益，促进经济社会发展等活动过程中所发生的各种社会关系的法律规范的总称。

我国目前的职业病防治法律制度是以《中华人民共和国职业病防治法》（简称《职业病防治法》）为核心的一系列法律、法规、规章和标准。整个制度体系中主要法规有《使用有毒物品作业场所劳动保护条例》、《放射性同位素与射线装置安全防护条例》、《危险化学品安全管理条例》和《工伤保险条例》等。主要的部门规章有《建设项目职业卫生"三同时"监督管理暂行办法》、《职业病危害项目申报办法》、《工作场所职业卫生监督管理规定》、《用人单位职业健康监护监督管理办法》、《职业卫生技术服务机构监督管理暂行办法》和《职业病诊断与鉴定管理办法》、《职业健康检查管理办法》、《职业病危害事件调查处理办法》、《工伤职工劳动能力鉴定管理办法》、《放射诊疗规定》、《放射工作人员职业健康管理办法》等以及《建设项目职业病危害风险分类管理目录》、《职业病分类和目录》、《化学品毒性鉴定管理规范》、《职业病危害因素目录》、《高毒物品目录》等规范性文件和近300余项国家职业卫生标准。

二、职业病防治中的主体与客体

职业病防治法律关系主要涉及四个方面当事人的权利义务：用人单位、劳动者、职业卫生技术服务提供者和政府职业卫生监督管理部门。职业病防治工作坚持预防为主、防治结合的方针，建立用人单位负责、行政机关监管、行业自律、职工参与和社会监督的机制，实行分类管理、综合治理。

（一）政府职业卫生监督部门

政府职业卫生监督管理部门与用人单位之间构成了职业卫生行政管理上的管理与被管理的关

系。此外，政府职业卫生监督管理部门还与提供职业卫生服务的单位和个人之间构成了职业卫生服务准入行政管理与被管理的关系。国家实行职业卫生监督制度。国务院安全生产监督管理部门、卫生计生主管部门、劳动保障行政部门依照国务院确定的职责，负责全国职业病防治的监督管理工作。国务院有关部门在各自的职责范围内负责职业病防治的有关监督管理工作。

同时，政府职业卫生监督管理部门根据法律的授权，制订配套管理规章、规范和标准。提供职业病防治的宣传教育，普及职业病防治的知识，增强用人单位的职业病防治观念，提高劳动者的职业健康意识、自我保护意识和行使职业卫生保护权利的能力。

（二）用人单位与劳动者

用人单位和劳动者是整个法律关系中最重要的两个主体。用人单位应当为劳动者创造符合国家职业卫生标准和卫生要求的工作环境和条件，并采取措施保障劳动者获得职业卫生保护。用人单位应当建立、健全职业病防治责任制，加强对职业病防治的管理，提高职业病防治水平，对本单位产生的职业病危害承担责任。用人单位的主要负责人对本单位的职业病防治工作全面负责。用人单位还必须依法参加工伤保险。

同时，用人单位应当对劳动者进行上岗前的职业卫生培训和在岗期间的定期职业卫生培训，普及职业卫生知识，督促劳动者遵守职业病防治法律、法规、规章和操作规程，指导劳动者正确使用职业病防护设备和个人使用的职业病防护用品。

劳动者享有获得职业卫生教育、培训；获得职业健康检查、职业病诊疗、康复等职业病防治服务；了解工作场所产生或者可能产生的职业病危害因素、危害后果和应当采取的职业病防护措施；要求用人单位提供符合防治职业病要求的职业病防护设施和个人使用的职业病防护用品，改善工作条件；对违反职业病防治法律、法规以及危及生命健康的行为提出批评、检举和控告；拒绝违章指挥和强令进行没有职业病防护措施的作业；参与用人单位职业卫生工作的民主管理，对职业病防治工作提出意见和建议等权利。

同时，劳动者应当学习和掌握相关的职业卫生知识，增强职业病防范意识，遵守职业病防治法律、法规、规章和操作规程，正确使用、维护职业病防护设备和个人使用的职业病防护用品，发现职业病危害事故隐患应当及时报告等。

（三）职业卫生服务机构

职业病防治工作总体而言是一项技术含量相当高的工作，需要强有力的技术支持。虽然保护劳动者健康的主要责任在于用人单位，但是其中不少专业性很强的工作，如工作场所危害检测与评价、有害原材料毒性鉴定、卫生工程防护、职业健康检查和职业病诊断、治疗与康复等专业技术，用人单位自身是没有能力完成的，必须由专业机构和专业人员来完成。

用人单位与提供上述技术服务的专业技术机构形成了委托与提供服务的关系。被委托方向委托方负责，提供符合国家法律法规要求的规范服务。由于职业卫生服务质量直接关系到用人单位是否全面履行法律规定，保护劳动者健康的义务，因此向用人单位提供职业卫生服务的单位、组织和个人的服务资质和工作质量也必须受到《职业病防治法》的规范，接受政府职业卫生监督管理部门的监督。

（四）其他参与主体

除了上述主要的四方面当事人以外，在《职业病防治法》中还强调了工会组织的特殊作用。工会组织依法对职业病防治工作进行监督，维护劳动者的合法权益。工会组织在用人单位制订或者修改有关职业病防治的规章制度可提出意见。工会组织应当督促并协助用人单位开展职业卫生宣传教育和培训，有权对用人单位的职业病防治工作提出意见和建议，依法代表劳动者与用人单位签订劳动安全卫生专项集体合同，与用人单位就劳动者反映的有关职业病防治的问题进行协调并督促解决。工会组织对用人单位违反职业病防治法律、法规，侵犯劳动者合法权益的行为，有权要求纠正；有权在产生严重职业病危害时要求采取防护措施，或者向政府有关部门建议采取强制性措施；有权参与事故调查处理；有权在发现危及劳动者生命健康的情形时，向用人单位建议组织劳动者撤离危险现场，用人单位应当立即做出处理。

同时，《职业病防治法》要求劳动保障行政部门加强对工伤保险的监督管理，确保劳动者依法享受工伤保险待遇。

此外，国家鼓励和支持职业病医疗康复机构的建设。

本章按照职业病防治法律制度规制的管理相对人建设单位、用人单位、职业卫生技术服务机构、职业病健康检查机构、职业病诊断机构和职业病鉴定办事机构来分别介绍法律制度与监督。

第二节　建设单位的职业病防治法律制度与监督

一、概　　念

（一）职业病危害和职业病危害因素

1. 职业病危害（occupational diseases hazard）　是指对从事职业活动的劳动者可能导致职业病的各种危害。

2. 职业病危害因素（occupational hazard factors）　是职业活动中影响劳动者健康的各种危害因素的统称。职业病危害因素分为三类：生产工艺过程中产生的有害因素，包括化学、物理、生物因素；劳动过程中的有害因素；生产环境中的有害因素。

（二）建设项目与职业病危害评价

1. 建设项目（construction project）　指新建、扩建、改建建设项目和技术改造、技术引进项目。

2. 职业病危害预评价（pre-assessment of occupation hazard）　是指对可能产生职业病危害的建设项目，在可行性论证阶段，对建设项目可能产生的职业病危害因素、危害程度、对劳动者健康影响、防护措施等进行预测性的卫生学分析与评价，确定建设项目在职业病防治方面的可行性，为职业病危害分类管理提供科学依据。

建设项目职业病危害预评价报告应当包括下列主要内容：①建设项目概况；②建设项目可能产生的职业病危害因素及其对劳动者健康危害程度的分析和评价；③建设项目职业病危害的类型分析；④对建设项目拟采取的职业病防护设施的技术分析和评价；⑤职业卫生管理机构设置和职业卫生管理人员配置及有关制度建设的建议；⑥对建设项目职业病防护措施的建议；⑦职业病危害预评价的结论。

3. 职业病危害控制效果评价（effect-assessment for occupational hazard control）　是指建设项目在竣工验收前，对工作场所职业病危害因素、职业病危害程度、职业病防护措施及效果、健康影响等做出综合评价。

（三）职业病危害风险分类

职业病危害风险分类是指在综合考虑《职业病危害因素分类目录》所列各类职业病危害因素及其可能产生的职业病和建设项目可能产生职业病危害的风险程度基础上，按照《国民经济行业分类》（GB/T 4754-2011），对可能存在的职业病危害的主要行业进行分类。

（四）工程分析与职业病防护设施

1. 工程分析（engineering analysis） 是指通过对建设项目的工程特征和卫生特征进行系统、全面的分析，了解项目所具有的工艺特点、工艺流程和卫生防护水平，为剖析项目可能存在的职业病危害因素的种类、性质、时空分布及其对劳动者健康的影响，筛选主要评价因子，确定评价单元提供依据。

2. 职业病危害防护设施（facility for control occupational hazard） 是指以消除或者降低工作场所的职业病危害因素浓度或强度，减少职业病危害因素对劳动者健康的损害或影响，达到保护劳动者健康目的的装置。

二、职责与监督

（一）建设项目"三同时"的监督

1. 建设单位职责 按照《建设项目职业卫生"三同时"监督管理暂行办法》（国家安全生产监督管理总局令〔2012年〕51号）的规定，建设单位是建设项目职业病防护设施建设的责任主体。建设项目职业病防护设施必须与主体工程同时设计、同时施工、同时投入生产和使用（以下简称职业卫生"三同时"）。建设项目的职业病防护设施设计应当符合国家职业卫生标准和卫生要求。建设项目在竣工验收前，建设单位应当进行职业病危害效果评价。

2. 职业卫生监督部门 依照《职业病防治法》的有关规定，安全生产监督管理部门对建设单位的下列行为可给予处理。①未按照规定进行职业病危害预评价的；②建设项目的职业病防护设施未按照规定与主体工程同时设计、同时施工、同时投入生产和使用的；③建设项目的职业病防护设施设计不符合国家职业卫生标准和卫生要求的；④未按照规定对职业病防护设施进行职业病危害控制效果评价的；⑤未按照规定对职业病防护设施进行职业病危害控制效果评价的；⑥建设项目竣工验收投入生产和使用前，职业病防护设施未按照规定验收合格的。

> **案例 4-1**
> **违反职业病危害预评价制度案**
>
> 2015年12月，某市安全生产监督管理部门对N新材料科技有限公司进行监督检查，该公司正处于试生产中，现场查见有2条钢丝网骨架聚乙烯复合管生产线，生产过程中产生的职业病危害因素为高温、其他粉尘等。N新材料有限公司当场提供钢丝网骨架聚乙烯复合管生产工艺流程图资料，但未能当场提供该生产项目的职业病危害预评价资料。经查实，N新材料科技有限公司职业病危害建设项目"钢丝网骨架聚乙烯复合管生产线"未按规定进行职业病危害预评价。
>
> 针对以上查见的情况，监督人员制作了现场检查笔录，对相关人员制作了询问笔录，采集了相关证据。调查中该公司承认在立项审批阶段未进行职业病危害预评价的违法事实。
>
> 某市安全生产监督管理部门认为：该单位违反了《职业病防治法》的规定。依据《职业病防治法》的规定，责令被处罚人自收到行政处罚决定书之日起1个月内委托经安全生产监督管理部门资质认证的职业卫生技术服务机构进行职业病危害项目预评价，并对该单位作出了警告的行政处罚。
>
> **问题**：安全生产监督管理部门对建设单位的哪些行为可给予处理？

（二）职业病危害项目申报的监督

1. 用人单位职责 按照《职业病危害项目申报办法》（国家安全生产监督管理总局令〔2012年〕

48号)的规定,用人单位(煤矿除外)工作场所存在职业病目录所列职业病的危害因素的,应及时、如实向所在地安全生产监督管理部门申报危害项目,并接受安全生产监督管理部门的监督管理。申报内容主要包括:用人单位的基本情况和工作场所职业病危害因素种类、分布情况及接触人数等。

2. 监督部门职责

安全生产监督管理部门应当建立职业病危害项目管理档案,并对用人单位未按照规定及时、如实地申报职业病危害项目的;用人单位有关事项发生重大变化,未按照规定申报变更职业病危害项目内容的,依照《职业病防治法》有关规定给予处理。

案例4-2

未按规定申报职业病危害项目案

2015年12月,某市安全生产监督管理部门对W鞋业有限公司进行监督检查,该公司正在生产中,现场查见《W鞋业有限公司职业病危害控制效果评价报告》,报告中载明"生产过程中产生的职业病危害因素为苯、甲苯、二甲苯、汽油等。现场查见《职业病危害项目申报回执》,见甲苯、汽油申报内容,但未见苯、二甲苯申报内容。经查,W鞋业有限公司未对苯、二甲苯进行职业病危害项目申报。

针对以上查见的情况,监督人员制作了现场检查笔录,对相关人员制作了询问笔录,采集了相关证据。调查中该公司承认在职业病危害项目申报过程中未按规定申报职业病危害项目的违法事实。

某市安全生产监督管理部门认为:该单位违反了《职业病防治法》第十六条第二款的规定。依据《职业病防治法》的规定,责令被处罚人自收到行政处罚决定书之日起十日内向所在地安全生产监督管理部门如实申报职业病危害项目,并对该单位作出了警告的行政处罚。

问题: 安全生产监督管理部门依照《职业病危害项目申报办法》(国家安全生产监督管理总局令〔2012年〕48号)的规定,对用人单位的哪些行为可给予处理?

第三节 用人单位的职业病防治法律制度与监督

一、概　念

(一)工作场所的基本要求

产生职业病危害的用人单位的工作场所应当符合下列基本要求:①生产布局合理,有害作业与无害作业分开;②工作场所与生活场所分开,工作场所不得住人;③有与职业病防治工作相适应的有效防护设施;④职业病危害因素的强度或者浓度符合国家职业卫生标准;⑤有配套的更衣间、洗浴间、孕妇休息间等卫生设施;⑥设备、工具、用具等设施符合保护劳动者生理、心理健康的要求;⑦法律、法规、规章和国家职业卫生标准的其他规定。

(二)职业卫生管理制度的内容

存在职业病危害的用人单位应当制订职业病危害防治计划和实施方案,建立、健全职业卫生管理制度和操作规程:①职业病危害防治责任制度;②职业病危害警示与告知制度;③职业病危害项目申报制度;④职业病防治宣传教育培训制度;⑤职业病防护设施维护检修制度;⑥职业病防护用品管理制度;⑦职业病危害监测及评价管理制度;⑧建设项目职业卫生"三同时"管理制度;⑨劳动者职业健康监护及其档案管理制度;⑩职业病危害事故处置与报告制度;⑪职业病危害应急救援与管理制度；⑫岗位职业卫生操作规程；⑬法律、法规、规章规定的其他职业病防治制度。

（三）用人单位职业卫生档案内容

用人单位职业卫生档案资料包括：①职业病防治责任制文件；②职业卫生管理规章制度、操作规程；③工作场所职业病危害因素种类清单、岗位分布以及作业人员接触情况等资料；④职业病防护设施、应急救援设施基本信息，及其配置、使用、维护、检修与更换等记录；⑤工作场所职业病危害因素检测、评价报告与记录；⑥职业病防护用品配备、发放、维护与更换等记录；⑦主要负责人、职业卫生管理人员和职业病危害严重工作岗位的劳动者等相关人员职业卫生培训资料；⑧职业病危害事故报告与应急处置记录；⑨劳动者职业健康检查结果汇总资料，存在职业禁忌证、职业健康损害或者职业病的劳动者处理和安置情况记录；⑩建设项目职业卫生"三同时"有关技术资料，以及其备案、审核、审查或者验收等有关回执或者批复文件；⑪职业卫生安全许可证申领、职业病危害项目申报等有关回执或者批复文件；⑫其他有关职业卫生管理的资料或者文件。

（四）职业健康监护及其档案要求

1. 职业健康监护（occupational health surveillance） 是指以预防为目的，根据劳动者的职业接触史，通过定期或不定期的医学健康检查和健康相关资料的收集，连续性地监测劳动者的健康状况，分析劳动者健康变化与所接触的职业病危害因素的关系，并及时地将健康检查和资料分析结果报告用人单位和劳动者本人，以便及时采取干预措施，保护劳动者健康的一系列行为。其主要包括职业健康检查、离岗后健康检查、应急健康检查和职业健康监护档案管理等内容。

2. 职业健康监护档案包括 ①劳动者姓名、性别、年龄、籍贯、婚姻、文化程度、嗜好等情况；②劳动者职业史、既往病史和职业病危害接触史；③历次职业健康检查结果及处理情况；④职业病诊疗资料；⑤需要存入职业健康监护档案的其他有关资料。

（五）用人单位职业病报告的规定

《职业病防治法》规定，用人单位发现职业病患者或者疑似职业病患者时，应当及时向所在地卫生计生主管部门和安全生产监督管理部门报告。确诊为职业病的，用人单位还应当向所在地劳动保障行政部门报告。医疗卫生机构发现疑似职业病患者时，应当告知劳动者本人并及时通知用人单位。用人单位应当及时安排对疑似职业病患者进行诊断；在疑似职业病患者诊断或者医学观察期间，不得解除或者终止与其订立的劳动合同。

（六）用人单位在职业病诊治时的责任

疑似职业病患者在诊断、医学观察期间的费用，由用人单位承担；用人单位应当保障职业病患者依法享受国家规定的职业病待遇；用人单位应当按照国家有关规定，安排职业病病人进行治疗、康复和定期检查；用人单位对不适宜继续从事原工作的职业病患者，应当调离原岗位，并妥善安置；用人单位对从事接触职业病危害作业的劳动者，应当给予适当岗位津贴。

（七）职业病患者的待遇规定

《职业病防治法》规定，职业病患者的诊疗、康复费用，伤残及丧失劳动能力的职业病患者的社会保障，按照国家有关工伤保险的规定执行。职业病患者除依法享有工伤保险外，依照有关民事法律，尚有获得赔偿的权利的，有权向用人单位提出赔偿要求。劳动者被诊断患有职业病，但用人单位没有依法参加工伤保险的，其医疗和生活保障由该用人单位承担。职业病病人变动工作单位，其依法享有的待遇不变。用人单位在发生分立、合并、解散、破产等情形时，应当对从事接触职业病危害的作业的劳动者进行健康检查，并按照国家有关规定妥善安置职业病患者。用人单位已经不存在或者无法确认劳动关系的职业病患者，可以向地方人民政府民政部门申请医疗救助和生活等方面的救助。

二、职责与监督

（一）工作场所的监督

1. 用人单位职责 按照《工作场所职业卫生监督管理规定》（国家安全生产监督管理总局令〔2012年〕47）的规定，用人单位应设置或者指定职业卫生管理机构或者组织，配备专职或者兼职的职业卫生管理人员；建立职业卫生管理制度和操作规程，并落实及公布；主要负责人、职业卫生管理人员和职业病危害严重的工作岗位的劳动者必须接受职业卫生培训；按规定落实建设项目职业卫生"三同时"制度；进行工作场所职业病危害项目申报；报告和公布工作场所职业病危害因素监测、检测、评价及结果；负责职业病防护设施、应急救援设施的配置、维护、保养，以及职业病防护用品的发放、管理及劳动者佩戴使用；对职业病危害因素及危害后果进行警示、告知；组织劳动者进行职业健康监护、放射工作人员个人剂量监测；报告职业病危害事故；提供劳动者健康损害与职业史、职业病危害接触关系等相关资料等的职业病防治职责。

> **知识拓展**
> **用人单位职业病危害因素日常检测评价要求**
> （1）由专人负责的工作场所职业病危害因素日常监测，确保监测系统处于正常工作状态。存在职业病危害的用人单位，应当委托具有相应资质的职业卫生技术服务机构，每年至少进行一次职业病危害因素检测。
> （2）委托具有相应资质的职业卫生技术服务机构，每三年至少进行一次职业病危害现状评价。
> （3）检测、评价结果应当存入本单位职业卫生档案，并向安全生产监督管理部门报告和劳动者公布。

2. 监督部门职责 依照《职业病防治法》的有关规定，安全生产监督管理部门对用人单位的下列行为可给予处理。①未按照规定实行有害作业与无害作业分开、工作场所与生活场所分开的；②用人单位的主要负责人、职业卫生管理人员未接受职业卫生培训的；③未按照规定制订职业病防治计划和实施方案的；④未按照规定设置与指定职业卫生管理机构或者组织，或者未配备专职或兼职的职业卫生管理人员的；⑤未按照规定建立、健全职业卫生管理制度和操作规程的；⑥未按照规定建立、健全职业卫生档案和劳动者健康监护档案的；⑦未建立、健全工作场所职业病危害因素监测及评价制度的；⑧未按照规定公布有关职业病防治的规章制度、操作规程、职业病危害事故应急救援措施的；⑨未按照规定组织劳动者进行职业卫生培训，或者未对劳动者个体防护采取有效的指导、督促措施的；⑩工作场所职业病危害因素检测、评价结果未按照规定存档、上报和公布的；⑪未按照规定及时、如实申报产生职业病危害的项目的；⑫未实施由专人负责职业病危害因素日常监测，或者监测系统不能正常监测的；⑬订立或者变更劳动合同时，未告知劳动者职业病危害真实情况的；⑭未按照规定组织劳动者进行职业健康检查、建立职业健康监护档案或者未将检查结果书面告知劳动者的；⑮未按照规定在劳动者离开用人单位时提供职业健康监护档案复印件的；⑯工作场所职业病危害因素的强度或者浓度超过国家职业卫生标准的；⑰未提供职业病防护设施和劳动者使用的职业病防护用品，或者提供的职业病防护设施和劳动者使用的职业病防护用品不符合国家职业卫生标准和卫生要求的；⑱未按照规定对职业病防护设备、应急救援设施和劳动者使用的职业病防护用品进行维护、检修、检测，或者不能保持正常运行、使用状态的；⑲未按照规定对工作场所职业病危害因素进行检测、现状评价的；⑳工作场所职业病危害因素经治理仍然达不到国家职业卫生标准和卫生要求时，未停止存在职业病危害因素的作业的；㉑发生或者可能发生急性职业病危害事故，未立即采取应急救援和控制措施或者未按照规定及时报告的；㉒未按照规定在产生严重职业病危害的作业岗位醒目位置设置警示标识和中文警示说明的；㉓拒绝安全生产监督管理部门监督检查的；㉔隐瞒、伪造、篡改、毁损职业健康监护档案、工作场所职业病危害因素检测评价结果等相关资料，或者不提供职业病诊断、鉴定所需要资料的；㉕未按照规定承担职业病诊断、鉴定费用和职业病患者的医疗、生活保障费用的；㉖隐瞒技术、工艺、设备、材料所产生的职业病危害而采用的；㉗隐瞒本单位职业卫生真实情况的；㉘可能发生急性职业损伤的有毒、有害工作场所或者放射工作场所不符合规定；㉙使用国家明令禁止使用的可能产生职业病危害的设备或者材料的；㉚将产生职业病危害的作业转移给没有职业病防护条件的单位和个人，或者没有职业病防护条件的单位和个人接受产生职业病危害的作业的；㉛擅自拆除、停止使用职业病防护设备或者应急救援设施的；㉜安排未经职业健康检查的劳动者、有职业禁忌的劳动者、未成年工或者孕期、哺乳期女职工从事接触产生职业病危害的作业或者禁忌作业的；㉝违章指挥和强令劳动者进行没有职业病防护措施的作业的；㉞向用人单位提供可能产生职业病危害的设备或者材料，未按照规定提供中文说明书或者设置警示标识和中文警示说明的；㉟未按照规定报告职业病、疑似职业病的。

案例 4-3

未对劳动者个人职业病防护采取指导、督促措施案

2015 年 12 月，某市安全生产监督管理部门对 P 机床铸造厂进行监督检查，该公司正在生产中，现场查见《职业病危害项目申报回执》中载明"存在的主要职业病危害因素为矽尘、高温、噪声、二甲苯等。现场查见接触噪声和矽尘的作业人员吴某某等 5 名操作人员未佩戴个人防护耳塞和防尘口罩进行铸件打磨作业。查见该用人单位 2014 年度噪声、高温、二甲苯、矽尘等相关职业病作业场所的检测评价报告"。

监督人员制作了现场检查笔录，查找该用人单位发放个人劳动用品名单，并针对以上情况对吴某某、安全与环境管理部经理制作了询问笔录，并收集了相关证据。调查中该单位承认未对劳动者个人职业病防护采取指导、督促措施的违法事实。

某市安全生产监督管理部门认为：该单位违反了《职业病防治法》的规定。依据《职业病防治法》的规定，责令限期改正，给予警告的行政处罚。

问题：用人单位职业病防治的职责是哪些？

案例 4-4

个人使用的职业病防护用品不符合国家职业卫生标准和卫生要求案

2015 年 12 月，某市安全生产监督管理部门接到群众举报，Q 洗涤经营有限公司未向该公司作业人员发放个人职业病防护用品。某市安全生产监督管理部门组织执法人员到举报地进行现场检查，发现 Q 洗涤经营有限公司使用四氯乙烯作为洗涤剂进行电加热干洗作业。在进行干洗作业中，作业人员佩戴普通纱布口罩作业，接触的主要职业病危害因素为四氯乙烯。

监督人员制作了现场检查笔录，根据该用人单位提供的 MSDS 确定洗涤剂的主要成分，并索取了该用人单位清洗作业工作人员名单及发放劳动用品清单。根据以上情况，对用人单位法定代表人、清洗作业工作人员分别制作了询问笔录，并收集了相关证据。经调查，该单位承认提供给接触四氯乙烯人员使用的职业病防护用品不符合国家职业卫生标准和卫生要求的违法事实。

某市安全生产监督管理部门认为：该单位违反了《职业病防治法》的规定。依据《职业病防治法》的规定，责令限期改正，给予警告的行政处罚。

问题：职业病防护设施和防护用品的概念？

（二）职业健康监护的监督

1. 用人单位职责 按照《用人单位职业健康监护监督管理办法》（国家安全生产监督管理总局令〔2012年〕49号）的规定，用人单位应建立职业健康监护制度；制订并落实职业健康监护计划和专项经费；如实提供职业健康检查所需资料；组织劳动者进行上岗前、在岗期间、离岗时、应急职业健康检查；向劳动者告知职业健康检查结果及建议；针对职业健康检查报告采取相应措施；报告职业病、疑似职业病；建立及管理劳动者职业健康监护档案；为离开用人单位的劳动者如实、无偿提供本人职业健康监护档案复印件等。

用人单位需组织以下情况的劳动者进行上岗前职业健康检查：①拟从事接触职业病危害作业的新录用劳动者，包括转岗到该作业岗位的劳动者；②拟从事有特殊健康要求作业的劳动者。

用人单位需提供的职业健康检查所需的相关资料是：①用人单位的基本情况；②工作场所职业病危害因素种类及其接触人员名册、岗位（或工种）、接触时间；③工作场所职业病危害因素定期检测等相关资料。

用人单位应当根据职业健康检查报告，采取下列措施：①对有职业禁忌的劳动者，调离或者暂时脱离原工作岗位；②对健康损害可能与所从事的职业相关的劳动者，进行妥善安置；③对需要复查的劳动者，按照职业健康检查机构要求的时间安排复查和医学观察；④对疑似职业病患者，按照职业健康检查机构的建议安排其进行医学观察或者职业病诊断；⑤对存在职业病危害的岗位，立即改善劳动条件，完善职业病防护设施，为劳动者配备符合国家标准的职业病危害防护用品。

同时，《职业病防治法》对用人单位在进行劳动者岗位安排时做出了以下规定：①不得安排未经上岗前职业健康检查的劳动者从事接触职业病危害的作业；②不得安排有职业禁忌的劳动者从事其所禁忌的作业；③对在职业健康检查中发现有与所从事的职业相关的健康损害的劳动者，应当调离原工作岗位，并妥善安置；④对未进行离岗前职业健康检查的劳动者不得解除或者终止与其订立的劳动合同。

2. 监督部门职责 依照《职业病防治法》的有关规定，安全生产监督管理部门对用人单位的下列行为可给予处理：①未建立或者落实职业健康监护制度的；②未按照规定制订职业健康监护计划和落实专项经费的；③弄虚作假，指使他人冒名顶替参加职业健康检查的；④未如实提供职业健康检查所需要的文件、资料的；⑤未根据职业健康检查情况采取相应措施的；⑥不承担职业健康检查费用的；⑦未按照规定组织职业健康检查、建立职业健康监护档案或者未将检查结果如实告知劳动者的；⑧未按照规定在劳动者离开用人单位时提供职业健康监护档案复印件的；⑨未按照规定安排职业病患者、疑似职业病患者进行诊治的；⑩隐瞒、伪造、篡改、损毁职业健康监护档案等相关资料，或者拒不提供职业病诊断、鉴定所需资料的；⑪安排未经职业健康检查的劳动者从事接触职业病危害的作业的；⑫安排未成年工从事接触职业病危害的作业的；⑬安排孕期、哺乳期女职工从事对本人和胎儿、婴儿有危害的作业的；⑭安排有职业禁忌的劳动者从事所禁忌的作业的；⑮未报告职业病、疑似职业病的。

案例4-5
安排未经职业健康检查的劳动者从事接触职业病危害因素的作业案

2015年12月，某市安全生产监督管理部门对Y家具制造有限公司进行现场检查，发现油漆工作场所王某某、黎某某在从事油漆作业，查见该公司《职业病危害项目申报回执》中载明主要职业病危害因素苯、甲苯、二甲苯存在于油漆岗位等。查见2015年该公司油漆岗位工作场所苯、甲苯、二甲苯检测评价报告，未查见王某某、黎某某职业健康检查报告。经调查，Y家具制造有限公司未组织劳动者王某某、黎某某进行职业健康检查，涉嫌安排未经职业健康检查的劳动者从事油漆作业。

监督人员制作了现场检查笔录，针对以上情况，对劳动者王某某、黎某某制作了询问笔录，并收集了相关证据。调查中该单位承认未组织上述两名劳动者进行上岗前职业健康检查，就安排他们从事油漆作业的违法事实。

某市安全生产监督管理部门认为：该单位违反了《职业病防治法》的规定。依据《职业病防治法》的规定，责令该公司自收到行政处罚决定书之日起两周内改正上述违法行为，给予警告，罚款人民币伍万元的行政处罚。

问题：《职业病防治法》对用人单位在进行劳动者岗位安排时做出了哪些规定？

案例 4-6

未按照规定组织职业健康检查案

2015年5月，某区安全生产监督管理部门接到劳动者投诉称，K精密铸造有限公司未组织劳动者进行职业健康检查。安全生产监督管理部门前往K精密铸造有限公司进行调查，初步调查显示，该公司熔炼、浇铸、清砂、砂轮、打磨等工种存在职业病危害因素，2014年期间K精密铸造有限公司曾组织部分职工（6名）进行职业健康检查，而应检人员为29名。

针对以上情况，监督人员制作了现场检查笔录，对企业职业卫生管理人员和接触职业病危害作业人员制作了询问笔录，并对作业场所粉尘、噪声等职业病危害因素进行检测，采集相关证据。调查中该公司承认有23名职工接触职业病危害因素作业而未经职业健康检查的事实，并提供了接触职业病危害作业人员的详细名单。

某区安全生产监督管理部门认为：该单位违反了《职业病防治法》的规定。依据《职业病防治法》的规定，责令被处罚人立即改正上述违法行为，给予警告，罚款人民币3万元的行政处罚。该公司在接到行政处罚事先告知书后，向某区安全生产监督管理部门做出陈述申辩："虽然接受了某区安全生产监督管理部门2年的《职业病防治法》宣传培训，对法律也有所了解。但其他企业都与我们差不多，为什么只处罚我们一家。"经合议认为申辩理由不成立，不予采纳。

2015年7月送达行政处罚决定书后，该用人单位以认定事实不清，这些劳动者是临时工，未组织体检不等于不体检为由向区人民法院提起行政诉讼。经庭审质证，2015年9月法院判决，本案认定事实清楚，适用法律正确，程序合法，处罚恰当。原告所诉的被告认定事实不清的理由不能成立，法院不予支持。

问题： 按照《用人单位职业健康监护监督管理办法》（国家安全生产监督管理总局令〔2012年〕49号）的规定，用人单位职业健康监护的职责是哪些？

案例 4-7

未按照规定安排疑似职业病患者进行诊治案

2015年12月，某市安全生产监督管理部门接到程某某投诉，投诉L造船有限公司未安排该厂2014年职业健康检查中查出的2名疑似尘肺的电焊工住院诊断治疗（含投诉者程某某）。监督人员调查了程某某和另1名疑似职业病患者苗某某。随后，对L造船有限公司进行现场检查，现场查见该单位接触职业病危害因素的劳动者 2014 年职业健康检查报告，查见疑似尘肺患者程某某和苗某某入院诊治通知书，该公司涉嫌未按照规定安排疑似职业患者进行诊治。

监督人员对 2 名疑似职业病患者制作了询问笔录，对该公司现场情况制作了现场检查笔录，对该公司职业卫生管理人员制作了询问笔录，该公司承认未安排这 2 名疑似职业病患者进行诊治，但称这 2 人不愿住院且有本人证明，目前已离开公司，无法寻找。

某市安全生产监督管理部门认为：该单位违反了《职业病防治法》的规定。依据《国职业病防治法》的规定，责令改公司立即改正违法行为，给予警告的行政处罚。

问题：
1. 用人单位在劳动者进行职业病诊治时的责任是哪些？
2. 职业病患者的待遇规定是哪些？

第四节　职业卫生技术服务机构的职业病防治法律制度与监督

一、概　念

（一）工作场所与工作地点

1. **工作场所**　指劳动者进行职业活动的全部地点。
2. **工作地点**　指劳动者从事职业活动或进行生产管理过程中经常或定时停留的地点。

（二）采样点与采样对象

1. **采样点**　指根据监测需要和工作场所状况，选定具有代表性的、用于空气样品采集的工作地点。
2. **采样对象**　指选定为具有代表性的、进行个体采样的劳动者。

（三）采样点选择的原则及数目

（1）采样点的选择原则：①选择有代表性的工作地点，其中应包括空气中有害物质浓度最高、劳动者接触时间最长的工作地点；②在不影响劳动者工作的情况下，采样点尽可能靠近劳动者，空气收集器应尽量接近劳动者工作时的呼吸带；③在评价工作场所防护设备或措施的防护效果时，应根据设备的情况选定采样点，在工作地点劳动者工作时间的呼吸带进行采样；④采样点应设在工作地点的下风向，应远离排气口和可能产生涡流的地点。

（2）采样点数目的确定：①工作场所按产品的生产工艺流程，凡逸散或存在有害物质的工作地点，至少应设置 1 个采样点；②一个有代表性的工作场所内，有多台同类生产设备时，1~3 台设置 1 个采样点，4~10 台设置 2 个采样点，10 台以上，至少设置 3 个采样点；③一个有代表性的工作场所内，有 2 台以上不同类型的生产设备，逸散同一种有害物质时，采样点设置在逸散有害物质浓度大的设备附近的工作地点，逸散不同物质时，将采样点设置在逸散待测有害物质设备的工作地点，采样点的数目参照②确定；④劳动者在多个工作地点工作时，在每个工作地点设置 1 个采样点；⑤劳动者工作是流动时，在流动的范围内，一般每 10m 设置 1 个采样点；⑥仪表控制室和劳动者休息室，至少设置 1 个采样点。

（四）职业病危害预评价和控制效果评价内容和方法

1. 职业病危害预评价的范围、内容和方法

（1）范围：原则上以建设项目可行性研究报告中提出的工程内容为准，主要针对项目投产后运行期存在的职业病危害及防治内容进行评价。

（2）内容主要：包括选址、总体布局、生产工艺和设备布局、建筑卫生学、职业病危害因素的危害程度及对劳动者健康的影响、职业病危害防护设施、辅助用室、应急救援、个人使用的职业病防护用品、职业卫生管理、职业卫生专项经费概算等。

（3）方法：有风险评估法、类比法和检查表分析法等。

2. 职业病危害控制效果评价的范围、内容和方法

（1）范围：以建设项目实施的工程内容为准，主要针对运行期间职业病危害防护设施及效果和职业卫生管理措施等进行评价。改、扩建和技术引进、技术改造项目应对利旧内容进行评价。

（2）内容：主要包括总体布局及设备布局的合理性，建筑卫生学，职业病危害因素及分布、对劳动者健康的影响程度，职业病危害防护设施及效果，辅助用室，个人使用的职业病防护用品，职业健康监护，职业卫生管理措施及落实情况等。必要时还应对项目选址进行评价。

（3）方法：职业卫生调查，定量分级，职业卫生检测。职业健康检查，检查表分析法等。

（五）职业病危害评价报告要求

（1）工程分析：对可能产生职业病危害因素的工作场所、工艺设备、原材料等描述完整、准确，突出行业特征。

（2）职业病危害因素识别与分析：对可能产生的职业病危害因素进行全面、客观、准确的识别与分析。该行业主要职业病危害因素未识别或有重大漏项的，为不符合。

（3）职业病危害因素检测及限值应用：职业病危害因素检测结果计算及接触限值的应用准确。

（4）职业病防护设施和个体防护用品分析与评价：职业病防护设施和个体防护用品分析与评价准确，建议措施具体，并具有针对性。

（5）评价结论与建议：①评价报告结论正确，补充措施和建议合理、可行、实用；②预评价，建设项目职业病危害类型判定应准确，否则为不符合；③控制效果评价，正常生产后建设项目职业病防治效果预期分析正确，否则为不符合。

二、职责与监督

（一）技术服务机构职责

1. 技术服务机构定义　按照《职业卫生技术服务机构监督管理暂行办法》（国家安全生产监督管理总局令〔2012年〕50号）的规定，职业卫生技术服务机构，是指为建设项目提供职业病危害预评价、职业病危害控制效果评价，为用人单位提供职业病危害因素检测、职业病危害现状评价、职业病防护设备设施与防护用品的效果评价等技术服务的机构。

2. 依照法律法规开展工作　职业卫生技术服务机构依法独立开展职业卫生技术服务活动，科学、客观、真实地反映技术服务事项，并对出具的职业卫生技术报告承担法律责任。职业卫生技术服务机构开展技术服务时，应当依法与建设单位、用人单位签订职业卫生技术服务合同，明确技术服务内容、范围及双方的权利、义务和责任。职业卫生技术服务机构从事职业卫生检测、评价技术服务的收费，应当符合法律、法规的规定。法律、法规没有规定的，应当按照行业自律标准或者指导性标准收费；没有行业自律标准和指导性收费标准的，双方可以通过合同协商确定。职业卫生技术服务机构的职业卫生技术服务过程控制记录、现场勘查记录、影像资料及相关证明材料，应及时归档，妥善保管。专职技术负责人和质量控制负责人应当按照法律、法规和标准的规定，加强职业卫生技术服务的全过程管理。

职业卫生技术服务机构应当公开办事制度和程序，简化手续，方便服务对象，并采取措施保证服务质量。

3. 遵守的行为规范 职业卫生技术服务机构及其专职技术人员在从事职业卫生技术服务活动中，不得有下列行为：泄露服务对象的技术秘密和商业秘密；伪造、变造、转让或者租借资质证书；超出资质证书业务范围从事技术服务活动；出具虚假或者失实的职业卫生技术报告；转包职业卫生技术服务项目；擅自更改、简化职业卫生技术服务程序和相关内容；采取不正当竞争手段，故意贬低、诋毁其他职业卫生技术服务机构等。此外，专职技术人员不得同时在两个以上职业卫生技术机构从业。

4. 承担的法律责任 职业卫生技术服务机构及其专职技术人员在从事职业卫生技术服务活动中，对下列行为应承担法律责任：①超出规定的业务范围和区域从事职业卫生检测、评价技术服务的；②未按照《职业病防治法》及本办法履行法定职责的；③出具虚假证明文件的；④泄露服务对象的技术秘密和商业秘密的；⑤转让或者租借资质证书的；⑥转包职业卫生技术服务项目的；⑦采取不正当竞争手段，故意贬低、诋毁其他职业卫生技术服务机构的；⑧未按照规定办理资质证书变更手续的；⑨未依法与建设单位、用人单位签订职业卫生技术服务合同的；⑩擅自更改、简化职业卫生技术服务程序和相关内容的；⑪在申请资质、资质延续、接受监督检查时，隐瞒有关情况或者提供虚假文件、资料的；⑫职业卫生专职技术人员同时在两个以上职业卫生技术服务机构从业的。

（二）监督部门职责

依照《职业病防治法》的有关规定，安全生产监督管理部门对职业卫生技术服务机构的下列行可给予处理。①未取得职业卫生技术服务资质认可，擅自从事职业卫生检测、评价技术服务的；（见新法第79条）②超出规定的业务范围和区域从事职业卫生检测、评价技术服务的；③未按照《职业病防治法》及本办法履行法定职责的；④出具虚假证明文件的；⑤泄露服务对象的技术秘密和商业秘密的；⑥转让或者租借资质证书的；⑦转包职业卫生技术服务项目的；⑧采取不正当竞争手段，故意贬低、诋毁其他职业卫生技术服务机构的；⑨未按照规定办理资质证书变更手续的；⑩未依法与建设单位、用人单位签订职业卫生技术服务合同的；⑪擅自更改、简化职业卫生技术服务程序和相关内容的；⑫在申请资质、资质延续、接受监督检查时，隐瞒有关情况或者提供虚假文件、资料的；⑬职业卫生专职技术人员同时在两个以上职业卫生技术服务机构从业的；⑭已经取得资质认可的职业卫生技术服务机构，不再符合规定的资质条件的。

案例4-8

擅自更改和简化职业卫生技术服务程序及相关内容案

2015年12月，某市安全生产监督管理部门对持有《职业卫生技术服务机构资质证书（乙级）》的G职业卫生技术服务机构进行监督检查发现：该机构M橡胶制品厂检测档案中《工作场所职业病危害因素监测现场调查表》显示炼胶机设备1台，硫化机设备18台；而《工作场所职业病危害因素检测报告表》中只有炼胶操作岗位炭黑粉尘1个点、6件样品。未当场查到《工作场所职业病危害因素现场采样计划表》，查到G职业卫生技术服务机构与M橡胶制品厂签订的《职业卫生技术服务合同》一份。

针对以上查见的情况，监督人员制作了现场检查笔录，对该机构管理人员制作了询问笔录，采集了相关证据。调查中该机构承认其在职业卫生技术服务过程中未依据《工作场所空气中有害物质监测的采样规范》（GB/Z159-2004）和《工作场所职业病危害因素监测工作规范（报批稿）》（AQ/T4269-2015）等技术规范开展职业卫生技术服务工作，遗漏了18台硫化机设备、二氧化硫等职业病危害因素的检测与评价，擅自更改和简化了职业卫生技术服务程序及相关内容的违法事实。

某市安全生产监督管理部门认为：该职业卫生技术服务机构违反了《职业卫生技术服务机构监督管理暂行办法》的规定。依据《职业卫生技术服务机构监督管理暂行办法》的规定，责令被处罚人立即停止上述违法行为并对被处罚人做出警告，罚款人民币捌仟元的行政处罚。

问题：

1. 职业卫生技术服务机构及其专职技术人员在从事职业卫生技术服务活动中应承担哪些法律责任？

2. 安全生产监督管理部门对职业卫生技术服务机构的哪些行为可给予处理？

第五节 职业健康检查机构的职业病防治法律制度与监督

一、概　念

（一）职业健康检查及分类

1. 职业健康检查（occupation medical examination）　是指通过医学手段和方法，针对劳动者所接触的职业病危害因素可能产生的健康影响和健康损害进行临床医学检查，了解受检者健康状况，早期发现职业病、职业禁忌证和可能的其他疾病和健康损害的医疗行为。包括上岗前、在岗期间、离岗时健康检查。

2. 按照劳动者接触的职业病危害因素，职业健康检查分为以下六类　①接触粉尘类；②接触化学因素类；③接触物理因素类；④接触生物因素类；⑤接触放射因素类；⑥其他类（特殊作业等）。

（二）职业健康检查档案内容

职业健康检查档案包括的材料：①职业健康检查委托协议书；②用人单位提供的相关资料；③出具的职业健康检查结果总结报告和告知材料；④其他有关材料。

（三）职业健康检查报告

1.《职业健康检查总结报告》　是职业健康检查机构给用人单位的书面报告，是对本次健康检查的全面总结和一般分析，内容应包括：受检单位、职业健康检查种类、应检人数、受检人数、检查时间和地点，体检工作的实施情况，发现的疑似职业病、职业禁忌证和其他疾病的人数和汇总名单、处理建议等。

2.《职业健康检查个体结论报告》　是指每个受检对象的体检表。健康检查中发现有疑似职业病、职业禁忌证、需要复查者和有其他疾病的劳动者要出具职业健康检查结论报告，内容包括受检者姓名、性别、接触有害因素名称、检查异常所见、检查结论和建议等。

（四）职业健康检查个体结论

职业健康检查个体结论有以下5种：①目前未见异常：本次检查各项指标均在正常范围。②复查：与目标疾病相关的指标单项或多项异常，需进一步复查确定者，应明确复查的内容和时间。③疑似职业病：发现疑似职业病或可能患有职业病，需提交职业病诊断机构进一步明确诊断者。④职业禁忌证：发现有职业禁忌，需写明具体疾病名称。⑤其他疾病或异常：除目标疾病之外的其他疾病或某些检查指标的异常。

（五）职业禁忌证及判断

1. 职业禁忌证（occupational contraindication） 是指劳动者从事特定职业或者接触特定职业病危害因素时，比一般职业人群更易于遭受职业病危害和罹患职业病或可能导致原有自身疾病病情加重，或者在作业过程中诱发可能导致对他人生命健康构成危险的疾病的个人特殊生理或病理状态。

2. 职业禁忌证判断注意事项 ①上岗前体检的主要目的是发现有无职业禁忌证，并应建立接触职业病危害因素人员的基础健康档案；②在岗期间定期检查发现的职业健康损害是否是职业禁忌证，应和接触的特定职业病危害因素所致健康损害相鉴别；③特殊作业人群如汽车驾驶员、消防人员等应参见相关的职业健康要求；④职业禁忌证主要是对接触特定的具有慢性毒性作用的职业病危害因素，只有急性毒性损害的物质原则上不应有禁忌证；⑤评估个体对接触某种职业病危害因素或某特定作业的适应程度时，应与基础值做比较，或与参照人群的均值做比较；⑥判定是否为职业禁忌证时，需要综合分析个体的健康状况在暴露于职业病危害因素接触限值或限值以下时，是否增加或引发职业病危害风险。既要考虑接触职业病危害因素的频率、强度和时间，也要考虑个体的健康状况、疾病的轻重程度和适应程度；⑦职业禁忌证的判断应综合考虑职业暴露的特征和个体健康状况，没有绝对的职业禁忌证。

二、职责与监督

（一）职业健康检查机构职责

1. 资质批准后方可开展工作 按照《职业健康检查管理办法》（国家卫生和计划生育委员会令〔2015年〕5号）的规定，医疗卫生机构开展职业健康检查，应当经省级卫生和计划生育行政部门批准。职业健康检查机构应当根据批准的检查类别和项目，开展相应的职业健康检查。

2. 与用人单位签订合同 职业健康检查机构开展职业健康检查应当与用人单位签订委托协议书，由用人单位统一组织劳动者进行职业健康检查；也可以由劳动者持单位介绍信进行职业健康检查。

3. 依法依规开展工作 职业健康检查机构应当依据相关技术规范，结合用人单位提交的资料，明确用人单位应当检查的项目和周期；职业健康检查的项目、周期按照《职业健康监护技术规范》（GB/Z 188）执行，放射工作人员职业健康检查按照《放射工作人员职业健康监护技术规范》（GB/Z 235）等规定执行；职业健康检查机构可以在执业登记机关管辖区域内开展外出职业健康检查。外出职业健康检查进行医学影像学检查和实验室检测，必须保证检查质量并满足放射防护和生物安全的管理要求。

4. 按规定出具报告 职业健康检查机构应当在职业健康检查结束之日起30个工作日内将职业健康检查结果，包括劳动者个人职业健康检查报告和用人单位职业健康检查总结报告，书面告知用人单位，用人单位应当将劳动者个人职业健康检查结果及职业健康检查机构的建议等情况书面告知劳动者；职业健康检查机构发现疑似职业病患者时，应当告知劳动者本人并及时通知用人单位，同时向所在地卫生和计划生育行政部门和安全生产监督管理部门报告。发现职业禁忌的，应当及时告知用人单位和劳动者。

5. 按规定保存信息及档案 职业健康检查机构要依托现有的信息平台，加强职业健康检查的统计报告工作，逐步实现信息的互联互通和共享；职业健康检查机构应当建立职业健康检查档案。职业健康检查档案保存时间应当自劳动者最后一次职业健康检查结束之日起不少于15年。

（二）监督部门职责

依照《职业病防治法》的有关规定，卫生和计划生育行政部门对职业健康检查机构的下列行为可给予处理。①对未经批准擅自从事职业健康检查的医疗卫生机构；②超出批准范围从事职业健康检查的;③不按照《职业病防治法》规定履行法定职责的;④出具虚假证明文件的;⑤职业健康检查机构未按照规定报告疑似职业病的;⑥未指定主检医师或者指定的主检医师未取得职业病诊断资格的;⑦未建立职业健康检查档案的;⑧违反《职业病防治法》其他有关规定的。

> **案例 4-9**
> **未依据技术规范确定职业健康检查项目和周期案**
>
> 2015 年 12 月,某市卫生计生主管部门对持有《职业健康检查机构资质批准证书》的 F 体检机构进行监督检查发现:F 体检机构出具的 S 科技有限公司劳动者鲁某某、汪某某、韦某某三人接触职业病危害因素噪声上岗前《职业健康检查个体报告》中均缺少尿常规项目的检查记录,而 F 体检机构对三人均做出了"目前未见异常"的检查结论。经查实,根据《职业健康检查管理办法》及 GBZ188-2014《职业健康监护技术规范》的规定和要求,接触职业病危害因素噪声的上岗前职业健康检查项目中尿常规属于必检项目,但 F 体检机构对 S 科技有限公司劳动者鲁某某、汪某某、韦某某三人接触职业病危害因素噪声上岗前职业健康检查时均未进行尿常规项目的检查(未收取尿常规项目的检查费用),且均做出了目前未见异常的检查结论。
>
> 针对以上查见的情况,监督员制作了现场检查笔录,对该机构管理人员制作了询问笔录,采集了相关证据。调查中该机构承认其在职业健康检查过程中未依据技术规范明确职业健康检查项目和周期的违法事实。
>
> 某市卫生和计划生育行政部门认为:该职业健康检查机构违反了《职业健康检查管理办法》的规定。依据《职业健康检查管理办法》的规定,责令被处罚人立即改正违法行为并对被处罚人做出警告,罚款人民币伍仟元的行政处罚。
>
> **问题:** 卫生和计划生育行政部门对职业健康检查机构的哪些行为可给予处理?

第六节　职业病诊断机构的职业病防治法律制度与监督

一、概　　念

(一)职业病诊断

职业病诊断(diagnosis of occupational disease)是指具有职业病诊断资质的医疗卫生机构,根据《职业病防治法》、《职业病诊断与鉴定管理办法》和相关职业病诊断标准,以劳动者的职业病危害因素接触史、临床表现和医学检查结果为主要依据,结合既往病史、工作场所职业病危害因素检测情况等,综合分析其疾病的特征和发展变化是否符合相应的职业病特征、发生发展规律和流行病学规律,对接触职业病危害因素的劳动者做出是否患有职业病的诊断结论。

(二)职业史

职业史(occupational history)是指按时间先后顺序列出的全部职业经历。其主要指接触职业病危害因素的职业经历,内容包括接触职业病危害因素起止时间、工种、岗位、操作过程、所接触的职业病危害因素的品种及其浓度(强度)、实际接触时间、防护设施、个体防护等情况。

(三)现场职业卫生调查

现场职业卫生调查(worksite survey of occupational health)是指深入工作场所或事故现场,巡视、询问、查阅职业卫生资料,检测职业病危害因素浓度或强度,了解既往职业健康检查情况和职业病患病情况,旨在进一步了解职业病危害因素的品种、性质、来源、职业病危害防护设施及个人防护情况、同工种人群的接触情况与健康状况等。

(四)开展工作的原则及所具备的条件

1. 职业病诊断的因果关系判断原则　①时序性原则。职业病一定是发生在接触职业病危害因素之后,并符合致病因素所致疾病的生物学潜伏期和潜隐期的客观规律。②生物学合理性原则。职业病危害因素与职业病的发生在生物学上的合理性,即职业病危害因素的理化特性、毒性学资料或其他特性证实该因素可导致相应疾病,且疾病的表现与该因素的健康效应一致。

2. 职业病诊断需要的资料　①劳动者职业史和职业病危害接触史(包括在岗时间、工种、岗位、接触的职业病危害因素名称等);②劳动者职业健康检查结果;③工作场所职业病危害因素检测结果;④职业性放射性疾病诊断还需要个人剂量监测档案等资料;⑤与诊断有关的其他资料。

3. 职业病诊断档案　①职业病诊断证明书;②职业病诊断过程记录,包括参加诊断的人员、时间、地点、讨论内容及诊断结论;③用人单位、劳动者和相关部门、机构提交的有关资料;④临床检查与实验室检验等资料;⑤与诊断有关的其他资料。

(五)《职业病诊断证明书》的内容和样式

1.《职业病诊断证明书》的内容包括　①劳动者、用人单位基本信息;②诊断结论。确诊为职业病的,应当载明职业病的名称、程度(期别)、处理意见;③诊断时间等内容。

2.《职业病诊断证明书》样式

职业病诊断证明书

编号:

姓名		性别		身份证号码	
用人单位名称					
职业病危害因素接触史:					

诊断结论:

处理意见:

诊断医师:　　　　　　　　　　　　　　　　　　　　　　　诊断机构:
(签名)　　　　　　　　　　　　　　　　　　　　　　　　(公章)
　年　月　日　　　　　　　　　　　　　　　　　　　　　　　年　月　日

(六)职业病报告及意义

1. 职业病报告(notification of occupational disease)　是指职业病诊断机构、用人单位及接诊急性职业病的医疗卫生机构等依据国家有关法规,按照规定的内容、时限和程序,向法律法规规定的部门,及时、准确地报告法定需要报告的职业病的新发生病例和死亡病例的相关信息。

2. 职业病报告的意义　职业病报告是职业病统计的基础性工作之一,用人单位和医疗卫生机构及时报告职业病,有利于职业卫生监督管理部门准确掌握职业病发病情况,有针对性地制订防治措施,保障劳动者健康权益。医疗卫生机构将确诊的职业病告知用人单位并向安全生产监督管理部门通报,有利于加强作业场所监管,源头预防职业病;用人单位将确诊的职业病告知劳动保障部门,有利于落实劳动者工伤保险待遇,保障劳动者的健康及其相关权益。

(七)劳动者在职业病诊断与鉴定过程中享有的权利

劳动者在职业病诊断与鉴定过程中享有的权利:①选择诊断机构就诊的权利。劳动者可以选择用人单位所在地、本人户籍所在地或者经常居住地的职业病诊断机构进行职业病诊断，职业病诊断机构应当接诊。②知情权。职业病诊断、鉴定机构应当告知劳动者职业病诊断、鉴定所需材料和程序，并及时告知劳动者诊断、鉴定结果。③申请劳动仲裁的权利。职业病诊断、鉴定过程中，在确认劳动者职业史、职业病危害接触史时，当事人对劳动关系、工种、工作岗位或者在岗时间有争议的，可以依法向用人单位所在地的劳动人事争议仲裁委员会申请仲裁。④异议申诉权利。劳动者对用人单位提供的工作场所职业病危害因素检测结果等资料有异议的，职业病诊断机构应当提请用人单位所在地安全生产监督管理部门进行调查和判定。⑤选择鉴定专家权。劳动者可以自己或者委托职业病鉴定办事机构从专家库中按照专业类别随机抽取鉴定专家。⑥隐私受保护权。职业病诊断机构和及其相关工作人员应当尊重、关心、爱护劳动者，保护劳动者的隐私。

二、职责与监督

（一）职业病诊断机构职责

1. 资质批准后方可开展工作　按照《职业病诊断与鉴定管理办法》（原卫生部令〔2013年〕91号）的规定，医疗卫生机构开展职业病诊断工作，应当经省级卫生计生主管部门批准，设区的市没有医疗卫生机构申请开展职业病诊断的，省级卫生计生主管部门应当根据职业病诊断工作的需要，指定公立医疗卫生机构承担职业病诊断工作。

2. 依法依规接诊　劳动者依法要求进行职业病诊断的，职业病诊断机构应当接诊，并告知劳动者职业病诊断的程序和所需材料。劳动者应当填写《职业病诊断就诊登记表》，并提交其掌握的职业病诊断资料。

3. 建立健全职业病诊断管理制度　职业病诊断机构应当建立和健全职业病诊断管理制度，加强职业病诊断医师等有关医疗卫生人员技术培训和政策、法律培训，并采取措施改善职业病诊断工作条件，提高职业病诊断服务质量和水平。职业病诊断机构应当公开职业病诊断程序，方便劳动者进行职业病诊断。职业病诊断机构及其相关工作人员应当尊重、关心、爱护劳动者，保护劳动者的隐私。

4. 依据法律法规和标准进行诊断　职业病诊断机构应当按照《职业病防治法》的有关规定和国家职业病诊断标准，依据劳动者的职业史、职业病危害接触史和工作场所职业病危害因素情况、临床表现及辅助检查结果等，进行综合分析，做出诊断结论。

5. 严格遵守诊断工作程序　职业病诊断机构在进行职业病诊断时，应当组织三名以上单数职业病诊断医师进行集体诊断。职业病诊断医师应当独立分析、判断、提出诊断意见，任何单位和个人无权干预。职业病诊断机构在进行职业病诊断时，诊断医师对诊断结论有意见分歧的，应当根据半数以上诊断医师的一致意见形成诊断结论，对不同意见应当如实记录。参加诊断的职业病诊断医师不得弃权。职业病诊断机构可以根据诊断需要，聘请其他单位职业病诊断医师参加诊断。必要时，可以邀请相关专业专家提供咨询意见。

6. 按规定确定职业史　①用人单位提供：书面通知劳动者所在的用人单位提供其掌握的职业病诊断资料，用人单位应当在接到通知后的十日内如实提供；②劳动仲裁确定：当事人对劳动关系、工种、工作岗位或者在岗时间有争议的，职业病诊断机构应当告知当事人依法向用人单位所在地的劳动人事争议仲裁委员会申请仲裁；③安全生产监督部门调查：无用人单位提供资料的，职业病诊断机构应当依法提请用人单位所在地安全生产监督管理部门进行调查；④诊断机构调查：职业病诊断机构需要了解工作场所职业病危害因素情况时，可以对工作场所进行现场调查，也可以依法提请安全生产监督管理部门组织现场调查。

7. 按规定出具报告　职业病诊断机构做出职业病诊断结论后，应当出具职业病诊断证明书。职业病诊断证明书应当由参加诊断的医师共同签署，并经职业病诊断机构审核盖章。职业病诊证明书一式三份，劳动者、用人单位各一份，诊断机构存档一份。

8. 按规定保存档案 职业病诊断机构应建立职业病诊断档案并永久保存。职业病诊断机构发现职业病患者或者疑似职业病患者时，应当及时向所在地卫生计生主管部门和安全生产监督管理部门报告。确诊为职业病的，职业病诊断机构可以根据需要，向相关监管部门、用人单位提出专业建议。

（二）监督部门责任

依照《职业病防治法》的有关规定，卫生计生主管部门对职业病诊断机构的下列行为可给予处理。①医疗卫生机构未经批准擅自从事职业病诊断的；②超出批准范围从事职业病诊断的；③不按照《职业病防治法》规定履行法定职责的；④出具虚假证明文件的；⑤职业病诊断机构未按照规定报告职业病、疑似职业病的；⑥未建立职业病诊断管理制度；⑦不按照规定向劳动者公开职业病诊断程序；⑧泄露劳动者涉及个人隐私的有关信息、资料；⑨其他违反《职业病防治法》的行为。

案例 4-10

未按照规定报告职业病、疑似职业病案

2015年12月，某市卫生和计划生育行政部门对持有《职业病诊断机构批准证书》的B诊断机构进行监督检查发现：B诊断机构出具的K金属制品有限公司劳动者施某某的《职业病诊断证明书》，诊断结论为电焊工尘肺Ⅰ期，诊断日期为2015年5月22日；现场查见劳动者施某某的《职业病报告卡》，《职业病报告卡》上载明的诊断日期为2015年5月17日，报告日期为2015年5月17日。经查实，B诊断机构于2015年5月17日在未对劳动者施某某做出职业病诊断结论的情况下向所在地卫生计生主管部门进行了职业病报告并发出了职业病报告卡；然而B诊断机构在2015年5月22日对劳动者施某某做出电焊工尘肺Ⅰ期的职业病诊断结论并出具《职业诊断证明书》后，未能及时按规定向用人单位所在地卫生计生主管部门进行职业病报告。

针对以上查见的情况，监督员制作了现场检查笔录，对该机构管理人员制作了询问笔录，采集了相关证据。调查中该机构承认其在职业病报告过程中的违法事实。

某市卫生和计划生育行政部门认为：该职业病诊断机构违反了《职业病防治法》规定。依据《职业病防治法》的规定，责令被处罚人立即改正违法行为并对被处罚人做出警告的行政处罚。

问题：职业病诊断需要哪些资料？应该由谁来提供？

第七节　职业病鉴定机构的职业病防治法律制度与监督

一、概　　念

（一）职业病诊断鉴定

职业病诊断鉴定（appraisal of diagnosis for occupational disease）是指当事人对职业病诊断机构做出的职业病诊断结论有异议的，可以在接到职业病诊断证明书之日起三十日内，向职业病诊断机构所在地该区的市级卫生计生主管部门申请鉴定。该区的市级职业病诊断鉴定委员会负责职业病诊断争议的首次鉴定。

当事人对该区的市级职业病鉴定结论不服的，可以在接到鉴定书之日起15日内，向原鉴定组织所在地省级卫生计生主管部门申请再鉴定。职业病鉴定实行两级鉴定制，省级职业病鉴定结论为最终鉴定。

（二）职业病鉴定需提供的资料

当事人申请职业病鉴定时，应当提供的资料：①职业病鉴定申请书；②职业病诊断证明书，申请省级鉴定的还应当提交市级职业病鉴定书；③卫生计生主管部门要求提供的其他有关资料。

（三）职业病鉴定过程记录及证书包含的内容

1. 职业病鉴定过程记录内容包括　①专家组的组成；②鉴定时间；③鉴定所用资料；④鉴定专家的发言及其鉴定意见；⑤表决情况；⑥经鉴定专家签字的鉴定结论；⑦与鉴定有关的其他资料。

2. 职业病鉴定书包括的内容　①劳动者、用人单位的基本信息及鉴定事由；②鉴定结论及其依据，如果为职业病，应当注明职业病名称、程度（期别）；③鉴定时间。

鉴定书加盖职业病诊断鉴定委员会印章。

（四）鉴定专家需回避的情况

参与职业病鉴定的专家有下列情形之一的，应当回避：①是职业病鉴定当事人或者当事人近亲属的；②已参加当事人职业病诊断或者首次鉴定的；③与职业病鉴定当事人有利害关系的；④与职业病鉴定当事人有其他关系，可能影响鉴定公正的。

二、职责与监督

（一）职业病鉴定机构职责

1. 指定为办事机构后方可开展工作　按照《职业病诊断与鉴定管理办法》（原卫生部令〔2013年〕91号）的规定，卫生计生主管部门可以指定办事机构，具体承担职业病鉴定的组织和日常性工作。职业病诊断机构不能作为职业病鉴定办事机构。

2. 按鉴定程序开展工作　职业病鉴定办事机构自收到申请资料之日起5个工作日内完成资料审核，对资料齐全的发给受理通知书；资料不全的，书面通知当事人补充。资料补充齐全的，可受理申请并组织鉴定。

职业病鉴定办事机构在受理鉴定申请之日起六十日内组织鉴定、形成鉴定结论，并在鉴定结论形成后十五日内出具职业病鉴定书。

3. 按规定收集鉴定资料　根据职业病鉴定工作需要，职业病鉴定办事机构可以向有关单位调取与职业病诊断、鉴定有关的资料，有关单位应当如实、及时提供。

（1）原诊断资料：职业病鉴定办事机构收到当事人鉴定申请之后，根据需要可以向原职业病诊断机构或者首次职业病鉴定的办事机构调阅有关的诊断、鉴定资料。原职业病诊断机构或者首次职业病鉴定办事机构在接到通知之日起十五日内提交。

（2）现场情况：需要了解被鉴定人的工作场所职业病危害因素情况时，职业病鉴定办事机构根据专家组的意见可以对工作场所进行现场调查，或者依法提请安全生产监督管理部门组织现场调查情况。依法提请安全生产监督管理部门组织现场调查的情况，在现场调查结论或者判定做出前，职业病鉴定可中止。

4. 按规定召开专家会议　职业病鉴定应当遵循客观、公正的原则，专家组进行职业病鉴定时，可以邀请有关单位人员旁听职业病鉴定会。所有参与职业病鉴定的人员应当依法保护被鉴定人的个人隐私。

职业病鉴定会议由专家组组长主持。专家组应当听取当事人的陈述和申辩，必要时可以组织进行医学检查。专家组应当认真审阅鉴定资料，依照有关规定和职业病诊断标准，经充分合议后，根据专业知识独立进行鉴定。在事实清楚的基础上，进行综合分析，做出鉴定结论，并制作鉴定书。鉴定结论应当经专家组三分之二以上成员通过。鉴定书加盖职业病诊断鉴定委员会印章。

5. 按规定制作鉴定文件　首次鉴定的职业病鉴定书一式四份，劳动者、用人单位、原诊断机构各一份，职业病鉴定办事机构存档一份；再次鉴定的职业病鉴定书一式五份，劳动者、用人单位、原诊断机构、首次职业病鉴定办事机构各一份，再次职业病鉴定办事机构存档一份。

鉴定结束后，鉴定记录应当随同职业病鉴定书一并由职业病鉴定办事机构存档，永久保存。

（二）监督部门职责

职业病诊断鉴定委员会组成人员收受职业病诊断争议当事人的财物或者其他好处的，由省级卫生计生主管部门按照《职业病防治法》的规定进行处罚。

第八节　法律责任

《职业病防治法》第八十四条规定，违反本法规定，构成犯罪的，依法追究刑事责任。

（一）用人单位

《职业病防治法》第七十八条和《工作场所职业卫生监督管理规定》（国家安全生产监督管理总局令〔2012年〕47号）第五十三条规定，用人单位违反《职业病防治法》已经对劳动者生命健康造成严重损害的，责令停止产生职业病危害的作业，或者提请有关人民政府按照国务院规定的权限责令关闭，并处10万元以上50万元以下的罚款。造成重大职业病危害事故或者其他严重后果，构成犯罪的，对直接负责的主管人员和其他直接责任人员，依法追究刑事责任。

（二）职业卫生技术服务机构

《职业病防治法》第八十条规定，从事职业卫生技术服务的机构违反《职业病防治法》规定，由安全生产监督管理部门责令立即停止违法行为，给予警告，没收违法所得；违法所得五千元以上的，并处违法所得二倍以上五倍以下的罚款；没有违法所得或者违法所得不足五千元的，并处五千元以上二万元以下的罚款；情节严重的，由原认可或者批准机关取消其相应的资格；对直接负责的主管人员和其他直接责任人员，依法给予降级、撤职或者开除的处分；构成犯罪的，依法追究刑事责任。

（三）职业健康检查机构

（1）《职业病防治法》第八十条规定，从事职业健康检查的机构违反《职业病防治法》规定，由卫生计生主管部门责令立即停止违法行为，给予警告，没收违法所得；违法所得五千元以上的，并处违法所得二倍以上五倍以下的罚款；没有违法所得或者违法所得不足五千元的，并处五千元以上二万元以下的罚款；情节严重的，由原认可或者批准机关取消其相应的资格；对直接负责的主管人员和其他直接责任人员，依法给予降级、撤职或者开除的处分；构成犯罪的，依法追究刑事责任。

（2）《职业健康检查管理办法》（国家卫生和计划生育委员会令〔2015年〕5号）第二十七条规定，职业健康检查机构出租、出借职业健康检查机构资质批准证书的，由县级以上地方卫生和计划生育行政部门予以警告，并处三万元以下罚款；伪造、变造或者买卖职业健康检查机构资质批准证书的，按照《中华人民共和国治安管理处罚法》的有关规定进行处理；情节严重的，依法对直接负责的主管人员和其他直接责任人员，给予降级、撤职或者开除的处分；构成犯罪的，依法追究刑事责任。

（四）职业病诊断机构

《职业病防治法》第八十条规定，从事职业诊断的机构违反《职业病防治法》规定，由卫生和计划生育行政部门责令立即停止违法行为，给予警告，没收违法所得；违法所得五千元以上的，并处违法所得二倍以上五倍以下的罚款；没有违法所得或者违法所得不足五千元的，并处五千元以上二万元以下的罚款；情节严重的，由原认可或者批准机关取消其相应的资格；对直接负责的主管人员和其他直接责任人员，依法给予降级、撤职或者开除的处分；构成犯罪的，依法追究刑事责任。

（五）职业卫生监督部门

《工作场所职业卫生监督管理规定》（国家安全生产监督管理总局令〔2012年〕47号）第五十六条规定，安全生产监督管理部门及其行政执法人员未按照规定报告职业病危害事故的，依照有关规定给予处理；构成犯罪的，依法追究刑事责任。

本章小结

本章重点阐述了职业卫生监督法律依据的框架、职业卫生监督管理部门对建设单位、用人单位、职业卫生技术服务机构、职业健康检查机构、职业病诊断机构、职业病鉴定机构可给予处理的违法行为以及各自的主要法定职责，法律制度与监督的相关概念等，并用案例的形式描述了相关内容和之间的关系。

思 考 题

1. 安全生产监督管理部门对建设单位的哪些行为可给予处理？
2. 安全生产监督管理部门依照《职业病危害项目申报办法》（国家安全生产监督管理总局令〔2012年〕48号）的规定，对用人单位的哪些行为可给予处理？
3. 用人单位职业病防治的职责是哪些？
4. 职业病防护设施和防护用品的概念？
5. 《职业病防治法》对用人单位在进行劳动者岗位安排时做出了哪些规定？
6. 按照《用人单位职业健康监护监督管理办法》（国家安全生产监督管理总局令〔2012年〕49号）的规定，用人单位职业健康监护的职责是哪些？
7. 用人单位在劳动者进行职业病诊治时的责任是哪些？
8. 职业病患者的待遇规定是哪些？
9. 职业卫生技术服务机构及其专职技术人员在从事职业卫生技术服务活动中应承担哪些法律责任？
10. 安全生产监督管理部门对职业卫生技术服务机构的哪些行为可给予处理？
11. 卫生计生主管部门对职业健康检查机构的哪些行为可给予处理？
12. 职业病诊断需要哪些资料？应该由谁来提供？
13. 卫生计生主管部门对职业病诊断鉴定委员会组成人员的哪些行为可给予处理？

（张蓓蕾）

第五章 放射卫生法律制度与监督

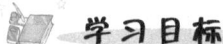

学习目标

掌握：放射卫生监督概念，放射卫生监督主要内容。
熟悉：放射卫生监督法律依据及法律体系，放射事故卫生监督内容。
了解：放射卫生防护方法，放射卫生监督程序。

> **案例 5-1**
>
> 1973 年某地区行署科技局为了培养良种，筹建了钴-60 辐照装置，使用一段时期后闲置不用。1980 年，某地区科学技术委员会（科委）另建新址，待钴-60 迁走后，全部建筑物移交地区某监测站。
>
> 1991 年，某地区某监测站因扩建需使用地区科委的照射室场址。收取放射源之前，相关专业人员到钴源房查看现场并讨论收贮方案。专业人员韩某问到有几枚放射源时，市科委的贺某回答为 4 枚。在将放射源从不锈钢管倒到白瓷盘里时，发现是 5 枚源。即问贺某怎么回事，贺某说有一枚是铅堵头。负责倒装源的人将 4 枚放射源和"一个铅堵头"全部倒装到了铅罐中。
>
> 1992 年 10 月 27 日，开始基建施工，承建单位雇用了民工进行挖掘地基工程。据民工张某证实，11 月 9 日上午 9 时许，民工张某昌在钴-60 放射源井外拾到一圆柱形钢体装入口袋内。大约 11 时感到头晕、恶心、呕吐，不能继续劳动，由同事将其送回家中。下午，其兄张某双等人陪同张某昌到医院就诊。张某双在陪侍张某昌的第四天也发病住院，两兄弟的症状体征基本相同。
>
> 11 月 26 日，张某昌，张某双病情进一步恶化，张某昌于 12 月 2 日出院回到家中死亡。陪侍的张某双于 12 月 7 日也在家中死亡。其父张某亮一直陪侍两个儿子看病也相继发病，于 12 月 10 日死亡。张某昌之妻张某于 12 月 17 日到某医大人民医院就诊，诊断为放射病。
>
> **问题**：根据案例分析事故发生的原因？

放射卫生是研究天然辐射（natural radiation）或人工辐射（Artificial radiation）对人体健康影响及其防护方法，并采取相关的措施、手段，保护人类及环境免受或少受电离辐射危害的学科。放射卫生学是预防医学的一个分支，是放射医学的组成部分，是综合应用的边缘学科，其专业性和政策性都很强。

辐射一般分为致电离辐射和非电离辐射。凡是与物质直接或间接作用时能使物质电离的一切辐射称为电离辐射。直接电离粒子具有可以通过碰撞引起物质电离的动能，α 粒子、质子、β 粒子是常见的直接电离粒子。间接电离粒子是能够释放出直接电离粒子或引起核变化的非带电粒子，如光子、中子等。本章中所使用的辐射、放射、射线等术语如无特别说明，均指电离辐射。

电离辐射技术在工业、农业、医疗卫生、科研等各个领域获得了广泛的应用，其中，核能发电、辐射育种、工业探伤是射线在国民经济中得到广泛应用的技术。射线技术的应用促进了国民经济发展，提高了人民的生活质量。但是放射线也是一把双刃剑，它在带给我们新的技术和财富的同时，由于辐射防护和质量控制问题并没有完全解决，部分产品存在较大的辐射安全隐患。如果用之不当，疏于管理，忽视对它的防护，就会影响人们的健康，危及人们生存的环境空间，甚至导致严重放射事故，造成人员伤亡和重大财产损失。为了控制和消除这种危害，在有效、合理利用放射性核素的同时应做好放射卫生监督工作。本章主要介绍了用人单位职业病危害放射防护建设项目的预防性卫生监督；经常性卫生监督；许可的办理；放射工作人员职业健康监护监督管理以及对放射性核素使用的监督管理。

第一节 概 述

> **案例 5-2**
>
> 2014年5月，某市某探伤公司作业期间，违法雇用无资质人员进行γ射线移动探伤作业，使用的放射源出厂活度为 3.77E+12Bq，现存活度为9.6E+11Bq（约26Ci），属于Ⅱ类放射源。
>
> 2014年5月7日，该公司2名工作人员完成管道车间内的γ射线探伤作业，回收放射源时违反操作规程。
>
> 在源辫子回到储存位前，工作人员手动解除探伤机的安全闭锁，卸下导源管，导致源辫子与驱动钢丝绳脱钩。其后，负责拆卸导管的工作人员发现驱动导管无法从探伤机上拆卸下来，怀疑源辫子未回收到位，便使用辐射监测仪对探伤机表面进行测量，以便核实放射源是否已回收到探伤机内。当操作人员发现辐射监测仪读数升高时，便认为放射源已被回收到位。实际上放射源处于脱落状态，监测仪的读数升高是由于探伤机贫化铀屏蔽体和放射源裸露在外共同导致。经过上述监测和检查后，2名操作人员没有再做进一步检查确认，直接将探伤机装车。
>
> 当晚，2名工作人员再次来到该车间探伤。8日早上，工作人员发现探伤胶片未曝光，以为设备故障，便联系设备厂家前来维修。8日傍晚，维修人员确认放射源已丢失。探伤公司工作人员在探伤作业区寻找，未发现放射源，于是向该公司领导报告。5月9日，向当地公安部门及南京市环保局报告。
>
> 通过监控录像，发现其中有一人发现源辫子，捡起将其丢弃。公司工人王某路过，发现并捡起源辫子，装入工作服的右侧口袋回家，取出源辫子放在自家后院杂物堆的一个编织袋中。在放射源失控期间，其周边附近约有80人活动，共有100余人接受了医学检查。其中，王某受照剂量最大，右侧大腿局部受照剂量较大，物理估算受照剂量为100多Gy，右侧大腿皮肤放射性烧伤明显，局部溃烂，王某全身生物剂量有效剂量约为1.3Gy。王某的妻子估算的受照剂量约为270mGy，没有明显的临床症状；其余受照人员的剂量均小于40mGy，未造成临床上的放射性损伤。
>
> 问题：本起事故发生的原因？应建立怎样的放射源管理制度？

一、我国放射卫生的发展历程

我国的放射卫生工作始于20世纪50年代，核工业开始起步，放射性核素在国民经济各领域广泛应用，陆续建立了放射防护科研和管理机构，加强了放射防护工作，特别是立法工作从无到有并取得了空前的成就。

1960年国务院批准发布了《放射性工作卫生防护暂行规定》（以下简称《暂行规定》），这是我国第一部放射卫生的防护法规，保护放射工作从业人员的健康有了法律依据。根据此规定，原卫生部、国家科学技术委员会制定了与之配套的《电离辐射的最大容许量标准》《放射性同位素工作的卫生防护细则》《放射性工作人员的健康检查须知》等行政规章和技术标准，是我国最早的放射防护法规标准。

《放射性工作卫生防护暂行规定》与上述三个配套的技术标准、细则构成了我国第一代放射防护基本标准，它对我国原子能事业的发展起到了重要的保障与推动作用，此时的法规和标准没有十分明确的区分。

原卫生部和国家科学技术委员会于1964年根据《暂行规定》的有关精神，颁布了《放射性同位素工作卫生管理办法》，并在全国统一实行放射性核素工作的"许可登记"制度，奠定了我国放射卫生防护工作的基础。

1977年以来，国家又相继制定了《医用诊断X线卫生防护规定》（1978）、《放射工作人员个人剂量监测管理规定》（1985）、《射线防护器材防护质量管理规定》（1988）、《核设施放射卫生防护管理规定》（1992）、《含放射性物质消费品卫生防护管理规定》（1995）、《放射工作人员健康管理规定》（1997）、《放射事故管理规定》（2001）、《放射防护器材与含放射性产品卫生管理办法》（2001）、《放射工作卫生防护管理办法》（2002）等30多部行政规章。实施过程中，还配套制订了一系列卫生标准和技术法规，如《放射卫生防护基本标准》（GB 4792—84）、《医用诊断X线卫生防护标准》（GB 8279—87）、《放射工作人员个人剂量监测方法》（GB 8299—87）、《内照射放射病诊断标准及处理原则》（GB 8284—88）等27部。

1989年国务院发布了《放射性同位素与射线装置放射防护条例》（第44号令），2001年我国以中华人民共和国国家主席令60号发布了《中华人民共和国职业病防治法》，2003年主席令第6号发布了《中华人民共和国放射性污染防治法》，2005年又对《放射性同位素与射线装置放射防护条例》做了重新修订，发布了第449号令，是我国放射卫生监督的重要依据，也标志着我国的放射卫生依法监督工作进入了一个新阶段。

二、放射卫生监督的概念

放射卫生监督是指卫生监督主体，依据放射卫生法律规范，对放射卫生管理相对人实施监督，检查其履行法定义务的具体行政行为。

放射卫生监督主体是指国家行政机关（卫生计生委、环保和安全生产监督管理部门）和法律、法规授权组织及受委托组织。

放射卫生监督机构依据放射卫生法律、法规、规章、标准和规范性文件的规定，对放射卫生管理相对人（生产、销售和使用放射性核素和射线装置单位、技术服务机构、放射病体检及诊断机构、放射防护器材、含放射性产品的生产单位）实施监督，督促其履行法定义务，并对其违法行为依法进行处罚。

放射卫生监督的目的是预防、控制和消除放射性危害，保证放射工作人员、患者及公众的身体健康与生命安全，促进核能和射线技术的合理应用及可持续发展。

知识拓展

1. γ辐照加工装置（γ radiation processing device）　指用于医疗用品辐射消毒、农业育种、化工产品加工、食品保鲜以及辐射研究用的γ放射源装置，属于高放射性活度、高能量的大型辐照装置。

2. 放射性活度（radioactivity）　它的定义为处于特定能态的一定量的放射性核素，在 dt（放射性同位素每秒衰变的原子数）时间内发生核跃迁数的期望值除以 dt。国际单位为贝克（勒尔），符号为 Bq，1贝克等于 $1秒^{-1}$，非法定专用单位是居里（Ci）。$1 Ci = 3.7 \times 10^{10} Bq$。

3. 吸收剂量（absorbed dose）　电离辐射授予某一体积元中的物质的总能量除以该体积的质量的商。吸收剂量的SI（国际）单位是焦耳每千克（J/kg），即戈瑞（Gy）。1 Gy=1 J/kg。

4. 当量剂量（equivalent dose）　在辐射防护中，我们关心的往往不是受照体某点的吸收剂量，而是某个器官或组织吸收剂量的平均值。辐射权重因子正是用来对某组织或器官的平均吸收剂量进行修正的因子。用辐射权重因子修正的平均吸收剂量即为当量剂量。

对于某种辐射 R 在某个组织或器官 T 中的当量剂量 $H_{T,R}$ 可由下式给出：

$$H_{T,R}=D_{T,R}\cdot W_R$$

式中，W_R 为辐射 R 的辐射权重因子；$D_{T,R}$ 为辐射 R 在器官或组织 T 内产生吸收剂量。

当量剂量的单位：由于 W_R 是无量纲的，当量剂量的 SI 单位为 $J\cdot Kg^{-1}$，专用名称为希沃特（S_V），因此，$1S_V =1J\cdot kg^{-1}$。

5. 比释动能（kerma） dE_{tr} 是不带电电离粒子在质量为 dm 的某一物质内释出的全部带电电离粒子的初始动能的总和。比释动能的 SI 单位是焦耳每千克（J/kg），单位的专用名称是戈瑞（Gy）。

三、放射卫生监督法律依据

（一）放射卫生监督法律依据

我国自 20 世纪 60 年代初开始逐步建立起适合我国国情的放射卫生防护法律体系。1987 年国务院发出《关于加强放射性同位素和射线装置放射防护管理工作的通知》后，进一步加快了放射卫生法规的研制进度。为提高法规的针对性和可行性，基本做到以每种类型放射工作制订一项规定，并有相应的标准与之相对应配套实施。

1989 年国务院发布 44 号总理令《放射性同位素与射线装置放射防护条例》（以下简称《条例》），标志着我国的放射卫生防护管理进入法制化、规范化的轨道，使放射卫生监督工作真正做到了有法可依。依据《条例》建立了在卫生监督管理中几个行之有效的基本法律制度，如许可登记制度、事故管理制度、统计报告制度、放射工作单位自主管理制度等。同时，也确立多个专项法律制度，如放射标志制度、放射性物质管理制度、放射性产品管理制度、放射工作人员卫生防护管理制度等。《条例》在我国放射卫生防护管理领域中，已成为法律地位最高、法律效力最广泛、法律结构最全面、法律关系最明确的专项行政法规。进一步理顺了我国放射卫生防护监督管理的体制和机构，使卫生、环保和公安部门在各自的职能和职责范围内对放射性核素与射线装置的放射防护实施监督管理。

1989~2001 年，国务院卫生行政部门根据《条例》陆续制订、修订及清理了多项部门规章和规范，形成了较为完善的法律体系。

2001 年发布的《职业病防治法》是适应新形势、保护劳动者职业健康和相关权益的重要法律，是我国第一部调整职业病防治法律关系的专门法律。

为了防治放射性污染，保护环境，促进核能、核技术的开发与和平利用，2003 年发布的《中华人民共和国放射性污染防治法》同样也是进行放射卫生监督的主要依据。我国在总结抗击非典型性肺炎的经验后，2003 年公布了《突发公共卫生事件应急条例》；2007 年发布了《中华人民共和国突发事件应对法》并配套出台了相应的法规。这些法律、法规和标准对保障人类健康、保护环境和促进放射性核素与射线装置的广泛应用起到了极其重要的作用。

（二）放射卫生法律、法规体系

放射卫生法律、法规和标准是放射卫生监督机构开展监督工作的法律依据和评价基础。没有相应的法规，监督工作就无法可依，无章可循；缺少相应的标准，放射卫生监督员就无法开展监督工作（图 5-1）。

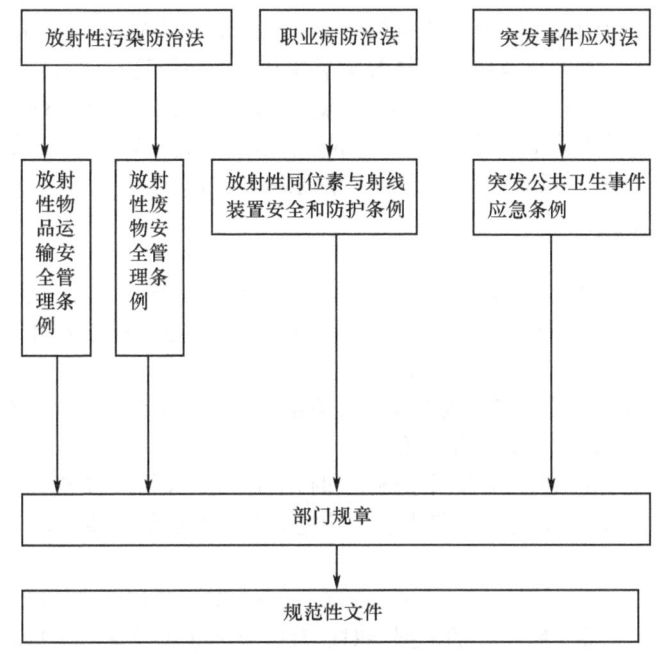

图 5-1 放射卫生法律体系框架

1.《职业病防治法》 是我国第一部调整职业病防治法律关系的专门法律，保护劳动者健康、维护劳动者健康权益是这部法律的重要标志。《职业病防治法》所称职业病，是指企业、事业单位和个体经济组织等用人单位的劳动者在职业活动中，因接触粉尘、放射性物质和其他有毒、有害因素而引起的疾病。

用人单位的主要负责人对本单位的职业病防治工作全面负责，建立用人单位负责、行政机关监管、行业自律、劳动者参与和社会监督的机制，体现了对劳动者健康及其相关权益的保护，即保护的对象为劳动者，保护的内容为健康及权益。放射防护保护的对象，包括放射工作人员、公众及其后代、受检者和陪检者等，保护内容为健康、安全及环境。

2.《放射性污染防治法》 是一部核与辐射安全监管的法律，以期调整和规范我国核设施、核技术利用、铀（钍）矿和伴生放射性矿开发利用中发生的污染防治活动，建立完善放射性污染防治的法律制度，强化放射性污染的防治。本法从我国国情出发，建立了严格的放射性污染防治法律制度。

3.《突发事件应对法》 宗旨是预防和减少突发事件的发生，控制、减轻和消除突发事件引起的严重社会危害，规范突发事件应对活动，保护人民生命财产安全，维护国家安全、公共安全、环境安全和社会秩序。

预防与应急准备是做好突发事件应对工作的基础性工作，必须立足于"预防为主"的原则。县级以上人民政府及有关部门要制订并完善突发事件的应急预案，开展应急培训、宣传及应急演练，组建各类应急救援队伍，保障经费、物资储备、应急通信，建设应急避难场所。

四、放射卫生防护标准

放射卫生防护标准是卫生标准中的一大类，其主要内容包括各类人员在不同实践情况下接受辐射照射的限值、控制水平和放射防护要求，以及与此相应的行为规范；在放射所致应急照射和一些持续照射情况下必须采取的干预原则、方法和要求等，是卫生行政执法的技术依据。我国的放射卫生防护标准是参考或等效国际放射防护委员会（International Commission on Radiological Pro tection，ICRP）等国际组织或国际原子能机构（The International Atomic Energy Agency，IAEA）的有关出版物中先进的管理方式及要求，结合国情和既往管理经验制订的，其职业照射的剂量限值与 ICRP 建议书一致。《电离辐射防护与辐射源安全基本标准》（GB 18871—2002）等效采用了国际原子能机构安全丛书第 115 号出版物《国际电离辐射防护与辐射源安全基本标准》的主要技术要求，是我国放射防护领域现行放射防护的国家级基本标准。

（一）标准的分级

《中华人民共和国标准化法》将标准分为国家标准、行业标准、地方标准和企业标准四级。

1. 国家标准 国家标准是全国范围内统一的技术要求。主要是基础标准、通用标准和安全卫生标准，由国务院标准化行政主管部门制订。

2. 行业标准 行业标准（原来称为专业标准或部门标准）是在没有国家标准而又需要在全国某一行业统一的技术要求，主要是产品标准。

3. 地方标准 地方标准是在没有国家标准和行业标准，又需要在省（自治区、直辖市）范围内统一的有关工业产品的安全卫生要求、主要包括环境保护的技术要求、工业产品的安全卫生要求。

4. 企业标准 对于没有国家标准、行业标准的，企业应当制订企业标准。企业标准是企业内部统一的技术要求，是企业组织生产的依据。对已有国家标准或行业标准的，国家鼓励企业制订严于国家标准或行业标准的企业标准。

（二）标准分类

《标准化法》规定，按标准体制分为强制性标准和推荐性标准。

1. 强制性标准 是指保障人体健康和人身、财产安全的标准和法律、行政法规规定强制执行的标准。放射卫生防护标准多数为强制性标准，必须执行。

2. 推荐性标准 不涉及人体卫生、健康和人身、财产安全的非强制性标准，属于推荐性标准，鼓励采用。

国家标准、行业标准和地方标准都可分为强制性标准和推荐性标准。另外标准还有其他分类方法，如按照标准化的对象可以分为基础标准、工作标准、产品标准和方法标准等。

（三）放射卫生标准分类

放射卫生监督应用的主要标准按其性质和使用范围分类，可分为以下 10 类：

1. 基本标准和基础标准 《电离辐射防护与辐射源安全基本标准》（GB 18871—2002）是最重要的基本标准，是制订其他相关标准的重要依据。

2. 职业照射的防护标准 由于放射性核素和射线装置种类繁多，应用方式各式各样，行业遍及国民经济各领域，防护要求不尽相同，均需有相应的标准保护放射工作人员与公众免受射线的危害，所以职业照射（occupational exposure）的防护标准是放射卫生标准中数量较多的一类。包括放射性核素和射线装置在射线探伤、油气田测井、核仪表、安检系统和其他各种工业应用中所致职业照射的防护标准；矿产开发过程中对工作人员造成的职业照射的防护标准。

3. 公众照射的防护标准 这部分标准包括食品中放射性浓度限制标准、地热水应用中的放射卫生防护标准、建筑材料中放射性限量标准、含放射性物质消费品放射卫生防护标准，以及室内及地下建筑物氡浓度等有关标准。公众照射主要来源于生活环境中的放射性（主要是建材放射性和室内氡所致照射）、食物和饮用水中所含的放射性物质，以及使用含放射性物质的消费品等。

4. 医疗照射防护标准 包括放射诊断、放射治疗和核医学方面的放射防护和质量控制检测规范等标准。放射诊断、放射治疗和核医学放射防护标准涵盖了对职业人员、患者、受检者，以及扶持、护理、探视、医学生物学实验志愿者和慰问者的放射防护标准。

5. 放射病诊断标准 包括放射性疾病诊断标准、放射性器官损伤诊断标准、辐射诱发肿瘤诊断标准、核和辐射事故医学应急救治相关标准、放射性疾病救治和护理规范、用于辐射事故物理和生物剂量估算的技术规范、放射工作人员医学监督规范、辐射损伤远后效应医学随访规范等卫生标准。

6. 监测规范和方法标准 通常是为了与卫生防护标准配套而制订的。主要包括比较常用的医用辐射装置的质量控制检测，外照射个人剂量系统性能检测规范，各种场所的放射性监测（场所监测），不同场合的各种放射性核素分析及其他方面的标准，核电厂职业照射监测规范，生物样品中放射性核素的γ能谱分析方法。

7. 应急准备与响应 是针对事故照射的防护标准，包括应对核事故或放射事故所致照射的应急准备和响应程序及处理原则等。

8. 防护设施与器材 包括放射治疗机房的辐射屏蔽规范、医用 X 线 CT 机房的辐射屏蔽规范、γ辐照加工装置设计建造、医用诊断 X 线个人防护材料及用品标准。涉及各种放射防护设施的屏蔽设计及其防护效果，放射防护器材的防护性能要求和使用方法标准等。

9. 管理 包括建设项目职业病危害放射评价报告编制规范化和医学放射工作人员卫生防护培训的规范化，以及医用放射性废物卫生防护管理等。

10. 其他 包括放射性物质运输与废物管理、辐射监测仪器及其他应用等。

在放射卫生防护标准体系中，主体是针对放射性核素与射线装置不同应用的各类防护标准，其余就是和防护标准相关的配套检测标准，以及关于事故应急、剂量评价及其参数、防护器材和防护设施等方面的标准。由于防护标准是针对各种特定的标准化对象，如某类电离辐射应用而制订的，通常包含有与此应用有关的限值指标、行为规范、检验和评价方法等内容，以行为规范为主要内容的行为类标准，直接关系到人员的健康与安全，所以通常是强制性标准；与上述防护标准相配套且内容比较单一的检验和评价方法或其参数之类的标准，一般属于推荐性标准。

知识链接

与放射防护相关的几个重要国际机构

1. 国际放射防护委员会（The International Commission on Radiological Protection，ICRP）是一个公益性的学术团体，ICRP 只承担推荐防护的基本原则与要求，并不从事具体的防护技术与措施的研究和开发，以及当前防护水平的调查及管理办法的拟定。但它充分利用了其他机构的研究成果，其所推荐的基本防护要求既不脱离实际，又有实际指导意义而且切实可行。

从 1928 年开始，ICRP 就开始制定并出版发行与放射防护相关的出版物，至 2015 年，出版物的序号已经编至 131 号，这些出版物已经成为指导各国政府制定本国放射防护相关法规与标准的依据。

2. 国际辐射单位与测量委员会（International Commission on Radiation Units and Mea-surements，ICRU）1925 年于伦敦召开的第一届国际放射学大会上，就决定先于放射防护，成立"国际 x 射线单位委员会"，后来改名为"国际辐射单位与测量委员会（ICRU）"。ICRU是国际上公认的权威学术组织，专门研究提出关于电离辐射量与单位，以及有关电离辐射量的测量和应用方面的技术报告。

3. 国际原子能机构（International Atomic Energy Agency，IAEA）是一个同联合国建立关系，并由世界各国政府在原子能领域进行科学技术合作的机构。

在 1954 年 12 月第九届联合国大会通过决议，要求成立一个专门致力于和平利用原子能的国际机构。有 82 个国家参加的规约会议，于 1956 年 10 月 26 日通过了国际原子能机构的《规约》。机构宗旨是谋求加速和扩大原子能对全世界和平、健康及繁荣的贡献，确保由其本身、或经其请求、或在其监督或管制下提供的援助，不用于推进任何军事目的。

五、放射卫生监督机构及其职责

由于放射防护工作的需要，2003年中央机构编制委员会办公室下发了《关于放射源安全监管部门职责分工的通知》（中央编办发〔2003〕17号），文中重新规定卫生、环保、公安等部门对放射源监督管理职责。中央编办发〔2003〕17号文明确规定：环保部门负责对放射源实行统一监管，卫生部门负责职业病危害评价管理工作，负责放射源诊疗技术和医用辐射机构的准入管理，参与放射源的放射性污染事故应急工作，负责放射源的放射性污染事故的医疗应急。

2010年中央机构编制委员会办公室下发了《关于职业卫生监督部门职责分工的通知》（中央编办发〔2012〕104号），该通知对放射卫生监督工作职责又进行了调整，调整后的卫生行政部门的职责是：负责会同安全监管部门、人力资源和社会保障部门等有关部门拟订职业病防治法律法规、职业病防治规划，组织制订发布国家职业卫生标准；负责监督管理职业病诊断与鉴定工作；组织开展重点职业病监测和专项调查，开展职业健康风险评估，研究提出职业病防治对策；负责化学品毒性鉴定、个人剂量监测、放射防护器材和含放射性产品检测等技术服务机构资质认定和监督管理；审批承担职业健康检查、职业病诊断的医疗卫生机构并进行监督管理，规范职业病的检查和救治；会同相关部门加强职业病防治机构建设；负责医疗机构放射性危害控制的监督管理；负责职业病报告的管理和发布，组织开展职业病防治科学研究；组织开展职业病防治法律法规和防治知识的宣传教育，开展职业人群健康促进工作。

为适应新形势下相关部门职责调整和职业卫生监管工作的需要，《中华人民共和国职业病防治法》的修订版于2016年7月2日发布，并于同日起实施。

除国务院卫生计生行政部门外，其他行政部门也根据各自的管理工作需要制订了与职业健康和生产安全相关的部门规章，是放射卫生法律体系的重要组成部分。

案例 5-3

广东某地质队放射源被盗后造成放射性污染事故

2004年1月10日上午，该勘探队退休工程师张某发现，该单位封存在曲江县庙背岭山顶放射源库内的13枚放射源及少量空铅罐被盗，具体被盗时间不明。被盗的13枚放射源均为V类源，其中2枚 ^{137}Cs（3.3E+8Bq 和 7.4E+7Bq）、6枚 ^{60}Co（总活度1.3E+8Bq）、5枚 ^{226}Ra（总活度1.52E+8Bq），于1993年3月封存在用水泥加固的放射源库中，没有挂警示牌，也无值班人员看守。接到报告后，环保、卫生、公安部门组成工作组，携带监测仪器奔赴现场，与当地政府部门一起查找。经过多方努力，找回10枚完整放射源，另外3个 ^{60}Co 放射源已在废品收购站被拆解、破碎，混杂在泥土中。2004年4月21日广东省城市放射性废物库将找回的10枚放射源和含3枚破碎放射源的泥土80余kg进行了安全收贮。

事故原因：
1. 直接原因为放射源存放期间安保措施不完善，无警示设施，也没有安排专人看管。
2. 该单位安全观念薄弱，放射源闲置后没有及时送贮，也未实施有效的安全管理。

问题：
1. 如何根据事故的经过确定其类型？
2. 应建立怎样的应急措施？

第二节　预防性放射卫生监督

预防性放射卫生监督是指卫生监督主体根据国家法律法规的要求，对新建、改建、扩建放射工作场所工程项目的卫生防护、放射性污染及生产安全、职业病危害因素的监督管理。

国家对放射源和射线装置实行分类管理。根据放射源、射线装置对人体健康和环境的潜在危害程度，从高到低将放射源分为Ⅰ类、Ⅱ类、Ⅲ类、Ⅳ类、Ⅴ类，将射线装置分为Ⅰ类、Ⅱ类、Ⅲ类。

> **知识拓展**
>
> 放射源的分类
>
> （1）Ⅰ类放射源为极高危险源：没有防护情况下，接触这类源几分钟到1小时就可致人死亡，如医院放射治疗用伽玛刀和辐照中心用的 ^{60}Co γ 放射源。
>
> （2）Ⅱ类放射源为高危险源：没有防护情况下，接触这类源几小时至几天可致人死亡，如工业探伤用的 ^{192}Ir γ 放射源和放射性测井用的 ^{241}Am-Be 中子源。
>
> （3）Ⅲ类放射源为危险源：没有防护情况下，接触这类源几小时就可对人造成永久性损伤，接触几天至几周也可致人死亡，如挖泥船用的土方产量计的 ^{137}Cs γ 放射源。
>
> （4）Ⅳ类放射源为低危险源：基本不会对人造成永久性损伤，但对长时间、近距离接触这些放射源的人可能造成可恢复的临时性损伤，如核子称用的 ^{137}Cs γ 放射源。
>
> （5）Ⅴ类放射源为极低危险源：不会对人造成永久性损伤，如刻度辐射仪用的 γ 标准源和医用治疗皮肤病的 β 源 ^{90}Sr 敷贴器等。
>
> 射线装置分类：
>
> （1）Ⅰ类为高危险射线装置：事故时可以使短时间受照射人员产生严重放射损伤，甚至死亡或对环境造成严重影响。例如，能量大于100MeV的医用和非医用加速器和生产放射性同位素的加速器（不含制备PET用放射性药物的加速器）。
>
> （2）Ⅱ类为中危险射线装置：事故时可以使受照人员产生较严重放射损伤，大剂量照射甚至导致死亡，如一般工业和医用加速器。
>
> （3）Ⅲ类为低危险射线装置：事故时一般不会造成受照人员的放射损伤，如医用诊断X线机，CT机，X线衍射仪等。

一、监督依据

《职业病防治法》和《放射性污染防治法》规定：新建、改建、扩建放射工作场所的放射防护设施，应当与主体工程同时设计、同时施工、同时投入使用。放射防护设施应当与主体工程同时验收；验收合格的，主体工程方可投入生产或者使用。

二、建设项目的管理

国家安全生产监督管理总局按建设项目产生危害严重程度分为：职业病危害一般、职业病危害较重和职业病危害严重三类。职业卫生技术服务机构对以放射性危害为主要危害的建设项目分类时，首先应考虑引进辐射源的潜在危害，包括源的种类、强度、应用方式，如射线装置的电压、电流、产生射线的能量等参数，放射性核素的状态、活动、毒性、半衰期及放出射线的种类等，还应考虑建设规模、辐射源的数量、放射工作人员数量、操作时间等因素。

三、设计审查核实

建设项目放射防护预评价是对可能产生职业病危害及对环境产生放射污染的建设项目，在可行性论证阶段，对建设项目可能产生的职业病危害因素、危害程度、放射污染水平、健康影响、防护措施等作出客观而科学的卫生学评价，以确定处理风险的最佳方案。了解建设项目在放射防护防治方面是否可行，最大限度地降低项目投产后可能产生的辐射危害，为放射防护的管理提供科学依据。

国家对存在或可能产生职业病危害和放射性污染的建设项目的职业病危害评价报告、放射性污染环境影响报告书实行专家审查制度。职业卫生技术服务机构和环境保护主管部门认可的有相应资质的评价机构在完成报告书后，在相应行政主管部门参与下组织专家对评价报告书进行技术审查。

（一）核电厂

（1）辐射源的控制：在设计阶段，应对核电厂的辐射源设计进行最优化，辐射源会影响到整个电厂的辐射水平，而其他方面的设计仅会对局部区域内的辐射水平产生影响。

（2）工程概况：运行状态防护设计和事故状况下辐射的预案，特别是辐射源项、各工艺系统的放射防护与安全性能和措施；工作场所辐射水平与监测；工作岗位人员可能受到的内外照射剂量；其他与辐射防护有关的设施。

（3）根据辐射水平的大小，对放射性厂房进行分区控制，严格控制进入高辐射区的工作人员和在其内停留时间。尽量减少工作人员可能受到的辐射剂量和防止污染的扩散，根据《电离辐射防护与辐射源安全基本标准》将辐射工作场所分为监督区和控制区。

（4）设置卫生出入口，严格管理进出控制区的人员和物品，降低工作人员所受剂量，防止放射性污染的扩散。

（5）对含放射性物质的系统、设备、厂房进行合理布置，使工作人员尽量远离高辐射区。

（6）设置通风系统，保证厂房内合理的气流组织和换气次数，降低工作场所空气中的放射性浓度。

（7）应急计划与响应

1）应急准备的水平和质量：关注厂址邻近地区可能影响应急计划实施的人口与设施情况，包括人口密集区、医院、监狱等，在核电厂整个寿期内应持续收集这些资料并关注其中的变化。

2）应急组织与职责及应急组织间的协调。

3）应急响应行动，包括监测与评价、通知与报告、防护行动、医学救援等。

4）应急响应能力的保持，包括应急计划的评审与修订、培训、演习、设施和设备的维护和检验等。

5）防止工作人员或公众中出现确定性效应并降低随机性效应的发生率。

（8）放射防护机构的建设、规章制度的制订管理情况

1）建立放射防护机构：应独立于负责运行、维修等生产活动的部门。

2）制订辐射防护大纲：是指导核电厂辐射防护工作的一个重要纲领。

3）职业健康管理：为工作人员建立个人剂量档案和职业健康档案。

（9）对放射工作人员的剂量、工作场所、工艺系统、放射性流出物及周围公众的受照剂量，进行定期与不定期的监测。

（二）辐照装置

辐照装置分为γ射线源辐照装置和加速器辐照装置两大类，在医疗用品消毒、食品保鲜、材

料辐照改性、消灭昆虫、辐射育种等方面得到了广泛的应用。本节主要介绍 γ 辐照装置。

1. 选址与屏蔽 在确定辐照装置地址时，宜选择场地稳定、地质条件较好的地段；按国家相关规范要求避开高压输电走廊和易燃易爆场所；在抗震设防区应满足国家相关标准的要求。因此 γ 辐照装置在厂址选择时应收集当地水文、地质、气象、人口、地理环境、地震等资料，必须提出环境影响分析报告。

辐照室一般不宜设在人口密度较大的居民区，必须设置在单独建筑物内，并有足够的建筑面积。各类型辐照装置一般包括以下组成部分：密封源、源架及其控制系统、源的贮存和远距离操作系统、辐照室、安全联锁系统、观察系统、剂量监测系统、通风系统、辐照货物传输系统和贮源水池及水处理系统。辐照室屏蔽墙必须采取有效的屏蔽设计并严格按着设计要求进行施工，需要保证辐射屏蔽的完整性和安全性。辐照室不同位置的屏蔽厚度均须专门计算设计，确保在最大设计装源活度时，放射工作人员和公众受照剂量不超过各自限值。γ 辐照装置布局示意图见图 5-2。

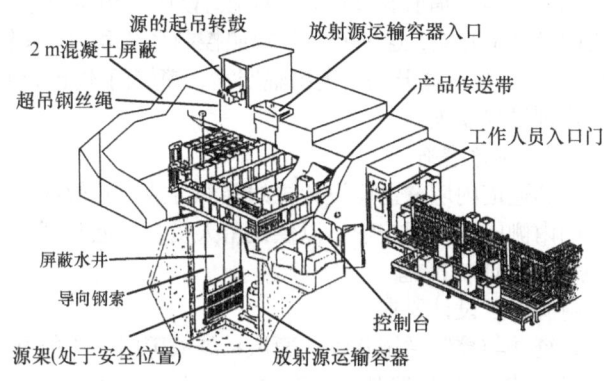

图 5-2 γ 辐照装置布局示意图

2. γ 源的贮存与操作 γ 辐照装置源的贮存分干法和湿法。大中型辐照装置几乎都采用湿法贮存，即用水做屏蔽材料，停止辐照期间将源贮存在水池或水井中。贮源水井一般位于辐照室中央，井深数米。井底、井壁均采用不锈钢材质，井内注入去离子水作为贮源时的辐射屏蔽。辐照室顶部留有换装源时进源孔道，平时用屏蔽塞充实（带有屏蔽塞联锁），辐照室上方一般设有进源操作间。

一些中小型辐照装置有时采用干法贮存，用铅、铸铁或贫铀制成防护容器，将源放在容器内或混凝土干井中。

3. 辐射安全联锁控制系统

（1）安全设计原则：辐照装置的安全设计必须符合国家相关标准和技术规范，并遵守纵深防御、冗余、独立作用、多样性等原则。

（2）多功能钥匙控制：源升降、辐照室人员通道门和货物通道门必须由一把唯一的多用途钥匙或多个串在一起的钥匙进行控制，这把或一串钥匙还应与一台有效的便携式辐射报警仪相连。控制台插入钥匙并置于照射位置时才能升源；照射中钥匙不能被拔下取出，如果从控制台上取出，则放射源自动降到安全位置；钥匙转到贮源位置时降源，降源后钥匙才能被拔出。当班授权的人才能有权使用钥匙。

（3）辐照室出入口处管制

1）在辐照室的入口管制中，应至少设置 2~3 道安全联锁装置，封住入口，防止有人误入。

2）货物入口和出口防护门与传输的货物联动，在货物到达货物门处时自动开门，货物离开货物门时自动关闭。

3）在人员迷道入口处应设置多道光电报警装置，在源处于辐照位置时人员通过第一道光电控制区发出警告信号,通过第二道光电控制区时自动降源,并设置脚踏板、安全绳索等,且将它们与辐射源的控制系统联锁。在货物进出迷道各设置二道光电报警装置,防止人员在辐照时从货物迷道处误入辐照室。

4)要用两种或两种以上的独立手段判明辐射源的位置(或工作状态),进入辐照室的人员必须佩带个人剂量报警仪和手持巡测仪。

5)只有满足下列条件才可以从外面打开通道门口:①源架在水井底的贮存位置;②剂量监测仪未报警;③通风系统启动并工作正常;④产品出口剂量监测未报警;⑤无低水位报警信号;⑥水处理器剂量监测未报警;⑦源降至贮存位置时间超过300s。

6)必须设置断电保护装置。断电时,辐射源能自动进入安全状态且入口门不能从外面打开。

7)辐照室入口处应设置警示标识和工作状态指示灯。

(4)防止人员误留辐照室的防护措施

1)为防止有人留在辐照室内时辐射源被提升,应在辐照前给出声光报警信号。

2)辐照室内四角应设置复位开关,这些开关与辐照控制系统联锁,在辐照前工作人员进入辐照室内对四周进行检查,只有按下这些开关,走出辐照室,锁好门才能开机,否则不能升源辐照。

3)辐照室内设置固定剂量仪联锁。

(5)误留辐照室内人员的应急措施

1)在辐照室内的四周和迷道内墙壁上应设置拉线降源(或停止辐照)开关。

2)在辐照室出入门的内侧应设开门按钮,以供误留人员从里面打开门走出辐照室时使用。

(6)γ辐照装置的其他安全防护措施

1)辐射源要符合密封源出厂设计要求。

2)辐照室设置通风系统并与控制系统联锁:通风系统故障时,不能升源。

3)辐照室设置烟雾报警装置并与控制系统联锁:遇有火险时,源能自动降至贮源井底安全位置。

4)贮源井水位监测报警与自动补水系统,避免因贮源井水位下降引起辐照室水井出现高辐射剂量率。

5)辐照室顶装源口的可移式屏蔽塞必须与中心控制系统联锁,防止无防护塞情况下升源或源在工作位置时移开屏蔽塞。

6)在控制台上应安装紧急停止按钮,可在任何时刻终止辐照装置的运行并将放射源降至贮源井底安全位。

7)设源架迫降系统,在升源过程中发生某种故障时,使源架得以降至水井底部。

4. 辐射事故的应急响应

5. 放射防护管理

6. 辐射监测　包括个人剂量监测、工作场所监测、流出物监测、环境监测等监测计划。

7. 放射源的质量管理与退役

(1)放射源的质量管理

1)钴-60源棒为双层不锈钢包壳,出厂前已经过严密地泄漏检查,用源单位应获得源生产厂家的质量检验合格证书。

2)放射源保质期一般10~15年,用源单位应在厂家的保质期内使用,到保质期时及时退役放射源。

3)用源单位应申请有资质的技术服务机构对贮源井水的放射性进行定期和不定期监测。

4)一旦发现井水水质放射性超标,应停止辐照装置运行。

(2)退役放射源的处置:

与供货厂商签订合同,在源达到保质期时或源出现质量问题,源退回供货厂商或源生产单位。退役的放射源由供货厂商负责处理。

（三）射线探伤

X线、γ射线等具有贯穿物质能力的辐射，在与物质相互作用过程中辐射强度逐渐减小，不同厚度、不同材质的物质对辐射强度的减弱程度不同。采用强度均匀的射线束照射物体，当物体局部区域存在缺陷或结构存在差异时，射线透过物体的衰减程度将发生改变，检测透射线的强度，即可判别物体的局部区域缺陷和结构差异。

射线探伤技术应用最广泛的是X线和γ射线工业探伤技术。射线探伤检测基本原理见图5-3。

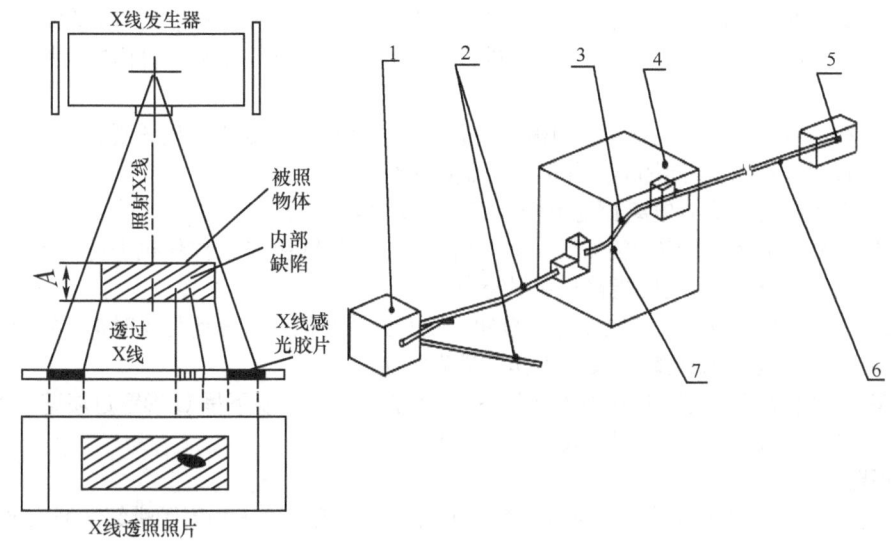

图5-3 射线探伤检测基本原理

1. 探装置；2. 控制缆导管；3. 密封放射源；4. 源容器；5. 曝光头；6. 输源管；7. 源托（源辫）

1. 固定式γ工业探伤

（1）选址

1）γ探伤室应尽量设在单独的房间内，其屏蔽墙的厚度应充分考虑直射、散射和屏蔽物材料及结构等各种因素，无迷路探伤室门的防护性能应与同侧墙的防护性能相同，并要求辐射防护墙外30cm处空气比释动能率不大于2.5μGy/h。

2）操作室与探伤室分开，在不影响工件出入的情况下，人员出入通道应采用迷路形式。

3）γ探伤机的控制台应具有工作信号、源位置显示，并具有相应联锁装置和紧急终止照射开关，以保证终止照射后放射源能自动回复到安全状态。

4）应在探伤室内安装辐射剂量监测仪，探头应设在探伤室内，剂量率水平应显示在操作室内。辐射水平监测仪与防护门联锁。

5）探伤室工作人员入口门外和被探伤物件出入口门外要有醒目的电离辐射警示标识并安装工作状态指示灯。

6）探伤室入口处及探伤室内需安装声光报警装置，该装置在γ探伤机进行工作前开始进行声光报警，并保证探伤室内人员能够听到报警声音。

（2）辐射监测包括：个人剂量监测、工作场所防护监测、源返回安全位置的监测。

（3）应急方案的制订：根据可能发生的辐射事故的风险，制订相应的应急方案，作好应急准备。

2. 固定式X线探伤

（1）选址

1）X线探伤室应尽量设在单独的房间内，其屏蔽墙的厚度应充分考虑直射、散射和屏蔽物材料及结构等各种因素,无迷路探伤室门的防护性能应与同侧墙的防护性能相同,并要求辐射防护墙外 30cm 处空气比释动能率不大于 2.5μGy/h。

2)操作室与探伤室分开,在不影响工件出入的情况下,人员出入通道应采用迷路形式。

3)探伤室工作场所应实行分区管理,探伤室内部应划为控制区,外部直接相邻的探伤工作相关区域划为监督区。

4)探伤室的设置应充分考虑周围的辐射安全,操作室应与探伤室分开并尽量避开有用线束照射的方向。

5)探伤室应设置门机联锁安全装置,并保证在门(人员进出和货物进出门)关闭后 X 线装置才能启动。门意外打开时应能立即终止正在进行的 X 线照射,探伤室的工件门应由探伤室内控制开启与闭合。

6)探伤室一般不宜设置观察窗,但需要设置视频监控装置。如需要设置观察窗,应避开有用线束照射方向,并应具有与同侧墙壁相同的屏蔽防护性能。

7)探伤室防护门上应有电离辐射警告标识和中文警示说明。

8)探伤室入口处及探伤室内需安装声光报警装置,该装置在 X 线探伤机进行工作前开始进行声光报警,并保证探伤室内人员能够听到报警声音。

9)探伤室内适当位置应安装紧急停机按钮,使人员处在探伤室任何位置时都不需要穿过主射线束就能够到达,要求标识清晰并便于工作人员应急使用。

10)探伤室内换气量达到 3~4 次/小时,排风管道斜向或从墙下呈 U 形穿过墙壁,保证墙壁的防护性能。排风管道外口避免朝向人员活动密集区。

(2)辐射监测

1)应定期监测探伤室周围区域的剂量率,包括操作者工作位置和周围毗邻区域人员居留处,还应进行个人剂量监测。

2)探伤室只能在设计、评价和批准的范围内使用,超过范围必须申请进行评价和审批。

(四)其他密封型放射源的应用

核子秤、料位计、测厚仪、密度湿度仪、油田测井、地质勘探参考相关的标准进行审查。其结构一般由放射源和探测器组成,射线束穿过物质或者与要分析的物质相互作用,为连续分析或过程控制提供实时数据。

根据射线与物质相互作用的方式,可分为:

(1)透射性:检测时电离辐射透射过物质。

(2)反散射式:检测时电离辐射作用物质后发生反散射。

(3)反应式:电离辐射与物质发生反应。

知识拓展

一、外照射及其防护方法

外照射是指来自人体外辐射源对人体造成的照射,主要是由 X 线、γ 射线、中子、高能带电离子和 β 射线所引起。外照射防护的基本方法一般有四种:时间防护,距离防护,屏蔽防护,控制照射强度和面积。

1. 时间防护 对任何照射,人体受到的累积剂量与照射时间成正比,照射时间越长,受照剂量越大,危害越严重。

2. 距离防护 人体受到的照射量率与离源距离的平方成反比,这就是说,距离增加一倍,照射量率则降为原来的 1/4,此规律简称为距离平方反比定律。

3. 屏蔽防护 是在辐射源和工作人员之间设置由一种或数种能减弱射线的材料构成的物体,从而使穿透屏蔽物入射到工作人员的射线减少,以达到降低工作人员所受剂量的目的。

4. 控制照射强度和受照面积　在满足照射剂量要求的前提下,尽可能选用较低的辐射强度或减少受照面积。

二、放射防护的基本原则

放射防护的目的是控制照射剂量,减少因不合理照射引起的随机性效应发生的概率,防止确定性效应、事故性照射的发生。为此,放射防护需要遵循下述几项原则:

1. **辐射实践正当化**　在引进伴有辐射照射的实践以前,应当进行正当性判断和利益、代价分析,只有这种实践才能使个人和社会从中获取的利益大于其可能造成的危害时,这项实践才是正当的、值得进行的,否则,就不应当从事这项实践活动。

2. **辐射防护的最优化**　对于来自一项实践中的任一特定源的照射,应使防护与安全最优化,使得在考虑了经济和社会因素之后,个人受照剂量的大小、受照射的人数及受照射的可能性均保持在可合理达到的尽量低水平(ALARA原则)。

3. **个人剂量限值**　对个人所受到的照射剂量进行限制,保证个人受到的所有照射实践的剂量总和不超过规定的限值。

个人剂量限值适用于职业照射和公众照射,不适用于医疗照射。医疗照射使用剂量指导水平和剂量约束控制照射剂量。

(五)非密封型放射源的应用

操作非密封放射性物质的活度不同,对工作场所和环境造成的污染程度也不同,操作活度越大,污染程度就越明显。《电离辐射防护与辐射源安全基本标准》(GB 18871—2002)根据非密封放射性物质的日等效最大操作活度不同将工作场所分为甲、乙、丙三级,见表5-1。

表5-1　非密封放射性物质工作场分级

工作场所级别	日等效最大操作活度(Bq)
甲级	$>4 \times 10^9$
乙级	$2 \times 10^7 \sim 4 \times 10^9$
丙级	豁免活度值以上至 2×10^7

1. 工作单位的选址　放射工作单位的选址应尽量远离居民区且在人员较少的地方。操作非密封放射性物质的场所在单位内部且应尽量选在偏僻的区域,尽可能设在建筑物内并位于底层一端;要与非放射性工作场所隔开,放射性物质应设有单独出入口。

2. 工作场所平面布局　一般情况下,将操作非密封放射性物质的场所分为三区,分别是控制区、监督区和非限制区。

(1)甲级工作场所的布局应遵循以下原则

1)按"三区"原则布局。甲级工作场所一般分三个区域:非限制区包括办公室、休息室、非放射性实验室和低活性实验室等;监督区包括屏蔽室或密封容器的操作室、中活性和高活性实验室;控制区包括可在其中打开屏蔽室或密封容器进行检修、装卸和去污的场所。

2)非限制区和监督区之间应设有更衣、淋浴和污染监测装置的卫生通过间。

3)工作场所内部应合理布局,人员在各区域之间的通道进入时应只能从放射性较低的区域到较高的区域,出来时则相反。

4)运送放射性物质的通道尽可能与工作人员的通道分开。

(2)乙级非密封型放射工作场所一般可以分为非控制区和监督区两个区域。放射性物质的运送通道与工作人员通道可不截然分开。其他布局要求与甲级工作场所基本相同。

（3）丙级非密封型放射工作场所只包含一区，但应合理布局，工作场所必须具有良好的通风柜和工作台，防止污染扩散。

3. 防护设施

（1）地板：地板应光滑、无缝隙、无破损，所用材料能耐酸碱，易去除放射性污染。木材及水泥地面应覆盖一层聚氯乙烯或硬橡胶板，板与板的接缝应衔接平整。在地板与墙衔接处，塑料板应上翻到离地面 20cm 以上。地面应有一定坡度，在最低处设置地漏。

（2）墙面：地面与墙面或墙面与天花板交接处应做成圆角，以利于去污，乙级以上场所的墙壁和天花板应全部刷漆。

（3）工作台面：所有工作台面均应铺上耐酸碱而又光滑的材料。

（4）门窗家具：场所所有门窗及各种家具都应刷漆，房门采用非用手接触式的弹簧门。

（5）产生大量放射性废水的单位应设专用下水道和废水储存、处理设施。有临时收集、存放放射性固体废物、废水的设施。

（6）产生放射性气体、气溶胶或粉尘的工作场所，应根据工作性质配备通风橱、操作箱等设备。放射性废气的排气口应高于本建筑屋脊。甲级工作场所一般采用集中式排风，烟囱高度由设计部门根据排放量、排出的放射性核素和当地气象条件等确定。

通风橱内保持一定负压，开口处负压气流速度不小于 1m/s，通风柜排气口应设有废气净化装置，排出的废气不应超过管理限值。

（7）工作的场所必须有良好的通风，保证气流从危险程度低的区域流向危险程度高的区域。规模较大的放射工作单位，应根据操作性质和特点，合理安排通风系统，严防污染气体倒流。非控制区和监督区的换气次数为每小时 2~5 次，控制区为每小时 10 次。

（8）甲、乙级工作场所的水、电管线力求暗装和密封，采暖设备应便于去污，水龙头最好采用长臂肘动或脚踏开关。工作场所应有良好的防火设备。

（六）医用电离辐射装置

1. X 线诊断设备

（1）工作场所选址：医用诊断设备应设于建筑物底层一端。

（2）工作场所布局：诊断设备的控制室、暗室、候诊室、阅片室应合理布局，有利于工作人员操作和受检者防护。

（3）机房面积：如单管球 X 线机房内最小有效使用面积不应小于 20m^2，机房内最小单边长度 3.5m。CT 机机房最小有效使用面积不小于 30m^2，机房内最小单边长度 4.5m。口内牙片机机房最小有效使用面积不小于 3m^2，机房内最小单边长度 1.5m。

（4）防护措施：医用诊断 X 线机、透视机房的墙壁应有 1mmPb 当量的防护厚度；标称 125kV 以下摄影机房中有用线束朝向的墙壁应有 2mmPb 当量的防护厚度，其他侧墙和天棚有 1mmPb 当量防护厚度；标称 125kV 以上摄影机房中有用线束朝向的墙壁应有 3mmPb 当量的防护厚度，其他侧墙和天棚有 2mmPb 当量防护厚度。

各类照射室的门、窗、观察窗必须按需要合理设置，其防护要求等同同侧墙壁。

2. 医用加速器

（1）选址和屏蔽：医用加速器（medical accelerator）应设于单独的建筑物内，面积不应小于 45m^2。加速器机房、迷路为控制区；与控制区相邻的加速器控制室、大厅、辅助机房及院内道路设置为监督区。有用线束直接投照的防护墙按初级辐射防护屏蔽设计，其余墙壁按次级辐射防护屏蔽设计。X 线标称能量超 10MeV 的加速器屏蔽设计应考虑中子辐射防护。

（2）安全联锁

1）钥匙开关：加速器控制台配有 2 把控制台钥匙，只有当控制台钥匙插入控制台钥匙开关中，加速器才可以启动。

2）门机联锁装置：机房门在开启状态下不能出束；加速器在出束状态下，开启机房门，加速器立即停止出束。

3）控制剂量显示与预值联锁：控制台显示有辐射类型、标称能量、照射时间、吸收剂量、吸收剂量率、治疗方式等相关参数；同时加速器与控制台显示的辐照参数预值联锁，控制台在选择各类参数之前，照射不能启动。

4）剂量联锁加速器设有两道独立的剂量控制系统：当累积剂量达到设置剂量时，第一道剂量控制系统切断电源停止出束。若第一道剂量控制系统失灵时，当累积剂量达到设置剂量的110%时，第二道剂量控制系统能够切断电源，停止出束。

5）紧急开关：加速器治疗床、固定机架两侧，加速器控制台，机房内墙上设有紧急停机开关。

6）视频监视及双向对讲：机房内安装有视频监视器和对讲系统。

7）剂量监测系统：加速器机房内安装固定式剂量监测仪，探头设在机房内。

（3）其他防护措施：通风系统 加速器机房内换气量要保持3～4次/小时。

案例 5-4

某医疗机构放射治疗装置未进行预防性卫生监督审查案

放射卫生监督员在对某大学的附属医院进行经常性卫生监督中发现，该医院外科楼新建医用加速器建设项目不能提供职业病危害控制效果放射防护评价报告，且未经卫生计生主管部门验收就投入使用了。一个月前，在监督中已发现该违法行为，已责令限其30日内改正。该医院不能提供改正违法行为的相关证明材料，卫生监督员制作了"现场检查笔录"和"询问笔录"，对现场进行了拍照取证，当事人对违法事实均当场确认签字。次日，对此案制作了"立案报告"并上报审批。卫生监督员在履行了处罚程序后，由卫生计生主管部门作出对该医院罚款45万元的经济处罚。

问题：

1. 依据《中华人民共和国职业病防治法》，根据上述案情制作执法文书进行模拟处罚。
2. 讨论上述处罚运用法律是否适当，是否可以从轻处罚？为什么？

三、批复与竣工验收

（一）批复

建设单位在可行性论证阶段或建设项目开工前完成建设项目《职业病危害预评价报告》和环境影响评价文件后，分别向行政主管部门提交报告和专家审查意见，行政主管部门应当对建设单位提交的有关材料进行审核，同意的予以批复；属于备案管理的项目，符合要求的予以备案。

（二）竣工验收

建设单位在施工项目竣工验收前，应当委托有资质的技术服务机构及有相应资质的环境辐射监测机构，进行职业病危害控制效果评价和环境污染监测。依据技术服务机构编写的《职业病危害控制效果评价报告》，对该建设项目防护设施是否符合国家标准要求等进行现场核实、验收。

对预评价报告提出的意见和建议是否在建设项目完工后得到有效落实进行现场核实、验收。合格的予以批复。

四、许可制度

(一) 生产、使用、销售放射性核素与射线装置工作的单位

拟从事生产、使用、销售放射性核素与射线装置工作的单位,在开展放射工作前,按《条例》的要求,向所在省、自治区、直辖市的环境保护主管部门申请办理许可手续,取得辐射安全许可证后,方可从事许可范围内的放射工作。从事放射诊疗工作的单位,还应向卫生计生主管部门申请办理放射诊疗许可证。

(二) 技术服务机构资质认证

凡从事职业卫生技术服务的机构,必须取得卫生计生主管部门及安全生产监督管理部门颁发的资质证书,并按照资质证书规定的项目,从事职业卫生技术服务工作。

第三节 经常性放射卫生监督

一、放射性核素的卫生监督

(一) 生产、销售中的监督

(1) 生产、销售单位应按规定办理辐射安全许可,不得向无许可登记或超越许可登记范围的单位或个人销售放射源。

(2) 生产、销售单位应建立健全放射源的保管、销售登记制度,应建立放射性核素产品台账,将年度生产和销售情况及产品台账和放射源编码清单向环境保护主管部门报告,同时接受检查。

(3) 放射源出厂时应有明确的标志(注明放射源的化学符号、源标号、生产时间、活度及生产单位和说明文件),源的检验证明(应给出正式名称、编码、表面沾污与泄漏检验方法和结果等)。

(二) 储存中的监督

(1) 存放密封源应有储存库或储存室(简称源库),如果是地下储存,源库内应设有储存坑,将密封源放入坑内,坑盖上要有标明源罐号、核素名称及活度等的标签。上口设有防护盖,并应加锁。

(2) 源库应有足够的面积,应有防盗、防火、防水措施,保持良好的通风和照明。库内不得存放易燃易爆和易腐蚀的危险品。

(3) 源库应有专人看管并建立各项保管和安全防护制度,放射源的进出应及时登记,保管人和借还人要按规定在检测后进行签字认可。源库应上双锁,要有2名工作人员持有钥匙。设有辐射警告标志,源库外的周围剂量当量率不得大于 $2.5\mu Sv/h$,并定期进行检查做到账物相符。

(三) 放射源运输中的监督

(1) 放射性物品运输容器的设计应符合安全标准,并有安全性能评价文件。

(2) 放射源运输过程中,应确保放射源屏蔽体完好,把源装在运输容器内运输,容器应满足运输规程的要求并有相应的警示标识。运输过程中,一定要把运输容器盖紧、放好、固定牢固,并有专人押运,防止运输途中容器发生震翻,导致放射源掉出丢失,防止无关人员接近运输容器。

(3) 承运放射性物品的单位应当取得国家规定的运输资质。

(4）驾驶员受到的外照射剂量应小于年剂量限值（20mSv/a）。

（四）安装、换源和维修的监督

（1）安装前应仔细检查密封源的出厂资料，核对无误后方可安装。安装前后均应进行全面的外照射检测和表面污染的检查。

（2）装卸、检修放射源工作人员应经职业健康体检合格，工作人员还应佩戴个人剂量计和个人剂量报警仪。

（3）放射源的安装、拆卸、检修，须由专业技术人员进行操作。

（五）使用中的监督

使用中的监督，其目的是保证工作人员在使用过程中的安全，以防止发生误照事故。

（1）从业人员除具有熟练的操作技能，还要进行防护知识的培训，并经能力考核合格。

（2）对强放射源应设立单独的照射室，其屏蔽厚度应保证相邻区域人员的安全。室内、外设有声光报警装置及电离辐射警示标识，并根据需要设置安全联锁装置或监视装置。

（3）放射性工作单位使用的核素的等效年用量和核素的最大等效日操作量应符合许可登记注册的单位类别和场所分级。

（4）室外或野外工作时，应根据放射源的辐射水平划出控制区，设置围栏和警示标识或警告信号。必要时应设有守卫人员，禁止无关人员接近。

（5）定期对工作场所及其环境进行剂量监测，对工作人员的手、皮肤、工作服、鞋进行表面污染监测，同时对放射工作人员进行个人剂量监测。

（6）制订防止放射源丢失、被盗的安全防护制度，并制订事故应急预案。

二、射线装置的卫生监督

（一）射线装置使用的卫生监督

对使用射线装置的管理，其重点内容是对安全防护系统的卫生监督，应做到设计合理，运行可靠。一般要求使用射线装置的单位每半年检查一次，应有定期检修记录并有定期的监测报告。

监督人员应认真检查管理制度的实施情况和防护装置的实际工作状态。另外，监督人员应对安全操作进行监督，内容包括防护设备和个人防护用品的正确使用。

（二）对工业探伤装置的监督

探伤作业可以在室内也可以根据需要在室外进行。固定式探伤应在探伤室内进行，照射室设置安全防护联锁装置并设有声光报警装置，以防止探伤过程中人员误入照射室。现场探伤时，应划定作业场所工作区域，并在相应的边界设置警示标识。将作业时被检物体周围的周围剂量当量率大于 $15\mu Sv/h$ 的范围划为控制区，并在边界上悬挂清晰可见的"禁止进入X线区"警告牌，探伤作业人员应在控制区边界外操作；在控制区边界外将作业时周围剂量当量率大于 $1.5\mu Sv/h$ 的范围划为监督区，并在边界上悬挂清晰可见的"无关人员禁止入内"警告牌，必要时设专人警戒；在监督区边界附近不应有经常停留的公众成员。

三、对医疗机构的监督

（一）对开展放射治疗工作的监督

（1）放射治疗场所防护门是否设有门机联锁，防护门应有防挤压及强制手动措施；机房内应设置对讲和影像监视系统,检查机房内应急开关工作状态是否正常。

(2)放疗单位每年应委托有资质的放射卫生技术服务机构对放射治疗装置进行一次状态检测。检查医疗机构的检测报告。

(3)放疗单位应配备相应质量控制检测仪器,并按照规定定期进行检定或校准,检查计量检定证书,并按照有关规定要求定期进行稳定性检测和状态检测,检查单位的自检记录。

(4)放射治疗装置应配备固定式剂量报警装置和个人剂量报警仪,检查放射工作人员是否佩带个人剂量计和个人剂量报警仪。

(二)对开展核医学工作的监督

(1)放射源储存和保管情况:查看放射源的存入、领取和归还登记制度,需做到账目清楚,账物符合,检查记录资料完整性。

(2)应配备活度计、放射性表面污染检测仪,并有检测记录。

(3)对开展临床核医学诊疗的要求:仅具有相应资格的执业医师才能对患者开具放射性药物治疗的处方,执业医师应逐例进行正当性判断,严格掌握适应证。

(4)有关剂量约束:接受了 ^{131}I 治疗的患者,其体内放射性活度降至低于 400 MBq 之前不得出院。

(5)放射性废物处理应符合国家标准。

(三)对开展 X 线影像诊断的监督

(1)X 线诊断检查中受检者所受的医疗照射应经过正当性判断,避免不必要的重复检查。医院应配备受检者防护用品,特别注意对儿童、孕妇的保护及对患者重要组织和器官的保护。

(2)检查 X 线机房门外工作状态指示灯能否正常显示,是否与机房门进行了联锁,并应安装闭门装置,门外张贴电离辐射警示标识。

(3)以医学监护为目的的群体 X 线检查,应针对不同群体实际情况,恰当控制 X 线检查人数、部位和频率。不应将胸透列为群体体检的必检项目。严禁使用便携式 X 线机、CT 机进行健康检查。

(4)设备维修保养情况的监督:为获得高质量和稳定的 X 线影像,避免使受检者接受过多的照射剂量,必须对 X 线诊断设备进行检测维护,达到质量保证要求。另外,可通过查看维修记录和质量保证检验记录来判断其工作的开展情况。

四、放射工作人员职业健康监督管理

(一)放射工作人员具备的基本条件

放射工作人员应当符合:①年满 18 周岁;②经职业健康检查,符合放射工作人员的职业健康要求;③放射防护和有关法律知识培训考核合格;④遵守放射防护法规和规章制度,接受职业健康监护和个人剂量监测管理;⑤持有放射工作人员证。

(二)职业健康监护内容

(1)放射工作人员上岗前,应当进行上岗前的职业健康检查,符合放射工作人员健康标准的,方可参加相应的放射工作。

(2)放射工作单位不得安排未经职业健康检查或者不符合放射工作人员职业健康标准的人员从事放射工作。

(3)放射工作单位应当组织上岗后的放射工作人员定期进行职业健康检查,两次检查的时间间隔不应超过2年，必要时可增加临时性检查。

（4）放射工作人员脱离放射工作岗位时，放射工作单位应当对其进行离岗前的职业健康检查。

（三）个人剂量监测

从事放射工作的人员必须接受个人剂量监测（personal dose monitoring），并佩戴具有相应资质的个人剂量监测技术服务机构提供的个人剂量计。放射工作人员每年至少应做4次个人剂量监测，每次监测周期不超过90天。

案例 5-5

某医疗机构未定期进行 CT 机的状态检测案

省卫生和计划生育委员会放射卫生监督员在对某医院CT室进行经常性卫生监督中发现：①该医院CT室放射诊断工作人员对受检者进行医疗照射时，未对患者临近照射野的敏感器官和组织进行屏蔽防护；②该医院放射诊断设备（DR、CT、X线透视机）未经具有资质的放射卫生技术服务机构进行年度状态检测。监督员制作了"现场检查笔录"和"询问笔录"并拍摄了现场照片。

该医疗机构未对患者临近照射野的敏感器官和组织进行屏蔽防护，违反了《放射诊疗管理规定》第二十五条的规定；放射诊断设备（DR、CT、X线透视机）未经具有资质的放射卫生技术服务机构进行年度状态检测，违反了《放射诊疗管理规定》第二十条第（二）项的规定。

次日，对此案立案，制作了"立案报告"，经上报审批后制作了"案件调查终结报告"。填写了"合议记录"后，下达"行政处罚事先告知书"和"行政处罚听证告知书"，在法定期限内，该医院并未进行陈述和申辩，未申请复议并放弃听证，遂下达"行政处罚决定书"。依据《放射诊疗管理规定》第四十一条第（二）、（三）项的规定，给予该医院罚款2万元的行政处罚。该医院自觉履行了行政处罚后，制作了"结案报告"结案。

问题： 根据国家相关法律条款模拟制作行政处罚文书。

第四节　放射事故卫生监督

一、放射事故的分级与报告

（一）事故的分级

根据辐射事故的性质、严重程度、可控性和影响范围等因素，从重到轻将辐射事故分为特别重大辐射事故、重大辐射事故、较大辐射事故和一般辐射事故4个等级。

1. 特别重大辐射事故　是指Ⅰ类、Ⅱ类放射源丢失、被盗、失控造成大范围严重辐射污染后果，或者放射性核素和射线装置失控导致3人以上（含3人）急性死亡。

2. 重大辐射事故　是指Ⅰ类、Ⅱ类放射源丢失、被盗、失控，或者放射性同位素和射线装置失控导致2人以下（含2人）急性死亡或者10人以上（含10人）急性重度放射病、局部器官残疾。

3. 较大辐射事故　是指Ⅲ类放射源丢失、被盗、失控，或者放射性核素和射线装置失控导致9人以下（含9人）急性重度放射病、局部器官残疾。

4. 一般辐射事故　是指Ⅳ类、Ⅴ类放射源丢失、被盗、失控，或者放射性核素和射线装置失控导致人员受到超过年剂量限值的照射。

（二）事故的报告

（1）发生辐射事故时，生产、销售、使用放射性核素和射线装置的单位应当立即启动本单位的应急方案，采取应急措施，并立即向当地环境保护主管部门、公安部门、卫生计生行政部门报告。

（2）环境保护主管部门、公安部门、卫生计生行政部门接到辐射事故报告后，应当立即派人赶赴现场，进行现场调查，采取有效措施，控制并消除事故影响，同时将辐射事故信息报告本级人民政府和上级人民政府环境保护主管部门、公安部门、卫生计生行政部门。

二、放射事故的处理

（一）放射事故的处理原则

1. 控制放射源或射线装置 应尽快控制事故源，使失控的放射源或射线装置立即回复到安全状态，以防蔓延乃至发生更大的事故。

2. 控制污染 包括：①立即撤离有关人员，封锁现场，切断一切可能扩大污染范围的环节，迅速开展检测，严防对食物、禽畜及水源的污染；②对可能受到放射性核素污染或放射损伤的人员，采取隔离和应急措施，组织人员进行去污，实施医学救治；③迅速确定放射性核素种类、活度、污染范围和污染程度；④污染现场未达到安全水平以前不得解除封锁。

3. 控制事故的不良影响 应判明事故的性质、影响范围，正确估计事故的可能后果，进行科学的宣传和解释，以减少或消除不良的社会影响。

（二）应急处理

辐射事故发生后，有关县级以上人民政府应当按照辐射事故的等级，启动并组织实施相应的应急预案。

（1）环境保护主管部门负责辐射事故的应急响应、调查处理和定性定级工作，协助公安部门监控追缴丢失、被盗的放射源。

（2）公安部门负责丢失、被盗放射源的立案侦查和追缴。

（3）卫生计生部门负责辐射事故的医疗应急。

三、放射事故的立案调查

环保主管部门应当会同公安机关和卫生计生行政部门对放射事故（radiation accident）进行立案调查，立案调查的基本内容如下：事故单位与放射工作有关的基本情况，如放射工作的种类、性质、规模、安全防护管理情况；事故基本情况，如发生事故的时间、地点、级别、性质、人员受照情况和财产损失情况等并建立放射事故档案。

事故调查结束后，应依照法律、法规处理后结案，对构成犯罪的，依法追究刑事责任。

> **案例 5-6**
> **某市后装治疗放射源引起的放射性污染事件**
>
> 某市辐射环境监督管理站对市区某人民医院进行现场检查、监测时，发现该院放射治疗中心场地存在放射性污染。监测数据表明，后装机房室内最大 γ 辐射剂量率为 177μGy/h，其中机房内的一块铅玻璃表面 γ 辐射剂量率为 450μGy/h；放射治疗中心走廊环境 γ 辐射剂量率为 2.4μGy/h，其中地毯表面最大 γ 辐射剂量率为 155μGy/h；该院维修室环境γ辐射剂量率为 0.5μGy/h，其中地面最大 γ 辐射剂量率为 428μGy/h；维修人员陈某家中洗衣机内桶和

棉被最大γ辐射剂量率分别为 49μGy/h、7.3μGy/h。

经检测分析，放射性污染源项来自该医院后装治疗用的铱-192 放射源，泄露的放射性物质活度约为 1.11E+7Bq（0.3mCi）。市环保局立即组织开展事件调查、污染控制工作。

为控制污染的扩散与蔓延，保障群众与环境安全，应急处理小组立即跟医院沟通、研究，决定对污染场所进行污染治理、封闭停用，待至医院相关场地的辐射水平降到本底水平，其相关物料及场地达到清洁解控要求后，医院才能恢复后装治疗工作。

应急处理小组及时将此次放射性污染通报了市卫生计生委，并建议该院委托有资质的机构对受污染人员和可能受污染人员进行剂量监测和体检。

本 章 小 结

本章阐述了我国放射卫生的发展历程、放射卫生的基本概念、放射卫生防护标准、放射卫生防护标准、放射卫生监督机构及其职责、预防性和经常性放射卫生监督的内容和方法，以及放射事故的卫生监督主要内容。通过知识拓展、知识链接和案例的介绍，使学生掌握理论知识的同时，更加熟悉监督工作的方法和程序。

思 考 题

1. 放射工作人员职业健康检查机构应当具备哪些基本条件？
2. 对γ辐照装置的经常性卫生监督应包括哪些内容？

（栾耀君）

第六章 精神卫生法律制度与监督

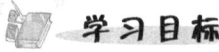

掌握：精神卫生、精神卫生监督的概念；精神卫生法立法目的和原则；精神障碍诊断的原则和程序。

熟悉：医疗机构告知义务和患者知情同意权；精神障碍患者的权利保障；精神障碍的康复体系。

了解：我国精神卫生法律体系；我国精神卫生立法进程；违反《中华人民共和国精神卫生法》的相关法律责任。

案例 6-1

徐某诉精神病康复医院侵犯其人身自由案

2003年，某男子徐某因与父亲产生肢体冲突，被家人送至某精神病康复医院，被诊断为精神分裂症。入院后，徐某积极配合治疗，第二年自认为可以出院了，然而他在医院一待就是10年。2005年，小甘入院，徐某和小甘很快熟络了起来并恋爱。有了爱情的徐某，想要出院的欲望与日俱增。父亲去世后，徐某的哥哥成为其监护人。住院期间，徐某多次向当地居委会反映，居委会和医院也多次联系徐兄进行协调，但徐兄以没有时间照顾徐某为由拒绝接其出院。住院期间，徐某曾尝试携女友逃跑未遂。2012年，他向法院申请变更监护人为其母，法院因其母年龄过高拒绝了他的请求。取得自由的各种可能性陷入僵局，徐某决定通过法律途径来走出医院。2013年5月6日，徐某正式委托律师，将该精神病康复医院和其兄起诉至上海某区人民法院，请求法院判决被告侵犯其人身自由。

问题：
1. 徐某的诉讼能否被立案？
2. 徐某能否获得人身自由？

第一节 概　　述

一、精神卫生和精神卫生监督的概念

（一）精神卫生

1. 精神卫生的概念　精神卫生（mental health）又称心理卫生或心理健康、精神健康。精神卫生有狭义和广义之分。狭义的精神卫生，是指精神障碍的预防、医疗和康复工作，即对精神障碍患者早期发现、及时治疗、有效康复，最终使其回归社会。广义的精神卫生，除了上述内容外，还包括促进全体公民心理健康的内容，通过政府和有关部门、用人单位、学校、新闻媒体等的工作，促进公民了解精神卫生知识，提高社会公众的心理健康水平。

2. 精神障碍的概念　精神障碍（mental disorders）是指由各种原因引起的感知、情感和思维

等精神活动的紊乱或异常，导致患者明显的心理痛苦或社会适应等功能损害。世界卫生组织《国际疾病分类第10版（ICD-10）》将精神障碍分为10大类72小类，近400种疾病，包括严重精神障碍和常见精神障碍。

严重精神障碍，是指疾病症状严重，导致患者社会适应等功能严重损害、对自身健康状况或者客观现实不能完整认识，或者不能处理自身事务的精神障碍。我国目前将精神分裂症、偏执性精神病、分裂情感性障碍、双相情感障碍、癫痫所致精神障碍和精神发育迟滞伴发精神障碍等六种疾病列为严重精神障碍进行管理。

常见精神障碍，即人们通常所说的抑郁症、焦虑症、强迫症，以及酒精和药物依赖等。

> **知识拓展**
>
> **精神障碍的分类（ICD-10）**
>
> F0　器质性精神障碍，如老年期痴呆。
> F1　使用精神活性物质所致的精神和行为障碍，如酒精依赖综合征。
> F2　精神分裂症、分裂型障碍和妄想性障碍。
> F3　心境（情感）障碍，如抑郁症和躁狂症。
> F4　神经症性、应激相关的及躯体形式障碍，如焦虑症。
> F5　伴有生理紊乱及躯体因素的行为综合征，如失眠症。
> F6　成人人格与行为障碍，如偏执型人格障碍。
> F7　精神发育迟滞，即通常所说的智力低下。
> F8　心理发育障碍，如儿童孤独症。
> F9　通常起病于童年与少年期的行为和情绪障碍，如注意缺陷多动障碍。

（二）精神卫生监督

精神卫生监督（mental health supervision）是指人民政府、卫生计生主管部门、人力资源和社会保障、教育、司法行政、公安等部门在各自职责范围内对医疗机构、用人单位、各级各类学校、监狱、看守所、拘留所、强制隔离戒毒所等单位遵守精神卫生法律、法规的情况进行督促检查，对违反精神卫生法律法规的行为追究法律责任的执法行为。

二、我国精神卫生法律制度

1985年，原卫生部委托原四川省卫生厅和原湖南省卫生厅开始起草《精神卫生法》，历经27年，于2012年10月26日第十一届全国人民代表大会常务委员会第二十九次会议通过《中华人民共和国精神卫生法》（以下简称《精神卫生法》），自2013年5月1日起施行。为发展精神卫生事业，规范精神卫生服务，维护精神障碍患者的合法权益，制定《精神卫生法》。在中华人民共和国境内开展维护和增进公民心理健康、预防和治疗精神障碍、促进精神障碍患者康复的活动，适用《精神卫生法》。精神卫生工作实行预防为主的方针，坚持预防、治疗和康复相结合的原则。精神卫生工作实行政府组织领导、部门各负其责、家庭和单位尽力尽责、全社会共同参与的综合管理机制。

在《精神卫生法》起草、推进、调研、审议的同时，一些地区出台了精神卫生管理的地方法规。例如，《上海市精神卫生条例》、《宁波市精神卫生条例》、《北京市精神卫生条例》、《杭州市精神卫生条例》、《无锡市精神卫生条例》、《武汉市精神卫生条例》、《深圳经济特区心理卫生条例》、《长春市精神卫生条例》等，这些地方法规的出台为精神卫生的管理提供了法律依据。

为规范重性精神疾病患者管理治疗工作，2012年，国家卫生部修订了《重性精神疾病管理治疗工作规范》，制定了《重性精神疾病信息管理办法》。2013年，国家卫生计生委制定了《严重精神障碍发病报告管理办法（试行）》。

第二节 心理健康促进和精神障碍预防的监督

一、各部门职责

（一）政府职责

各级人民政府和县级以上人民政府有关部门应当采取措施，加强心理健康促进（mental health promotion）和精神障碍预防（mental disorders prevention）工作，提高公众心理健康水平。各级人民政府和县级以上人民政府有关部门制订的突发事件应急预案，应当包括心理援助的内容。发生突发事件，履行统一领导职责或者组织处置突发事件的人民政府应当根据突发事件的具体情况，按照应急预案的规定，组织开展心理援助工作。

（二）卫生计生行政部门职责

国务院卫生计生主管部门建立精神卫生监测网络，实行严重精神障碍发病报告制度，组织开展精神障碍发生状况、发展趋势等的监测和专题调查工作。

2011年8月，国家卫生部启用国家重性精神疾病信息管理系统，并于2012年制定了《重性精神疾病信息管理办法》。2013年，国家卫生计生委制定了《严重精神障碍发病报告管理办法（试行）》，规定具有精神障碍诊疗资质的医疗机构是严重精神障碍发病报告的责任报告单位，精神科执业医师是严重精神障碍发病报告的责任报告人，对已经发生危害他人安全的行为，或者有危害他人安全的危险的严重精神障碍患者进行发病报告。

（三）有关部门职责

监狱、看守所、拘留所、强制隔离戒毒所等场所，应当对服刑人员，被依法拘留、逮捕、强制隔离戒毒的人员等，开展精神卫生知识宣传，关注其心理健康状况，必要时提供心理咨询和心理辅导。

（四）用人单位职责

用人单位应当创造有益于职工身心健康的工作环境，关注职工的心理健康；对处于职业发展特定时期或者在特殊岗位工作的职工，应当有针对性地开展心理健康教育。

（五）学校职责

1. 心理健康教育 各级各类学校应当对学生进行精神卫生知识教育；配备或聘请心理健康教育教师、辅导人员，并可以设立心理健康辅导室，对学生进行心理健康教育。学前教育机构应当对幼儿开展符合其特点的心理健康教育。

2. 心理援助 发生自然灾害、意外伤害、公共安全事件等可能影响学生心理健康的事件，学校应当及时组织专业人员对学生进行心理援助。

3. 教师精神卫生知识培训 教师应当学习和了解相关的精神卫生知识，关注学生心理健康状况，正确引导、激励学生。地方各级人民政府教育行政部门和学校应当重视教师心理健康。

（六）医务人员职责

医务人员应当按照诊断标准和治疗规范的要求，对就诊者进行心理健康指导；发现就诊者可能患有精神障碍的，应当建议其到符合《精神卫生法》规定的医疗机构就诊。

心理咨询人员应当提高业务素质，遵守执业规范，为社会公众提供专业化的心理咨询服务。心理咨询人员不得从事心理治疗或者精神障碍的诊断、治疗。心理咨询人员发现接受咨询的人员可能患有精神障碍的，应当建议其到符合《精神卫生法》规定的医疗机构就诊。心理咨询人员应当尊重接受咨询人员的隐私，并为其保守秘密。

乡镇卫生院或者社区卫生服务机构应当为村民委员会、居民委员会开展社区心理健康指导、精神卫生知识宣传教育活动提供技术指导。

（七）村民委员会、居民委员会职责

村民委员会、居民委员会应当协助所在地人民政府及其有关部门开展社区心理健康指导、精神卫生知识宣传教育活动，创建有益于居民身心健康的社区环境。

（八）新闻媒体、社会组织职责

国家鼓励和支持新闻媒体、社会组织开展精神卫生的公益性宣传，普及精神卫生知识，引导公众关注心理健康，预防精神障碍的发生。

二、心理健康促进和精神障碍预防的监督

人民政府、卫生计生主管部门、人力资源和社会保障、教育、司法行政、公安等部门在各自职责范围内应对医疗机构、用人单位、各级各类学校、监狱、看守所、拘留所、强制隔离戒毒所等履行心理健康促进和精神障碍预防的情况进行监督。监督内容包括：①开展《精神卫生法》普法宣传及培训情况；②将心理援助内容纳入本级政府有关部门制订的突发事件应急预案情况；③心理危机干预队伍组建情况；④开展应急演练情况；⑤开设心理援助热线情况；⑥精神卫生监测网络建设情况、严重精神障碍发病报告情况；⑦心理咨询人员是否进行精神障碍的诊断、治疗情况；⑧中小学校开展心理健康教育情况，心理健康辅导室建设情况；⑨是否对服刑人员，被依法拘留、逮捕、强制隔离戒毒的人员开展精神卫生知识宣传。

第三节 精神障碍的诊断和治疗的监督

一、精神障碍诊断、治疗的原则

1. 尊重患者人格尊严的原则 精神障碍的诊断、治疗，应当遵循维护患者合法权益、尊重患者人格尊严的原则，保障患者在现有条件下获得良好的精神卫生服务。

2. 非违背患者意愿的原则 精神障碍的诊断应当以精神健康状况为依据。除法律另有规定外，不得违背本人意志进行确定其是否患有精神障碍的医学检查。精神障碍的住院治疗实行自愿原则。

> **案例 6-2**
>
> **农民"被精神病"6 年半获赔 30 万案**
>
> 1997 年，某县大刘乡（2005 年划归源汇区管辖，更名大刘镇）好打抱不平的徐某，因看不惯一家都是残疾人的邻居张某在宅基地纠纷一事上吃了乡政府的亏，1997～2003 年，不断向各级部门反映问题。2003 年 10 月，不堪徐某"找麻烦"的乡政府，把正在北京上访的徐某抓

回来，在家属不知情情况下，将其送到×××市精神病医院关起来。2009年12月7日，乡政府又将其转移到某市精神病医院。因为怕徐某出院后继续告状，乡政府6年多来坚持每个月向医院缴纳1000多元费用，让徐某与世隔绝，失去人身自由。神志清醒的徐某被关在精神病医院6年半的时间，被捆绑50次，被电击55次，两度逃跑，几度自杀。2010年4月25日下午，终于踏上了回家的路。12月9日，徐某和大刘镇人民政府达成调解协议，大刘镇人民政府承诺一次性给徐某人民币30万元作为对其的各项补偿，并在15日内付清。

问题：
1. 徐某住院是否符合精神障碍诊断治疗的原则？
2. 相关人员应承担什么法律责任？

3. 预防、治疗、康复相结合的原则 预防是精神卫生工作中非常重要的环节，通过积极有效的预防，可以减少精神障碍的发生，促进全民的心理健康。除预防之外，对于已经患有精神障碍的患者，要通过采取及时的治疗和有效的康复，促进患者社会功能的回复，减少功能残疾，延缓疾病衰退的进程，提高患者的生活质量。

4. 谨慎收治的原则 精神障碍患者的诊断、治疗都涉及人身自由权这一基本人权，必须按照法定的程序进行。

二、精神障碍诊断、治疗机构资质监督

1. 执业许可

（1）医疗机构资质：医疗机构开展精神障碍诊断、治疗活动应当依据《医疗机构管理条例》的规定办理有关手续，领取医疗机构执业许可证后，方可执业。除此之外，还应当具备下列条件：①有与从事的精神障碍诊断、治疗相适应的精神科执业医师、护士；②有满足开展精神障碍诊断、治疗需要的设施和设备；③有完善的精神障碍诊断、治疗管理制度和质量监控制度。

（2）人员资质：精神障碍的诊断和治疗由有精神科执业资格的医师进行。从事精神障碍诊断、治疗的专科医疗机构应当配备从事心理治疗的人员，心理治疗活动应当在医疗机构内开展。

2. 精神障碍诊断、治疗机构资质监督 县级以上地方人民政府卫生计生行政部门应当定期对从事精神障碍诊断、治疗的医疗机构资质进行监督。监督内容包括：①医疗机构的资质；②执业医师是否具有精神科执业资格；③医疗机构相关人员、设施、设备是否符合要求。

三、精神障碍诊断、治疗程序监督

（一）诊断治疗程序

根据《精神卫生法》的规定，从事精神障碍诊断、治疗应按以下程序进行：

1. 送诊 除个人自行到医疗机构进行精神障碍诊断外，疑似精神障碍患者还可由近亲属和有关单位部门送诊。

（1）近亲属送诊：疑似精神障碍患者近亲属可将其送往医疗机构进行精神障碍诊断。近亲属包括配偶、父母、成年子女、兄弟姐妹、祖父母、外祖父母、孙子女、外孙子女等。

（2）民政部门等有关部门送诊：对查找不到近亲属的流浪乞讨疑似精神障碍患者，由当地民政等有关部门按照职责分工，帮助送往医疗机构进行精神障碍诊断。

（3）紧急情况下的送诊：疑似精神障碍患者发生伤害自身、危害他人安全的行为，或者有伤害自身、危害他人安全的危险的，其近亲属、所在单位、当地公安机关应当立即采取措施予以制

止，并将其送往医疗机构进行精神障碍诊断。在家中发生上述情形由近亲属送诊，在学校和用人单位发生上述情形由学校和用人单位送诊，在公共场所发生上述情形由公安部门送诊。

2. 接诊 医疗机构接到送诊的疑似精神障碍患者，不得拒绝为其做出诊断。根据《医疗机构管理条例》的规定，按照核准登记的诊疗科目开展诊疗活动，是医疗机构应当履行的义务，从事精神障碍诊断、治疗的医疗机构不得以任何理由拒绝为疑似精神障碍患者做出诊断。

3. 诊断 对于因发生伤害自身、危害他人安全的行为，或者有伤害自身、危害他人安全的危险而被送诊的疑似精神障碍患者，医疗机构应当将其留院，立即指派精神科执业医师进行诊断，并及时出具诊断结论。

知识拓展

精神障碍诊断时限

精神障碍的诊断不能简单通过医学仪器检查做出，需要医生对疑似患者进行长时间观察，通过与疑似患者交谈，了解其精神状况和既往史，根据诊断标准和诊断经验，才能做出准确的诊断，因此需要对患者进行留院观察。对疑似精神障碍患者进行留院观察是国际上精神障碍诊断的通行做法，各国规定的留院观察时间不同。例如，英国《精神卫生法》规定，经精神卫生专业人员或者近亲属申请，并取得医生的建议，可以对疑似患者实施不超过72小时的紧急住院评估。法国也规定了72小时的住院观察。《上海市精神卫生条例》规定，精神卫生医疗机构对于送诊的发生伤害自身、危害他人安全的行为，或者有伤害自身、危害他人安全危险的疑似精神障碍患者，应当立即指派具有主治医师以上职称的精神科执业医师进行诊断。无法立刻作出诊断结论的，应当将其留院观察，并在72小时内做出诊断结论。

由于不同精神障碍的诊断时间不尽相同，《精神卫生法》没有对疑似精神障碍患者诊断规定一个统一的时限，只做了"及时"这个原则上的规定。精神科医生应当按照有关法规、规章、诊疗规范的要求，尽可能在最短时间内出具诊断结论，不得超出法规、规章或诊疗规范规定的期限，没有规定期限的，不得超出合理期限。

---

4. 住院治疗

（1）自愿住院治疗：精神障碍的住院治疗实行自愿原则。除法律另有规定外，患者不同意住院治疗，医疗机构不得对其实施住院治疗。

（2）非自愿住院治疗

1）非自愿住院（involuntary hospitalization）的条件：诊断结论、病情评估表明，就诊者为严重精神障碍患者并有下列情形之一的，应当对其实施住院治疗（非自愿住院治疗）：①已经发生伤害自身的行为，或者有伤害自身的危险的；②已经发生危害他人安全的行为，或者有危害他人安全的危险的。

发生上述第一种情形，需经其监护人同意，医疗机构才能对患者实施住院治疗；监护人不同意的，医疗机构不得对患者实施住院治疗。监护人应当对在家居住的患者做好看护管理。

发生上述第二种情形，应当对患者实施住院治疗。患者或者其监护人对需要住院治疗的诊断结论有异议，不同意对患者实施住院治疗的，可以要求再次诊断和鉴定。再次诊断结论或者鉴定报告表明，不能确定就诊者为严重精神障碍患者，或者患者不需要住院治疗的，医疗机构不得对其实施住院治疗。再次诊断结论或者鉴定报告表明，严重精神障碍患者已经发生危害他人安全的行为，或者有危害他人安全的危险的，其监护人应当同意对患者实施住院治疗。监护人阻碍实施住院治疗或者患者擅自脱离住院治疗的，可以由公安机关协助医疗机构采取措施对患者实施住院治疗。

2）入院手续的办理：诊断结论表明需要住院治疗的精神障碍患者，本人没有能力办理住院手续的，由其监护人办理住院手续；患者属于查找不到监护人的流浪乞讨人员的，由送诊的有关部门如民政部门办理住院手续。

严重精神障碍患者已经发生危害他人安全的行为，或者有危害他人安全的危险的，其监护人不办理住院手续的，由患者所在单位、村民委员会或者居民委员会办理住院手续，并由医疗机构在患者病历中予以记录。

案例 6-3

济南某男子"被精神病"获赔案

2010年3月9日，李某的妻子吕某到济南一精神病院称其丈夫李某有精神病，并为丈夫办理了住院手续，交纳了3000元住院押金。第二天，精神病院4名工作人员乘出租车到李某家，欲将其带往医院治疗。由于李某拒不前往，并极力反抗，精神病院工作人员采取了用约束带捆绑的方式，将其从家中强行带出，欲将其塞入出租车带往医院。在此过程中，李某极力反抗，引来部分群众围观。后吕某打电话报警，公安民警到达现场后，精神病院工作人员解开了捆绑李某的约束带。此后，李某将精神病院及其妻子告上法院，认为精神病院在没有任何证据、也没采取任何医疗诊断的情况下，采取暴力手段将自己送往精神病院治疗的行为，给自己心理上、精神上造成巨大创伤，请求判令精神病院赔偿精神损失费5万元。

问题：
1. 能否对李某进行强制入院治疗？
2. 精神病院是否该承担赔偿责任？

3）出院：自愿住院治疗的精神障碍患者可以随时要求出院，医疗机构应当同意。

对已经发生伤害自身的行为，或者有伤害自身的危险的严重精神障碍患者实施住院治疗的，监护人可以随时要求患者出院，医疗机构应当同意。医疗机构认为精神障碍患者不宜出院的，应当告知不宜出院的理由。患者或者其监护人仍要求出院的，执业医师应当在病历资料中详细记录告知的过程，同时提出出院后的医学建议，患者或者其监护人应当签字确认。

对已经发生危害他人安全的行为，或者有危害他人安全危险的严重精神障碍患者实施住院治疗，医疗机构认为患者可以出院的，应当立即告知患者及其监护人。

医疗机构应当根据精神障碍患者病情，及时组织精神科执业医师对非自愿住院治疗患者进行检查评估。评估结果表明患者不需要继续住院治疗的，医疗机构应当立即通知患者及其监护人。

精神障碍患者出院，本人没有能力办理出院手续的，监护人应当为其办理出院手续。

（3）强制医疗：《刑法》第十八条规定，精神病人在不能辨认或者不能控制自己行为的时候造成危害结果，经法定程序鉴定确认的，不负刑事责任，但是应当责令他的家属或者监护人严加看管和医疗；在必要的时候，由政府强制医疗。《刑事诉讼法》第二百八十四条规定，实施暴力行为，危害公共安全或者严重危害公民人身安全，经法定程序鉴定依法不负刑事责任的精神病人，有继续危害社会可能的，可以予以强制医疗。

1）实施条件：①实施暴力行为，危害公共安全或者严重危害公民人身安全；②经法定程序鉴定依法不负刑事责任的精神病人；③有继续危害社会可能的。同时具备上述三个条件，可以予以强制医疗。

2）决定机关：对精神病人强制医疗的，由人民法院决定。

3）强制医疗程序：①申请。公安机关发现精神病人符合强制医疗条件的，应当写出强制医疗意见书，移送人民检察院。对于公安机关移送的或者在审查起诉过程中发现的精神患者符合强制医疗条件的，人民检察院应当向人民法院提出强制医疗的申请。人民法院在审理案件过程中发现被告人符合强制医疗条件的，可以作出强制医疗的决定。对实施暴力行为的精神患者，在人民法院决定强制医疗前，公安机关可以采取临时的保护性约束措施。②审理。人民法院受理强制医疗的申请后，应当组成合议庭进行审理。人民法院审理强制医疗案件，应当通知被申请人或者被告人（指精神患者）的法定代理人到场。被申请人或者被告人没有委托诉讼代理人的，人民法院应当通知法律援助机构指派律师为其提供法律帮助。③决定。人民法院经审理，对于被申请人或者被告人符合强制医疗条件的，应当在一个月以内作出强制医疗的决定。④解除决定。强制医疗机构应当定期对被强制医疗的人进行诊断评估。对于已不具有人身危险性，不需要继续强制医疗的，应当及时提出解除意见，报决定强制医疗的人民法院批准。

案例 6-4

龚某因患精神病不负刑事责任被申请强制医疗案

2015年9月21日12时50分左右，龚某持菜刀至某肯德基店内，将季某的左手臂、左胸部砍伤，并将店内的门和餐桌砍坏。后龚某至某蔬果店入口电梯处，将王某的右手臂砍伤。经法医鉴定，季某的损伤为轻微伤，王某的损伤为轻伤二级。经某市精神卫生中心司法鉴定所鉴定，龚某患精神分裂症，作案时处于疾病发作期间。

问题：

1. 龚某是否应该负刑事责任？
2. 应对龚某采取什么措施？

4）司法救济：被决定强制医疗的人、被害人及其法定代理人、近亲属对强制医疗决定不服的，可以向上一级人民法院申请复议。

（二）诊断治疗程序、强制医疗程序监督

县级以上地方人民政府卫生计生主管部门应当定期对本行政区域内医疗机构从事精神障碍诊断、治疗的活动进行监督。监督内容包括：①是否制订了非自愿住院患者的收治及诊疗流程；②非自愿住院患者收治程序是否符合流程。

人民检察院对强制医疗的决定和执行实行监督。

四、诊断、治疗过程中精神障碍患者的权利保障监督

（一）精神障碍患者所享有的权利

1. 申请再次诊断权 患者或者其监护人对需要住院治疗的诊断结论有异议，不同意对患者实施住院治疗的，可以要求再次诊断。患者或其监护人要求再次诊断的，应当自收到诊断结论之日起3日内向原医疗机构或者其他具有合法资质的医疗机构提出。承担再次诊断的医疗机构应当在接到再次诊断要求后指派两名初次诊断医师以外的精神科执业医师进行再次诊断，并及时出具再次诊断结论。承担再次诊断的执业医师和应当到收治患者的医疗机构面见、询问患者，该医疗机构应当予以配合。

2. 委托鉴定权 对再次诊断结论有异议的，患者或其监护人可以自主委托依法取得执业资质的鉴定机构进行精神障碍医学鉴定。

（1）精神障碍医学鉴定的内涵：依法取得执业资质的鉴定机构是指经司法行政部门审核、登记，取得精神障碍鉴定执业资质的司法鉴定机构。《精神卫生法》规定的精神障碍鉴定虽然是由司法鉴定机构作出，但它是司法鉴定机构在诉讼活动之外接受患者或其监护人自助委托进行的鉴定，在性质上属于医学鉴定，不是司法鉴定。从事精神障碍医学鉴定的司法鉴定机构可设在高校、医疗机构等部门。精神障碍司法鉴定机构和司法鉴定人名册由司法行政部门编制、公告。

（2）鉴定程序：①提出申请。患者或其监护人提出申请，应当向司法鉴定机构提供真实、完整、充分的鉴定材料，并对鉴定材料的真实性、合法性负责。②受理。鉴定机构应当自收到委托之日起7个工作日内作出是否受理的决定。鉴定机构应当对委托鉴定事项、鉴定材料等进行审查。对属于本机构鉴定业务范围，鉴定用途合法，提供的鉴定材料能够满足鉴定需要的，应当受理。对于鉴定材料不完整、不充分，不能满足鉴定需要的，鉴定机构可以要求委托人补充，经补充后能够满足鉴定需要的，应当受理。鉴定机构决定受理鉴定委托的，应当与委托人签订鉴定委托书。鉴定机构决定不予受理鉴定委托的，应当向委托人说明理由，退还鉴定材料。③鉴定。鉴定机构受理鉴定委托后，应当指定本机构具有精神障碍鉴定执业资格的两名以上鉴定人共同进行鉴定。鉴定人本人或者其近亲属与鉴定事项有利害关系，可能影响其独立、客观、公正进行鉴定的，应当回避。鉴定人应当到收治精神障碍患者的医疗机构面见、询问患者，并应当通知被鉴定人的近亲属或者监护人到场见证，该医疗机构应当予以配合。鉴定机构、鉴定人应当遵守有关法律、法规、规章的规定，尊重科学，恪守职业道德，依法独立进行鉴定。鉴定人应当对鉴定过程进行实时记录并签名。记录的内容应当真实、客观、准确、完整，记录的文本或者声像载体应当妥善保存。鉴定机构应当自鉴定委托书生效之日起30个工作日内完成鉴定。④出具鉴定报告。鉴定机构和鉴定人应当按照统一规定的文本格式制作鉴定报告。鉴定报告应当由鉴定人签名。多人参加的鉴定，对鉴定意见有不同意见的，应当注明。鉴定报告应当加盖鉴定机构的鉴定专用章。鉴定报告应当一式四份，三份交委托人收执，一份由鉴定机构存档。

3. 获得治疗权 患者或其监护人对需要住院治疗的诊断结论有异议要求再次诊断、鉴定的，在相关机构出具再次诊断结论、鉴定报告前，收治精神障碍患者的医疗机构应当按照诊疗规范的要求对患者实施住院治疗。

监狱、强制隔离戒毒所等场所应当采取措施，保证患有精神障碍的服刑人员、强制隔离戒毒人员等获得治疗。

4. 知情权 医疗机构及其医务人员应当将精神障碍患者在诊断、治疗过程中享有的权利，告知患者或者其监护人。

（1）治疗方案知情权：医疗机构及其医务人员应当遵循精神障碍诊断标准和治疗规范，制订治疗方案，并向精神障碍患者或者其监护人告知治疗方案和治疗方法、目的，以及可能产生的后果。

（2）约束、隔离等保护性医疗措施知情权：精神障碍患者在医疗机构内发生或者将要发生伤害自身、危害他人安全、扰乱医疗秩序的行为，医疗机构及其医务人员在没有其他可替代措施的情况下，可以实施约束、隔离等保护性医疗措施。实施保护性医疗措施应当遵循诊断标准和治疗规范，并在实施后告知患者的监护人。医疗机构及其医务人员应当在病历资料中如实记录精神障碍患者的病情、治疗措施、用药情况、实施约束、隔离措施等内容，并如实告知患者或者其监护人。

（3）医疗风险、替代医疗方案知情同意权：医疗机构对精神障碍患者实施下列治疗措施，应当向患者或者其监护人告知医疗风险、替代医疗方案等情况，并取得患者的书面同意；无法取得患者意见的，应当取得其监护人的书面同意，并经本医疗机构伦理委员会批准：①导致人体器官丧失功能的外科手术；②与精神障碍治疗有关的实验性临床医疗。第一项治疗措施，因情况紧急查找不到监护人的，应当取得本医疗机构负责人和伦理委员会的批准。

5. 通信、被探视权 医疗机构及其医务人员应当尊重住院精神障碍患者的通信和会见探访者等权利。除在急性发病期或者为了避免妨碍治疗可以暂时性限制外，不得限制患者的通信和会见探访者等权利。

6. 病历资料查阅复制权 患者及其监护人可以查阅、复制病历资料，但是，患者查阅、复制病历资料可能对其治疗产生不利影响的除外。

（二）精神障碍患者权利的保障措施

1. 治疗环境保障 医疗机构应当配备适宜的设施、设备，保护就诊和住院治疗的精神障碍患者的人身安全，防止其受到伤害，并为住院患者创造尽可能接近正常生活的环境和条件。

2. 治疗措施保障 对精神障碍患者使用药物，应当以诊断和治疗为目的，使用安全、有效的药物，不得为诊断或者治疗以外的目的使用药物。禁止对非自愿住院治疗的精神障碍患者实施以治疗精神障碍为目的的外科手术。禁止对精神障碍患者实施与治疗其精神障碍无关的实验性临床医疗。

3. 医疗文书保障 医疗机构及其医务人员应当在病历资料中如实记录精神障碍患者的病情、治疗措施、用药情况、实施约束、隔离措施等内容。患者及其监护人可以查阅、复制病历资料；但是，患者查阅、复制病历资料可能对其治疗产生不利影响的除外。精神障碍患者的病历资料保存期限不得少于30年。

（三）精神障碍患者权利保障的监督

县级以上地方人民政府卫生计生主管部门应当定期对医疗机构进行检查，检查患者权利是否得以保障。监督检查内容包括：①有资质医疗机构是否及时受理患者或其监护人提出的再次诊断申请，并及时作出诊断；②鉴定机构是否及时受理患者或其监护人提出的鉴定申请，并及时作出医学鉴定，鉴定机构是否依法进行鉴定，并出具客观、公正的鉴定报告；③诊断、鉴定期间，医疗机构是否按诊疗规范对患者实施住院治疗；④医疗机构及其医务人员是否告知患者或者其监护人精神障碍患者在诊断、治疗过程中享有的权利；⑤医疗机构是否限制患者的通信和会见探访者的权利；⑥患者及其监护人查阅、复制病历资料时，医疗机构是否配合。

第四节　精神障碍康复监督

一、精神障碍康复的概念及形式

1. 概念 精神障碍康复（rehabilitation of mental disorders）是指应用医学的、教育的、社会的、职业的各种方法，使精神障碍患者已经丧失的功能尽快地、能尽最大可能地得到恢复和重建，使他们在体格上、精神上、社会上和经济上的能力得到尽可能地恢复，使他们重新走向生活，重新走向工作，重新走向社会。

精神障碍的康复不能孤立地进行，需精神障碍患者的家庭成员、朋友和社会人士及医务人员的密切配合。精神障碍的康复应该贯彻在院内、外的全部医疗过程中，不能只局限在医院内进行，还要把治疗延伸到社会中去，建立以社区康复为基础、以康复机构为骨干、以家庭为依托的精神障碍社区康复模式。

2. 康复形式 精神障碍康复的形式主要是机构康复和社区康复。社区康复是指在城乡社区水平基础上，积极调动和协调社区内有关部门和人员，包括精神障碍患者和家属，充分开发和利用社区资源，在医疗、教育、职业和社会等方面，为精神障碍患者提供有效、可行、经济的全面康复服务，从而促进他们在社会生活和家庭生活中的自尊、自信、自强、自立，积极参与社会生活。

二、精神障碍康复措施

1. 社区康复机构职责 社区康复机构应当为需要康复的精神障碍患者提供场所和条件，对患者进行生活自理能力和社会适应能力等方面的康复训练。

2. 医疗机构职责　医疗机构应当为在家居住的严重精神障碍患者提供精神科基本药物维持治疗，并为社区康复机构提供有关精神障碍康复的技术指导和支持。社区卫生服务机构、乡镇卫生院、村卫生室应当建立严重精神障碍患者的健康档案，对在家居住的严重精神障碍患者进行定期随访，指导患者服药和开展康复训练，并对患者的监护人进行精神卫生知识和看护知识的培训。县级人民政府卫生计生行政部门应当为社区卫生服务机构、乡镇卫生院、村卫生室开展上述工作给予指导和培训。

3. 村民委员会、居民委员会职责　村民委员会、居民委员会应当为生活困难的精神障碍患者家庭提供帮助，并向所在地乡镇人民政府或者街道办事处以及县级人民政府有关部门反映患者及其家庭的情况和要求，帮助其解决实际困难，为患者融入社会创造条件。

4. 残疾人组织或者残疾人康复机构职责　残疾人组织或者残疾人康复机构应当根据精神障碍患者康复的需要，组织患者参加康复活动。

5. 用人单位职责　用人单位应当根据精神障碍患者的实际情况，安排患者从事力所能及的工作，保障患者享有同等待遇，安排患者参加必要的职业技能培训，提高患者的就业能力，为患者创造适宜的工作环境，对患者在工作中取得的成绩予以鼓励。

6. 精神障碍患者监护人职责　监护人应当协助患者进行生活自理能力和社会适应能力等方面的康复训练。精神障碍患者的监护人在看护患者过程中需要技术指导的，社区卫生服务机构或者乡镇卫生院、村卫生室、社区康复机构应当提供。

三、精神障碍康复监督

1. 监督机构　包括县级以上地方人民政府、卫生计生主管部门、残联、人力资源和社会保障等部门，这些部门应当在职责范围内对医疗机构、康复机构、残疾人组织、用人单位等提供精神障碍康复服务的机构进行监督。

2. 监督内容　①社区康复机构是否对患者进行生活自理能力和社会适应能力等方面的康复训练；②医疗机构是否为社区康复机构提供有关精神障碍康复的技术指导和支持；③基层医疗卫生机构是否开展严重精神障碍患者随访管理、是否对精防人员进行精神卫生相关培训，培训时间每年不应少于1天；④残疾人组织或者残疾人康复机构是否组织精神障碍患者参加康复活动；⑤用人单位是否保障精神障碍患者享有同等待遇，是否安排患者参加必要的职业技能培训。

第五节　保障措施监督

一、保障措施

（一）精神卫生工作规划的制订和实施

县级以上人民政府卫生计生主管部门会同有关部门依据国民经济和社会发展规划的要求，制订精神卫生工作规划并组织实施。

（二）建立和完善精神卫生服务体系

省（自治区、直辖市）人民政府根据本行政区域的实际情况，统筹规划，整合资源，建设和完善精神卫生服务体系，加强精神障碍预防、治疗和康复服务能力建设。县级人民政府根据本行政区域的实际情况，统筹规划，建立精神障碍患者社区康复机构。

鼓励和支持社会力量举办从事精神障碍诊断、治疗的医疗机构和精神障碍患者康复机构。2010

年 11 月，国家发改委、卫生部、财政部、商务部、人力资源和社会保障部《关于进一步鼓励和引导社会资本举办医疗机构的意见》指出，鼓励和引导社会资本举办医疗机构，精神卫生服务机构也应鼓励和引导社会力量举办，完善精神卫生服务体系。

（三）经费保障

国家加强基层精神卫生服务体系建设，扶持贫困地区、边远地区的精神卫生工作，保障城市社区、农村基层精神卫生工作所需经费。

各级人民政府应当根据精神卫生工作需要，加大财政投入力度，保障精神卫生工作所需经费，将精神卫生工作经费列入本级财政预算。

（四）人才保障

1. 专业建设 医学院校应当加强精神医学的教学和研究，按照精神卫生工作的实际需要培养精神医学专门人才，为精神卫生工作提供人才保障。医学院校应当为非精神医学专业的学生开设精神卫生课程。

师范院校应当为学生开设精神卫生课程；县级以上人民政府教育行政部门对教师进行上岗前和在岗培训，应当有精神卫生的内容，并定期组织心理健康教育教师、辅导人员进行专业培训。

2. 医疗机构 医疗机构应当组织医务人员学习精神卫生知识和相关法律、法规、政策。从事精神障碍诊断、治疗、康复的机构应当定期组织医务人员、工作人员进行在岗培训，更新精神卫生知识。县级以上人民政府卫生计生主管部门应当组织医务人员进行精神卫生知识培训，提高其识别精神障碍的能力。

3. 保障措施 县级以上人民政府及其有关部门、医疗机构、康复机构应当采取措施，加强对精神卫生工作人员的职业保护，提高精神卫生工作人员的待遇水平，并按照规定给予适当的津贴。精神卫生工作人员因工致伤、致残、死亡的，其工伤待遇及抚恤按照国家有关规定执行。

（五）社会保障

1. 基本公共卫生服务 是指由疾病预防控制机构、城市社区卫生服务中心、乡镇卫生院等城乡基本医疗卫生机构向全体居民提供，是公益性的公共卫生干预措施，主要起疾病预防控制作用。县级以上人民政府卫生计生行政部门应当组织医疗机构为严重精神障碍患者免费提供基本公共卫生服务。

2. 基本医疗保障、医疗救助 精神障碍患者的医疗费用按照国家有关社会保险的规定由基本医疗保险基金支付。医疗保险经办机构应当按照国家有关规定将精神障碍患者纳入城镇职工基本医疗保险、城乡居民基本医疗保险的保障范围。县级人民政府应当按照国家有关规定对家庭经济困难的严重精神障碍患者参加基本医疗保险给予资助。人力资源和社会保障、卫生计生、民政、财政等部门应当加强协调，简化程序，实现属于基本医疗保险基金支付的医疗费用由医疗机构与医疗保险经办机构直接结算。

精神障碍患者通过基本医疗保险支付医疗费用后仍有困难，或者不能通过基本医疗保险支付医疗费用的，民政部门应当优先给予医疗救助。

3. 生活保障 对符合城乡最低生活保障条件的严重精神障碍患者，民政部门应当会同有关部门及时将其纳入最低生活保障。对属于农村五保供养对象的严重精神障碍患者，以及城市中无劳动能力、无生活来源且无法定赡养、抚养、扶养义务人，或者其法定赡养、抚养、扶养义务人无赡养、抚养、扶养能力的严重精神障碍患者，民政部门应当按照国家有关规定予以供养、救助。

前两款规定以外的严重精神障碍患者确有困难的，民政部门可以采取临时救助等措施，帮助其解决生活困难。

(六)教育及就业保障

县级以上地方人民政府及其有关部门应当采取有效措施,保证患有精神障碍的适龄儿童、少年接受义务教育,扶持有劳动能力的精神障碍患者从事力所能及的劳动,并为已经康复的人员提供就业服务。

国家对安排精神障碍患者就业的用人单位依法给予税收优惠,并在生产、经营、技术、资金、物资、场地等方面给予扶持。

二、保障措施监督

1. 监督部门 包括人民政府、卫生计生主管、人力资源和社会保障、教育等部门,这些部门要在各自职责范围内对民政部门、医疗机构、用人单位、各级各类学校等单位提供保障措施进行督促检查。

2. 监督内容 ①精神卫生工作是否纳入本级政府经济和社会发展规划;②是否建立健全精神卫生工作协调机制;③卫生计生主管部门是否有精神卫生工作专项经费,年度专项经费拨款情况;④是否出台严重精神障碍患者救治救助专项政策;⑤严重精神障碍住院患者、门诊患者政策范围内报销比例情况;⑥是否制订提高精神卫生专业人员待遇水平的政策;⑦是否制订本级精神卫生工作规划;⑧精神卫生专业机构是否有保障机构运行的财政拨款;⑨精神卫生专业机构基本情况:包括精神卫生专业机构数量、分布、覆盖范围;综合医院(含中医院)设立精神科或心理科(含门诊)的情况;⑩建立精神卫生防治技术管理机构(简称精防机构)的情况;⑪精神卫生专业机构内精神科执业医师和执业助理医师数量;⑫精神卫生专业机构对基层医疗机构开展技术指导情况、建立分片包干和对口帮扶制度情况;⑬建立精神障碍患者社区康复机构情况; ⑭中小学校是否开展心理健康教育、是否建立心理健康辅导室;⑮医学院校是否开展精神医学专门人才培养。

第六节 法律责任

一、行政责任

(一)政府有关部门

县级以上人民政府卫生计生主管部门和其他有关部门未依照《精神卫生法》规定履行精神卫生工作职责,或者滥用职权、玩忽职守、徇私舞弊的,由本级人民政府或者上一级人民政府有关部门责令改正,通报批评,对直接负责的主管人员和其他直接责任人员依法给予警告、记过或者记大过的处分;造成严重后果的,给予降级、撤职或者开除的处分。

(二)医疗机构

不符合《精神卫生法》规定条件的医疗机构擅自从事精神障碍诊断、治疗的,由县级以上人民政府卫生计生主管部门责令停止相关诊疗活动,给予警告,并处5000元以上1万元以下罚款,有违法所得的,没收违法所得;对直接负责的主管人员和其他直接责任人员依法给予或者责令给予降低岗位等级或者撤职、开除的处分;对有关医务人员,吊销其执业证书。

(三)相关人员

(1)医疗机构及其工作人员有下列行为之一的,由县级以上人民政府卫生计生主管部门责令改正,给予警告;情节严重的,对直接负责的主管人员和其他直接责任人员依法给予或者责令给予降低岗位等级或者撤职、开除的处分，并可以责令有关医务人员暂停1个月以上6个月以下执业活动：①拒绝对送诊的疑似精神障碍患者作出诊断的；②对非自愿住院治疗患者未及时进行检查评估或者未根据评估结果作出处理的。

（2）医疗机构及其工作人员有下列行为之一的，由县级以上人民政府卫生计生主管部门责令改正，对直接负责的主管人员和其他直接责任人员依法给予或者责令给予降低岗位等级或者撤职的处分；对有关医务人员，暂停6个月以上1年以下执业活动；情节严重的，给予或者责令给予开除的处分，并吊销有关医务人员的执业证书：①违反规定实施约束、隔离等保护性医疗措施的；②强迫精神障碍患者劳动的；③违反规定对精神障碍患者实施外科手术或者实验性临床医疗的；④违反规定侵害精神障碍患者的通讯和会见探访者等权利的；⑤违反精神障碍诊断标准，将非精神障碍患者诊断为精神障碍患者的。

（3）心理咨询人员有下列情形之一的，由县级以上人民政府卫生计生主管部门、工商行政管理部门依据各自职责责令改正，给予警告，并处5000元以上1万元以下罚款，有违法所得的，没收违法所得；造成严重后果的，责令暂停六个月以上一年以下执业活动，直至吊销执业证书或者营业执照：①心理咨询人员从事心理治疗或者精神障碍的诊断、治疗的；②从事心理治疗的人员在医疗机构以外开展心理治疗活动的；③专门从事心理治疗的人员从事精神障碍的诊断的；④专门从事心理治疗的人员为精神障碍患者开具处方或者提供外科治疗的。

（4）在精神障碍的诊断、治疗、鉴定过程中，寻衅滋事，阻挠有关工作人员依照《精神卫生法》的规定履行职责，扰乱医疗机构、鉴定机构工作秩序的，依法给予治安管理处罚。违反《精神卫生法》规定，有其他构成违反治安管理行为的，依法给予治安管理处罚。

二、民事责任

（1）心理咨询人员、专门从事心理治疗的人员在心理咨询、心理治疗活动中造成他人人身、财产或者其他损害的，依法承担民事责任。

（2）有关单位和个人未对精神障碍患者的姓名、肖像、住址、工作单位、病历资料，以及其他可能推断出其身份的信息予以保密（依法履行职责需要公开的除外），给精神障碍患者造成损害的，依法承担赔偿责任。

（3）有下列情形之一，给精神障碍患者或者其他公民造成人身、财产或者其他损害的，依法承担赔偿责任：①将非精神障碍患者故意作为精神障碍患者送入医疗机构治疗的；②精神障碍患者的监护人遗弃患者，或者有不履行监护职责的其他情形的；③歧视、侮辱、虐待精神障碍患者，侵害患者的人格尊严、人身安全的；④非法限制精神障碍患者人身自由的；⑤其他侵害精神障碍患者合法权益的情形。

（4）医疗机构出具的诊断结论表明精神障碍患者应当住院治疗而其监护人拒绝，致使患者造成他人人身、财产损害的，或者患者有其他造成他人人身、财产损害情形的，其监护人依法承担民事责任。

> **案例 6-5**
>
> **精神障碍患者杀人赔偿案**
>
> 住在镇海的安徽人老刘是一位精神障碍患者，存在明显的关系妄想、被害妄想、被跟踪感等症状。自20世纪90年代以来，他一直在宁波某精神医院住院治疗，期间曾有几次短期出院。2014年5月，住院中的老刘觉得自己病好得差不多了，吵着要出院。医院经诊断与评估，认为其病情稳定，无明显过激反应，交流和正常人已差不多，就开了药，联系其监护人、儿子小刘为他办了出院手续。小刘接老刘出院后，因要到国外读书，就为他租了房子，留他独住。老刘独自在家，觉得状态不错，就没按医嘱及时服药。很快，他开始失眠，脑子也开始胡思乱想。终于，

他带上菜刀,坐出租车赶到老友胡女士家,将她杀害。

问题:
1. 老刘是否应负刑事责任?
2. 老刘是否该承担民事赔偿责任?
3. 精神病院是否承担民事赔偿责任?

三、刑事责任

违反《精神卫生法》规定,构成犯罪的,依法追究刑事责任。在精神障碍的诊断、治疗、鉴定过程中,寻衅滋事,阻挠有关工作人员依照《精神卫生法》的规定履行职责,扰乱医疗机构、鉴定机构工作秩序,情节严重的可构成寻衅滋事罪,依照《刑法》追究刑事责任。

医疗机构以暴力、威胁或者限制人身自由的方法强迫精神障碍患者从事生产劳动的,依照《刑法》规定,处3年以下有期徒刑或拘役,并处罚金;情节严重的,处3年以上10年以下有期徒刑,并处罚金。精神障碍患者的监护人遗弃患者,或者不履行监护职责,情节严重的可构成遗弃罪,依照《刑法》追究刑事责任。

四、司法救济

精神障碍患者或者其监护人、近亲属认为行政机关、医疗机构或者其他有关单位和个人违反《精神卫生法》规定侵害患者合法权益的,可以依法提起诉讼。

本章小结

本章从心理健康促进和精神障碍预防、精神障碍的诊断和治疗、精神障碍的康复、保障措施、法律责任详细介绍了《精神卫生法》及相关监督内容。《精神卫生法》是为了发展精神卫生事业,规范精神卫生服务,维护精神障碍患者的合法权益而制定。精神卫生工作实行预防为主的方针,坚持预防、治疗和康复相结合的原则。卫生计生主管部门作为主管部门,在精神卫生工作中承担主要职责,人力资源和社会保障、教育、卫生、司法行政、公安等部门应当在各自职责范围内,做好精神卫生的有关工作。精神障碍的诊断、治疗,应当遵循维护患者合法权益、尊重患者人格尊严的原则,精神障碍的诊断应当以精神健康状况为依据,除法律规定的情形外,精神障碍的住院治疗实行自愿原则。精神障碍的康复是以社区康复为基础,机构康复为骨干,家庭为依托。国家和社会应该为精神卫生工作提供保障措施。人民政府、卫生计生主管部门、残联、人力资源和社会保障等部门依据职责要对精神卫生工作进行监督,违反《精神卫生法》的机构和个人应承担法律责任。

思 考 题

1. 精神障碍诊断和治疗的原则有哪些?
2. 非自愿住院治疗的情形有哪些?
3. 精神障碍患者的送诊主体有哪些?

(韩冬梅 黄丽华)

第七章 食品安全法律制度与监督

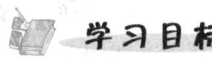 **学习目标**

掌握：食品、食品安全、食品安全监督的概念；食品安全监督管理的概念和意义；HACCP体系的概念及在食品安全监督管理中运用HACCP的意义；食品安全风险评估主要工作内容。

熟悉：食品及相关材料的法律规定；食品安全监督管理的具体实施内容；违反食品安全法律法规的法律责任。

了解：我国食品安全法制建设和监督管理的历史沿革、我国食品安全法律体系及我国食品安全监督管理工作展望；了解食品安全标准管理的法律规定和食品安全管理的法律规定；了解我国食品安全监督管理体制

第一节 概 述

> **案例 7-1**
>
> **我国食品标准清理工作完成**
>
> 2016年6月21日，国家卫生计生委和国家食品安全风险评估中心在京联合举办2016年全国食品安全宣传周国家卫生计生委主题日活动。截止到2016年6月21日，国家卫生计生委会同相关部门于2013年启动的清理现行食品标准工作宣告完成，这些整合标准将在2016年陆续发布实施。
>
> 按照《食品安全法》和国务院部署，自2013年起，国家卫生计生委会同相关部门，利用3年时间牵头完成了清理整合现行食品标准的任务。食品标准以往有近5000项，除将千余项农兽药残留相关标准移交给农业部门清理外，其余3000余项标准最终清理整合至415项。这些整合后的标准已经全部通过食品安全国家标准审评委员会审查。这些标准分为通用标准、产品标准、检验方法、生产经营规范四大类，涵盖1.2万余项指标，标准体系的框架、原则、科学依据与国际食品法典一致。下一步将继续健全食品安全标准体系，严格食品安全标准管理，建立完善从标准规划、立项、起草、征求意见到审查、批准发布等各环节的管理制度；建立食品安全标准查询和跟踪评价网络平台，提高标准制定的透明度；建立食品安全风险监测网络，全面开展风险监测工作，开展铝、塑化剂等风险评估，做好食品消费量调查、总膳食研究等基础性工作，为标准制定提供科学依据。
>
> 问题：
> 1. 什么是食品安全监督？
> 2. 什么是食品安全标准？它包括哪些内容？

一、概 念

1. 食品（food） 食品是指各种供人食用或者饮用的成品和原料，以及按照传统既是食品又是中药材的物品，但是不包括以治疗为目的的物品。

2. 食品安全（food safety） 食品安全是指食品无毒、无害，符合应当有的营养要求，不会对人体健康造成任何急性、亚急性或者慢性危害。根据世界卫生组织（WHO）的定义，食品安全是指"食物中有毒、有害物质对人体健康影响的公共卫生问题"。

3. 食品安全事故（food safety accidents） 食品安全事故是指食源性疾病、食品污染等源于食品，对人体健康有危害或者可能有危害的事故。

4. 食品安全监督（food safety inspection） 食品安全监督是指为了保证食品安全，防止食品污染和有害因素对人体的危害，保障人体健康，增强体质，由食品安全监管主体依据食品安全法律、法规授权在其管辖范围内，按法定程序对食品生产经营单位和个人在食品生产和加工、食品流通、餐饮服务等全过程中执行食品安全法律、法规、规章和标准的情况进行检查、监测、监督和处罚的行政执法活动。

二、食品安全法律制度形成过程

我国党和政府历来高度重视食品安全问题。20世纪50~60年代，我国卫生部颁布了各种规章、标准对食品卫生进行监督管理，如《清凉饮料管理暂行办法》《肉品卫生检验试行规程》《食用合成染料试行管理办法》以及粮食、肉、蛋、乳、酒等的卫生标准和管理办法。1979年，国务院正式颁布了《中华人民共和国食品卫生管理条例》，加强了对食品卫生法制化管理的力度。1982年第五届全国人民代表大会常务委员会审议通过了《中华人民共和国食品卫生法（试行）》，规范了食品及食品原料的卫生要求，明确了食品生产经营企业及从业人员的法律责任，建立了食品添加剂、新资源食品等特殊食品的许可制度。在试行法的基础上，1995年第八届全国人民代表大会常务委员会审议通过了《中华人民共和国食品卫生法》，该法对试行法进行了必要的修改和补充，进一步明确了我国食品卫生监督管理体制，规范了对食品包装标识、保健食品和进口食品的管理，强化了行政机关的执法力度，加强了对食物中毒采取的控制措施。

《食品卫生法》的颁布施行，对保证食品安全，预防和控制食源性疾病，保障人民群众身体健康发挥了积极作用。但在《食品卫生法》实施的十多年间，正值我国社会转型和改革开放的关键时期，食品卫生工作出现了一些新情况、新问题。近几年来，我国食品安全事件频发，反映出食品安全监管工作中所存在的问题和缺陷，如监管部门监管不力、执法不严、部门间职责交叉、权责不明以及食品标准政出多门、标准缺失、标准"打架"等。而且《食品卫生法》所调整的范围过于狭窄，仅对食品生产、经营阶段发生的食品安全卫生问题进行规定，没有涵盖从农田到餐桌的全过程。

为了从制度上解决问题，建立一套更为完善的适应实际需要的食品安全法律制度，2004年国务院法制办公室牵头着手修订《食品卫生法》，经多方面征求意见和反复研讨修改，形成了《中华人民共和国食品安全法（草案）》。草案先后经过全国人大常委会四次审议，于2009年2月28日经第十一届全国人民代表大会常务委员会第七次会议最终审议通过，颁布了《中华人民共和国食品安全法》。《食品安全法》的颁布，反映了立法理念的变化。与《食品卫生法》相比，《食品安全法》扩大了法律监管范围，对涉及食品安全的相关问题做出了更为全面的规定，确立了食品安全风险监测和风险评估制度、食品安全标准制度、食品生产经营行为的基本准则、索证索票制度、不安全食品召回制度、食品安全信息发布制度，明确了分工负责与统一协调相结合的食品安全监管体制，体现了预防为主、科学管理、明确责任、综合治理的食品安全工作指导思想。《食品安全法》的施行，对于提高我国食品安全整体水平，切实维护人民群众的根本利益，具有重大而深远的意义。

2015年4月24日，全国人大常委会第十四次会议修订通过了《中华人民共和国食品安全法》，并自2015年10月1日起施行。修订后的《中华人民共和国食品安全法》由原来的104条增加到

154条，更加全面细致地规定了各食品安全事项，反映了消费者最关注的问题。新《中华人民共和国食品安全法》将原来的质量监督、工商行政管理部门和食品药品监督管理等部门分段监管统一为由食品药品监督管理部门负责对食品生产经营活动的监督管理，增设了风险分级管理制度、责任约谈制度、实行食品安全信用档案公开和通报制度等，使食品安全得到了更明确、更全面、更严格的监管。

三、食品安全监督的意义

食品安全监督是国家的一个重要法定制度，它是由《食品安全法》所确立的，是有国家强制力作为保障的制度，全国各地区、各有关部门、各有关行业的单位和个人都必须承认，严格执行和遵守。开展食品安全监督管理的意义如下。

（1）严格地规范食品生产经营行为，督促食品生产经营者依据法律、法规和食品安全标准从事生产经营活动，从而改善食品安全状况，提高食品安全水平，预防和控制食源性疾病，维护消费者的合法权益，保障人民群众的身体健康。

（2）提高食品生产经营者和全体公民的食品安全知识水平和法律意识，使食品安全监管逐步社会化、法制化。

（3）促进食品行业科技进步和科学管理，提高产品质量，推动食品行业健康发展。

（4）推动食品进出口贸易增长。通过规范食品生产经营行为，保证食品质量安全，从而保障和促进食品的国际贸易，维护我国的国际信誉和合法权益，促进改革开放和国民经济的发展。

四、食品安全监督管理体系

我国的食品安全监督管理体制，经历了从原卫生部门一家监管到各个部门实施分段监管再到由食品药品监督管理部门统一负责的变迁。

原有的《食品卫生法》规定，县级以上地方人民政府卫生行政部门在管辖范围内行使食品卫生监督职责，确立的是由卫生行政部门统一对食品卫生进行监管的体制。依据这一原则，以往从事食品生产经营活动，应当向卫生行政部门申请办理食品卫生许可证，由卫生行政部门统一管理。卫生部门还负责食品卫生标准的制订和食品卫生事故的处理。在这一体制下所形成的覆盖全国的食品卫生监督网和卫生监督执法队伍，对保证食品安全、保障人民群众身体健康发挥了积极作用。

但是近年来我国食品安全问题仍然比较突出，暴露了食品安全监管中存在的诸多问题。由于食品安全监督管理的链条比较长，从"农田到餐桌"的全程监管工作单独由一个部门承担可能会力不从心，造成监管失灵。为此，国务院于2004年7月颁发了《关于进一步加强食品安全工作的决定》，确定了分段监管为主、品种监管为辅的体制，即农业部门负责初级农产品生产环节的监管、质监部门负责食品生产加工环节的监管、工商部门负责食品流通环节的监管、卫生部门负责餐饮业和食堂等消费环节的监管、食品药品监管部门负责对食品安全的综合监督、组织协调和依法查处重大事故。这种分段监管体制有利于各司其职，在实际工作中对改善食品安全状况发挥了积极作用。但是，实践中又出现了一些新问题，主要是对食品安全风险评估、食品安全标准制订、食品安全信息公布等不属于任何一个环节的事项由哪个部门负责不够明确，客观上又产生了部门职能交叉、责任不清的问题。

2009年颁布实施的《食品安全法》对食品安全监督管理体制的规定依然维持了分段监管的体制，只把初级农产品以外的食品链条分为食品生产、流通和餐饮服务三个环节，确立了由卫生、农业、质监、工商、食品药品监督等五个部门进行分段监管的食品安全监督管理体制。

分段监管虽然有效利用了现有的行政监管资源，但在实际工作中存在监管边界不清、职能交叉重复和空白并存、硬件资源重复建设、利益纠结及地方政府重视不够等诸多问题，使食品安全问题看似有很多部门都在管,但实际执行时却都不清楚该谁管。为此,2015年修订后的《食品安全法》将监管职能进行了整合,把食品的生产、流通、餐饮环节的监管统一到由食品药品监督管理部门负责,以保证食品安全监管链条不中断。

新确立的食品安全监督管理制度如下:国务院设立食品安全委员会,分析食品安全形势,研究部署、统筹指导食品安全工作;提出食品安全监管的重大政策措施;督促落实食品安全监管责任。国务院卫生计生主管部门依照食品安全法和国务院规定的职责,组织开展食品安全风险检测和风险评估,会同国务院食品药品监督管理部门制定并公布食品安全国家标准。国务院其他有关部门依照食品安全法和国务院规定的职责,承担有关食品安全工作。国务院食品药品监督管理部门依照食品安全法和国务院规定的职责,对食品生产经营活动实施监督管理,并负责对食品安全状况的综合分析、食品安全信息的公布、制订食品检验机构的资质认定和检验规范条件、食品安全事故的调查处理等。县级以上地方人民政府对本行政区域的食品安全监督管理工作负责,统一领导、组织、协调本行政区域的食品安全监督管理工作及食品安全突发事件应对工作,建立健全食品安全全程监督管理工作机制和信息共享机制。县级人民政府食品药品监督管理部门可以在乡镇或者特定区域设立派出机构。

> **案例 7-2**
> **浙江温州赖××卤味烤肉店加工销售有毒有害食品案**
>
> 2015年7月,温州市某区食品药品监管部门接到群众举报,称对赖××、蒋××经营的卤味烤肉店销售的卤肉上瘾,怀疑添加违禁物质。某区食品药品监管部门联合公安机关对该店进行了突击检查,现场查获混有罂粟粉的调味料20克、罂粟壳350克。经查,赖中超为拉拢回头客,自2014年8月,在加工卤肉时采用将完整罂粟壳放在汤料包里置于卤汤中,或将罂粟壳碾磨成粉末,混入其他香料,直接撒在卤肉上等方式,进行非法添加。根据赖××供述,执法人员查处了向其销售罂粟壳的仟家味调味品店,以及该店的上线位于福建省福州市的淑芳香料商行,共查获罂粟壳19千克。卤味烤肉店经营者赖××、蒋××被瓯海区食品药品监管部门列入2015年第二期瓯海区食品安全黑名单,向社会公示。某区食品药品监管部门同时将本案移送公安机关。
>
> 问题:某区食品药品监管部门为什么将本案移送公安机关?

(周 令)

第二节 食品安全法律制度

食品安全法律体系(legal system of food safety)是由食品安全法律、法规、规章、食品安全标准等有机联系构成的统一整体。目前在我国已建立起以《食品安全法》为核心、有关法律法规相衔接、部门规章为配套、地方法规规章为补充的食品安全法律法规体系。

一、食品安全法律

修订后的《食品安全法》更加全面细致地规定了各食品安全事项,反映了消费者最关注的问题;将原来的分段监管统一为由食品药品监督管理部门负责对食品生产经营活动的监督管理,增设了风险分级管理制度、责任约谈制度、实行食品安全信用档案公开和通报制度等,使食品安全得到了更明确、更全面、更严格的监管。

二、食品安全法规和规章

食品安全法规（food safety regulation）包括食品安全行政法规和地方性法规。食品安全行政法规的法律效力层级仅次于食品安全法律，地方性法规的法律效力层级低于行政法规。食品安全行政规章包括部门规章和地方性政府规章。食品安全行政规章的法律效力层级低于食品安全法规。《食品安全法》配套的法规或规章包括《食品安全法实施条例》、《食品生产许可管理办法》、《食品安全国家标准管理办法》、《国家重大食品安全事故应急预案》、《流通环节食品安全监督管理办法》、《保健食品注册管理办法》、《新资源食品管理办法》、《食品添加剂新品种管理办法》、《食品流通许可证管理办法》、《餐饮服务许可管理办法》、《餐饮服务食品安全监督管理办法》等。

三、食品安全标准

食品安全标准（food safety standards）是食品安全法律体系中作为判断食品、食品相关产品、食品生产经营过程等是否符合食品安全要求特有的法律准则，是按照规定程序制定并颁布的一系列技术规范的总称，是食品安全法律体系中重要的组成部分。

食品安全标准是具有法律效力强制执行的标准。现行的食品安全国家标准由国务院卫生行政部门负责制定、公布。我国所制定的食品安全标准主要包括下列内容：食品、食品相关产品中的致病性微生物、专供婴幼儿和其他特定人群的主辅食品的营养成分要求；对与食品安全、营养有关的标签、标识、说明书的要求；食品生产经营过程的卫生要求；与食品安全有关的质量要求；食品检验方法与规程、农药残留、兽药残留、重金属、污染物质，以及其他危害人体健康物质的限量规定；食品添加剂的品种、使用范围、用量等。

上述食品安全法律、法规、规章、标准构成了我国食品安全法律体系，也是食品安全卫生监督的核心法律依据。

> **知识链接**
>
> **实行最严格的法律责任制度**
>
> 2015年10月1日起实施的《食品安全法》建立最严格的法律责任制度。一是突出民事赔偿责任。规定实行首负责任制，要求接到消费者赔偿请求的生产经营者应当先行赔付，不得推诿；同时完善了消费者在法定情形下可以要求十倍价款或者三倍损失的惩罚性赔偿金制度。二是加大行政处罚力度。三是细化并加重对失职的地方政府负责人和食品安全监管人员的处分。四是做好与刑事责任的衔接。分别规定生产经营者、监管人员、检验人员等主体有违法行为构成犯罪的，依法追究刑事责任。

第三节 食品生产经营的监督

一、食品生产经营许可制度

《食品安全法》规定，国家对食品生产经营实行许可制度。这是一项通过事先审查方式提高食品安全保障水平的重要预防性措施。

（一）食品生产许可

为规范食品、食品添加剂生产许可活动，加强食品生产监督管理，保障食品安全，修订后的《食品生产许可管理办法》简称《办法》自 2015 年 10 月 1 日起开始施行。《办法》规定，食品生产许可实行"一企一证"原则，即同一个食品生产者从事生产活动，应当取得一个食品生产许可证。食品药品监督管理部门按照食品的风险程度对食品生产实施分类许可。国家食品药品监督管理总局负责监督指导全国食品生产许可管理工作。县级以上地方食品药品监督管理部门负责本行政区域内的食品生产许可管理工作。

申请食品生产许可（food product permit），应当先行取得营业执照等合法主体资格，应当具备《食品生产许可管理办法》所规定的保障食品安全的场所、设备或设施、设备布局和工艺流程、食品安全管理人员和保证食品安全的规章制度等条件。申请时应当按照《食品生产许可管理办法》规定的食品类别提出。

申请食品生产许可，应当向其所在地县级以上地方食品药品监督管理部门提交有关材料，包括：食品生产许可申请书；营业执照复印件；食品生产加工场所及其周围环境平面图、各功能区间布局平面图、工艺设备布局图和食品生产工艺流程图；进货查验记录、生产过程控制、出厂检验记录、食品安全自查、从业人员健康管理、不安全食品召回、食品安全事故处置等保证食品安全的规章制度等。利用新的食品原料生产食品，或者生产食品添加剂新品种、食品相关产品新品种，还须向国务院卫生计生主管部门提交相关产品的安全性评估材料。

新办法增加了保健食品、特殊医学用途配方食品和婴幼儿配方食品三个类别的特殊食品，其生产许可由省（自治区、直辖市）食品药品监督管理部门负责。申请这三类的生产许可时，还应当提交与所生产食品相适应的生产质量管理体系文件以及相关注册和备案文件。

县级以上地方食品药品监督管理部门应当依照《中华人民共和国行政许可法》对申请材料进行审查，必要时应当对申请人的生产经营场所进行现场核查。根据审查和现场核查情况，自受理申请之日起 20 个工作日内做出是否准予行政许可的决定。对符合条件的，作出准予生产许可的决定，并自作出决定之日起 10 个工作日内颁发《食品生产许可证》；对不符合条件的，应当及时做出不予许可的书面决定并说明理由，同时告知申请人依法享有申请行政复议或者提起行政诉讼的权利。

《食品生产许可证》编号由 SC（"生产"的汉语拼音字母缩写）和 14 位阿拉伯数字组成。数字从左至右依次为：3 位食品类别编码、2 位省（自治区、直辖市）代码、2 位市（地）代码、2 位县（区）代码、4 位顺序码、1 位校验码。《食品生产许可证》有效期为 5 年。食品生产者应当在该食品生产许可有效期届满 30 个工作日前，向原发证的食品药品监督管理部门提出申请。

食品生产者应当在食品包装或者标签上标注新的食品生产许可证编号，不再标注"QS"标志。食品生产者存有的带有"QS"标志的包装和标签，可以到继续使用完为止。2015 年 10 月 1 日起，食品生产者生产的食品不得再使用原包装、标签和"QS"标志。

食品添加剂的生产也实行许可制度，有关食品生产许可的规定同样适用于食品添加剂。食品添加剂生产许可申请符合条件的，由申请人所在地县级以上地方食品药品监督管理部门依法颁发《食品生产许可证》，并标注食品添加剂。

县级以上地方食品药品监督管理部门应当对食品生产者的许可事项进行监督检查，并建立食品许可管理信息平台，将许可颁发、检查、监督和违法查处等情况记入食品生产者食品安全信用档案，并向社会公布。日常监督管理人员应当按照规定的频次对所管辖的食品生产者实施全覆盖检查。监管部门及其工作人员也应当自觉接受食品生产者和社会监督。国家食品药品监督管理总局或省（自治区、直辖市）食品药品监督管理部门可以定期或不定期对全国或本行政区域内的食品生产许可工作进行监督检查。

(二) 食品经营许可

与新《食品安全法》、《食品生产许可管理办法》同步施行的还有《食品经营许可管理办法》。该办法是原《食品流通许可证管理办法》和《餐饮服务许可管理办法》的整合，规定从事食品销售和餐饮服务活动，应当依法取得食品经营许可。对于销售食用农产品则不需要取得许可。

食品经营许可实行"一地一证"原则，即食品经营者在一个经营场所从事食品经营活动，应当取得一个《食品经营许可证》。食品药品监督管理部门按照食品经营主体业态和经营项目的风险程度对食品经营实施分类许可。国家食品药品监督管理总局负责监督指导全国食品经营许可管理工作。县级以上地方食品药品监督管理部门负责本行政区域内的食品经营许可管理工作。

申请食品经营许可，应当先行取得营业执照等合法主体资格。应按照食品经营主体业态和经营项目分类提出，业态分为食品销售经营者、餐饮服务经营者、单位食堂。食品经营者申请通过网络经营、建立中央厨房或者从事集体用餐配送的，应当在主体业态后以括号标注。

申请食品经营许可，应当满足《食品经营许可管理办法》对场所、设备设施、食品安全管理人员、规章制度、设备布局和工艺流程等的要求，并提交所需材料。

县级以上地方食品药品监督管理部门对申请人提出的申请决定予以受理的，应当出具受理通知书，根据申请材料审查和现场核查等情况，对符合条件的，作出准予经营许可的决定，并自作出决定之日起10个工作日内向申请人颁发食品经营许可证；对不符合条件的，应当及时作出不予许可的书面决定并说明理由，同时告知申请人依法享有申请行政复议或者提起行政诉讼的权利。

《食品经营许可证》编号由JY（"经营"的汉语拼音字母缩写）和14位阿拉伯数字组成。数字从左至右依次为：1位主体业态代码、2位省（自治区、直辖市）代码、2位市（地）代码、2位县（区）代码、6位顺序码、1位校验码。食品经营许可证的有效期为5年，届满需延续的，应在该食品生产许可有效期届满30个工作日前向原发证部门提出申请。

县级以上地方食品药品监督管理部门应当依据法律法规规定的职责，对食品生产、经营者的许可事项进行监督检查。接到有关工作人员在食品生产、经营许可管理过程中存在违法行为的举报，食品药品监督管理部门应当及时进行调查核实。情况属实的，应当立即纠正。

二、食品生产经营过程卫生监督

食品安全工作实行预防为主、风险管理、全程控制、社会共治，建立科学、严格的监督管理制度。为规范食品生产经营、督促生产经营者落实食品安全主体责任、保证食品的安全性，食品卫生监督工作必不可少。

新修订的《食品安全法》指出了食品生产经营者是食品安全的主体责任者，并且将以往的分段监管体制修改为由食品药品监督管理部门统一负责的相对集中的监管体制。各级食品药品监督管理部门应依法对食品生产经营者实施监督检查。相关配套的管理办法正在修订中。

(一) 场所、设备和设施

具有与生产经营的食品品种、数量相适应的生产经营场所、设备和设施，合理的设备布局和工艺流程，安全卫生的原料、用水和洗涤剂，清洁卫生的生产、包装、贮存和运输工具等是食品生产经营的基本条件。相关监管部门应按照食品安全法、食品安全标准和相关管理办法等的要求对食品生产经营企业的生产环境等条件进行监督检查。

1. 场所与环境卫生　食品生产经营企业的选址应防止环境对企业的污染，如要考虑周围环境是否存在污染源，不应设于污染河流的下游等。食品原料处理和食品加工、包装、储存等场所应保持环境整洁，并与有毒、有害场所及其他污染源保持规定的距离。

2. 卫生设施　食品生产经营企业的生产设备或者设施应与申请生产经营的食品品种、数量相适应，具有相应的消毒、更衣、盥洗、采光、照明、通风、防腐、防尘、防蝇、防鼠、防虫、洗涤，以及处理废水、存放垃圾和废弃物的设备或者设施。

3. 设备布局和工艺流程　为防止食品在生产经营过程中受到污染，食品生产经营场所应具有合理的设备布局和工艺流程，防止待加工食品与直接入口食品、原料与成品交叉污染，避免食品接触有毒物、不洁物。合理的设备布局和工艺流程应当做到系列化、自动化、管道化，避免前道工序的原料、半成品污染后道工序的成品，防止食品与成品、生食品与熟食品的交叉污染。每道工序的容器、工具和用具必须固定，须有各自相应的标志，防止交叉使用。使用的清洗剂、消毒剂以及杀虫剂、灭鼠剂等必须远离食品，并由专人管理。

（二）食品安全制度和安全知识培训

食品安全责任重大，食品生产经营者需要明确责任，严格管理，以制度的方式保证食品的安全卫生。食品生产经营企业应当建立健全食品安全管理制度，对职工进行食品安全知识培训，加强食品检验工作，依法从事生产经营活动。

不同类型的食品生产经营单位应根据自身特点制定相应的食品安全管理制度。一般包括进货查验与记录制度、出厂检验记录制度、销售记录制度、食品安全追溯制度、从业人员健康管理制度、食品安全知识培训制度、卫生管理制度、食品用具清洗消毒制度、食品安全自查制度、召回制度、信息公示制度等。食品生产经营企业的主要负责人应当落实本单位的食品安全管理制度，并对食品安全工作全面负责。每个食品从业人员都应认真遵守制度要求，保障食品安全。

食品生产经营企业应当组织本单位食品生产经营人员参加上岗前的培训和在岗期间的每年再培训，经培训合格后，方可上岗。食品生产经营企业还应当配备食品安全管理人员，并加强对其培训和考核。经考核不具备食品安全管理能力的，不得上岗。食品药品监督管理部门应当对企业食品安全管理人员随机进行监督、抽查、考核并公布考核情况。

食品生产经营企业还应重视对从业人员的食品安全知识培训，包括对主要负责人、食品安全管理员、食品生产经营关键环节操作人员和其他岗位食品生产经营人员等的培训，使其掌握相关的食品安全法规、标准和食品安全科学知识，以提高其法制观念和食品安全知识水平，明确自身责任，促进自身管理。

食品生产经营企业应当对相关食品安全知识培训及学习情况建立培训档案。培训档案的建立可以推进食品生产经营企业食品安全知识培训的系统性和连续性，及时更新培训信息，及时改进实际生产中面临的问题。

（三）从业人员健康管理制度

监督食品生产经营人员健康状况的目的是防止患有某些传染病的人员或病原携带者从事食品生产经营活动而导致食品污染进而传染消费者，造成食源性疾病流行或食物中毒暴发。因此食品生产经营者应当建立并执行从业人员健康管理制度。

《食品安全法》中规定，凡患有国务院卫生计生主管部门规定的有碍食品安全疾病的人员，均不得从事接触入口食品的工作。有碍食品安全的疾病目录正在拟定中，并将与时俱进，以满足对食品安全管理的需要。

从事接触直接入口食品工作的食品生产经营人员应当每年进行健康检查，新参加工作和临时参加工作的食品生产经营人员也必须进行健康检查，取得健康证明后方可上岗工作。食品生产经营单位应为员工建立健康档案，管理人员负责组织本单位员工的健康检查，员工患病及时申报等。

（四）进货查验、出厂检验、食品安全追溯制度

1. 进货查验　食品、食品添加剂的生产、经营企业应当建立进货查验记录制度，如实记录采购品的名称、规格、数量、生产日期或者生产批号、保质期、进货日期及供货者名称、地址、联

系方式等内容，并保存相关凭证。进货查验记录和凭证保存期限不得少于产品保质期满后 6 个月，无明确保质期的，保存期限不得少于 2 年，以备查询。

《食品安全法》还规定，对于集中交易市场的开办者、柜台出租者和展销会举办者，其应当依法审查入场食品经营者的许可证，明确其食品安全管理责任；网络食品交易第三方平台提供者应当对入网食品经营者进行实名登记，对依法应当取得许可证的，还应当审查其许可证。发现其有违反本法规定行为的，应当及时制止并立即报告所在地县级人民政府食品药品监督管理部门。

此外，对于食用农产品生产者，《食品安全法》规定其应当按国家标准和规定使用农药、肥料、兽药、饲料和饲料添加剂等农业投入品并建立农业投入品使用记录制度，以利于从源头上保证食品安全。对其的监督管理由县级以上农业行政部门负责。

2. 出厂检验 食品出厂检验记录包括食品的名称、规格、数量、生产日期、生产批号、保质期、检验合格证号、销售日期及购货者名称、地址、联系方式等内容，并保存相关凭证。记录和凭证应当真实，不得凭空捏造、涂改食品出厂检验记录。为了日后查询方便，出现问题及时追溯，食品出厂检验记录的保存期限不得少于产品保质期满后 6 个月，无明确保质期的，保存期限不得少于 2 年。

相关监督管理部门对食品生产经营者外购的产品可以随时检查其有无检验合格证或化验单，也可进行抽样监测。一旦发现销售无证件食品及其原料的违法行为，监督人员应及时进行调查和处理。

3. 食品安全追溯制度 《食品安全法》增加了对食品生产经营者建立食品安全追溯体系的要求。国家鼓励食品生产经营者采用信息化手段采集、留存生产经营信息，建立食品安全追溯体系。

食品安全追溯体系（food safety retrospective system）是使用现代化的信息技术，对食品生产、加工到贮藏、运输，直至销售的每个环节进行监管，力图在食品安全事件发生时，找到问题发生的源头，以约束生产经营的不当行为，保证食品链信息的透明性和可靠性，是实现食品全称质量安全的一种可行方案，对保证食品安全有重要意义。

三、禁止生产经营食品、食品添加剂、食品相关产品

《食品安全法》明令禁止生产经营下列食品、食品添加剂、食品相关产品：

（1）用非食品原料生产的食品或者添加食品添加剂以外的化学物质和其他可能危害人体健康物质的食品，或者用回收食品作为原料生产的食品。

（2）致病性微生物、农药残留、兽药残留、生物毒素、重金属等污染物质，以及其他危害人体健康的物质含量超过食品安全标准限量的食品、食品添加剂、食品相关产品。

（3）用超过保质期的食品原料、食品添加剂生产的食品、食品添加剂。用于食用的物质通常只在一定时间内保持相应的营养水平和卫生标准，超过这一期限，就极容易发生变质，食用后可能导致不同程度的中毒或其他疾病。因此新版《食品安全法》禁止使用超过保质期的食品原料、食品添加剂生产的食品、食品添加剂。

（4）超范围、超限量使用食品添加剂的食品，食品添加剂应当在技术上确有必要且经过风险评估证明安全可靠，方可列入允许使用的范围；食品生产经营者应当按照食品安全国家标准使用食品添加剂。新版《食品安全法》特此明确指出食品禁止超范围、超限量使用食品添加剂。

（5）营养成分不符合食品安全标准的专供婴幼儿和其他特定人群的主辅食品。

（6）腐败变质、油脂酸败、霉变生虫、污秽不洁、混有异物、掺假掺杂或者感官性状异常的食品、食品添加剂。

（7）病死、毒死或者死因不明的禽、畜、兽、水产动物肉类及其制品。

（8）未按规定进行检疫或者检疫不合格的肉类，或者未经检验或者检验不合格的肉类制品。

（9）被包装材料、容器、运输工具等污染的食品、食品添加剂。

（10）标注虚假生产日期、保质期或者超过保质期的食品、食品添加剂。

（11）无标签的预包装食品、食品添加剂。

（12）国家为防病等特殊需要明令禁止生产经营的食品。

（13）其他不符合法律、法规或者食品安全标准的食品、食品添加剂、食品相关产品。

四、食品广告

食品广告（food advertising）必须真实、合法、科学、准确，不得欺骗和误导消费者。食品生产经营者应对食品广告内容的真实性、合法性负责。

食品广告应当具有可识别性，能够使消费者辨明其为广告。大众传播媒介不得以新闻报道形式变相发布食品广告。通过大众传播媒介发布的广告应当显著标明"广告"，与其他非广告信息相区别，不得使消费者产生误解。

食品广告中对产品的性能、产地、用途、质量、价格、生产者、有效期限、允诺等应当清楚、明白。食品广告使用数据、统计资料、调查结果等应当真实、准确，并表明出处。食品广告中涉及专利产品或者专利方法的，应当标明专利号与专利种类。禁止使用未授予专利权的专利申请和已经终止、撤销、无效的专利作食品广告。

《食品安全法》规定，在广告中对食品做虚假宣传，欺骗消费者，或者发布未取得批准文件、广告内容与批准文件不一致的保健食品广告的，依照《中华人民共和国广告法》的规定给予处罚。广告经营者、发布者设计、制作、发布虚假食品广告，使消费者的合法权益受到损害的，应当与食品生产经营者承担连带责任。社会团体或者其他组织、个人在虚假广告或者其他虚假宣传中向消费者推荐食品，使消费者的合法权益受到损害的，也应当与食品生产经营者承担连带责任。

（一）食品广告的内容不得涉及疾病预防、治疗功能

目前，食品尤其是保健食品广告中突出的问题之一是宣传疗效，使消费者误把食品当作药品服用。然而食品和药品是两种不同功能的物品，《食品安全法》对食品所做的定义不包括以治疗为目的的物品，疾病预防、治疗是药品才具有的功能。鉴于此，《药品管理法》规定非药品不得在其包装、标签、说明书及有关宣传资料上进行含有预防、治疗、诊断人体疾病等有关内容的宣传。《食品安全法》规定食品广告的内容不得涉及疾病预防、治疗功能。《广告法》规定食品广告不得使用医疗用语或者易与药品相混淆的用语。

保健食品广告还应当显著标明"本品不能代替药物"，保健食品广告的内容应当经省级食品药品监督管理部门审查批准并取得保健食品广告批准文件。规定保健食品广告不得含有下列内容：表示功效、安全性的断言或者保证；疾病预防、治疗功能；声称或者暗示广告商品为保障健康所必需；与药品、其他保健食品进行比较；利用广告代言人作推荐、证明；法律、行政法规规定禁止的其他内容。

特殊医学用途配方食品广告适用《广告法》和其他法律、行政法规关于药品广告管理的规定。

（二）食品安全监管部门、行业协会、消费者组织等不得以广告形式向消费者推荐食品

县级以上人民政府食品药品监督管理部门和其他有关部门及食品检验机构、食品行业协会不得以广告或者其他形式向消费者推荐食品。消费者组织不得以收取费用或者其他牟取利益的方式向消费者推荐食品。

县级以上人民政府食品药品监督管理部门和其他有关部门是负有监管职责的国家机关，食品检验机构是依法对食品进行检验的专业组织，若推荐食品极易牵扯利益关系，因此应当保持中立。食品行业协会是由食品行业的企业、事业、科研等单位及食品行业工作者等自愿组成的非营利性的社会团体法人组织，面向食品行业开展服务、协调、自律、监督工作，消费者协会和其他消费者组织是依法成立的对商品和服务进行社会监督的保护消费者合法权益的社会组织。食品行业协

会和消费者组织以广告等形式向消费者推荐食品,会损害它们作为公益机构的中立性,不利于创造公平、公正的市场竞争环境。因此《食品安全法》规定这些组织都不得以广告或者其他形式向消费者推荐食品。

有关监管部门应当加强广告管理法律、法规的宣传,提高企业遵守广告法的自觉性。各监管部门在日常广告监督检查和食品安全监督工作中,要加强联系,互通情况,协调配合,加大对虚假、违法食品广告宣传的查处力度,促进食品广告秩序的根本好转。

五、食品安全自查制度与 GMP、HACCP

新《食品安全法》增加了对食品生产经营者建立食品安全自查制度的要求。食品生产经营者应当定期对食品安全状况进行检查评价,生产经营条件发生变化,不再符合食品安全要求的,食品生产经营者应当立即采取整改措施;有发生食品安全事故潜在风险的,应当立即停止食品生产经营活动,并向所在地县级人民政府食品药品监督管理部门报告。

为保证所生产的食品符合食品安全标准,食品生产企业应当就下列事项制定并实施控制要求。
(1)原料采购、原料验收、投料等原料控制;
(2)生产工序、设备、储存、包装等生产关键环节控制;
(3)原料检验、半成品检验、成品出厂检验等检验控制;
(4)运输和交付控制。

国家鼓励食品生产经营企业符合良好生产规范要求,实施危害分析与关键控制点体系,提高食品安全管理水平。

(一)GMP 与食品安全管理

1. 概念和目的　良好生产规范(Good Manufacturing Practice,GMP),是为保障食品质量和安全而制定的贯穿食品生产全过程的一系列措施、方法和技术要求,也是一种注重在生产过程中保障食品质量和安全卫生的自主性管理制度。GMP 主要解决的是食品生产过程中的质量与安全卫生问题。它要求食品生产企业应具备良好的生产设备、合理的生产过程、完善的质量与卫生管理和严格的检测系统,以确保食品的质量与安全性符合标准。

实施 GMP 的主要目的是降低食品生产过程中人为的差错、防止食品在生产过程中遭受污染和降低质量、以完善的质量管理体系保证高质量食品。推行食品 GMP 对于强化食品生产者的自主管理体制、提高食品质量与安全性、保障消费者的权益和促进食品工业的健全发展有重要意义。

2. 基本内容　食品 GMP 是对食品生产的各个环节、各个方面实施全面控制的质量管理体系,其体现了"4M"管理要素,即选用合适的人员(men)、原料(material)、设备(machine)和方法(method)以保证产品质量。GMP 的基本内容涵盖了对生产企业的机构与人员、厂房与设施设备、物料与成品、储存与运输、生产技术与工艺、生产过程与检验、组织管理制度等多方面的要求。

1994 年卫生部结合我国国情制定了《食品企业通用卫生规范》(GB 14881—1994),随后又制定发布了多种食品加工企业的卫生规范,如《保健食品良好生产规范》(GB 17405—1998)、《膨化食品良好生产规范》(GB 17404—1998)等。这些规范和要求是我国食品企业必须执行的国家标准,共同构成了我国的食品 GMP。卫生部于 2013 年制定了《食品生产通用卫生规范》(GB 14881—2013),用以替代 GB 14881—1994。

(二)HACCP 与食品安全管理

1. 危害分析和关键控制点概念和意义　危害分析和关键控制点(Hazard Analysis and Critical Control Point,HACCP),是一种鉴别、评价和控制对食品安全至关重要的危害的一种预防性的食品安全管理体系，用以确保食品在生产、加工、制造、准备和食用等过程中的安全。它着眼于预防而不是依靠终产品的检验来保证食品的安全。

HACCP 的基本含义是，为防止食物中毒或其他食源性疾病，在从食品原料种植（养殖）到食品食用的全过程中，对可能引起食品污染发生或发展的各种危害因素进行全面、系统的分析，以此为基础确定能够有效预防、减轻或消除各种危害的"关键控制点"，进而通过"关键控制点"实现对危害因素的控制，同时监测控制效果，随时校正、补充控制方法，从而达到消除食品污染的目的。

HACCP 具有着重预防、突出重点、易于推行等特点，是一种国际上共同认可和接受的食品安全保证体系。对于食品生产企业，实施 HACCP 可以增加市场机会，降低生产成本，提高产品质量的一致性；对于消费者，可以减少食源性疾病的危害，提高生活质量，增强对食品供应的信心；对于政府，HACCP 的实施可更有效地监控食品，确保食品安全性，且由于其被国际广泛认可，推行 HACCP 有助于提高我国食品企业的国际竞争力，促进贸易出口。

2. HACCP 体系的建立和实施

（1）HACCP 实施的基础：HACCP 不是一个单独运作的系统，GMP 和卫生标准操作程序（sanitation standard operating procedure，SSOP）是实施 HACCP 体系的操作规范，是有效执行 HACCP 计划的前提条件。

（2）HACCP 实施的准备工作：组建 HACCP 工作小组；描述产品；确定产品预期用途；绘制生产流程图；现场验证生产流程图。

（3）HACCP 实施的原则与过程：进行危害分析；确定关键控制点（CCP）；制定关键控制点限值；建立监测体系以监测每个关键控制点；建立关键控制点失去控制时的纠偏措施；建立确认 HACCP 系统有效运行的验证程序；建立有关以上原则及其应用方面各项程序和记录的档案。

六、食品召回制度

《食品安全法》规定国家建立食品召回制度。2015 年 3 月 15 日国家食品药品监督管理总局发布的《食品召回管理办法》是对现有食品召回制度的完善，该办法自 2015 年 9 月 1 日起施行。

该办法规定食品生产经营者应当依法承担食品安全第一责任人的义务，建立健全相关管理制度，收集、分析食品安全信息，依法履行不安全食品的停止生产经营、召回和处置义务。国家食品药品监督管理总局负责指导全国不安全食品停止生产经营、召回和处置的监督管理工作。县级以上地方食品药品监督管理部门负责本行政区域的不安全食品停止生产经营、召回和处置的监督管理工作。

（一）概念

食品召回（food recall）是指食品生产者按照规定程序，对由其生产原因造成的某一批次或类别的不安全食品，通过换货、退货、补充或修正消费说明等方式，及时消除或减少食品安全危害的活动。

建立食品召回制度可以防患于未然，充分保障消费者的身体健康和生命安全；强化食品生产经营者作为食品安全第一责任人的责任，变被动为主动；提高政府监管效能。

（二）实施

1. 停止生产经营　食品生产经营者发现其生产经营的食品属于不安全食品的，应当立即停止生产经营，采取通知或者公告的方式告知相关食品生产经营者停止生产经营、消费者停止食用，记录停止生产经营和通知情况，并采取必要的措施防控食品安全风险。未依法停止生产经营不安全食品的，县级以上食品药品监督管理部门可以责令其停止生产经营不安全食品。

食品集中交易市场的开办者、食品经营柜台的出租者、食品展销会的举办者或网络食品交易第三方平台提供者发现食品经营者经营的食品属于不安全食品的，也应当及时采取有效措施，确保相关经营者停止经营不安全食品。

食品生产经营者生产经营的不安全食品未销售给消费者，尚处于其他生产经营者控制中的，食品生产经营者应当立即追回不安全食品，并采取必要措施消除风险。

2. 召回 根据食品召回程序的启动方式，食品召回可分为食品生产者主动召回和监管部门强制召回。食品生产者通过自检自查、公众投诉举报、经营者和监督管理部门告知等方式知悉其生产经营的食品属于不安全食品的，应当主动召回。食品生产者应当主动召回不安全食品而没有主动召回的，县级以上食品药品监督管理部门可以责令其召回。

根据食品安全风险的严重和紧急程度，食品召回分为三级。

（1）一级召回：食用后已经或者可能导致严重健康损害甚至死亡的，食品生产者应当在知悉食品安全风险后 24 小时内启动召回，并向县级以上地方食品药品监督管理部门报告召回计划。召回工作应当在 10 个工作日内完成。

（2）二级召回：食用后已经或者可能导致一般健康损害，食品生产者应当在知悉食品安全风险后 48 小时内启动召回，并向县级以上地方食品药品监督管理部门报告召回计划。召回工作应当在 20 个工作日内完成。

（3）三级召回：标签、标识存在虚假标注的食品，食品生产者应当在知悉食品安全风险后 72 小时内启动召回，并向县级以上地方食品药品监督管理部门报告召回计划。标签、标识存在瑕疵，食用后不会造成健康损害的食品，食品生产者应当改正，可以自愿召回。召回工作应当在 30 个工作日内完成。

3. 处置 食品生产经营者应当依据法律法规的规定，对因停止生产经营、召回等原因退出市场的不安全食品采取补救、无害化处理、销毁等处置措施，并防止其再次流入市场。未依法处置不安全食品的，县级以上地方食品药品监督管理部门可以责令其依法处置不安全食品。

对违法添加非食用物质、腐败变质、病死畜禽等严重危害人体健康和生命安全的不安全食品，食品生产经营者应当立即就地销毁。不具备就地销毁条件的，可由不安全食品生产经营者集中销毁处理。食品生产经营者在集中销毁处理前，应当向县级以上地方食品药品监督管理部门报告。

对因标签、标志或者说明书不符合食品安全标准而被召回的食品，食品生产者在采取补救措施且能保证食品安全的情况下可以继续销售；销售时应当向消费者明示补救措施。

食品生产经营者应当如实记录停止生产经营、召回和处置不安全食品的名称、商标、规格、生产日期、批次、数量等内容。记录保存期限不得少于 2 年。

（三）不安全食品的监督管理

县级以上地方食品药品监督管理部门负责本行政区域的不安全食品停止生产经营、召回和处置的监督管理工作。对发现不安全食品的，应当通知相关食品生产经营者停止生产经营或者召回，采取相关措施消除食品安全风险，并将不安全食品停止生产经营、召回和处置情况记入食品生产经营者信用档案。

> **知识链接**
>
> **食品安全全程追溯制度**
>
> 新《中华人民共和国食品安全法》规定，国家建立食品安全全程追溯制度。新法规定，食品生产经营者应当依照本法的规定，建立食品安全追溯体系，保证食品可追溯。国家鼓励食品生产经营者采用信息化手段采集、留存生产经营信息，建立食品安全追溯体系。国务院食品药品监督管理部门会同国务院农业行政等有关部门建立食品安全全程追溯协作机制。

第四节 餐饮业的食品安全监督

餐饮业指通过即时加工制作、商业销售和服务性劳动等手段,向消费者提供食品、消费场所和设施的食品生产经营行业,包括餐馆、小吃店、快餐店、饮品店、食堂等。餐饮业在食品生产经营行业中所占比例最高,而近年来更是迅猛发展,在国民经济发展中占有重要地位。相对其他食品行业而言,餐饮业更加直接地面对消费者,也是食品安全风险最高、发生食物中毒最为集中的行业。餐饮卫生直接关系到广大人民群众的身体健康和生命安全,历来都作为食品安全监管的重点。

为了规范餐饮服务经营行为,根据《食品安全法》、《食品安全法实施条例》等法律、法规,卫生部和国家食品药品监督管理局于近期陆续颁布了《餐饮服务许可管理办法》、《餐饮服务食品安全监督管理办法》、《重大活动餐饮服务食品安全监督管理规范》等规章,全方位地对餐饮业的食品安全监督管理提出具体的要求,便于食品安全监督人员有章可循,开展有针对性的监督工作。

一、餐饮服务许可管理

《食品安全法》规定,餐饮服务业实行许可制度。为了规范餐饮服务业许可行为,在2010年2月8日卫生部部务会议审议通过了《餐饮服务许可管理办法》(以下简称《办法》),自2010年5月1日起施行。该《办法》规定,国家食品药品监督管理局主管全国餐饮服务许可管理工作,地方各级食品药品监督管理部门负责本行政区域内的餐饮服务许可管理工作。申请人提出餐饮服务许可申请应当具备的条件包括:①具有与制作供应的食品品种数量相适应的食品原料处理和食品加工储存等场所及相应的经营设备或者设施;②经食品安全培训符合相关条件的食品安全管理人员和相应管理制度、合理的布局和加工流程等。申请餐饮服务许可证应当提交的材料包括:餐饮服务许可证申请书、名称预先核准证明、餐饮服务经营场所和设备布局、加工流程、卫生设施等示意图、法定代表人的身份证明(复印件)、食品安全管理人员相关材料、保证食品安全的规章制度等。

餐饮服务许可证有效期为3年。临时从事餐饮服务活动者,餐饮服务许可证有效期不得超过6个月。餐饮服务经营地点或者场所改变的,应当重新申请办理《餐饮服务许可证》。《餐饮服务许可管理办法》适用于从事餐饮服务的单位和个人(以下简称餐饮服务提供者),不适用于食品摊贩和为餐饮服务提供者提供食品半成品的单位和个人。集体用餐配送单位纳入餐饮服务许可管理的范围。

二、对加工经营场所和建筑设施的监督管理

1. 选址要求 餐饮业加工经营场所不得设在易受到污染的区域,应距离粪坑、污水池、垃圾场(站)、旱厕等污染源25m以上,并应设置在粉尘、有害气体、放射性物质和其他扩散性污染源的影响范围之外。

2. 加工场所的设置、布局等要求

(1)食品处理区的面积应与就餐场所面积、供应的最大就餐人数相适应。

(2)食品处理区布局应考虑工艺流程和功能分区:食品处理区均应设置在室内。应按照原料进入、原料处理、半成品加工、成品供应的流程合理布局,食品加工处理流程宜为生进熟出的单一流向,即食品必须按照从粗加工区—食品加工区—烹调区—备餐区有次序的传送。各功能分区应相对独立,严格做到原料与成品、生食与熟食分开加工和存放以防止交叉污染。

(3)对顶面、墙壁、地面与门窗的卫生要求:食品处理区顶面、墙壁和地面应采用无毒、无

异味、不透水、平滑、不易积垢的材料构筑。粗加工、切配、餐用具清洗消毒和烹调等需经常冲洗的场所应有 1.5m 以上的瓷砖或合金材料等制成的墙裙，各类专间应铺设到墙顶。地面应有一定的排水坡度及排水系统。食品处理区的门、窗应装配严密，与外界直接相通的门和可开启的窗应设防蝇防尘设施。

（4）应有足够的冷藏、洗刷、消毒、垃圾处理、防蝇、防鼠等设施；应根据需要配备冷藏和冷冻冰箱，大型餐饮业应配备冷库；配备合适的洗涤和消毒设施，为保证洗刷效果应供应冷热两种流动水。

（5）经营冷菜必须设专用、封闭的冷菜间，冷菜间应配有紫外线消毒灯和专用的冷藏设施、洗涤消毒设施和冷菜加工专用工具。制作现榨果蔬汁和水果拼盘的，应设置相应的专用操作场所。集中备餐的食堂和快餐店应设备餐专间。

三、采购、加工及储存

1. 建立食品采购查验和索证索票制度 采购食品时应符合国家有关食品安全标准和规定要求并应进行验收，不得采购《中华人民共和国食品安全法》规定禁止生产经营的食品和《中华人民共和国农产品质量安全法》规定不得销售的农产品。采购时应索取发票等购货凭据，并做好采购记录，便于溯源；向食品生产单位、批发市场等批量采购食品的，还应索取许可证、检验（检疫）合格证明等。所采购食品入库前应进行验收，出入库时应登记，并做好记录。

2. 储存 储存食品的场所、设备应当保持清洁，无霉斑、鼠迹、苍蝇、蟑螂，不得存放有毒、有害物品（如杀鼠剂、杀虫剂、洗涤剂、消毒剂等）及个人生活用品。食品应分类、分架存放，需距离墙壁、地面均在 10cm 以上，并要做定期检查。使用应遵循先进先出的原则，对变质和过期食品要及时清除。食品冷藏、冷冻贮藏的温度应分别符合冷藏和冷冻的温度范围要求。

3. 加工

（1）需要熟制加工的食品应当烧熟煮透，其加工时食品中心温度应不低于 70℃。加工后的成品应与半成品、原料分开存放。需要冷藏的熟制品，应尽快冷却后再冷藏。

（2）凉菜配制要求 在专间内由专人加工制作，操作人员进入专间前应更换洁净的工作衣帽，并将手洗净、消毒，工作时应佩戴口罩。专间内应使用专用的工具、容器，用前应消毒，用后应洗净并保持清洁。供加工凉菜用的蔬菜、水果等食品原料，未经清洗处理的，不得带入凉菜间。制作好的凉菜应尽量当餐用完。

（3）现榨果、蔬汁及水果拼盘制作要求操作前应更衣、洗手并进行手部消毒，操作时佩戴口罩。现榨果、蔬汁及水果拼盘制作的设备、工用具应专用。每餐次使用前应消毒，用后应洗净并在专用保洁设施内存放。用于现榨果蔬汁和水果拼盘的瓜果应新鲜，未经清洗处理的不得使用。制作的现榨果、蔬汁和水果拼盘应当餐用完。

（4）餐饮具要求使用后应及时洗净，定位存放，保持清洁。消毒后的餐用具应储存在专用保洁柜内备用。并定期检查消毒设备、设施是否处于良好状态。采用化学消毒的应定时测定有效消毒浓度。

四、对餐饮服务人员的健康管理

餐饮从业人员每年至少进行一次健康检查，必要时接受临时检查。新参加或临时参加工作的人员，应经健康检查，取得健康合格证明后方可参加工作。对于患有痢疾、伤寒、病毒性肝炎等消化道传染病，活动性肺结核，化脓性或者渗出性皮肤病及其他有碍食品安全疾病的人员，不得从事接触直接入口食品的工作。从业人员如有发热、腹泻、皮肤伤口或感染、咽部炎症等有碍食品安全病症的，必须立即脱离工作岗位，待查明原因并治愈后，方可重新上岗。应建立从业人员健康档案。

五、对餐饮服务人员食品安全知识的培训管理

根据《餐饮服务单位食品安全管理人员培训管理办法》的要求，餐饮服务单位食品安全管理人员（指餐饮服务单位法定代表人或者协助其负责餐饮服务食品安全具体管理工作的人员）原则上每年应接受不少于40小时的餐饮服务食品安全集中培训，在取得餐饮服务食品安全培训合格证明后才能从事相关食品安全管理工作。培训内容包括与餐饮服务有关的食品安全法律、法规、规章、规范性文件、标准；餐饮服务食品安全基本知识；餐饮服务食品安全管理技能；食品安全事故应急处置知识等。食品药品监督管理部门应严格规范餐饮安全管理人员培训和考核工作。对于其他餐饮服务从业人员也要接受食品安全教育和培训，合格后方能上岗。并且每两年还要定期接受复训。

六、重大活动餐饮服务的食品安全

重大活动是指各级政府确定的具有特定规模和影响的政治、经济、文化、体育及其他重大活动。重大活动餐饮服务因人数多、层次高、影响大而备受社会关注。为规范重大活动餐饮服务食品安全管理，确保重大活动餐饮服务食品安全，根据《食品安全法》、《食品安全法实施条例》、《餐饮服务食品安全监督管理办法》等法律、法规及规章，国家食品药品监督管理局组织制定了《重大活动餐饮服务食品安全监督管理规范》。

国家食品药品监督管理局负责对重大活动餐饮服务食品安全管理工作进行指导、协调和监督。地方各级餐饮服务食品安全监管部门负责对本辖区内重大活动餐饮服务食品安全工作进行监督管理。餐饮服务食品安全监管部门、重大活动主办单位、餐饮服务提供者应建立有效的食品安全信息沟通机制，共同做好重大活动餐饮服务食品安全保障工作。

重大活动主办单位主要承担的责任包括建立健全餐饮服务食品安全管理机构，负责重大活动餐饮服务食品安全管理；遴选合格的餐饮服务提供者承担保障任务；及时向监管部门通报重大活动相关信息；确保监管执法所必要的条件；协助监管部门加强监管，根据建议调整餐饮服务提供者；发生食物中毒或疑似食物中毒时要立即报告。

餐饮服务提供者主要承担的责任包括在重大活动开展前，应与餐饮服务食品安全监管部门签订责任承诺书；建立重大活动餐饮服务食品安全工作管理机构，制订食品安全实施方案和食品安全事故应急处置方案；制订重大活动食谱并报监管部门审核；依法加强食品、食品添加剂和食品相关产品采购和检验管理，加强设施设备维护管理和餐饮具清洗消毒，加强餐饮从业人员健康管理和培训，满足重大活动的特殊需求。发生食物中毒或疑似食物中毒时及时报告；配合监管部门加强监管餐饮服务食品安全监管部门的责任是制订重大活动餐饮服务食品安全保障工作方案、食品安全事故应急预案和食品安全信息报告和通报制度，按照重大活动的特点，确定餐饮服务食品安全监管方式和方法；加强对重大活动餐饮服务提供者的事前监督检查，根据情况及时提出整改或更换要求；对重大活动餐饮服务提供者提供的食谱进行审定。

（李　环）

第五节　特殊食品的监督与管理

特殊食品一般包括新食品原料、保健食品、转基因食品、辐照食品、专供婴幼儿和其他特定人群的主辅食品等。国家对于特殊食品有严格的监督和管理制度。

一、新食品原料

（一）概念

新食品原料是指在我国无传统食用习惯的以下物品：①动物、植物和微生物；②从动物、植物和微生物中分离的成分；③原有结构发生改变的食品成分；④其他新研制的食品原料。

传统食用习惯，是指某种食品在省辖区域内有30年以上作为定型或者非定型包装食品生产经营的历史，并且未载入《中华人民共和国药典》。新食品原料不包括转基因食品、保健食品、食品添加剂新品种。

新食品原料应当具有食品原料的特性，符合应当有的营养要求，且无毒、无害，对人体健康不造成任何急性、亚急性、慢性或者其他潜在性危害。

符合上述要求且在我国无传统食用习惯的以下物品属于新食品原料的申报和受理范围：动物、植物和微生物；从动物、植物和微生物中分离的成分；原有结构发生改变的食品成分；其他新研制的食品原料。

以下情形不属于新食品原料的申报范围：不具有食品原料特性的；已列入食品安全国家标准《食品添加剂使用标准》（GB 2760）、《食品营养强化剂使用标准》（GB 14880）的；国家卫生和计划生育委员会（以下简称国家卫生计生委）已做出不予行政许可决定的；其他不符合有关法律、法规规定和新食品原料管理要求的。

（二）新食品原料的监督管理

我国《新食品原料安全性审查管理办法》自2013年10月1日开始实施。国家卫生计生委负责新食品原料安全性评估材料的审查和许可工作。新食品原料应当经过国家卫生计生委安全性审查后，方可用于食品生产经营。

1. 申请 申请新食品原料行政许可的单位或者个人（以下简称申请人），向国家卫生计生委所属卫生监督中心申报新食品原料安全性评估材料，申请人应如实提交有关材料，对申请材料内容的真实性负责，并承担法律责任。

申请材料的一般要求：申请人提交的申请材料应当完整、清晰，前后内容表述一致。外文应当译为规范的中文，文献资料可提供中文摘要，并将译文附在相应的外文资料前。材料内容包括：申请表；新食品原料研制报告；安全性评估报告；生产工艺；执行的相关标准（包括安全要求、质量规格、检验方法等）；标签及说明书；国内外研究利用情况和相关安全性评估资料；申报委托书；有助于评审的其他资料。另附未启封的产品样品1件或者原料30克。

申请进口新食品原料的，除了提交上述材料外，还应当提交以下材料：进口新食品原料出口国（地区）相关部门或者机构出具的允许该产品在本国（地区）生产或者销售的证明材料；进口新食品原料生产企业所在国（地区）有关机构或者组织出具的对生产企业审查或者认证的证明材料。申请人应当按照有关规定进行网上申报，填写申请表，同时填写可以向社会公开的内容。

新食品原料研制报告应当包括：新食品原料的研发背景、目的和依据；新食品原料名称，包括商品名、通用名、化学名（包括化学物统一编码）、英文名、拉丁名等。

安全性评估报告应当包括下列材料：

（1）成分分析报告：包括主要成分和可能的有害成分检测结果及检测方法。

（2）卫生学检验报告：3批有代表性样品的污染物和微生物的检测结果及方法。

（3）毒理学评价报告：国内外均无传统食用习惯的（不包括微生物类），原则上应当进行急性经口毒性试验、三项遗传毒性试验、90天经口毒性试验、致畸试验和生殖毒性试验、慢性毒性和致癌试验及代谢试验。仅在国外个别国家或国内局部地区有食用习惯的（不包括微生物类），原则上进行急性经口毒性试验、三项遗传毒性试验、90天经口毒性试验、致畸试验和生殖毒性试验；若有关文献材料及成分分析未发现有毒性作用且人群长期食用历史而未发现有害作用的新食品原料，可以先评价急性经口毒性试验、三项遗传毒性试验、90天经口毒性试验和致畸试验。已在多个国家批准广泛使用的（不包括微生物类），在提供安全性评价材料的基础上，原则上进行急性经口毒性试验、三项遗传毒性试验、28天经口毒性试验。国内外均无食用习惯的微生物，应当进行急性经口毒性试验、致病性试验、三项遗传毒性试验、90天经口毒性试验、致畸试验和生殖毒性试验。

大型真菌的毒理学试验按照植物类新食品原料进行。

根据新食品原料可能的潜在危害，选择必要的其他敏感试验或敏感指标进行毒理学试验，或者根据专家评审委员会的评审意见，验证或补充毒理学试验。

安全性评估意见：按照危害因子识别、危害特征描述、暴露评估、危险性特征描述的原则和方法进行。

2. 审核与受理 国家卫生计生委所属卫生监督中心承担新食品原料安全性评估材料的申报受理、组织开展安全性评估材料的审查等具体工作，包括专家评审和现场核查，以及技术评审结论的审核、报批等相关工作。

专家评审委员会应对下列内容进行重点评审：①研发报告应当规范、完整，目的明确，依据充分，过程科学；②生产工艺应当安全合理，加工过程中所用原料、添加剂及加工助剂应当符合我国食品安全标准和有关规定；③执行的相关标准应符合我国食品安全标准和有关规定；④各成分含量应在预期摄入水平下对健康不产生影响；⑤卫生学检验指标应符合我国食品安全标准和有关规定；⑥毒理学评价报告应当符合《食品安全性毒理学评价程序和方法》（GB 15193）规定；⑦安全性评估意见的内容、格式及结论应当符合《食品安全风险评估管理规定》的有关规定；⑧标签及说明书应当符合我国食品安全国家标准和有关规定。

新食品原料技术评审过程中，评审委员会认为需要进行现场核查的，应当向卫生监督中心提出申请并指定现场核查的重点内容。

国家卫生计生委自受理新食品原料申请之日起60日内，应当组织专家对新食品原料安全性评估材料进行审查，做出审查结论。

3. 审查与批准 专家评审委员会通过评审对新食品原料做出技术评审结论。技术评审结论分为延期再审、建议不批准、终止审查和建议批准4类。

有下列情况之一的，专家评审委员会做出"延期再审"的技术评审结论：需修改、补充材料的；需要进行现场核查的；需要进行验证性试验的；需要进一步科学论证的；其他延期再审的情况。卫生监督中心对技术评审结论为"延期再审"的，向申请人出具"行政许可技术评审延期通知书"。

有下列情况之一的，专家评审委员会做出"建议不批准"的技术评审结论：不具有食品原料特性的；不符合应当有的营养要求的；安全性不能保证的；申报材料或样品不真实的；其他不符合我国有关法律、法规规定的。卫生监督中心对技术评审结论为"建议不批准"的，向申请人出具"行政许可技术评审意见告知书"。

有下列情况之一的，专家评审委员会做出"终止审查"的技术评审结论：经审核为普通食品或与普通食品具有实质等同的；与已公告的新食品原料具有实质等同的；其他终止审查的情况。对技术评审结论为"终止审查"的，卫生监督中心报国家卫生计生委核准后做出终止审查的决定，向申请人出具"行政许可终止审查通知书"，并告知终止审查的理由。

专家评审委员会对符合食品安全要求的，做出"建议批准"的技术评审结论。对技术评审结论为"建议批准"的，卫生监督中心报国家卫生计生委核准后，由国家卫生计生委向社会公开征求意见。征求意见时间为30日。

二、保 健 食 品

（一）概念

保健食品（health foods）是指声称具有特定保健功能或者以补充维生素、矿物质为目的的食品，即适宜于特定人群食用，具有调节机体功能，不以治疗疾病为目的，并且对人体不产生任何急性、亚急性或者慢性危害的食品。

保健食品的基本特征，首先是食品属性。保健食品是食品，具备食品的基本特征。即应当无毒、无害，符合应当有的营养和卫生要求，具有相应的色、香、味等感官性状。作为保健食品应当含有一种或数种营养素并达到一定含量水平，但不能要求保健食品等同于普通食品，为人体提供各种营养素，而且更不能将保健食品视为正常膳食，作为各种营养素来源的主要途径。其次，保健食品必须具有功效作用，这是保健食品的核心。这种保健功能必须是明确的、具体的、针对特定人群的且经过科学验证的，使之与普通食品相区别。再者，其食用范围不同于一般食品，只适于指定的人群食用。例如，延缓衰老的保健食品适宜于中老年人，调节血脂的保健食品只能适宜于高血脂的人群。最后，保健食品与药品有严格的区别。保健食品是以调节机体功能为主要目的，不是为治疗疾病而设计的产品。保健食品即便在某些疾病状态下也可以使用，但它不能代替药物的治疗作用。目前，我国的保健食品，除具有食品的外形以外，还有丸、丹、膏、散、片剂、口服液等类似于药物的剂型。

（二）保健食品的监督管理

《食品安全法》规定，国家对声称具有特定保健功能的食品实行严格监管。有关监督管理部门应当依法履职，承担责任，具体管理办法由国务院规定。声称具有特定保健功能的食品不得对人体产生急性、亚急性或者慢性危害，其标签、说明书不得涉及疾病预防、治疗功能，内容必须真实，应当载明适宜人群、不适宜人群、功效成分或者标志性成分及其含量等；产品的功能和成分必须与标签、说明书相一致。

2003年10月10日起，保健食品审批职能由卫生部划转到国家食品药品监督管理总局。国家食品药品监管局制定了《保健食品注册管理办法（试行）》，于2005年7月1日起施行。

1. 保健食品注册申请 保健食品注册是指国家食品药品监督管理局根据申请人的申请，依照法定程序、条件和要求，对申请注册的保健食品的安全性、有效性、质量可控性及标签说明书内容等进行系统评价和审查，并决定是否准予其注册的审批过程；包括对产品注册申请、变更申请和技术转让产品注册申请的审批。

保健食品注册申请人，是指提出保健食品注册申请，承担相应法律责任，并在该申请获得批准后持有保健食品批准证书者。境内申请人应当是在中国境内合法登记的公民、法人或者其他组织。境外申请人应当是境外合法的保健食品生产厂商。境外申请人办理进口保健食品注册，应当由其驻中国境内的办事机构或者由其委托的中国境内的代理机构办理。

保健食品的注册申请包括产品注册申请、变更申请、技术转让产品注册申请。

国家食品药品监督管理局确定的检验机构负责申请注册的保健食品的安全性毒理学试验、功能学试验（包括动物试验和（或）人体试食试验）、功效成分或标志性成分检测、卫生学试验、稳定性试验等；承担样品检验和复核检验等具体工作。

2. 保健食品的审批 分国家食品药品监督管理局和省食品药品监督管理局两级进行，省级进行初审，国家食品药品监督管理局在省级初审的基础上进行受理，组织由食品卫生、营养、药学、食品工业、中医等方面专家组成的评审委员会对申报资料进行技术评审，根据评审委员会的技术评价报告和技术评审结论对申报资料进行审查，对符合条件的产品予以注册，向申请人颁发《保健食品批准证书》。保健食品批准证书有效期为 5 年。国产保健食品批准文号格式为：国食健字 G+4 位年代号+4 位顺序号；进口保健食品批准文号格式为：国食健字 J+4 位年代号+4 位顺序号。口岸进口食品卫生监督检验机构凭《进口保健食品批准证书》进行检验，合格后放行。

3. 保健食品生产过程的监督　我国食品安全法确立了对保健食品实行严格监管的原则，有关监督管理部门应当依照食品安全法和国务院的规定，对保健食品实施严格监管，依法履职，承担责任。未经相关部门审查批准的企业，不得生产保健食品。

保健食品的生产过程、生产条件除必须符合相应的食品生产企业卫生规范或其他有关卫生要求外，还必须达到其特殊的生产工艺和条件，以满足对加工过程中功效成分不损失、不破坏、不转化和不产生有害的中间体的要求。《保健食品企业良好生产规范》要求保健食品的生产企业应按此规范要求组织生产和管理，并逐步建立 HACCP 质量保证体系，以确保产品具有应有的保健功能和卫生质量。

保健食品生产者必须按照批准的内容组织生产，不得改变产品的配方、生产工艺、企业产品质量标准及产品名称、标签、说明书等。在生产工艺执行方面应重点监督原料的投放，包括是否按配方提供品种及数量，注意贵重或稀有原料的使用情况及有无滥加违禁物质现象。

4. 保健食品的市场监督

（1）索证索票管理：保健食品经营者采购保健食品时，必须索取保健食品批准证书复印件和产品检验合格证。采购进口保健食品应索取进口保健食品批准证书复印件及口岸进口食品卫生监督检验机构的检验合格证。

（2）质量安全指标和功效成分的监督检测。

（3）对违法加入药物行为的监督：鉴于在减肥类保健食品中屡次出现添加违禁药物的现象，应对重点功能（如减肥功能），以及那些与临床治疗药物有密切关联的保健功能（如调节血糖、调节血脂、改善睡眠等）开展监督检测，以遏制保健食品中违法添加药物的可能性，确保消费者安全。

（4）对保健食品标签、说明书的要求：保健食品标签和说明书必须符合国家有关标准和要求，并标明产品名称、主要原（辅）料、功效成分／标志性成分及含量、保健功能、适宜人群、食用量及食用方法、规格、保质期、贮藏方法和注意事项等内容。所标明的内容必须与产品的真实状况相符，并与批准文书中的内容相一致。标签和说明书不得涉及疾病预防、治疗功能等内容。生产者如果故意在保健食品的标签、说明书上标注虚假信息，则构成欺诈，应依法承担相应法律责任。

（5）对保健食品广告宣传的要求：国家食品药品监督管理局要求各省（自治区、直辖市）食品药品监督管理局对保健食品广告在发布前进行审查。规定了保健食品广告中不得出现的内容包括：含有表示产品功效的断言或者保证；含有使用该产品能够获得健康的表述；夸大疾病的危害来诱导患者购买保健品；利用和出现国家机关及其事业单位、医疗机构、学术机构、行业组织的名义和形象，或者以专家、医务人员和消费者的名义和形象为产品功效作证明；直接或者间接地宣传治疗作用，或者借助宣传某些成分的作用明示或者暗示该保健食品具有疾病治疗的作用等。对审查合格的保健食品广告申请，发给保健食品广告批准文号，保健食品广告批准文号有效期为一年。

保健食品命名应当符合符合国家有关法律、法规、规章、标准、规范的规定；反映产品的真实属性，简明、易懂，符合中文语言习惯；通用名不得使用已经批准注册的药品名称。

国家食品药品监督管理局应当根据国家有关的标准、规定、产品申报资料和样品检验的情况，对标签、说明书样稿的内容进行审查。

> **知识链接**
>
>
>
> A
>
>
>
> B   C
>
> 图 7-1 保健食品标志
>
> A. 2003 年前国产、进口保健食品标志；B. 2003 年后国产保健食品标志；C. 2003 年后进口保健食品标志。

三、转基因食品的安全管理

(一) 概念

转基因食品（genetically modified foods，GM or GMF）是指利用基因工程技术改变基因组构成的动物、植物和微生物生产的食品和食品添加剂，包括：转基因动植物（含种子、种畜禽、水产苗种）和微生物；转基因动植物、微生物产品；转基因动植物、微生物直接加工品；含有转基因动植物、微生物或者其产品成分的种子、种畜禽、水产苗种、农药、兽药、肥料和添加剂等产品。

基因工程技术是指使用基因工程或分子生物学技术，将遗传物质导入活细胞或生物体中，产生基因重组现象，使之表达并遗传的相关技术。自 20 世纪 80 年代，转基因工程技术逐步渗透到农业、医药等领域，并先后取得重大突破。"转基因生物"，是指遗传基因物质通过转基因技术改变的生物，而不是以自然增殖或自然重组的方式生产，包括转基因动物、转基因植物和转基因微生物三大类。目前，被批准商业化生产的转基因食品中 90% 以上为转基因植物及其衍生物，因此，现阶段所提的转基因食品实际上是指转基因植物类食品，与传统食品的主要差异在于前者含有来源于其他生物体的外源基因。

美国是转基因技术应用最多的国家。1993 年，第一个延长货架期转基因番茄在美国批准上市。目前，有 20 多种转基因农作物的种子已经获准在美国播种，包括玉米、大豆、油菜、土豆和棉花。1999～2004 年，美国基因工程农产品和食品的市场规模从 40 亿美元扩大到 200 亿美元，据估计，到 2019 年将达到 750 亿美元。全世界 80% 的转基因农作物出自美国孟山都（Monsanto）、杜邦等 5 家跨国公司。这些公司拥有相关基因、作物和种子的专利权，对转基因产品的市场拥有垄断性的控制权。我国已批准棉花、矮牵牛花、西红柿和甜椒几种转基因产品进行大田释放，即在自然条件下采取相应安全措施所进行的中规模试验，1999 年的种植面积达 30 万公顷，其中种植面积最多的是转基因棉花。食品只有西红柿和甜椒两种，甜椒由于缺乏优良品种而未能大面积推广播种，而转基因西红柿的种植面积已达几万亩。

转基因植物食品是指转基因植物产生的食品或利用转基因植物为原料生产的食品或食品添加剂，即将外源目的基因构建在质粒载体上，通过生物、物理或化学方法将载体导入受体植物细胞中，目的基因整合到受体细胞染色体中，随受体细胞染色体分裂增殖，将外源基因稳定遗传给子代。目前国内外已研究开发并商品化生产的转基因植物品种主要有：大豆、玉米、水稻、马铃薯、西红柿、甜瓜、西葫芦、棉籽（棉花）、向日葵、油菜、甜菜、甜椒、矮牵牛花、芹菜等。

转基因动物食品是指由转基因动物产生的食物或利用转基因动物为原料生产的食品或食品添加剂，即将外源目的基因导入动物体细胞，或者将外源目的基因稳定整合到受体动物生殖细胞，然后将携带外源基因的体细胞或生殖细胞移入动物母体子宫，孕育出完整的转基因动物。目前国内外已研究开发并商品化生产的转基因动物品种主要有：小鼠、牛、猪、羊、兔、鲤鱼、罗非鱼、泥鳅、鲶鱼、鳟鱼等。

转基因微生物食品是指由转基因微生物产生的食物或利用转基因微生物为原料生产的食品或食品添加剂，即将外源目的基因导入微生物的基因组改变其遗传性状。常用转化或转染技术，将构建在质粒或病毒载体上的外源目的基因导入受体微生物。目前国内外已研究开发并商品化生产的转基因微生物品种主要有：基因改造的食用菌和食品工程菌、防病杀虫微生物、固氮微生物、防止植物霜冻微生物等。

由于基因工程技术将外源性 DNA 分子与受体基因形成新的组合，打破了物种间的界限，使带有外源基因的新生物能够具有与固有遗传性状完全无关的新特性，由此取得预期的有利特性。转基因食品主要具有以下几个方面的优势：①增加食物产量，解决粮食危机。粮食是未来世界最大的挑战，目前世界人口已经超过 65 亿，其中有 12 亿人正在遭受饥饿的折磨。通过转基因技术可以培育出高产、优质的生物新品种，增加粮食作物和动物性食品的产量，减少饥饿及营养不良的发生。②改善食物品质，控制成熟期，以适应市场需求。③生产食品配料，发展功能性食品。④抗病、抗虫、抗除草剂。利用 DNA 重组、细胞融合等基因工程技术将抗病毒、抗虫基因导入棉花、小麦、番茄、辣椒等植物，并获得稳定的转基因新品系。一批具有抗除草剂、抗昆虫、抗真菌、抗病毒、抗重金属、抗盐及固氮等转基因作物的涌现，降低了生产成本，提高了产量，同时也减少了因使用农药、化肥等造成的环境污染，解决"发展与代价"的矛盾。

目前转基因食品的安全性在全球范围内引起各国政府和民众的广泛关注，转基因食品可能存在的安全性问题主要有以下几个方面。

（1）环境安全性：转基因技术有可能造成"基因污染"，若有特殊功能的基因"逃逸"到相近的野生生物体系中去将无法控制；其他生物吃了转基因食物是否可能灭绝或产生畸变；转基因技术的滥用是否会破坏生物的多样性，打破原有生物的动态平衡。

（2）食品安全性：具体有以下几点内容。①潜在致敏性：转基因食品中引入的新基因蛋白质有可能是食品致敏原。②产生有毒物质：遗传修饰在打开一种目的基因的同时，也可能提高天然植物毒素的含量。例如，芥酸、黄豆毒素、番茄毒素、棉酚、马铃薯的茄碱、甾醇、酪酸、组胺、木薯和立马豆的氰化物、豆科的蛋白酶抑制剂等，有可能被打开而增加这些毒素的含量，给消费者造成伤害。③营养问题：改变蛋白质组成的食物是否能够被人体有效地吸收利用，食物的营养价值是否下降或造成体内营养素紊乱。另外，由于外源基因的来源、导入位点的不同及具有的随机性，极有可能产生基因缺失、错码等突变，使所表达的蛋白质产物的性状改变。④抗生素的抗性：由于目前在基因工程中选用的载体大多数为抗生素抗性基因标记，抗生素抗性通过转移或遗传转入食物链，是否会进入人体和动物体内的微生物中，从而产生耐药的细菌或病毒，使其具有对某一种抗生素的抗性，而影响抗生素治疗的有效性。

（二）转基因食品的安全性评价

国际食品生物技术委员会与联合国粮农组织/世界卫生组织（FAO/WHO）专家评议会认为用传统生物技术（杂交、培育、突变）生产的食品一般是安全的。用传统的食品安全性评价方法来评价转基因食品的安全性就不合适，转基因食品的安全性应着重从宿主、载体、插入基因、重组 DNA、基因表达产物和对营养成分的影响等方面考虑。

1. 安全性评价的基本原则 经济合作与发展组织（Organization for Economic Co-operation and Development, OECD）于 1993 年提出"实质等同性概念"是评价食品安全性最有效的途径。2000

年FAO/WHO的会议讨论了转基因食品安全与营养评价的科学基础和法则，认为实质等同性是转基因食品安全性评价框架的核心内容。

实质等同性原则的内容包括：表型性状等同，如植物的形态、生长、产量、抗虫性及育种的农艺性状；成分等同包括：主要营养成分和有害物质；插入性状安全，指转基因食品与原型食品具有以上等同性外，还包括特定插入基因的安全性如过敏、抗性、基因转移等方面的分析。如果一种新食品或成分与已存在的食品和成分实质等同，即认为新食品是安全的。

除上述总原则外，由于对新的转基因植物缺乏了解和经验，也由于转基因植物种类及其生长环境的多样性，对其安全性评估还应采取以下原则：①个案分析的原则；②逐步完善的原则；③在积累数据和经验的基础上，使监控管理区向宽松化和简单化的原则。

2. 安全性评价的内容和方法

（1）转基因食品安全性评价的主要内容：①转基因成分及其稳定性，包括目的基因、调控基因、标记基因、报告基因、外源mRNA、外源蛋白质等；②来自食品植物、动物的特征毒素及抗营养因子；③致敏原；④重要的营养成分含量和生物利用度；⑤致突变、致畸性、致癌性。

（2）转基因食品安全性评价方法：根据转基因食品安全性评价的内容和原则，确定转基因食品与食物供给中已存在的普通食品或食品成分的实质等同性。实质等同性可在食品或食品成分水平上进行，这种分析应尽可能以物种为单位来比较，以便灵活地用于同一种生产的各类食品。研究中应考虑所评估的特性会有自然差别，根据这些自然差别的分析数据来确定一定的变异范围。确定实质等同性包括了研究转基因生物体的分子生物学特征、表型特征、主要营养成分、抗营养因子、毒性物质和过敏原。

欧盟采用等同性和相似性定标法，将转基因食品与相应的传统食品比较，然后根据其差别大小，分为三类，再分别进行评价。

1类转基因食品：它们是与参照传统食品或原料实际等同的转基因食品或原料。对于单一的、在化学上已确定的食品或原料，实质等同是指其生物属性在相似传统食品天然差异范围之内；要求这类转基因食品每个代谢产物必须是清楚的；人体摄食量与相似传统产品相差不大；全部DNA来自亲本生物或基因产物水平与亲本相同。1类新型食品不需更深入的资料即可作出安全性评价。

2类转基因食品：它们是与参照传统食品或原料十分相似的转基因食品或原料。它们与相似传统食品实际等同，但某些性质有差别。它具有或没有某种新的成分或性质（如微生物的致病性）。对新型食品中的成分需要重点进行安全性评价，查阅文献以及做毒理学试验。考察遗传性的改变产生了什么效应，分子结构的改变引起了什么作用，溶解度、生物利用度是否变化等。

3类转基因食品：它们是与参照传统食品既不等同也不相似的转基因食品。但这并不意味着它一定不安全，对这类转基因食品或原料需考虑进行深入的安全性评价。例如，分析受体生物、遗传操作和插入的DNA、遗传工程体及其产物特性如表现型、化学和营养成分等，若插入的是功能不很清楚的基因组区段，同时应考虑供体生物的背景资料。然后根据以上初步分析的结果及该食物在人类膳食中所起的作用，决定是否需要同时采用体外和特异的体内动物试验。

我国国家科学技术委员会于1993年12月24日颁布了《基因工程安全管理办法》，办法按照潜在的危险程度将基因工程分别分为Ⅰ、Ⅱ、Ⅲ、Ⅳ级4个安全等级，分别表示对人类健康和生态环境尚不存在危险、具有低度危险、具有中度危险及具有高度危险，并规定从事基因工程实验研究的同时还应进行安全性评价。其重点是目的基因、载体、宿主和遗传工程的致病性、致癌性、抗药性、转移性及生态环境效应以及确定生物控制和物理控制等级。

从事农业转基因生物试验，一般应当经过中间试验、环境释放和生产性试验三个阶段。中间试验，是指在控制系统内或者控制条件下进行的小规模试验。环境释放，是指在自然条件下采取相应安全措施所进行的中规模的试验。生产性试验，是指在生产和应用前进行的较大规模的试验。经农业转基因生物安全委员会进行安全评价合格的，并经国务院农业行政主管部门批准，农业转基因生物试验可由从上一试验阶段转入下一试验阶段。从事农业转基因生物试验的单位在生产性试验结束后，可以向国务院农业行政主管部门申请领取农业转基因生物安全证书。

国家农业部发布了《农业生物基因工程安全管理实施办法》，该实施办法就农业生物基因工程的安全等级和安全性评价、申报、审批、安全控制措施及法律责任均作了详细的描述和规定。

（三）转基因食品的安全管理

我国转基因生物安全管理体制是由农业部门负责农业转基因生物安全的监督管理工作。国务院建立农业转基因生物安全管理部际联席会议制度。农业转基因生物安全管理部际联席会议由农业、科技、环境保护、卫生、工业管理、检验检疫等有关部门的负责人组成，负责研究、协调农业转基因生物安全管理工作中的重大问题。

对转基因食品管理的主要内容包括食用安全性评价和农业转基因生物安全证书制度、标识管理制度、转基因食品进口管理制度，涉及的管理规定有：《农业转基因生物安全管理条例》（2001年5月23日起施行，2011年1月8日修订），《农业转基因生物安全评价管理办法》（2002年3月20日起施行），《农业转基因生物进口安全管理办法》（2002年3月20日起施行，2004年7月1日修订），《农业转基因生物标识管理办法》（2002年3月20日起施行，2004年7月1日修订）。

1. 转基因食品种植养殖、加工利用、产品经营的管理规定　生产转基因植物种子、种畜禽、水产苗种，应当取得国务院农业行政主管部门颁发的种子、种畜禽、水产苗种生产许可证。生产转基因植物种子、种畜禽、水产苗种的单位和个人，应当建立生产档案，载明生产地点、基因及其来源、转基因的方法及种子、种畜禽、水产苗种流向等内容。经营转基因植物种子、种畜禽、水产苗种的单位和个人，应当建立经营档案，载明种子、种畜禽、水产苗种的来源、储存、运输和销售去向等内容。

从事农业转基因生物生产、加工的单位和个人，应当由国务院农业行政主管部门或者省（自治区、直辖市）人民政府农业行政主管部门批准。从事农业转基因生物生产、加工的单位和个人，应当按照批准的品种、范围、安全管理要求和相应的技术标准组织生产、加工，并定期向所在地县级人民政府农业行政主管部门提供生产、加工、安全管理情况和产品流向的报告。

经营转基因植物种子、种畜禽、水产苗种的单位和个人，应当取得国务院农业行政主管部门颁发的种子、种畜禽、水产苗种经营许可证，并建立经营档案，载明种子、种畜禽、水产苗种的来源、储存、运输和销售去向等内容。销售列入农业转基因生物目录的农业转基因生物，应当有明显的标识。未标识的，不得销售。

2. 转基因生物进口许可制度　转基因生物进口许可的制度主要有：从境外引进农业转基因生物用于研究、试验的，应当经农业部批准；境外公司向我国出口转基因植物种子、种畜禽、水产苗种和利用农业转基因生物生产的或者含有农业转基因生物成分的植物种子、种畜禽、水产苗种、农药、兽药、肥料和添加剂的，应当经农业部批准；境外公司向我国出口农业转基因生物用作加工原料的，应当经农业部批准。农业转基因生物在我国过境转移的，应当经国家出入境检验检疫部门批准。

3. 国家对农业转基因生物实行标识制度　联合国2000年制定的转基因食品贸易协定已由62个国家签署通过，称为《卡塔赫纳生物安全协定书》。任何含有转基因食品的产品都必须粘贴"可能含有转基因食品"的标签，并且出口商必须事先告知进口商，他们的产品是否含有转基因食品。进口商或其政府有权拒绝进口含有转基因食品的产品。

我国对农业转基因生物实行标识制度。实施标识管理的农业转基因生物目录，由国务院农业行政主管部门及国务院有关部门制订、调整并公布。农业转基因生物标识应当载明产品中含有转基因成分的主要原料名称；有特殊销售范围要求的，还应当载明销售范围，并在指定范围内销售。

农业部2002年1月公布的《农业转基因生物标识管理办法》对标识的方法进行了具体规定，并公布了第一批实施标识管理的农业转基因生物目录：大豆种子、大豆、大豆粉、大豆油、豆粕；

玉米种子、玉米、玉米油、玉米粉；油菜种子、油菜籽、油菜籽油、油菜籽粕；棉花种子；番茄种子、鲜番茄、番茄酱。

《农产品质量安全法》规定属于农业转基因生物的农产品，应当按照农业转基因生物安全管理的有关规定进行标识。

《食品标识管理规定》(2009年修订版)规定属于转基因食品或者含法定转基因原料的，应当在其标识上标注中文说明。

我国任何单位和个人不得从事销售未标识的农业转基因生物，转基因食品应注明产品中含有转基因成分的主要原料名称；有特殊销售范围要求的还应注明并在指定范围内销售。出口农产品，外方要求提供非转基因农产品证明，由口岸出入境检验检疫机构进行检测，并出具非转基因农产品证明；进口农业转基因生物，没有国务院农业行政主管部门颁发的农业转基因生物安全证书和相关批准文件或证书，或者与批准文件不符的应作退货或销毁处理；进口农业转基因生物不按规定标识的，需重新标识后方可入境。

第六节 食品安全风险监测和评估管理

> **知识拓展**
>
> **食品中丙烯酰胺的危险性评估**
>
> 丙烯酰胺，聚丙烯酰胺的前体物质。聚丙烯酰胺主要用于水的净化处理、纸浆的加工及管道的内涂层等。2002年瑞典国家食品管理局发现在一些油炸和烧烤的淀粉类食品，如炸薯条、炸土豆片、谷物、面包等中检出丙烯酰胺。由于丙烯酰胺具有潜在的神经毒性、遗传毒性和致癌性，因此食品中丙烯酰胺的污染引起了国际社会和各国政府的高度关注。2005年2月，联合国粮农组织和世界卫生组织联合食品添加剂专家委员会（JECFA）第64次会议根据近两年来的新资料，对食品中的丙烯酰胺进行了系统的危险性评估。内容主要包括：人体接触途径、吸收、分布及代谢、毒性、人体可能暴露量、危险性评估等。
>
> 由于煎炸食品是我国居民主要的食物，为减少丙烯酰胺对健康的危害，我国应加强膳食中丙烯酰胺的监测与控制，开展我国人群丙烯酰胺的暴露评估，并研究减少加工食品中丙烯酰胺形成的可能方法。

《食品安全法》规定，国家建立食品安全风险监测和评估制度，对食源性疾病、食品污染及食品中的有害因素进行监测，对食品中生物性、化学性和物理性危害进行风险评估。食品安全风险监测和评估制度的建立，标志着我国食品安全监管体系逐步从危机应对向风险监管评价预警转变，将对保障中国食品安全起很大促进作用。

一、食品安全风险监测

(一) 概念

食品安全风险监测（surveillance of food safety risks），是指通过系统地、持续地对食品污染、食品中有害因素，以及影响食品安全的其他因素进行样品采集、检验、结果分析，及早发现食品安全问题，为食品安全风险研判和处置提供依据的活动。

国家食品药品监管总局组织开展本系统食品安全风险监测工作，指导督促省级食品药品监管部门及风险监测技术机构相关工作。食品药品监管总局在指定的机构设立食品安全风险监测工作秘书处，承担风险监测数据汇总、分析等日常事务性工作。

省级食品药品监管部门按要求组织完成食品药品监管总局部署的风险监测工作任务，并负责组织对风险监测发现的问题样品进行调查核实、处置和结果报告。

建立食品安全风险监测制度，有利于及早发现食品安全风险，积累食品安全管理经验，较好地起到防范食品安全事故的作用，为进一步的食品安全风险评估和食品安全标准的制订等提供科学数据和实践经验，对于提高我国的食品安全水平、保障公众的生命健康权利能够发挥重大作用。国家食品药品监管总局组织开展的食品安全风险监测相关工作。

食品安全风险监测计划应符合食品种类风险等级分类分级管理原则，科学合理地确定监测产品品种、监测项目、监测区域、监测频次和样品数量等。食品安全风险监测计划的制订应遵循高风险食品监测优先选择原则，以下情况应作为优先考虑的因素：①健康危害较大、风险程度较高及污染水平、问题检出率呈上升趋势的；②易对婴幼儿等特殊人群造成健康影响的；③流通范围广、消费量大的；④在国内发生过食品安全事故或社会关注度较高的；⑤已列入《食品中可能违法添加的非食用物质和易滥用的食品添加剂品种名单》的；⑥已在国外发生的食品安全问题并有证据表明可能在国内存在的。

（二）食品安全风险监测内容

1. 食品污染及食品中的有害因素监测　食品污染（food contamination），是指在各种条件下，导致外源性有毒有害物质进入食品，或食物成分本身发生化学反应而产生有毒有害物质，从而造成食品安全性、营养性和（或）感官性状发生改变的过程。食品从种植、养殖到生产、加工、储存、运输、销售、烹调直至餐桌的整个过程中的各个环节，都有可能受到某些有毒有害物质的污染，以致降低食品卫生质量对人体造成不同程度的危害。

食品污染造成的危害，可以归结为：①影响食品的感官性状和营养价值；②对机体健康的不良影响，包括急性中毒，如食物中毒，引起机体的慢性危害及致畸、致突变和致癌作用等。

食品污染及食品中有害因素监测包括常规监测和专项监测。常规监测的主要目的是了解我国食品中污染物总体污染状况、污染趋势并为食品安全风险评估、标准制（修）订提供代表性的监测数据，同时也可以提示食品安全隐患。专项监测的主要目的是及时发现食品安全隐患，为食品安全监管提供线索。

食品中有害因素监测包括以下三方面内容。

（1）食品中化学污染物和有害因素监测：食品化学性污染涉及范围较广，情况也较复杂。主要包括：①农药、兽药不合理使用，残留在食品中；②工业三废（废水、废渣、废气）排放，造成有毒金属和有机物污染环境，继而转移至食品，如铅、砷、镉、汞、酚等；③食品容器、包装材料、运输工具等接触食品时融入食品中的有害物质；④滥用食品添加剂；⑤在食品加工、储存过程中产生的物质，如腌渍、烟熏、烘烤类食物产生的亚硝胺、多环芳烃、杂环胺、丙烯酰胺等以及酒中有害的醇类、醛类等；⑥掺假、制假过程中加入的物质，如在奶粉中加入三聚氰胺。

（2）食品微生物及其他致病因子监测：食品微生物污染主要有细菌与细菌毒素、真菌与真菌毒素及病毒等的污染。其中细菌、真菌及其毒素对食品的污染最常见、最严重；近年病毒污染食品引起的中毒，如轮状病毒、甲型肝炎病毒和禽流感病毒等也日益受到人们的关注。寄生虫和虫卵主要是由病人、病畜的粪便通过水体或土壤间接污染食品或直接污染食品。昆虫污染主要有螨类、蛾类、谷象虫及蝇、蛆等。

（3）食品中放射性物质监测：食品的放射性污染，主要来自放射性物质的开采、冶炼、生产、应用及意外事故造成的污染。

2. 食源性疾病监测　食源性疾病（foodborne diseases），是指凡是通过摄食进入人体的各种致病因子引起的，通常具有感染性的或中毒性的一类疾病，都称为食源性疾病。包括常见的食物中毒、肠道传染病、人畜共患传染病、寄生虫病及化学性有毒有害物质所引起的疾病。食源性疾患的发病率居各类疾病总发病率的前列，是当前世界上最突出的公共卫生问题。

食源性疾病监测是指通过医疗机构、疾病控制机构对食源性疾病及其致病因素的报告、调查和检测等措施收集的人群食源性疾病发病信息。

食源性疾病监测包括食源性疾病主动监测、疑似食源性异常病例/异常健康事件监测和食源性疾病报告三类。食源性疾病主动监测主要有哨点医院监测、实验室监测和流行病学调查三部分内容。疑似食源性异常病例/异常健康事件监测对象是食品相关异常病例和异常健康事件。食源性疾病报告对象是所有调查处置完毕的食源性疾病（包括食物中毒）事件。

国家食品药品监管总局建立食品安全风险分析研判工作例会制度，定期或不定期组织省级食品药品监管部门、风险监测承检机构和相关专家，开展食品安全风险监测结果的综合分析研判，提出监管重点建议。食品药品监管总局对风险监测中发现可能存在的区域性、系统性食品安全苗头性问题，要及时通报有关省级食品安全委员会办公室；涉及农业、质检等部门的，及时向相关部门通报。

二、食品安全风险监测管理

根据《食品安全法》、《食品安全法实施条例》等法律法规，国务院赋予国家食品药品监督管理总局制定食品安全风险监测管理规范（试行），实施国家食品安全风险监测计划，建立覆盖全国各省（自治区、直辖市）的国家食品安全风险监测网络，以有效实施食品安全风险监测制度，规范国家食品安全风险监测工作。

1. 食品安全风险监测计划的制订 国家食品安全风险监测计划应根据食品安全风险评估、食品安全标准制订与修订和食品安全监督管理等工作的需要制订。国家食品安全风险评估专家委员会负责提出制订计划的建议，于每年6月底前报送国家食品药品监督管理局。国家食品药品监督管理局会同国务院有关部门于每年9月底以前制订并印发下年度国家食品安全风险监测计划。

国家食品安全风险监测应遵循高风险食品监测优先选择原则，并兼顾常规监测范围和年度重点。制订国家食品安全风险监测计划的同时应制订国家食品安全风险监测计划实施指南，供相关技术机构参照执行。

2. 食品安全风险监测计划的实施 承担国家食品安全风险监测工作的技术机构应由国家食品药品监督管理局会同国务院工商、工商行政管理和国家食品药品监督管理等部门确定。承担机构应根据有关法律、法规的规定和国家食品安全风险监测计划实施指南的要求，完成监测计划规定的监测任务，按时报送监测数据和分析结果，保证监测数据真实、准确、客观，目前机构改革后，部分职能有所调整。

食品安全风险监测承检机构应符合以下条件：①拥有完善的实验室质量管理体系，具备食品检验机构资质认定条件和按照规范进行检验的能力，原则上应当按照有关认证认可的规定取得资质认定（非常规的风险监测项目除外）；②具有符合承担食品安全风险监测工作任务所需的人员、仪器设备、实验室环境设施、安全有效的信息管理体系；③具备与承担的食品安全风险监测任务相关的产品品种、检验项目、样品数量相适应的采样、检验能力；④检验活动中无重大差错，能够保证检验结果质量，参加与检验任务相关的能力验证并取得满意结果。

食品安全风险监测承检机构出现以下情况，应立即终止承担风险监测工作任务：①擅自对外发布或泄露食品安全风险监测数据和分析评价结果等信息，或利用食品安全风险监测相关数据进行有偿活动的；②检验工作出现差错并造成严重后果的。

食品药品监管总局应根据日常监管、有关部门通报的食品安全风险信息及其他风险信息，对食品安全风险监测计划内容进行调整，并根据需要组织开展应急监测和专项监测。

食品药品监管总局根据《食品安全风险监测承检机构管理规定（试行）》和风险监测工作需要

确定承检机构。食品安全风险监测承检机构应按照食品安全风险监测计划规定的检验方法进行检测，监测数据应准确、可靠，并按要求通过食品药品监管总局指定的信息系统及时报送。食品安全风险监测不得向被采样食品生产经营者收取采样和检验费用，监测样品由采样人员向被采样食品生产经营者购买。

三、食品安全风险评估管理

根据《食品安全法》和《食品安全法实施条例》的规定，国家卫生计生委会同工业和信息化部、农业部、商务部、工商总局、质检总局和国家食品药品监管局制定了《食品安全风险评估管理规定（试行）》。

（一）概念

食品安全风险评估（assessment of food safety risks），指对食品、食品添加剂中生物性、化学性和物理性危害对人体健康可能造成的不良影响所进行的科学评估，包括危害识别、危害特征描述、暴露评估、风险特征描述等。

危害：指食品中所含有的对健康有潜在不良影响的生物、化学、物理因素或食品存在状况。

危害识别：是识别可能对人体健康和环境产生不良效果的风险源，可能存在于某种或某类食品中的生物、化学和物理风险因素，并对其进行定性、定量描述的过程，即根据流行病学、动物试验、体外试验、结构-活性关系等科学数据和文献信息确定人体暴露于某种危害后是否会对健康造成不良影响、造成不良影响的可能性，以及可能处于风险之中的人群和范围。

危害特征描述：对与危害相关的不良健康作用进行定性或定量描述。可以利用动物试验、临床研究，以及流行病学研究确定危害与各种不良健康作用之间的剂量-反应关系、作用机制等。如果可能，对于毒性作用有阈值的危害应建立人体安全摄入量水平。

暴露评估：描述危害进入人体的途径，估算不同人群摄入危害的水平。根据危害在膳食中的水平和人群膳食消费量，初步估算危害的膳食总摄入量，同时考虑其他非膳食进入人体的途径，估算人体总摄入量并与安全摄入量进行比较。

风险特征描述：在危害识别、危害特征描述和暴露评估的基础上，综合分析危害对人群健康产生不良作用的风险及其程度，同时应当描述和解释风险评估过程中的不确定性。

开展食品安全风险评估是国际发展趋势，是应对日益严峻的食品安全形势的需要，是制订食品安全法规、标准和政策的重要基础。该制度的建立对于开展国际食品贸易也具有重大意义。开展食品安全风险评估，有利于提升公众的食品安全信心。有了食品安全风险评估工作作为基础，将有助于推动我国食品安全管理由末端控制向风险控制转变，由经验主导向科学主导转变，由感性决策向理性决策转变，从而提升食品安全的科学管理水平。

（二）食品安全风险评估

我国食品安全法规定我国的食品安全风险评估由卫生计生委负责，并成立食品安全风险评估专家委员会开展评估。主要工作内容包括：

1. 食品中化学物的危险评估　化学物的危险性评估主要针对有意加入的化学物、无意污染物和天然存在的毒素，包括食品添加剂、农药残留及其他农业用化学品、兽药残留、不同来源的化学污染物和天然毒素等。

2. 食品中的生物性因素的危险性评估　生物性因素的危险性评估主要针对致病性细菌、霉菌、病毒、寄生虫、藻类及其毒素。生物性危害主要通过产生的毒素或宿主进食具有感染性的活病原体而影响人体健康。

食品安全风险评估以食品安全风险监测和监督管理信息、科学数据及其他有关信息为基础，遵循科学、透明和个案处理的原则进行。任何部门不得干预国家食品安全风险评估专家委员会和食品安全风险评估技术机构承担的风险评估相关工作。

有下列情形之一的，由国家卫生计生委审核同意后向国家食品安全风险评估专家委员会下达食品安全风险评估任务：①为制订或修订食品安全国家标准提供科学依据需要进行风险评估的；②通过食品安全风险监测或者接到举报发现食品可能存在安全隐患的，在组织进行检验后认为需要进行食品安全风险评估的；③国务院有关部门按照《食品安全法实施条例》要求提出食品安全风险评估的建议，并按规定提出《风险评估项目建议书》；④卫生计生委根据法律法规的规定认为需要进行风险评估的其他情形。

对于下列情形之一的，国家卫生计生委可以作出不予评估的决定：通过现有的监督管理措施可以解决的；通过检验和产品安全性评估可以得出结论的；国际政府组织有明确资料对风险进行了科学描述且适于我国膳食暴露模式的。对作出不予评估决定和因缺乏数据信息难以作出评估结论的，卫生计生委应当向有关方面说明原因和依据；如果国际组织已有评估结论的，应一并通报相关部门。

国家食品安全风险评估专家委员会按照风险评估实施方案，遵循危害识别、危害特征描述、暴露评估和风险特征描述的结构化程序开展风险评估。

发生下列情形之一的（如处理重大食品安全事故需要的；公众高度关注的食品安全问题需要尽快解答的；国务院有关部门监督管理工作需要并提出应急评估建议的；处理与食品安全相关的国际贸易争端需要的），国家卫生计生委可以要求国家食品安全风险评估专家委员会立即研究分析，对需要开展风险评估的事项，国家食品安全风险评估专家委员会应当立即成立临时工作组，制订应急评估方案。

国家卫生计生委应当依法向社会公布食品安全风险评估结果，风险评估结果由国家食品安全风险评估专家委员会负责解释。

食品安全风险评估是进行食品安全管理的重要技术基础，有利于提升公众的食品安全信心。随着人民群众物质生活水平的提高，对食品安全卫生的要求也随之提高了。开展食品安全风险评估，可以变事后监管为事前预防，必将大大增强公众的食品安全信心。有了食品安全风险评估工作作为基础，将有助于推动我国食品安全管理由末端控制向风险控制转变，由经验主导向科学主导转变，由感性决策向理性决策转变，从而提升食品安全的科学管理水平。

第七节　重大食品安全事故应急处理

国家建立食品安全事故应急处置制度。按照分类管理、分级负责、条块结合、属地为主的原则，建立食品安全应急管理体系和运行机制。

案例 7-3
1998年1月26日，发生在山西朔州市的一起特大假酒中毒案。几天之中，该市有千余人中毒，27人死亡，严重危害人民群众的生命及健康。该案应属于重大食品安全事故哪一级？如何处理？

一、食品安全事故

食品安全事故，指食物中毒、食源性疾病、食品污染等源于食品，对人体健康有危害或者可能有危害的事故。

食品安全事故包括两个方面的含义：一是发生或可能发生食物中毒、食源性疾病均属于食品安全事故，表现为与食品中致病因子相对应的健康损害及临床症状和体征（通常称为健康损害事故）；二是对人体健康有危害或可能有危害的食品污染也属于食品安全事故（通常称为食品污染事故）。

食物中毒，指食用了被有毒有害物质污染的食品或者食用了含有毒有害物质的食品后出现的急性、亚急性疾病。食源性疾病，指食品中致病因素进入人体引起的感染性、中毒性等疾病。食物中毒往往在进食后较短时间内发病，临床表现多为胃肠道症状，且发病人群具有同一进食史，容易被消费者认知或怀疑；而许多食源性疾病不具有上述特点，不容易被察觉和发现，因而其造成的社会危害可能更大。

食品安全事故认定原则：一是发生食物中毒、食源性疾病等健康损害的。二是健康损害是否发生需要进一步调查确认，经调查确为食品安全问题引起的健康损害的，属于食品安全事故。三是已经发生的食品污染，虽然尚未引起健康损害，但已经造成了对公众健康的威胁，经卫生计生主管部门组织评估后，也可以认定为食品安全事故。

二、分级及响应

食品安全事故共分四级，即特别重大食品安全事故（Ⅰ级）、重大食品安全事故（Ⅱ级）、较大食品安全事故（Ⅲ级）和一般食品安全事故（Ⅳ级）。事故等级的评估核定，由卫生行政部门会同有关部门依照有关规定进行。

（一）安全事故分级

1. 特别重大食品安全事故（Ⅰ级）　符合下列情形之一的为特别重大食品安全事故（Ⅰ级）：事故危害范围跨越省级行政辖区，并有进一步扩大趋势的；超出省处置范围的；需要报请国务院或国务院授权部门负责处置的。

2. 重大食品安全事故（Ⅱ级）　符合下列情形之一的为重大食品安全事故（Ⅱ级）：事故危害严重，影响范围涉及省内两个以上市级行政区域的；造成伤害人数100人以上，并出现死亡病例的；造成10例以上死亡病例的；学校发生食物中毒事故、造成伤害人数50人以上的；在全国性或地区性重大活动、重要会议造成伤害人数50人以上的；省级政府认定的其他重大食品安全事故。

3. 较大食品安全事故（Ⅲ级）　符合下列情形之一的为较大食品安全事故（Ⅲ级）：事故影响范围涉及市级行政区域内2个以上县级行政区域，给人民群众饮食安全带来严重危害的；造成伤害人数100人以上或出现死亡病例的；市级政府认定的其他较大食品安全事故。

4. 一般食品安全事故（Ⅳ级）　符合下列情形之一的为一般食品安全事故（Ⅳ级）：事故影响范围涉及县级行政区域内2个以上乡镇，给大众饮食安全带来严重危害的；造成伤害人数30人以上、100人以下、未出现死亡病例的；县级政府认定的其他一般食品安全事故。

（二）处置原则

（1）以人为本，减少危害。把保障公众健康和生命安全作为应急处置的首要任务，最大限度减少食品安全事故造成的人员伤亡和健康损害。

（2）统一领导，分级负责。按照"统一领导、综合协调、分类管理、分级负责、属地管理为主"的应急管理体制，建立快速反应、协同应对的食品安全事故应急机制。

（3）科学评估，依法处置。有效使用食品安全风险监测、评估和预警等科学手段；充分发挥专业队伍的作用，提高应对食品安全事故的水平和能力。

（4）居安思危，预防为主。坚持预防与应急相结合，常态与非常态相结合，做好应急准备，落实各项防范措施,防患于未然。建立健全日常管理制度,加强食品安全风险监测、评估和预警;加强宣教培训,提高公众自我防范和应对食品安全事故的意识和能力。

三、应急处理指挥机构

食品安全事故发生后,卫生计生主管部门依法组织对事故进行分析评估,核定事故级别。特别重大食品安全事故,由卫生计生委会同食品安全办向国务院提出启动I级响应的建议,经国务院批准后,成立国家特别重大食品安全事故应急处置指挥部(以下简称指挥部),统一领导和指挥事故应急处置工作;重大、较大、一般食品安全事故,分别由事故所在地省、市、县级人民政府组织成立相应应急处置指挥机构,统一组织开展本行政区域事故应急处置工作。

(一)指挥部设置

挥部成员单位根据事故的性质和应急处置工作的需要确定,主要包括卫生计生委、农业部、商务部、工商总局、食品药品监管总局、公安部、民政部和食品安全办等部门,以及相关行业协会组织。当事故涉及国外、港澳台时,增加外交部、港澳办、台办等部门为成员单位。由卫生计生委、食品安全办等有关部门人员组成指挥部办公室。指挥部负责统一领导事故应急处置工作;研究重大应急决策和部署;组织发布事故的重要信息;审议批准指挥部办公室提交的应急处置工作报告;应急处置的其他工作。

(二)工作组设置及职责

根据事故处置需要,指挥部可下设若干工作组,分别开展相关工作。
(1)事故调查组:由卫生计生委牵头,会同公安部、监察部及相关部门负责调查事故发生原因,评估事故影响,尽快查明致病原因,得出调查结论,提出事故防范意见;对涉嫌犯罪的,由公安部负责,督促、指导涉案地公安机关立案侦办,查清事实,依法追究刑事责任;对监管部门及其他机关工作人员的失职、渎职等行为进行调查。根据实际需要,事故调查组可以设置在事故发生地或派出部分人员赴现场开展事故调查(简称前方工作组)。
(2)危害控制组:由事故发生环节的具体监管职能部门牵头,会同相关监管部门监督、指导事故发生地政府职能部门召回、下架、封存有关食品、原料、食品添加剂及食品相关产品,严格控制流通渠道,防止危害蔓延扩大。
(3)医疗救治组:由卫生计生委负责,结合事故调查组的调查情况,制订最佳救治方案,指导事故发生地人民政府卫生计生委对健康受到危害的人员进行医疗救治。
(4)检测评估组:由卫生计生委牵头,提出检测方案和要求,组织实施相关检测,综合分析各方检测数据,查找事故原因和评估事故发展趋势,预测事故后果,为制订现场抢救方案和采取控制措施提供参考。检测评估结果要及时报告指挥部办公室。
(5)维护稳定组:由公安部牵头,指导事故发生地人民政府公安机关加强治安管理,维护社会稳定。
(6)新闻宣传组:由中央宣传部牵头,会同新闻办、卫生计生委等部门组织事故处置宣传报道和舆论引导,并配合相关部门做好信息发布工作。
(7)专家组:指挥部成立由有关方面专家组成的专家组,负责对事故进行分析评估,为应急响应的调整和解除以及应急处置工作提供决策建议,必要时参与应急处置。

四、监测、预警与应急响应

我国食品药品监管局负责国家重大食品安全事故的日常监管工作,负责建立健全应对突发重大食品安全事故的救助体系和运行机制，规范和指导应急处理工作，有效预防、积极应对、及时控制重大食品安全事故，高效组织应急救援工作，最大限度地减少重大食品安全事故的危害，保障公众身体健康与生命安全，维护正常的社会秩序。

1. 监测系统　国家建立统一的重大食品安全事故监测、报告网络体系，加强食品安全信息管理和综合利用。构建各部门间信息沟通平台，实现互联互通和资源共享。建立畅通的信息监测和通报网络体系，形成统一、科学的食品安全信息评估和预警指标体系。设立全国统一的举报电话。加强对监测工作的管理和监督，保证监测质量。

2. 预警系统　卫生、工商、质检、农业、商务、海关等部门应当按照各自职责，加强对重点品种、重点环节、重点场所，尤其是高风险食品种植、养殖、生产、加工、包装、贮藏、经营、消费等环节的食品安全日常监管；建立健全重大食品安全信息数据库和信息报告系统，及时分析对公众健康的危害程度、可能的发展趋势，及时作出预警，并保障系统的有效运行。建立通报制度，接到重大食品安全事故报告后，应当在2小时内向与事故有关地区的食品安全综合监管部门和国务院有关部门通报，有蔓延趋势的还应向地方各级食品安全综合监管部门通报，加强预警预防工作。

3. 重大食品安全事故的应急响应　重大食品安全事故的应急响应分为4级，即特别重大食品安全事故的应急响应（Ⅰ级）、重大食品安全事故的应急响应（Ⅱ级）、较大食品安全事故的应急响应（Ⅲ级）、一般食品安全事故的应急响应（Ⅳ级）。

特别重大食品安全事故的应急响应（Ⅰ级）：特别重大食品安全事故发生后，国家应急指挥部办公室应当及时向国家应急指挥部报告基本情况、事态发展和救援进展等。向指挥部成员单位通报事故情况，组织有关成员单位立即进行调查确认，对事故进行评估，根据评估确认的结果，启动国家重大食品安全事故应急预案，组织应急救援。组织指挥部成员单位迅速到位，立即启动事故处理机构的工作；迅速开展应急救援和组织新闻发布工作，并部署省（自治区、直辖市）相关部门开展应急救援工作。开通与事故发生地的省级应急救援指挥机构、现场应急救援指挥部、相关专业应急救援指挥机构的通信联系，随时掌握事故发展动态。根据有关部门和专家的建议，通知有关应急救援机构随时待命，为地方或专业应急救援指挥机构提供技术支持。派出有关人员和专家赶赴现场参加、指导现场应急救援，必要时协调专业应急力量救援。组织协调事故应急救援工作，必要时召集国家应急指挥部有关成员和专家一同协调指挥。

重大食品安全事故的应急响应（Ⅱ级）：省级人民政府根据省级食品安全综合监管部门的建议和食品安全事故应急处理的需要，成立食品安全事故应急处理指挥部，负责行政区域内重大食品安全事故应急处理的统一领导和指挥；决定启动重大食品安全事故应急处置工作。接到重大食品安全事故报告后，省级食品安全综合监管部门应当立即进行调查确认，对事故进行评估，根据评估确认的结果，按规定向上级报告事故情况；提出启动省级重大食品安全事故应急指挥部工作程序，提出应急处理工作建议；及时向其他有关部门、毗邻或可能涉及的省（自治区、直辖市）相关部门通报情况；有关工作小组立即启动，组织、协调、落实各项应急措施；指导、部署市（地）相关部门开展应急救援工作。重大食品安全事故发生地人民政府及有关部门在省级人民政府或者省级应急指挥部的统一指挥下，按照要求认真履行职责，落实有关工作。食品药品监管局根据需要会同国务院有关部门赴事发地指导督办应急处理工作。

较大食品安全事故的应急响应（Ⅲ级）：市（地）级人民政府负责组织发生在本行政区域内的较大食品安全事故的统一领导和指挥，根据食品安全综合监管部门的报告和建议，决定启动较大食品安全事故的应急处置工作。

一般食品安全事故的应急响应（Ⅳ级）：一般食品安全事故发生后，县级人民政府负责组织有关部门开展应急救援工作。县级食品安全综合监管部门接到事故报告后，应当立即组织调查、确认和评估，及时采取措施控制事态发展；按规定向同级人民政府报告，提出是否启动应急救援预案，有关事故情况应当立即向相关部门报告、通报。

当重大食品安全事故随时间发展进一步加重，食品安全事故危害特别严重，并有蔓延扩大的趋势，情况复杂难以控制时，应当上报指挥部审定，及时提升预警和反应级别；对事故危害已迅速消除，并不会进一步扩散的，应当上报指挥部审定，相应降低反应级别或者撤销预警。

五、信息发布管理

国家建立食品安全信息统一公布制度。国务院食品药品监督管理部门统一公布下列信息：国家食品安全总体情况；食品安全风险警示信息；重大食品安全事故及其处理信息；其他重要的食品安全信息和国务院确定的需要统一公布的信息。

国家食品安全总体情况、食品安全风险警示信息，其影响限于特定区域的，也可以由有关省（自治区、直辖市）人民政府食品药品监督管理部门公布。县级以上食品安全监督管理部门依据各自职责公布食品安全日常监督管理信息。食品安全监督管理部门公布信息，应当做到准确、及时、客观。国务院食品药品监督管理部门建立统一食品安全信息平台，依法公布食品安全信息。

任何单位和个人发布可能对社会或者食品产业造成重大影响的食品安全信息，应当事先向食品生产经营企业、行业协会、科研机构、食品安全监督管理部门核实。任何单位和个人不得发布未经核实的食品安全信息，不得编造、散布虚假食品安全信息，未经授权不得发布依法由食品安全监督管理部门公布的食品安全信息。

第八节 法律责任

一、行政责任

国务院食品安全监督管理部门与公安部门建立食品安全行政执法和刑事司法工作衔接机制。食品安全监督管理部门发现涉嫌食品安全犯罪的，应当及时移送公安机关。对食品安全监督管理部门移送的案件，公安机关应当及时核查；公安机关认为符合立案标准的，应当立案侦查。

（一）行政处罚的主体

根据食品安全法的规定，行政处罚由相关主管部门，包括县级以上质量监督、工商行政管理、食品药品监督管理、动物卫生监督机构等部门执行。行政处罚的内容有：警告、责令改正、责令停产停业、没收违法所得、罚款、吊销许可证等。

（二）行政处罚的具体规定

1. 未经许可从事食品生产经营活动等的行政处罚 未经许可从事食品生产经营活动或未经许可生产食品添加剂的，由有关主管部门按照各自职责分工，没收违法所得、违法生产经营的食品、食品添加剂和用于违法生产经营的工具、设备、原料等物品并处以相应罚款。

2. 生产经营食品安全法所禁止生产经营的食品的行政处罚 生产经营禁止生产经营行政处罚内容行政处罚的方式有：警告、责令改正、责令停产停业、没收违法所得、罚款、吊销许可证等。处罚的具体内容主要包括：①未经许可从事食品生产经营活动的行政处罚；②生产经营食品安全法所禁止生产经营的食品的行政处罚；③生产经营被包装材料污染食品等四种违法行为的行政处罚；④未建立查验制度等违法行为的行政处罚；⑤发生食品安全事故单位的行政处罚；⑥违反食品进出口管理的行政处罚；⑦集中交易市场的开办者等违反食品安全法的行政处罚；⑧违法从事食品运输活动的行政处罚；⑨对被吊销许可证的食品生产经营单位的主管人员的行政处罚；⑩对食品检验机构、食品检验人员出具虚假检验报告的行政处罚；⑪食品广告虚假宣传等的行政处罚；⑫对政府及监管部门违反食品安全法的行政处罚等。

> **知识链接**
>
> 违反《中华人民共和国食品安全法》，未经许可从事食品、食品添加剂生产经营活动的，由食品安全监督管理部门按照各自职责分工，没收违法所得和违法生产经营的食品、食品添加剂及用于违法生产经营的工具、设备、原料等物品；违法生产经营的食品、食品添加剂货值金额不足一万元的，并处二千元以上五万元以下罚款；货值金额一万元以上的，并处货值金额五倍以上十倍以下罚款。

二、民事责任

违反食品安全法应承担民事责任，违反本法规定，造成人身、财产或者其他损害的，依法承担赔偿责任。生产不符合食品安全标准的食品或者销售明知是不符合食品安全标准的食品，消费者除要求赔偿损失外，还可以向生产者或者销售者要求支付价款十倍或者损失三倍的赔偿金。赔偿金额不足一千元的，赔偿一千元。

民事赔偿责任优先原则的规定：违反本法规定，应当承担民事赔偿责任和缴纳罚款、罚金，其财产不足以同时支付时，先承担民事赔偿责任。此条款确立了"民事赔偿优先"的原则，目的是保护权益受侵害的消费者，这充分体现了立法机关以人为本的立法理念。

编造、散布食品安全虚假信息，或者发布未经核实的食品安全信息，使食品生产经营者的合法权益受到损害的，依法承担民事责任。

三、刑事责任

《中华人民共和国刑法》第一百四十条规定：生产者、销售者在产品中掺杂、掺假，以假充真，以次充好或者以不合格产品冒充合格产品，销售金额五万元以上不满二十万元的，处二年以下有期徒刑或者拘役，并处或者单处销售金额百分之五十以上二倍以下罚金；销售金额二十万元以上不满五十万元的，处二年以上七年以下有期徒刑，并处销售金额百分之五十以上二倍以下罚金；销售金额五十万元以上不满二百万元的，处七年以上有期徒刑，并处销售金额百分之五十以上二倍以下罚金；销售金额二百万元以上的，处十五年有期徒刑或者无期徒刑，并处销售金额百分之五十以上二倍以下罚金或者没收财产。

《中华人民共和国刑法》第一百四十三条规定：生产、销售不符合卫生标准的食品，足以造成严重食物中毒事故或者其他严重食源性疾病的，处三年以下有期徒刑或者拘役，并处罚金；对人体健康造成严重危害或者其他严重情节的，处三年以上七年以下有期徒刑，并处罚金；后果特别严重的，处七年以上有期徒刑或者无期徒刑，并处罚金或者没收财产。

《中华人民共和国刑法》第一百四十四条规定：在生产、销售的食品中掺入有毒、有害的非食品原料的，或者销售明知掺有有毒、有害的非食品原料的食品的，处五年以下有期徒刑，并处罚金；对人体健康造成严重危害或者有其他严重情节的，处五年以上十年以下有期徒刑，并处罚金；致人死亡或者对人体健康造成特别严重危害的，处十年以上有期徒刑、无期徒刑或者死刑，并处销售金额百分之五十以上二倍以下罚金或者没收财产。

因食品安全犯罪被判处有期徒刑以上刑罚的，终身不得从事食品生产经营管理工作。

本 章 小 结

本章主要叙述了食品安全法律法规、食品安全标准及意义、我国食品安全监督管理体系、食品安全风险监测和评估管理、重大食品安全事故应急处理和法律责任。食品生产经营监督，包括：食品生产经营许可、食品生产过程卫生、禁止生产经营、食品广告及召回制度等；餐饮业食品安全监督，包括：餐饮服务许可、加工经营场所和建筑设施、食品采购、加工及储存、餐饮服务人员的健康管理和餐饮服务人员的食品安全知识培训管理；特殊食品的监督与管理，主要包括：新食品原料、保健食品、转基因食品监督与管理；食品安全风险监测和评估管理，包括：食品安全风险监测内容、食品安全风险监测管理、食品安全风险评估管理；重大食品安全事故应急处理，包括：食品安全事故、分级及响应、应急处理指挥机构、监测、预警与应急响应、信息发布管理等。法律责任，包括：行政责任、民事责任和刑事责任。

思 考 题

1. 简述食品安全监督的概念。
2. 食品安全监督的意义有哪些？
3. 食品安全风险监测的概念和意义有哪些？
4. 简述新食品原料的概念。
5. 保健食品的基本特征有哪些？
6. 简述食品安全风险评估工作内容。
7. 重大食品安全事故珠分级有哪些？

（刘晓芳）

第八章 药事管理法律制度与监督

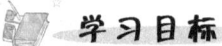

学习目标

掌握：药品和药品监督的概念，药品生产质量监督，药品经营质量监督，特殊药品监督，医疗机构药品监督，违反药品管理法所应当承担的法律责任。

熟悉：药品的质量特性和特殊属性，药品 GMP 认证，药品 GSP 认证。

了解：国家药事监督管理机构。

案例 8-1

食药监部门查处 14 起互联网制售假药案件

2016 年 2 月 5 日，某省和某市食药监管部门按照国家食品药品监督管理总局统一部署，积极开展打击利用互联网制售假药专项行动，根据分析排查获得的网上违法线索，深挖隐藏在背后的违法犯罪团伙，配合公安机关成功破获 14 起网络制售假药案件，捣毁制售假药窝点 15 个，抓获犯罪嫌疑人 17 人，缴获"雪域藏宝"、"美国摩根"等各类假药 40 余种，涉案金额 3000 余万元。

假药标示的生产企业和产品名称分别是：标示为西藏唐古拉巨龙生物科技有限公司生产的雪域藏宝；标示为香港巨龙生物科技有限公司生产的美国摩根；标示为香港天龙生物科技（国际）集团公司生产的早泄克星、性欲魔王、中华牛鞭、蚁力大补丸、速硬 100、华佗生精丸、伟哥 100、乐翻天、FERANCET253、好汉哥、活力金刚丸、大地勇士、五夜神、硬到底、神力金枪丸、第六代一粒神、德国黑蚂蚁生精片、天下第 1 棒、宫廷圣宝、壮根精华素、速勃延时 999、雪域神狼、持久战神等。

上述涉案假药使用枸橼酸西地那非化工原料与植物粉末，在不具有合法生产资质的黑窝点加工生产。不法分子通过伪造、编造生产企业名称，以壮阳、治疗男性性功能障碍为名，利用互联网宣传，通过网名为"依琪依舍"、"艾购 2014"、"时尚购物 18032"、"福如意饰品"、"男人本色 519"、"快活林情趣用品"等网店大肆销售。这些产品为追求所谓效果，加入远超正常剂量的枸橼酸西地那非，对人体健康会造成严重危害。

国家食品药品监督管理总局要求，各地食药监管部门要加强对网上违法信息的收集、整理、分析，积极配合公安机关严厉打击制售假药违法犯罪行为；加大对药品经营企业的监督检查力度，对从非法渠道购进药品的企业，要依法严肃查处，直至吊销其《药品经营许可证》；涉嫌犯罪的，一律移送公安机关追究刑事责任。同时，各互联网经营企业要切实履行责任，进一步强化对入网商家的资质审查和管理工作，发现违法线索，要及时向当地食药监部门报告。

国家食品药品监督管理总局提醒消费者，在互联网上购买药品时，应在医生或者药师的指导下，选择具有互联网药品交易服务资质的网站购买。消费者可登陆国家食品药品监督管理总局网站查询相关资质信息和药品信息。如发现可疑药品，可向当地食品药品监管部门或拨打 12331 投诉举报。

问题：

1. 什么是药品？什么是假药、如何界定假药？
2. 药品经营企业必须具备哪些条件？
3. 什么是互联网药品信息服务？申请提供互联网药品信息服务应当具备哪些条件？

第一节 概 述

根据第十二届全国人大第一次会议批准的《国务院机构改革和职能转变方案》（简称《机构改革方案》）和《国务院关于机构设置的通知》（国发〔2013〕14 号），设立国家食品药品监督管理总局（China food and drug administration，CFDA）（正部级），为国务院直属机构。

一、药品监督管理体制与法律体系

《机构改革方案》和《国务院机构设置通知》明确了国家食品药品监督管理总局（以下简称食药监总局）职能转变取消的职责、下放的职责、整合的职责、加强的职责，确定了主要职责、内设机构、人员编制、其他事项及附则。

（一）药品监督管理机构

1. 药品监督管理部门

（1）国家食品药品监督管理部门与药品管理的职责

1）职能转变：整合的职责主要包括将原卫生部组织制订药品法典的职责和确定食品安全检验机构资质认定条件与制订检验规范的职责、国家质量监督检验检疫总局化妆品生产行政许可、强制检验的职责以及医疗器械强制性认证的职责划入食药监总局并纳入医疗器械注册管理。整合国家质量监督检验检疫总局、原国家食药监管局所属食品安全检验检测机构，推进管办分离，实现资源共享，建立法人治理结构，形成统一的食品安全检验检测技术支撑体系。

2）主要职责：①负责起草食品（含食品添加剂、保健食品，下同）安全、药品（含中药、民族药，下同）、医疗器械、化妆品监督管理的法律法规草案，拟订政策规划，制定部门规章，推动建立落实食品安全企业主体责任、地方人民政府负总责的机制，建立食品药品重大信息直报制度，并组织实施和监督检查，着力防范区域性、系统性食品药品安全风险。②负责制定食品行政许可的实施办法并监督实施。建立食品安全隐患排查治理机制，制定全国食品安全检查年度计划、重大整顿治理方案并组织落实。负责建立食品安全信息统一公布制度，公布重大食品安全信息。参与制定食品安全风险监测计划、食品安全标准，根据食品安全风险监测计划开展食品安全风险监测工作。③负责组织制定、公布国家药典等药品和医疗器械标准、分类管理制度并监督实施。负责制定药品和医疗器械研制、生产、经营、使用质量管理规范并监督实施。负责药品、医疗器械注册并监督检查。建立药品不良反应、医疗器械不良事件监测体系，并开展监测和处置工作。拟订并完善执业药师资格准入制度，指导监督执业药师注册工作。参与制定国家基本药物目录，配合实施国家基本药物制度。制定化妆品监督管理办法并监督实施。④负责制定食品、药品、医疗器械、化妆品监督管理的稽查制度并组织实施，组织查处重大违法行为。建立问题产品召回和处置制度并监督实施。⑤负责食品药品安全事故应急体系建设，组织和指导食品药品安全事故应急处置和调查处理工作，监督事故查处落实情况。⑥负责制定食品药品安全科技发展规划并组织实施，推动食品药品检验检测体系、电子监管追溯体系和信息化建设。⑦负责开展食品药品安全宣传、教育培训、国际交流与合作。推进诚信体系建设。⑧指导地方食品药品监督管理工作，规范行政执法行为，完善行政执法与刑事司法衔接机制。⑨承担国务院食品安全委员会日常工作。负责食品安全监督管理综合协调，推动健全协调联动机制。督促检查省级人民政府履行食品安全监督管理职责并负责考核评价。⑩承办国务院以及国务院食品安全委员会交办的其他事项。

（2）地方药品监督管理部门与药品管理相关的职责

1）机构监管职能整合：省、市、县级地方政府原则上参照国务院整合食药监职能和机构模式，将原食品安全办、原食药监部门、工商行政管理部部门、质量监督部门的食品安全监督管理和药品监管职能进行整合组建食药监管机构，对食品药品实行统一监管，同时承担本级政府食安委的具体工作。地方各级食药监管机构领导班子由同级地方党委管理，主要负责人的任免，需事先征求上级业务主管部门的意见，业务上接受上级主管部门领导。

2）监管队伍和技术资源：将工商、质监部门相应的食品安全监管队伍和检验检测机构划转食药监管部门，整合县级食品安全检验检测资源，建立区域性检验检测中心。

3）基层监管体系：县级食药监管机构可在乡镇或区域设立食品药品监督管理派出机构。推进食品药品季度管理工作关口前移，重心下移，加快建立健全并形成食品药品监督管理横向到边、纵向到底的工作体系。地方政府要切实履行对本地区食品药品安全总负责制。建立生产经营主体责任制，监管部门要强化执法检查，加强食品药品安全风险监测，严密防范区域性、系统性食品药品安全风险。

2. 药品监督管理工作相关部门与药品监督管理相关职责　卫生计生部门负责起草中医药事业发展法律法规草案，拟订政策规划、部门规章、标准和技术规范，负责组织制订国家要务政策和国家和国家基本药物制度，组织制订国家基本药物目录等。中医药管理部门负责拟定中医药和民族医药事业的发展规划、政策和相关标准等。发展和改革宏观调控部门负责监测和监管药品宏观经济、药品价格监管，依法制订和调整药品政府定价目录及价格。人力资源和社会保障部门负责统筹建立覆盖城乡的社会保障体系，负责统筹拟订医疗保险、生育保险政策、规划和标准包括制订发布《国家基本医疗保险、工伤保险和生育保险药品目录》。工商行政管理部门负责药品广告监管。工业和信息化管理部门负责拟订和实施生物医药产业规划、政策和标准，承担行业管理工作并配合药监部门加强对互联网药品广告的整治。商务部门是药品流通行业的管理部门，指导行业协会实行行业自律，加强国际合作与交流。海关负责药品进出口口岸的设置与药品进出口的监管、统计与分析。公安部门负责组织食品、药品犯罪案件侦查工作。

（二）药品监督管理技术支撑机构

国家食品药品监督管理技术支撑机构的职责

1. 中国食品药品检定研究院（总局医疗器械标准管理中心）　中国食品药品检定研究院是食药监总局的直属事业单位，是国家检验药品生物制品质量的法定机构和最高技术仲裁机构。

2. 国家药典委员会　主要负责组织编制与修订《中华人民共和国药典》（以下简称《中国药典》）及其增补本。承办食药监总局交办的其他事项等。

3. 总局药品审评中心　是国家药品注册技术审评机构，是食药监总局的直属事业单位。负责对申请注册的药品进行技术审评，组织开展相关的综合评审工作。参与起草药品注册管理相关法律法规、部门规章和规范性文件。承办食药监总局交办的其他事项。

4. 总局食品药品审核查验中心　组织制订药品、医疗器械、化妆品审核查验工作的技术规范和管理制度。参与制订药品、医疗器械、化妆品相关质量管理规范及指导原则等技术文件。承办总局交办的其他事项。

5. 总局药品评价中心（国家药品不良反应监测中心）　为食药监总局直属事业单位（正局级）。承担全国药品不良反应、医疗器械不良事件监测与评价的技术工作及其相关业务组织工作，对省（自治区、直辖市）药品不良反应、医疗器械不良事件监测与评价机构进行技术指导。参与拟订、调整国家基本药物目录及非处方药目录。承办总局交办的其他事项。

6. 国家中药品种保护审评委员会（总局保健食品审评中心）　负责国家中药品种保护审评委员会的日常工作。负责组织国家中药保护品种的技术审查和审评工作。承办总局交办的其他事项。

7. 总局行政事项受理服务和投诉举报中心　为总局直属事业单位（正局级）。负责食药监总局依法承担的行政许可项目的受理、转办和审批结果总达工作。承担总局交办的其他事项。

8. 总局执业药师资格认证中心　开展执业药师资格准入制度及执业药师队伍发展战略研究，

参与拟订完善执业药师资格准入标准并组织实施。承办总局交办的其他事项。

（三）药品管理法律体系和法律关系

法的基本知识，如法的特征、法律渊源、法律效力、法律责任详见本教材第一章。

药品管理法律体系 我国目前与药品监管职责密切相关的法律有《中华人民共和国药品管理法》、《中华人民共和国禁毒法》两部法律。与药品有关的法律有《中华人民共和国刑法》、《中华人民共和国反不正当竞争法》、《中华人民共和国专利法》、《中华人民共和国价格法》、《中华人民共和国广告法》、《中华人民共和国消费者权益保护法》等。

知识链接

《中华人民共和国药品管理法》（中华人民共和国主席令第二十七号）

《全国人民代表大会常务委员会关于修改〈中华人民共和国药品管理法〉的决定》已由中华人民共和国第十二届全国人民代表大会常务委员会第十四次会议于2015年4月24日通过，现予公布，自公布之日起施行。

中华人民共和国主席 习近平
2015年4月24日

全国人民代表大会常务委员会关于修改《中华人民共和国药品管理法》的决定（2015年4月24日第十二届全国人民代表大会常务委员会第十四次会议通过）

第十二届全国人民代表大会常务委员会第十四次会议决定对《中华人民共和国药品管理法》作如下修改：

一、删去第七条第一款中的"凭《药品生产许可证》到工商行政管理部门办理登记注册"。

二、删去第十四条第一款中的"凭《药品经营许可证》到工商行政管理部门办理登记注册"。

三、删去第五十五条。

四、将第八十九条改为第八十八条，并删去其中的"第五十七条"。

五、删去第一百条。

本决定自公布之日起施行。

《中华人民共和国药品管理法》根据本决定作相应修改，重新公布。

由国务院制定发布的药品行政法规有《药品管理法实施条例》、《医疗器械监督管理条例》、《野生药材资源保护管理条例》、《中药品种保护条例》、《戒毒条例》、《易制毒化学品管理条例》、《麻醉药品和精神药品管理条例》、《反兴奋剂条例》、《血液制品管理条例》、《医疗用毒性药品管理办法》、《放射性药品管理办法》、《中医药条例》、《疫苗流通和预防接种管理条例》（修订，2016年4月25日施行）等十余部。

案例 8-2

中国疫苗企业接受世卫评估　纳入联合国采购计划

2016年4月11日，联合国儿童基金会（UNICEF）委托世界卫生组织（WHO）流行病控制疫苗紧急接种和储备小组专家对中国华兰生物疫苗有限公司的全面评估已于近日完成。UNICEF将根据评估结果，决定是否紧急采购中国企业的流脑疫苗，阻止流行性脑脊髓膜炎在易感季节蔓延。UNICEF计划紧急采购的疫苗为脑膜炎球菌多糖疫苗。WHO流行病控制疫苗紧急接种和储备小组专家对华兰公司疫苗生产流程、管理制度、质量安全等进行了为期4天的评估。

参与此次评估的WHO流行病控制疫苗紧急接种和储备小组负责人亚历杭德罗表示，由于大多数疫苗生产企业从传统的脑膜炎球菌多糖疫苗生产转向了结合疫苗生产，造成了流脑疫苗的短缺。由于无法有效获得这些疫苗来应对疫情，因此需要更多供应商来提供流脑多糖疫苗，华兰公司将可能成为流脑疫苗的供应商。亚历杭德罗表示，此次选择中国华兰公司是因为该公司的流感疫苗已于去年通过WHO疫苗预认证，并纳入联合国采购计划。

疫苗生产企业通过WHO疫苗预认证是获得联合国等国际组织疫苗采购的前提条件。目前，我国有2家公司通过预认证。华兰生物工程股份有限公司已于2014年向WHO提交了流脑疫苗预认证申请，2016年5月将接受WHO的现场核查。自去年华兰公司流感疫苗通过WHO预评估后，该公司向摩尔多瓦和老挝捐赠了共20万剂流感疫苗。2016年3月，摩尔多瓦卫生部发函表示感谢，称来自中国的流感疫苗有效降低了高风险人群流感发病率，且未收到不良反应报告。

现场评估结束后，WHO流行病控制疫苗紧急接种和储备小组专家对华兰公司流脑疫苗生产设施、生产工艺、质量控制、员工水平等给予了较高评价，表示将尽快形成正式结果。UNICEF将在此结果基础上综合各方意见形成最终结论，决定是否采购中国企业的流脑疫苗产品。

问题：
1. WHO为什么要对中国华兰生物疫苗有限公司进行全面评估？
2. 造成流脑疫苗的短缺原因及危害有哪些？

《上海市网络订餐食品安全监督管理办法》（2016年）、《江苏省药品监督管理条例》、《湖南省药品和医疗器械流通监督管理条例》、《湖北省药品管理条例》等。

《药品注册管理办法》、《药品生产质量管理规范》（good manufacturing practice for drugs，GMP）、《药品生产监督管理办法》、《药品非临床研究质量管理规范》（GLP）、《药品临床试验质量管理规范》（GCP）、《药品经营质量管理规范》（good supply practice for pharmaceutical products，GSP）（2013年6月1日起施行）、《药品流通监督管理办法》、《医疗机构配制制剂质量管理规范》、《药品经营许可证管理办法》、《处方药与非处方药分类管理办法》、《药品不良反应报告和监测管理办法》、《药品召回管理办法》、《中药材生产质量管理办法》、《药品进口管理办法》、《中药材生产质量管理办法》、《中药材生产质量管理规范（试行）》（good agricultural practice for chinese crude drugs，GAP）、《生物制品批签发管理办法》、《药品说明书和标签管理规定》、《药品广告审查办法》、《互联网药品信息服务管理办法》等。

《湖南省基本药物监督管理办法》、《辽宁省医疗机构药品和医疗器械使用监督管理办法》、《安徽省药品和医疗器械使用监督管理办法》、《浙江省医疗机构药品和医疗器械使用监督管理办法》、《北京市政府定价药品价格核定办法》、《山东省中药饮片炮制规范》、《深圳市药品零售监督管理办法》、《宁波市药品生产监督管理办法》等。

二、国家基本药物制度

基本药物、基本药物制度的概念与主要内容

1. 基本药物 基本药物是适应基本医疗卫生需求，剂型适宜，价格合理，能够保障供应，公众可公平获得的药品。国家基本药物目录是各级医疗卫生机构配备使用药品的依据。国家将基本药物全部纳入基本医疗保障药品目录。

2. 国家基本药物制度 国家基本药物制度是对基本药物的遴选、生产、流通、使用、定价、报销、监测评价等环节实施有效管理的制度，与公共卫生、医疗服务、医疗保障体系相衔接。基

本药物制度是一个全球化概念，是一个国家药物政策的核心，基本药物制度的主要内容包括国家基本药物目录的遴选调整、生产供应保障、集中招标采购和统一配送、零差率销售、配备使用、财政补偿、医保报销、质量安全监管及绩效评估等相关政策办法。

3. 基本药物和国家基本药物目录的管理

（1）国家基本药物工作委员会：国家基本药物工作委员会（简称委员会）负责全国基本药物管理。其职能是：①协调解决制订和实施国家基本药物制度过程中各个环节的相关政策问题。②确定国家基本药物制度框架。③确定国家基本药物目录遴选和调整的原则、范围、程序和工作方案。④审核国家基本药物目录。委员会由国家卫生和计划生育委员会、国家发展和改革委员会、工业和信息化部、监察部、财政部、人力资源和社会保障部、商务部、食药监总局、国家中医药管理局等部门组成。委员会办公室设在国家卫生计生委，承担国家基本药物工作委员会的日常工作。

（2）国家基本药物目录遴选原则、范围、调整依据及年限：国家基本药物目录是实施基本药物制度的基础和龙头。目录包括基层医疗卫生机构配备使用和其他医疗机构配备使用两个部分。①遴选原则：在充分考虑我国现阶段基本国情和基本医疗保障制度保障能力的基础上，基本药物的遴选按照"防治必需、安全有效、价格合理、使用方便、中西药并重、基本保障、临床首选"的原则，结合我国用药特点和基层医疗卫生机构配备的要求，参照国际经验，合理确定我国基本药物品种（剂型）和数量。②范围：国家基本药物应当是《中国药典》收载、国家卫生计生委、国家食药总局颁布的药品品种。在保持数量相对稳定的基础上，实行国家基本药物目录动态调整管理。③调整依据及年限：根据经济社会的发展、医疗保障水平、疾病谱变化、基本医疗卫生需求、药品不良反应监测评价、基本药物应用情况监测和评估、科学技术进步、已上市药品循证医学药物经济学评价及国家基本药物工作委员会规定的其他情况。

国家基本药物目录原则上每3年调整一次。必要时，国家基本药物工作委员会适时组织调整。省级人民政府统一增补本省（区、市）目录外药品品种，增补品种严格执行国家基本药物各项政策。要从严控制增补数量，不得将权限下放到市（地）、县（市、区）或基层医疗卫生机构。

（3）国家基本药物目录构成：2013年3月13日发布的《国家基本药物目录》（2012年版）（卫生部令第93号）（以下简称2012年版《基本药物目录》）中的药品包括化学药品和生物制品、中成药和中药饮片3部分，化学药品和生物制品主要依据临床药理学分类，共317个品种，与WHO现行推荐的基本药物数量相近；中成药主要依据功能分类，采用药品通用名，共203个品种；中药饮片不列具体品种，用文字表述，规定颁布国家药品标准的中药饮片为国家基本药物。2012年版《基本药物目录》共计520种药物，并继续坚持中西医并重原则。

（4）药品质量安全监管：强化政府监管责任，食药监总局负责组织协调、监督指导全国基本药物质量监督管理工作；省级食药监管部门负责组织实施和指导协调本辖区内基本药物质量管理工作；省级以下食药监管部门负责具体实施基本药物生产、配送和使用环节的质量监督管理工作。国家对基本药物实行全品种覆盖抽验和从生产出厂到使用全程电子监管，加大对重点品种的监督抽验力度，抽验结果定期向社会发布。严格基本药物上市审批。完善中成药质量标准。

（5）基本药物采购和配送：《国务院办公厅关于印发建立和规范政府办基层医疗卫生机构基本药物采购机制指导意见的通知》（国办发〔2010〕56号），要求稳固基本药物集中采购机制，坚持以省（区、市）为单位网上集中采购，落实招采合一、量价挂钩、双信封制、集中支付、全程监控等制度。基本药物采购遵循质量优先、价格合理的原则。进一步完善"双信封"评价办法。在经济技术标评审中，对药品质量、生产企业的服务和信誉等进行全面审查，将企业通过《药品生产质量管理规范（2010年版）》（GMP）认证作为质量评价的重要指标；在商务标评审中，对竞标价格明显偏低的药品进行综合评估，避免恶性竞争。优先采购达到国际水平的仿制药，激励企业提高基本药物质量。

基本药物配送原则上由中标生产企业自行委托药品批发企业配送或直接配送。要做好偏远、交通不便地区的药品配送服务。充分发挥邮政等物流行业服务网络覆盖面广的优势，支持其在符合规定的条件下参与药品配送。

三、执业药师与药品安全监督管理

（一）执业药师监督管理

执业药师资格制度。执业药师是指经全国统一考试合格，取得《执业药师资格证书》并经注册登记，在药品生产、经营、使用单位中执业的药学技术人员。执业药师英文译为：licensed pharmacist。国家人力资源和社会保障部与食药监总局同负责全国执业药师资格管理制度的政策制定、组织协调、资格考试、注册登记和监督管理工作。

（二）药品与药品监督管理

1. 药品和药品的质量特性

（1）药品（drugs）的概念：我国《药品管理法》定义："药品指用于预防、治疗、诊断人的疾病，有目的地调节人的生理功能并规定有适应证或者功能与主治、用法和用量的物质，包括中药材、中药饮片、中成药、化学原料及其制剂、抗生素、生化药品、放射性药品、血清、疫苗、血液制品和诊断药品等。"

（2）药品质量特性：药品质量特性是指药品与满足预防、治疗、诊断人的疾病，有目的地调节人的生理功能要求的有关固有特性，主要包括安全性、有效性、稳定性、均一性以及经济性。①有效性：在规定的适应证以及用法、用量条件下，能够满足预防、治疗、诊断人的疾病，有目的地调节人的生理功能的要求。②安全性：按规定的适应证及用法、用量使用药品之后，人体所产生不良反应的程度。药品的"三致"（致癌、致畸、致突变）、毒性、不良反应和副作用、药物相互作用与配伍、使用禁忌等指标是药品的安全性指标。③稳定性：在规定的条件下保持其有效性和安全性的能力。稳定性指标包括药品在规定的贮藏条件下、在规定的有效期内保持其物理、化学、生物药剂学、安全性、有效性等稳定的指标。④均一性：药物活性成分的每一单位（片、粒、瓶、支、袋）产品都符合有效性、安全性的规定要求。⑤经济性：药品生产流通过程中所形成的价格水平。

（3）药品的特殊性：①专业性和技术性：药品质量是只能由药学、医学专业技术人员利用其具备的药学及相关的法定标准来判断，还必须借助科学的检验方法和合乎标准的检验仪器来判断；药品的正确合理使用一般都必须依靠具备专门医学、药学理论知识的执业医师和执业药师。②两重性：药品具有双重性，合理用药可以防病治病，否则就会产生药源性疾病甚至危及生命。③严格的质量标准：药品的物理、化学、生物药剂学、安全性、有效性、稳定性、均一性等质量指标必须符合国家药品标准。药品只能是合格品，药品只有符合质量标准要求才能保证疗效。

2. 药品安全监督管理 药品安全是重大的民生和公共安全问题，事关人民群众身体健康和社会和谐稳定。随着我国经济社会进一步发展，居民生活质量改善，人民群众对药品的安全性、可及性要求不断提高。人口老龄化、疾病谱改变、新发传染性疾病频发等，对药品安全提出了新的挑战。

（1）药品安全问题及其重要性：①药品安全问题：狭义的药品安全问题是指按规定的适应证和用法、用量使用药品后，人体产生不良反应的程度；广义的药品安全问题是指药品质量问题、不合理用药和药品不良反应等。从公共安全的角度看，药品安全问题还包括药品质量对人生命健康安全产生的影响及药品安全事件引发的一系列社会问题，我国已将食品药品安全监管纳入国家公共安全体系。②药品安全的重要性：药品安全关系每一个人的身体健康和生命安全，是最大的民生、最基本的公共安全，是经济问题、也是政治问题。药品安全问题是重大的基本民生问题。党的十八大以来的历次全会，都对食品药品安全工作作出部署、提出要求。在 2015 年 5 月 29 日中央政治局第 23 次集体学习时进一步强调了食品药品监管作为公共安全体系的战略定位，是党政同责的政治任务。党的十八届三中、四中全会要求率先对食品生产、流通、消费的安全性和药品、医疗器械、化妆品安全性、有效性实行了集中统一监管、综合执法。加强事中、事后监管，建立健全覆盖生产加工到流通消费全程监管制度。只有这样，才能确保人民群众饮食用药安全。

（2）药品监督（supervision of drugs）：是指各级药品监督管理行政主体依照法律授权，对药品、药事组织、药事活动、药品信息进行监督和检查督促的活动，包括司法、检察机关和药事法人、非法人组织、自然人对管理药品的监督机关和药品监督员的监督活动。

（3）药品监督管理（inspection and management of drugs）：是指药品监督管理机构依照法定职权，对药品的研发、生产、经营、使用、进出口、价格、广告、保证药品质量等方面进行监督检查活动。根据 2013 年《机构改革方案》，国家卫生计生委、食药监总局等部门主管全国药品监督管理工作。国家药品监督管理机构主要有国务院卫生和计划生育委员会、食药监总局、国家中医药管理局、国家发展和改革委员会、人力资源和社会保障部、工业与信息化部、公安部、科学技术部、国家工商行政管理局、海关等部门。

第二节 药品生产、经营与使用监督

《中华人民共和国药品管理法》（2015 年修正）是我国药品监督管理领域一部最基本的法律，是开展药品监督的主要法律依据。凡在中华人民共和国境内从事药品的研制、生产、经营、使用和监督管理的单位或者个人必须遵守《中华人民共和国药品管理法》。

一、药品 GLP、GCP 与注册监督管理

研制新药，必须按照国务院药品监督管理部门的规定如实报送研制方法、质量指标、药理及毒理试验结果等有关资料和样品，经国务院药品监督管理部门批准后，方可进行临床试验。

（一）GLP

GLP 适用于为申请药品注册而进行的非临床研究。从事非临床研究的机构必须遵循 GLP。

1. GLP 主要术语 ①非临床研究：是指为评价药品安全性，在实验室条件下，用实验系统进行的各种。毒性试验，包括单次给药的毒性试验、反复给药的毒性试验、生殖毒性试验、致突变试验、致癌试验、各种刺激性试验、依赖性试验及与评价药品安全性有关的其他毒性试验。②非临床研究机构：是指从事药品非临床研究的单位，包括安全性研究中心、安全性研究所、安全性研究室或研究组等。③实验系统：是指用于毒性试验的动物、植物、微生物和细胞等。④质量保证部门：是指非临床研究机构内负责保证本机构的各项工作符合本规范要求的部门。⑤专题负责人：是指负责组织实施某项研究工作的人员。⑥供试品与对照品：是指进行非临床研究的药品或拟开发为药品的物质。对照品系指非临床研究中用于与供试品建立比较基础的药品及其他产品。⑦原始资料：是指记载研究工作的原始观察记录和有关文书材料，包括工作记录、笔记本、各种照片、缩微胶片、缩微复制品、计算机打印资料、磁性载体、自动化仪器记录材料等。⑧标本：是指采自实验系统用于分析观察和测定的任何材料。⑨委托单位：是指委托非临床研究机构对其研究开发的药品进行非临床研究的单位。⑩批号：是指用于识别"批"的一组数字或字母加数字，用以追溯和审查该批供试品或对照品的历史。

2. GLP 的基本要求 ①非临床研究机构及工作人员应符合的条件：非临床研究机构应根据本

规范建立完善的组织管理体系,并配备机构负责人、质量保证部门负责人和相应的工作人员。工作人员经过专业培训,具备完成所承担的研究工作需要的知识结构、工作经验和业务能力;非临床研究机构负责人应具备医学或药学或其他相关专业本科以上学历及相的业务素质和工作能力。独立质量保证部门负责人审核实验方案、实验记录和总结报告等。②实验设施:据 GLP 的要求和所从事的研究项目,建立相应的实验设施。具有供试品和对照品的处置设施,按照国家有关规定设立使用生物有危害性的动物、微生物、放射性等材料的专门实验室。GLP 机构应具备保管实验方案、各类标本、原始记录、总结报告及有关文件档案的设施。③仪器设备和实验室材料:根据研究工作的需要配备相应的仪器设备,其放置地点应合理,并有专人负责保管,定期进行检查、清洁保养、测试和校正,确保仪器设备的性能稳定可靠。实验室内应备有该仪器设备保养、校正及使用方法的标准操作规程。实验室的试剂和溶液、动物的饲料和饮水、动物饲养室内使用的清洁剂、消毒剂及杀虫剂的管理要符合要求。④标准操作规程:标准操作规程(standard operating procedure,SOP),为有效地实施和完成某一临床试验中每项工作所拟定的标准和详细的书面规程。供试品和对照品的接收、标识、保存、处理、配制、领用及取样分析,动物房和实验室的准备及环境因素的调控等。⑤研究工作的实施:每项研究应确定专题名称或代号,实验中所采集的各种标本应标明专题名称或其代号、动物编号和收集日期。专题负责人应制订书面的实验方案,经质量保证部门审查,机构负责人批准后方可执行,批准日期作为实验的起始日期。委托的研究,其实验方案应经委托单位审查认可。研究工作结束后,专题负责人应及时写出总结报告,签名盖章后交质量保证部门负责人审查和签署意见,机构负责人批准。⑥资料档案:专题负责人应将实验方案、标本、原始资料、文字记录和总结报告的原件、与实验有关的各种书面文件、质量保证部门的检查报告等按 SOP 的要求整理交资料档案室,资料档案室应有专人负责,并按 SOP 的要求进行管理。各种资料的保存期,应在药品上市后至少 5 年。质量容易变化的标本,应以能够进行质量评价为时限。

(二)GCP

临床试验(clinical trial),指任何在人体(病人或健康志愿者)进行药物的系统性研究,以证实或揭示试验药物的作用、不良反应及/或试验药物的吸收、分布、代谢和排泄,目的是确定试验药物的疗效与安全性。GCP 是临床试验全过程的标准规定,包括方案设计、组织实施、监查、稽查、记录、分析总结和报告。

1. GCP 的分期 GCP 可分为四期。Ⅰ期临床试验是指初步评价临床药理学及人体安全性评价试验。Ⅱ期临床试验:①治疗作用的初步评价阶段。其目的是初步评价药物对目标适应证患者的治疗作用和安全性;②包括为Ⅲ期临床试验研究设计和给药剂量方案的确定提供依据。此阶段的研究设计可以根据具体的研究目的,采用多种形式包括随机盲法对照临床试验。Ⅲ期临床试验:①治疗作用确证阶段。其目的是进一步验证药物对目标适应证患者的治疗作用和安全性,评价利益与风险关系,最终为药物注册申请获得批准提供充分的依据;②试验一般应为具有足够样本量的随机盲法对照试验。Ⅳ期临床试验:①新药上市后由申请人自主进行的应用研究阶段。其目的是考察在广泛使用条件下的药物的疗效和不良反应;②评价在普通或者特殊人群中使用的利益与风险关系,改进给药剂量等。生物等效性试验,是指用生物利用度研究的方法,以药代动力学参数为指标,比较同一种药物的相同或者不同剂型的制剂,在相同的试验条件下,其活性成分吸收程度和速度有无统计学差异的人体试验。

2. GCP 的基本要求 ①临床试验前的准备与必要条件:进行药物临床试验必须有充分的科学依据。在进行人体试验前,必须周密考虑该试验的目的及要解决的问题,应权衡对受试者和公众健康预期的受益及风险,预期的受益应超过可能出现的损害。选择临床试验方法必须符合科学和伦理要求。临床试验用药品、临床前资料、临床试验药物的制备,应当符合 GCP 要求。②受试者的权益保障和实验方案:伦理委员会与知情同意书是保障受试者权益的主要措施。试验方案需经伦理委员会审议同意并签署批准意见后方可实施。研究者或其指定的代表必须向受试者说明有关临床试验的详细情况，经充分和详细解释试验的情况后获得知情同意书。③研究者、申办者、监查员的职责：研究者应具备在医疗机构中具有相应专业技术职务任职和行医资格等条件；申办者负责发起、申请、组织、监查和稽查一项临床试验，并提供试验经费；监查员是申办者与研究者之间的主要联系人，监查的目的是为了保证临床试验中受试者的权益受到保障，试验记录与报告的数据准确、完整无误，保证试验遵循已批准的方案和有关法规。④记录与报告：病历作为临床试验的原始文件，应完整保存。临床试验总结报告内容应与试验方案要求一致。研究者应保存临床试验资料至临床试验终止后5年。申办者应保存临床试验资料至试验药物被批准上市后5年。⑤数据管理、统计分析与试验用药品的监督管理：数据管理的目的在于把试验数据迅速、完整、无误地纳入报告，所有涉及数据管理的各种步骤均需记录在案，以便对数据质量及试验实施进行检查。用适当的程序保证数据库的保密性，应具有计算机数据库的维护和支持程序。临床试验资料的统计分析过程及其结果的表达必须采用规范的统计学方法。临床试验用药品不得销售。申办者负责对临床试验用药品作适当的包装与标签，并标明为临床试验专用。试验用药品的供给、使用、贮藏及剩余药物的处理过程应接受相关人员的检查。⑥质量保证：申办者及研究者均应履行各自职责，并严格遵循临床试验方案，采用标准操作规程，以保证临床试验的质量控制和质量保证系统的实施。⑦中心试验：多中心试验是由多位研究者按同一试验方案在不同地点和单位同时进行的临床试验。多中心试验由一位主要研究者总负责，并作为临床试验各中心间的协调研究者。多中心试验应当根据参加试验的中心数目和试验的要求。

（三）药品注册管理

药品注册是指国家食药监总局根据药品注册申请人的申请，依照法定程序，对拟上市销售药品的安全性、有效性、质量可控性等进行审查，并决定是否同意其申请的审批过程。食药监总局对药品注册实行主审集体负责制、相关人员公示制和回避制、责任追究制，受理、检验、审评、审批、送达等环节接受社会监督。

1. 药品注册申请　2015年8月18日，《国务院关于改革药品医疗器械审评审批制度的意见》（国发〔2015〕44号）（简称《药械审评审批意见》）明确要求，提高药品审批标准。

（1）新药和仿制药：《药械审评审批意见》中将药品分为新药和仿制药。①将新药由现行的"未曾在中国境内上市销售的药品"调整为"未在中国境内外上市销售的药品"。根据物质基础的原创性和新颖性，将新药分为创新药和改良型新药。②将仿制药由现行的"仿已有国家标准的药品"调整为"仿与原研药品质量和疗效一致的药品"。仿制药审评审批要以原研药品作为参比制剂，确保新批准的仿制药质量和疗效与原研药品一致。

（2）申请人主体责任：按照国际通用规则制订注册申请规范。药品注册申请人（以下简称申请人），是指提出药品注册申请并承担相应法律责任的机构。申请人要严格按照规定条件和相关技术要求申请。将由省级食药监管部门受理、食药监总局审评审批的药品注册申请，调整为食药监总局网上集中受理。对于不符合规定条件与相关技术要求的注册申请，由食药监总局一次性告知申请人需要补充的内容。进入技术审评程序后，除新药及首仿药品注册申请外，原则上不再要求申请人补充资料，只作出批准或不予批准的决定。

（3）发布药品供求和注册申请信息：食药监总局会同发展改革委、科技部、工业和信息化部、卫生计生委制订并定期公布限制类和鼓励类药品审批目录。食药监总局及时向社会公开药品注册申请信息，引导申请人有序研发和控制低水平申请。

（4）药品临床试验审批：改进药品临床试验审批。允许境外未上市新药经批准后在境内同步开展临床试验。鼓励国内临床试验机构参与国际多中心临床试验，符合要求的试验数据可在注册申请中使用。对创新药临床试验申请，重点审查临床价值和受试者保护等内容。强化申请人、临床试验机构及伦理委员会保护受试者的责任。

（5）药品审批程序和药品再注册制度：实行药品与药用包装材料、药用辅料关联审批，将药用包装材料、药用辅料单独审批改为在审批药品注册申请时一并审评审批。简化来源于古代经典名方的复方制剂的审批。简化药品生产企业之间的药品技术转让程序。将仿制药生物等效性试验由审批改为备案。对批准文号（进口药品注册证/医药产品注册证）有效期内未上市，不能履行持续考察药品质量、疗效和不良反应责任的，不予再注册，批准文号到期后予以注销。

2. 进口药品的注册　①申请进口药品注册：申请进口的药品，其生产应当符合所在国家或者地区 GMP 及中国 GMP 的要求。申请进口药品注册，应当填写药品注册申请表，报送有关资料和样品，提供相关证明文件，向食药监总局提出申请。②进口药品分包装的注册：进口药品分包装，是指药品已在境外完成最终制剂生产过程，在境内由大包装规格改为小包装规格，或者对已完成内包装的药品进行外包装、放置说明书、粘贴标签等。申请进口药品分包装的药品已经取得进口药品注册证或者医药产品注册证，接受分包装的药品生产企业，应当持有药品生产许可证。进口分包装的药品应当执行进口药品注册标准。③中药和天然药物、化学药品、生物制品、补充申请、再注册的申请：中药和天然药物、化学药品、生物制品、补充申请、再注册的申报资料和要求分别见《药品注册管理办法》的具体规定。

3. 药品批准文件　①药品批准文号的格式：国药准字 H（Z、S、J）+4 位年号+4 位顺序号，其中 H 代表化学药品，Z 代表中药，S 代表生物制品，J 代表进口药品分包装。②进口药品注册证证号的格式：H（Z、S）+4 位年号+4 位顺序号。③医药产品注册证证号的格式：H（Z、S）C+4 位年号+4 位顺序号，其中 H 代表化学药品，Z 代表中药，S 代表生物制品。对于境内分包装用大包装规格的注册证，其证号在原注册证号前加字母 B。④新药证书号的格式：国药证字 H（Z、S）+4 位年号+4 位顺序号，其中 H 代表化学药品，Z 代表中药，S 代表生物制品。

二、药品生产监督管理

药品生产（produce drug）是指将原料加工制备成能供医疗用的药品的过程。药品生产的全过程可分为原料药生产阶段和将原料药制成供临床使用的制剂的生产阶段。药品生产企业（drug manufacturer）是指生产药品的专营企业或者兼营企业。

（一）药品生产许可

1. 药品生产许可的申请和审批　开办药品生产企业，须经企业所在地省（自治区、直辖市）人民政府食药监部门批准并发给药品生产许可证。无药品生产许可证的，不得生产药品。食药监部门批准开办药品生产企业，除应当符合国家制订的药品行业发展规划和产业政策外，还必须具备以下条件：①具有依法经过资格认定的药学技术人员、工程技术人员及相应的技术工人；②具有与其药品生产相适应的厂房、设施和卫生环境；③具有能对所生产药品进行质量管理和质量检验的机构、人员及必要的仪器设备；④具有保证药品质量的规章制度。药品生产企业必须按照国务院食药监部门依据《药品管理法》相关规定制订的 GMP 组织生产。食药监部门按照规定对药品生产企业是否符合《药品生产质量管理规范》的要求进行认证；对认证合格的，发给认证证书。

2. 药品生产许可证监督管理

（1）药品生产许可证载明的内容：药品生产许可证分正本和副本，正本、副本具有同等法律效力。药品生产许可证由食药监总局统一印制。药品生产许可证应当载明许可证编号、企业名称、法定代表人、企业负责人、企业类型、注册地址、生产地址、生产范围、发证机关、发证日期、有效期限等项目。其中由（食品）药品监督管理部门核准的许可事项为：企业负责人、生产范围、生产地址。

企业名称应当符合药品生产企业分类管理的原则；生产地址按照药品实际生产地址填写；许

可证编号和生产范围按照国家食品药品监督管理局规定的方法和类别填写。

（2）药品生产许可证变更：变更分为许可事项变更和登记事项变更。许可事项变更是指企业负责人、生产范围、生产地址的变更。登记事项变更是指《药品生产监督管理办法》相关条款所列事项的变更。

（3）药品生产许可证换发：药品生产许可证有效期届满，需要继续生产药品的，药品生产企业，向原发证机关申请换发药品生产许可证。省（自治区、直辖市）（食品）药品监督管理部门应当将药品生产许可证核发、换发、变更、补发、吊销、撤销、缴销、注销等办理情况，在办理工作完成后20个工作日内报国家食品药品监督管理总局备案。对依法收回、作废的药品生产许可证，发证机关应当建档保存5年。

（二）药品 GMP

药品 GMP 作为质量管理体系的一部分，是药品生产管理和质量控制的基本要求，旨在最大限度地降低药品生产过程中污染、交叉污染以及混淆、差错等风险，确保持续稳定地生产出符合预定用途和注册要求的药品。GMP 认证的主要程序包括以下几个方面。

1. 申请、受理与审查　新开办药品生产企业或药品生产企业新增生产范围、新建车间的，应按《药品管理法实施条例》的规定申请药品 GMP 认证。已取得《药品 GMP 证书》的药品生产企业应在证书有效期届满前6个月重新申请药品 GMP 认证。省级以上食药监管部门对药品 GMP 申请书及相关资料进行形式审查。

2. 现场检查　药品认证检查机构完成申报资料技术审查后，应当制订现场检查工作方案，并组织实施现场检查。

3. 审批与发证　综合评定应采用风险评估的原则，综合考虑缺陷的性质、严重程度及所评估产品的类别对检查结果进行评定。

4. 跟踪检查　由省级食药监部门组织 GMP 评审专家对企业人员、培训、厂房设施、生产环境、卫生状况、物料管理、生产管理、质量管理、销售管理等企业涉及的所有环节进行检查，评定是否达到规范要求的过程。

（三）药品委托生产监督管理

1. 药品委托生产的界定　药品委托生产是指药品生产企业（简称委托方）在因技术改造暂不具备生产条件和能力或产能不足暂不能保障市场供应的情况下，将其持有药品批准文号的药品委托其他药品生产企业（简称受托方）全部生产的行为，不包括部分工序的委托加工行为。

2. 药品委托生产的主要条件　委托方和受托方均应是持有与委托生产药品相适应的 GMP 认证证书的药品生产企业。委托方应当取得委托生产药品的批准文号。委托生产药品的双方应当签订书面合同。受托方应当严格执行质量协议，有效控制生产过程，确保委托生产药品及其生产符合注册和 GMP 的要求。

3. 药品委托生产品中限制　麻醉药品、精神药品、药品类易制毒化学品及其复方制剂，医疗用毒性药品，生物制品，多组分生化药品，中药注射剂和原料药不得委托生产。食药监总局可以根据监督管理工作需要调整不得委托生产的药品。

放射性药品的委托生产按照有关法律法规规定办理。

案例 8-3

近 2000 家药企停产　医药行业将迎合规大潮

2015年年初，国家药监总局公布了《药品飞行检查办法（草案）》后，全国共有140家药企144张 GMP 证书被收回。而自2016年1月1日起，国家食药监总局将不再承担 GMP 认证检查任务，所有的 GMP 认证检查都由各省承担。对于药企最大威慑力的应该是"飞检"，这对企业的生产工艺、流程等提出了更高的合规要求；另外则是 2015 年力度较大的新药注册审批，这是解决源头合规问题。按国家食药监总局要求，现有药品生产企业除血液制品、疫苗、注射剂等无菌药品生产外，应在 2015 年 12 月 31 日前达到新版 GMP 要求。虽然新版 GMP 是 2011 年出台的，但是却有至少 40% 的企业扎堆在大限前半年才认证。

随着药品监管逐渐强化，各省份也相应开展了飞检活动。2016 年 2 月 23 日，××省食药监局发布公告，收回立业制药股份有限公司的 GMP 证书。同在 2 月 23 日，××省药监局发布通知，印发《2016 年药品 GMP 跟踪飞行检查工作方案》，将对全省持有药品 GMP 证书的药品生产企业开展药品 GMP 跟踪飞行检查。重点检查内容包括重点检查品种、重点检查企业、重点检查环节三个方面。据××省药监局官方数据显示，××省目前持有药品 GMP 证书的药品生产企业共有 236 家。与此同时，不久前××省食药监局发布《关于开展药品生产工艺和处方登记工作的通知》，将开展药品生产工艺和处方登记工作，建立处方工艺数据库，凡不按入库的批准工艺和处方生产药品的，将以不符合 GMP 论处，收回其 GMP 证书。有业内分析人士指出，这项规定在全国属于首创，擅自变更工艺及处方将遭重罚，在"飞检"严查的形势下，各药企更应注意合规性。

国家食药监总局亦在加强源头的合规性。2015 年 7 月，国家启动药物临床试验数据自查核查工作，对待批生产的 1622 个药物临床试验项目数据真实性、规范性进行核查，并分 3 批派出 20 个检查组开展现场核查。截至 2016 年 1 月 12 日，撤回和不通过的合计 1151 个，占自查核查总数的 80%，其中企业主动撤回的占到 77%，剩余待核查项目 273 个。

问题：
1. 自 2016 年 1 月 1 日起，我国 GMP 认证做了哪些新调整？
2. ××省食药监局在对其省内药品生产企业 GMP 认证工作中做了什么创新？

（四）药品召回监督管理

1. 药品召回和药品安全隐患

（1）药品召回：是指药品生产企业（包括进口药品的境外制药厂商，下同）按照规定的程序收回已上市销售的存在安全隐患的药品。

（2）药品安全隐患：是指由于研发、生产等原因可能使药品具有的危及人体健康和生命安全的不合理危险。

2. 药品安全隐患调查与评估 药品生产企业应当按照《药品召回管理办法》的规定建立和完善药品召回制度，收集药品安全的相关信息，对可能具有安全隐患的药品进行调查、评估，召回存在安全隐患的药品。药品经营企业、使用单位应当协助药品生产企业履行召回义务，按照召回计划的要求及时传达、反馈药品召回信息，控制和收回存在安全隐患的药品。

3. 药品召回分级 根据药品安全隐患的严重程度，药品召回分为三级。①一级召回：使用该药品可能引起严重健康危害的；②二级召回：使用该药品可能引起暂时的或者可逆的健康危害的；③三级召回：使用该药品一般不会引起健康危害，但由于其他原因需要收回的。

4. 主动召回和责令召回

（1）主动召回：药品生产企业在作出药品召回决定后，应当制订召回计划并组织实施，一级召回在 24 小时内，二级召回在 48 小时内，三级召回在 72 小时内，通知到有关药品经营企业、使用单位停止销售和使用，同时向所在地省（自治区、直辖市）食药监管部门报告。药品生产企业在启动药品召回后，一级召回在 1 日内，二级召回在 3 日内，三级召回在 7 日内，应当将调查评估报告和召回计划提交给所在地省（自治区、直辖市）药品监督管理部门备案。省（自治区、直辖市）食药监管部门应当将收到一级药品召回的调查评估报告和召回计划报告食药监总局。药品生产企业在实施召回的过程中，一级召回每日，二级召回每3日，三级召回每7日，向所在地省（自治区、直辖市）药监部门报告药品召回进展情况。

（2）责令召回：食药监部门经过调查评估，认为存在《药品召回管理办法》第四条所称的安全隐患，药品生产企业应当召回药品而未主动召回的，应当责令药品生产企业召回药品。必要时，药监部门可以要求药品生产企业、经营企业和使用单位立即停止销售和使用该药品。

5. 药品召回监督管理　召回药品的生产企业所在地省（自治区、直辖市）食药监部门负责药品召回的监督管理工作，其他省（自治区、直辖市）食药监部门应当配合、协助做好药品召回的有关工作。食药监总局监督全国药品召回的管理工作。

6. 召回信息公开制度　食药监总局和省（自治区、直辖市）药监部门应当建立药品召回信息公开制度，采用有效途径向社会公布存在安全隐患的药品信息和药品召回的情况。

三、药品经营监督管理

药品经营企业是指经营药品的专营企业或者兼营企业。药品经营企业按照经营方式不同分为药品批发企业和药品零售企业。药品批发企业是指将购进的药品销售给药品生产企业、药品经营企业、医疗机构的药品经营企业。药品零售企业是指将购进的药品直接销售给消费者的药品经营企业。

（一）药品经营许可

开办药品批发企业，须经企业所在地省（自治区、直辖市）人民政府食药监部门批准并发给药品经营许可证；开办药品零售企业，须经企业所在地县级以上地方药品监督管理部门批准并发给药品经营许可证。无药品经营许可证的，不得经营药品。

1. 许可的申请和审批

（1）开办药品批发企业申请药品经营许可证的条件：开办药品批发企业，应符合省（自治区、直辖市）药品批发企业合理布局的要求，并符合以下设置标准：①具有保证所经营药品质量的规章制度；②企业、企业法定代表人或企业负责人、质量管理负责人无《药品管理法》相关规定的情形；③具有与经营规模相适应的一定数量的执业药师。④质量管理负责人具有大学以上学历，且必须是执业药师；⑤具有能够保证药品储存质量要求的、与其经营品种和规模相适应的常温库、阴凉库、冷库。⑥具有独立的计算机管理信息系统，能覆盖企业内药品的购进、储存、销售及经营和质量控制的全过程；能全面记录企业经营管理及实施《药品经营质量管理规范》方面的信息；符合《药品经营质量管理规范》对药品经营各环节的要求，并具有可以实现接受当地（食品）药品监管部门（机构）监管的条件；⑦具有符合《药品经营质量管理规范》对药品营业场所及辅助、办公用房以及仓库管理、仓库内药品质量安全保障和进出库、在库储存与养护方面的条件。

（2）开办药品零售企业申请药品经营许可证的条件及申领程序：开办药品零售企业，应符合当地常住人口数量、地域、交通状况和实际需要的要求，符合方便群众购药的原则，并符合以下设置规定：①具有保证所经营药品质量的规章制度；②具有依法经过资格认定的药学技术人员；③企业、企业法定代表人、企业负责人、质量负责人无《药品管理法》有关规定情形；④具有与所经营药品相适应的营业场所、设备、仓储设施及卫生环境。在超市等其他商业企业内设立零售药店的，必须具有独立的区域；⑤具有能够配备满足当地消费者所需药品的能力，并能保证24小时供应。

2. 经营许可证的监督管理　药品经营许可证应当载明企业名称、法定代表人或企业负责人姓名、经营方式、经营范围、注册地址、仓库地址、药品经营许可证证号、流水号、发证机关、发证日期、有效期限等项目。包括：①药品经营企业经营范围：麻醉药品、精神药品、医疗用毒性药品；生物制品；中药材、中药饮片、中成药、化学原料药及其制剂、抗生素原料药及其制剂、生化药品。②从事药品零售的，应先核定经营类别，确定申办人经营处方药或非处方药、乙类非处方药的资格,并在经营范围中予以明确,再核定具体经营范围。③医疗用毒性药品、麻醉药品、精神药品、放射性药品和预防性生物制品的核定按照国家特殊药品管理和预防性生物制品管理的有关规定执行。④药品经营许可证的变更与换发:药品经营许可证变更分为许可事项变更和登记事项变更。许可事项变更是指经营方式、经营范围、注册地址、仓库地址(包括增减仓库)、企业法定代表人或负责人及质量负责人的变更。登记事项变更是指上述事项以外的其他事项的变更。⑤药品经营许可证有效期为5年。有效期届满,需要继续经营药品的,持证企业应在有效期届满前6个月内,向原发证机关申请换发《药品经营许可证》。

(二)药品 GSP

GSP、《药品经营质量管理规范实施细则》和《药品经营质量管理认证管理办法》等一系列规范和办法,是药品经营管理和质量控制的基本准则,企业应当在药品采购、储存、销售、运输等环节采取有效的质量控制措施,确保药品质量。食药监总局药品认证管理中心负责实施有关GSP认证的监督检查;负责对省(自治区、直辖市)GSP认证机构进行技术指导。省、自治区、直辖市药监部门负责组织实施本地区药品经营企业的GSP认证。药品GSP认证的主要程序与药品GMP认证的主要程序基本相同,包括申请与受理、现场检查、监督检查审等。对认证合格的企业,应向企业颁发《药品经营质量管理规范认证证书》。证书有效期5年。有效期满前3个月内申请重新认证。

(三)互联网药品经营监督管理

1. 互联网药品信息服务 互联网药品信息服务是指通过互联网向上网用户提供药品(含医疗器械)信息的服务活动。互联网药品信息服务分为经营性和非经营性两类。经营性互联网药品信息服务是指通过互联网向上网用户有偿提供药品信息等服务的活动。非经营性互联网药品信息服务是指通过互联网向上网用户无偿提供公开的、共享性药品信息等服务的活动。

国家食药监总局对全国提供互联网药品信息服务活动的网站实施监督管理。省(自治区、直辖市)食药监总局对本行政区域内提供互联网药品信息服务活动的网站实施监督管理。

2. 申请资格条件 申请提供互联网药品信息服务,除应当符合《互联网信息服务管理办法》规定的要求外,还应当具备下列条件:①互联网药品信息服务的提供者应当为依法设立的企事业单位或者其他组织;②具有与开展互联网药品信息服务活动相适应的专业人员、设施及相关制度;③有两名以上熟悉药品、医疗器械管理法律、法规和药品、医疗器械专业知识,或者依法经资格认定的药学、医疗器械技术人员。县级以上食药品监部门负责本行政区域内的互联网食品药品监督管理工作。

3. 申请与审批 拟提供互联网药品信息服务的网站,应当在向国务院信息产业主管部门或者省级电信管理机构申请办理经营许可证或者办理备案手续之前,按照属地监督管理的原则,向该网站主办单位所在地省(自治区、直辖市)食药监部门提出申请,经审核同意后取得提供互联网药品信息服务的资格。各省(自治区、直辖市)(食品)药品监督管理局对本辖区内申请提供互联网药品信息服务的互联网站进行审核,符合条件的核发《互联网药品信息服务资格证书》。证书有效期为5年。

4. 监督管理 提供互联网药品信息服务的网站,应当在其网站主页显著位置标注互联网药品信息服务资格证书的证书编号。提供互联网药品信息服务网站所登载的药品信息必须科学、准确,必须符合国家的法律、法规和国家有关药品、医疗器械管理的相关规定。提供互联网药品信息服务的网站不得发布麻醉药品、精神药品、医疗用毒性药品、放射性药品、戒毒药品和医疗机构制剂的产品信息。提供互联网药品信息服务的网站发布的药品(含医疗器械)广告,必须经过食药监部门审查批准。

四、药品流通监督管理

《药品流通监督管理办法》规定,药品购销人员必须接受药品相关的法律、法规和专业知识培训，药品生产、经营企业不得在经食药监部门核准的地址以外的场所贮存或者现货销售药品。药品生产企业只能销售本企业生产的药品，不得销售本企业受委托生产的或者他人生产的药品；销售人员应当出示授权书原件及本人身份证原件。医疗机构和计划生育技术服务机构不得未经诊疗直接向患者提供药品。医疗机构和计划生育技术服务机构不得未经诊疗直接向患者提供药品。药品经营企业应当按照药品经营许可证许可的经营范围经营药品。未经药品监督管理部门审核同意，药品经营企业不得改变经营方式。药品零售企业应当按照食药监总局药品分类管理规定的要求，凭处方销售处方药。禁止非法收购药品。进口药品国内代理商，必须在食药监总局备案并遵守相关法律规定。

五、药品使用监督管理

（一）医疗机构药事监督管理

医疗机构药事管理是指医疗机构以患者为中心，以临床药学为基础，对临床用药全过程进行有效的组织实施与管理，促进临床科学、合理用药的药学技术服务和相关的药品管理工作。二级以上医院应当设立药事管理与药物治疗学委员会；其他医疗机构应当成立药事管理与药物治疗学组。二级以上医院药事管理与药物治疗学委员会委员由具有高级技术职务任职资格的药学、临床医学、护理和医院感染管理、医疗行政管理等人员组成。

药事管理与药物治疗学委员会（组）的职责如下：①贯彻执行医疗卫生及药事管理等有关法律、法规、规章。审核制订本机构药事管理和药学工作规章制度，并监督实施；②制订本机构药品处方集和基本用药供应目录；③推动药物治疗相关临床诊疗指南和药物临床应用指导原则的制订与实施，监测、评估本机构药物使用情况，提出干预和改进措施，指导临床合理用药；④分析、评估用药风险和药品不良反应、药品损害事件，并提供咨询与指导；⑤建立药品遴选制度，审核本机构临床科室申请的新购入药品、调整药品品种或者供应企业和申报医院制剂等事宜；⑥监督、指导麻醉药品、精神药品、医疗用毒性药品及放射性药品的临床使用与规范化管理；⑦对医务人员进行有关药事管理法律法规、规章制度和合理用药知识教育培训；向公众宣传安全用药知识。

（二）药品采购与库存监督管理

1. 药品采购　医疗机构必须从具有药品生产、经营资格的企业购进药品。医疗机构使用的药品应当按照规定由专门部门统一采购，禁止医疗机构其他科室和医务人员自行采购。医疗机构因临床急需进口少量药品的，应当按照《药品管理法》及其实施条例的有关规定办理。

2. 购进过程的监督管理

（1）购进查验：医疗机构购进药品，应当查验供货单位的药品生产许可证或者药品经营许可证和营业执照、所销售药品的批准证明文件等相关证明文件，并核实销售人员持有的授权书原件和身份证原件。医疗机构应当妥善保存首次购进药品加盖供货单位原印章的前述证明文件的复印件，保存期不得少于 5 年。

（2）购进票据监督：医疗机构购进药品时应当索取、留存供货单位的合法票据，并建立购进记录，做到票、账、货相符。合法票据包括税票及详细清单，清单上必须载明供货单位名称、药品名称、生产厂商、批号、数量、价格等内容，票据保存期不得少于 3 年。药品验收记录应当包括药品通用名称、生产厂商、规格、剂型、批号、生产日期、有效期、批准文号、供货单位、数量、价格、购进日期、验收日期、验收结论等内容。验收记录必须保存至超过药品有效期 1 年，但不得少于 3 年。

3. 药品贮存的监督管理　医疗机构应当有专用的场所和设施、设备贮存药品。需要在急诊室、病区护士站等场所临时存放药品的，应当配备符合药品存放条件的专柜。贮存药品，应当按照药品属性和类别分库、分区、分垛存放，并实行色标管理。药品与非药品分开存放；中药饮片、中成药、化学药品分别贮存、分类存放；过期、变质、被污染等药品应当放置在不合格库（区）。应当建立药品效期管理制度。药品发放应当遵循"近效期先出"的原则。应当制订和执行药品保管、养护管理制度，并采取必要的控温、防潮、避光、通风、防火、防虫、防鼠、防污染等措施，保证药品质量。应当配备药品养护人员，定期对储存药品进行检查和养护，监测和记录贮存区域的温湿度，维护贮存设施设备，并建立相应的养护档案。

（三）药品调配与使用监督管理

医疗机构应当配备与药品调配和使用相适应的、依法经资格认定的药学技术人员负责处方的审核、调配工作。医疗机构用于调配药品的工具、设施、包装用品及调配药品的区域，应当符合卫生要求及相应的调配要求。医疗机构应当建立最小包装药品拆零调配管理制度，保证药品质量可追溯。

（四）医疗机构药剂监督管理

医疗机构制剂是指医疗机构根据本单位临床需要经批准而配制、自用的固定处方制剂。必须具备以下条件：①配备依法经过资格认定的药学技术人员。②具有能够保证制剂质量的设施、管理制度、检验仪器和卫生条件。③应当是本单位临床需要而市场上没有供应的品种，并须经所在地省（自治区、直辖市）人民政府食药监部门批准并发给《医疗机构制剂许可证》后方可配制。许可证有效期为5年。

（五）药物临床应用监督管理

药物临床应用管理是对医疗机构临床诊断、预防和治疗疾病用药全过程实施监督管理。医疗机构应当遵循安全、有效、经济的合理用药原则，尊重患者对药品使用的知情权和隐私权。医疗机构应当依据国家基本药物制度，抗菌药物临床应用指导原则和中成药临床应用指导原则，制订本机构基本药物临床应用管理办法，建立并落实抗菌药物临床应用分级管理制度。医疗机构应当建立临床用药监测、评价和超常预警制度，对药物临床使用安全性、有效性和经济性进行监测、分析、评估，实施处方和用药医嘱点评与干预。医疗机构应当建立药品不良反应、用药错误和药品损害事件监测报告制度。

六、药品管理

（一）药品分类管理

为保障人民用药安全有效、使用方便，根据药品品种、规格、适应证、剂量及给药途径的不同，对药品分别按处方药与非处方药进行管理。

1. 非处方药和处方药监督管理　处方药（prescription drugs）必须凭执业医师或执业助理医师处方才可调配、购买和使用；非处方药（over-the-counter drugs，OTC drugs）不需要凭执业医师或执业助理医师处方即可自行判断、购买和使用。

食药监总局负责处方药与非处方药分类管理办法的制订，负责非处方药目录的遴选、审批、发布和调整工作。食药监总局部门负责辖区内处方药与非处方药分类管理的组织实施和监督管理。非处方药生产企业必须具有药品生产企业许可证，其生产品种必须取得药品批准文号。

2. "双跨"药品监督管理　有些药品既可以作为处方药又可以作为非处方药，这就是所谓的"双跨"品种。根据其适应证、剂量和疗程的不同，既可以作为处方药，又可以作为非处方药，这类药品的部分适应证适合自我判断和自我药疗，于是在"限适应证、限剂量、限疗程"的规定下，将此部分适应证作为非处方药管理，而患者难以判断的适应证部分应为处方药管理。依据非处方药品种目录确定"双跨"品种。依据《关于进一步加强非处方药说明书和标签管理的通知》

对"双跨"药品的说明书、标签进行管理。

3. 非处方药的监督管理 根据药品的安全性,非处方药分为甲、乙两类。

(1)专有标识要求:①专有标识的使用时间:非处方药药品自食药监门核发《非处方药药品审核登记证书》之日起,可以使用非处方药专有标识。非处方药药品自药品监督管理部门核发《非处方药药品审核登记证书》之日起12个月后,药品标签、使用说明书、内包装、外包装上必须印有非处方药专有标识。12个月后,未印有非处方药专有标识的非处方药药品一律不准出厂。②专有标识印制要求:必须按照食药监总局公布的坐标比例和色标要求使用。红色专有标识用于甲类非处方药药品;绿色专有标识用于乙类非处方药药品和用作指南性标志。非处方药专有标识应与药品标签、使用说明书、内包装、外包装一体化印刷,其大小可根据实际需要设定,但必须醒目、清晰,并按照食药监总局公布的坐标比例使用。

(2)标签和说明书要求:非处方药的标签和说明书必须经食药监总局批准。非处方药的包装必须印有国家指定的非处方药专有标识,必须符合质量要求,方便储存、运输和使用。每个销售基本单元包装必须附有标签和说明书。

(3)经营使用监督管理:经营非处方药的批发企业和经营甲类非处方药的零售企业必须具有《药品经营企业许可证》。经省级食药监部门或其授权的食药监部门批准的其他商业企业可以零售乙类非处方药。医疗机构根据医疗需要可以决定或推荐使用非处方药。消费者有权自主选购非处方药,并须按非处方药标签和说明忆所示内容使用。非处方药经审批可以在大众传播媒介进行广告宣传。

(4)非处方药目录遴选原则:食药监总局负责非处方药目录的遴选、审批、发布和调整工作。遴选原则:应用安全、疗效确切、质量稳定、使用方便。

4. 处方药的管理 处方药生产企业必须具有药品生产企业许可证,其生产品种必须取得药品批准文号。经营处方药批发企业和经营处方药零售企业必须具有《药品经营企业许可证》。处方药只准在专业性医药报刊进行广告宣传。

分别按处方药和非处方药管理的"双跨"品种,须分别使用处方药和非处方药两种标签、说明书,其处方药和非处方药的包装颜色应当有明显区别。

(二)中药管理

1. 中医药 中医药是包括汉族和少数民族医药在内的我国各民族医药的统称,是反映中华民族对生命、健康和疾病的认识,具有独特理论和技术方法的医药学体系。

中医药事业是我国医药卫生事业的重要组成部分。国家实行中西医并重的方针,充分发挥中医药在我国医药卫生事业中的作用。1982年,全国人大五届五次会议通过的《中华人民共和国宪法》第二十一条中规定了"发展现代医药和我国传统医药"。国务院于2003年4月公布了《中华人民共和国中医药条例》(简称《中医药条例》)。国家保护药用野生动植物资源,国家鼓励发展中药材规范化种植养,国家建立道地中药材评价体系。2014年7月24日,国务院法制办公室公布了《中华人民共和国中医药法(征求意见稿)》。2016年1月16日,全国人大网上公示了《中华人民共和国中医药法(草案)》全文及说明。3月9日,十二届全国人大四次会议第二次全体会议提出,今年将统筹推进社会、文化等领域的立法工作,包括制定《中医药法》、修改《红十字会法》等。

国家中医药管理局是主管国家中医药事业的行政机构。

(1)中药:中药是指用传统医学的观点来表述其特性,能被传统医学所使用的药物。它包括中药材、中药饮片、中成药和民族药。①中药材:来源为动物、植物、矿物等资源的药用部分,采收后经产地加工形成的原料药材。地道药材是指传统中药材中具有特定的种质、特定的产区或特定的生产技术和加工方法所生产的中药材。②中药饮片:供中医临床配方使用的全部药材,经加工处理成片、段、块、丝等统称为中药饮片。中药饮片由中药饮片加工企业提供。③中成药:根据疗效确切、广泛应用的处方、验方或秘方,具备一定质量规格,批量生产供应的药物,称为中成药,如丸、膏、散、丹、露、酒、酊、片、冲剂、糖浆等。中成药由取得药品生产许可证的企业生产，药品质量符合国家药品标准。

（2）中药行业：中药行业是由中药材生产、中药工业（含中药饮片加工、中成药生产、中药机械制造）和中药商业组成，是集农、工、商于一体，产、供、销相结合的产业。

2. GAP 的基本要求和实施 CAP 是中药材生产和质量管理的基本准则，适用于中药材生产企业（以下简称生产企业）生产中药材（含植物、动物药）的全过程。GAP 要求生产企业应运用规范化管理和质量监控手段，保护野生药材资源和生态环境，实现资源的可持续利用。中药材的质量直接影响中药产品的质量，WHO 对传统医药发展的八字方针是："安全、有效、稳定、可控"。我国药材质量要求的八字方针包括"真实（地道性）、优质、可控、稳定（达到《药典》要求）"。制定 GAP 的目的就是规范中药材生产，保证中药材质量，促进中药标准化、现代化。GAP 认证采取自愿的原则，是非强制性的。

3. 中药饮片监督管理 生产中药饮片必须持有药品生产许可证、药品 GMP 证书，必须执行国家药品标准和地方中药饮片炮制规范、工艺规程。批发零售中药饮片必须持有药品经营许可证、药品 GSP 证书。国家食药监部门对毒性中药材的饮片实行统一规划、合理布局、定点生产。二级以上医院的中药饮片管理由单位的药事委员会监督指导。医院应当定期对供应单位的中药饮片质量进行评估。发现假冒、劣质中药饮片，应当及时封存并报告当地药品监督部门。

4. 中药品种保护 国务院颁发的《中药品种保护条例》适用于中国境内生产制造的中药品种，包括中成药、天然药物的提取物及其制剂和中药人工制成品。

（1）范围：受保护的中药品种，必须是列入国家药品标准的品种。经国务院卫生计生主管部门认定，列为省（自治区、直辖市）药品标准的品种，也可以申请保护。

（2）等级划分：受保护的中药品种分为一、二级。符合下列条件之一的中药品种，可以申请一级保护：①对特定疾病有特殊疗效的；②相当于国家一级保护野生药材物种的人工制成品；③用于预防和治疗特殊疾病的。符合下列条件之一的中药品种，可以申请二级保护：①符合上述一级保护的品种或者已经解除一级保护的品种；②对特定疾病有显著疗效的；③从天然药物中提取的有效物质及特殊制剂。

（3）保护措施：①中药一级保护品种措施：中药一级保护品种的处方组成、工艺制法，在保护期限内由获得中药保护品种证书的生产企业和有关的药品生产经营主管部门、卫生行政部门及有关单位和个人负责保密，不得公开。负有保密责任的有关部门、企业和单位应当按照国家有关规定，建立必要的保密制度。向国外转让中药一级保护品种的处方组成、工艺制法的，应当按照国家有关保密的规定办理。因特殊情况需要延长保护期限的，由生产企业在该品种保护期满前 6 个月，依照《中药品种保护条例》规定的程序申报。每次延长的保护期限不得超过第一次批准的保护期限。②中药二级保护品种保护措施：中药二级保护品种在保护期满后可以延长 7 年。申请延长保护期的中药二级保护品种，应当在保护期满前 6 个月，由生产企业依照《中药品种保护条例》第九条规定的程序申报。

中药一级保护品种分别为 30 年、20 年、10 年。中药二级保护品种为 7 年。

（三）特殊管理的药品监督

《药品管理法》规定，国家对麻醉药品（narcotic drugs）、精神药品（psychotropic drugs）、医疗用毒性药品（toxic drugs for medical use）、放射性药品（radioactive pharmaceuticals），实行特殊管理。根据《药品管理法》和国际公约，我国陆续出台了《麻醉药品和精神药品管理条例》、《医疗用毒性药品管理办法》和《放射性药品管理办法》等法律法规。

1. 麻醉药品、精神药品监督

（1）麻醉药品：麻醉药品是指连续使用后易产生身体依赖性、能成瘾癖的药品。《麻醉药品和精神药品管理条例》所称麻醉药品是指列入麻醉药品目录的药品和其他物质。

（2）精神药品：精神药品是指直接作用于中枢神经系统，使之兴奋或抑制，连续使用能产生依赖性的药品。《麻醉药品和精神药品管理条例》所称精神药品是指列入精神药品目录的药品和其他物质。精神药品依据精神药品使人体产生的依赖性和危害人体健康的程度分为第一类精神药品和第二类精神药品。

（3）麻醉药品和精神药品专用标志：麻醉药品和精神药品的标签应当印有国务院药品监督管理部门规定的标志。麻醉药品专用标志样式如图8-1所示，颜色为天蓝色与白色相间；精神药品的专用标志样式如图8-2所示，颜色为绿色与白色相间。

图8-1　麻醉药品专用标志

图8-2　精神药品专用标志

（4）麻醉药品和精神药品监管部门：国务院食药监部门负责全国麻醉药品和精神药品的监督管理工作，并会同国务院农业主管部门对麻醉药品药用原植物实施监督管理。国务院公安部门负责对造成麻醉药品药用原植物、麻醉药品和精神药品流入非法渠道的行为进行查处。国务院其他有关主管部门在各自的职责范围内负责与麻醉药品和精神药品有关的管理工作。县级以上地方人民政府其他有关主管部门在各自的职责范围内负责与麻醉药品和精神药品有关的管理工作。

（5）麻醉药品、精神药品目录：根据《麻醉药品和精神药品管理条例》第三条规定，2013年11月11日，国家食药监总局、公安部、卫生计生委公布《麻醉药品品种目录（2013年版）》和《精神药品品种目录（2013年版）》，自2014年1月1日起施行。《麻醉药品品种目录（2013年版）》共有121种，《精神药品品种目录（2013年版）》一类68种、二类81种。其中，我国生产及使用的麻醉药品、精神药品各有22种、29种。

（6）麻醉药品和精神药品生产、经营和使用监督

1）生产：①生产总量控制：国家根据麻醉药品和精神药品的医疗、国家储备和企业生产所需原料的需要确定需求总量，对麻醉药品药用原植物的种植、麻醉药品和精神药品的生产实行总量控制并根据需求总量制订年度生产计划。②定点生产和渠道限制：国家对麻醉药品和精神药品实行定点生产制度。定点生产企业销售麻醉药品和精神药品禁止使用现金进行交易，但是个人合法购买麻醉药品和精神药品的除外。

2）经营：国家对麻醉药品和精神药品实行定点经营制度。麻醉药品和第一类精神药品不得零售。禁止使用现金进行麻醉药品和精神药品交易，但是个人合法购买麻醉药品和精神药品的除外。

3）使用：药品生产企业需要以麻醉药品和第一类精神药品为原料生产普通药品的，应当向所在地省（自治区、直辖市）人民政府食药监部门报送年度需求计划，由省（自治区、直辖市）人民政府食药监部门汇总报食药监总局批准后，向定点生产企业购买。药品生产企业需要以第二类精神药品为原料生产普通药品的，应当将年度需求计划报所在地省（自治区、直辖市）人民政府食药监部门，并向定点批发企业或者定点生产企业购买。

医疗机构需要使用麻醉药品和第一类精神药品的，应当经所在地设区的市级人民政府卫生主管部门批准，取得麻醉药品、第一类精神药品购用印鉴卡。执业医师取得麻醉药品和第一类精神药品的处方资格后，方可在本医疗机构开具麻醉药品和第一类精神药品处方，但不得为自己开具该种处方。应对麻醉药品和精神药品处方进行专册登记，加强管理。麻醉药品处方至少保存3年，精神药品处方至少保存2年。

（7）麻醉药品和精神药品储存与运输监督

1）储存：麻醉药品药用原植物种植企业、定点生产企业、全国性批发企业和区域性批发企业，以及国家设立的麻醉药品储存单位，应当设置储存麻醉药品和第一类精神药品的专库。麻醉药品

定点生产企业应当将麻醉药品原料药和制剂分别存放。麻醉药品和第一类精神药品的使用单位应当设立专库或者专柜储存麻醉药品和第一类精神药品。专库应当设有防盗设施并安装报警装置；专柜应当使用保险柜。专库和专柜应当实行双人双锁管理。应当配备专人负责管理工作，并建立专用账册。药品入库双人验收，出库双人复核，做到账物相符。专用账册的保存期限应当自药品有效期期满之日起不少于5年。

2）运输：通过铁路运输麻醉药品和第一类精神药品的，应当使用集装箱或者铁路行李车运输。通过公路或者水路运输麻醉药品和第一类精神药品的，应当由专人负责押运。托运或者自行运输麻醉药品和第一类精神药品的单位，应当向所在地省级食药监部门申请领取运输证明。运输证明有效期为1年。

3）邮寄：邮寄麻醉药品和精神药品，寄件人应当提交所在地省级食药监部门出具的准予邮寄证明。

2. 医疗用毒性药品监督

（1）医疗用毒性药品（以下简称毒性药品）：医疗用毒性药品系指毒性剧烈、治疗剂量与中毒剂量相近，使用不当会致人中毒或死亡的药品。毒性药品的管理品种，由国家卫生和计划委员同国家食药监总局、国家中医药管理局规定。

（2）专有标志：医疗用毒性药品专用标志样式如图8-3所示，颜色为黑白相间，黑底白字。

图8-3 医用毒性药品专用标志

（3）品种：①毒性中药共28种包括砒石（红砒、白砒）、砒霜、水银、生马钱子、生川乌、生草乌、生白附子、生附子、生半夏、生南星、生巴豆、斑蝥、青娘虫、红娘虫、生甘遂、生狼毒、生藤黄、生千金子、生天仙子、闹阳花、雪上一枝蒿、红升丹、白降丹、蟾酥、洋金花、红粉、轻粉、雄黄。②西药毒药品共13种包括去乙酰毛花甙丙、阿托品、洋地黄毒甙、氢溴酸后马托品、三氧化二砷、毛果芸香碱、升汞、水杨酸毒扁豆碱、亚砷酸钾、氢溴酸东莨菪碱、士的宁、亚砷酸注射液、A型肉毒毒素及其制剂。

（4）生产、经营、使用监督管理：食药监部门指定毒性药品生产企业生产，毒性药品的收购和经营，由食药监督指定的药品经营部门承担。生产单位不得擅自改变生产计划，自行销售。省食药监部门根据医疗需要制订生产、收购、供应和配制年度计划。医疗单位供应和调配毒性药品，凭医生签名的正式处方。国营药店供应和调配毒性药品，凭盖有医生所在的医疗单位公章的正式处方。每次处方剂量不得超过2日极量。

3. 放射性药品监督管理 放射性药品是指用于临床诊断或者治疗的放射性核素制剂或者其标记药物。放射性药品包括裂变制品、推照制品、加速器制品、放射性核素发生器及其配套药盒、放射免疫分析药盒等。放射性新药是指我国首次生产的放射性药品。放射性药品专用标志是由红、黄相间的颜色组成，分成6均份，红、黄各3份，如图8-4所示。

《中国药典》2015年版收载的放射性药品品种共计有30种，主要包括来昔决南钐（^{153}Sm）注射液、氙（^{113}Xe）注射液、邻碘（^{131}I）马尿酸钠注射液、注射用亚锡亚甲基二膦酸盐、注射用亚锡依替菲宁等品种。国家卫生计生委主管全国放射性药品监督管理工作。国家发改委能源局主管放射性药品生产、经营管理工作。药品研制单位的放射性新药年度研制计划，应当报送能源部备案，并报所在地的省（自治区、直辖市）卫生计生主管部门，经卫生计生主管部门汇总后，报国家卫生计生委备案。放射性药品生产企业许可证、放射性药品经营企业许可证的有效期为5年。放射性药品的生产、供销业务由能源局统一管理。

图8-4 放射性药品专用标志

（四）药品标准与国家药品标准

1. 药品标准 药品标准（drug standard）也称药品质量标准，是指对药品质量指标、生产工艺和检验方法等所做的技术要求和规范。《中华人民共和国标准化法实施条例》规定，药品标准、食品卫生标准等属于强制性标准。

2. 国家药品标准 国家药品标准是国家对药品质量要求和检验方法所做的技术规定，是药品生产、供应、使用、检验和管理共同遵循的法定依据。《中国药典》是国家药品标准的核心，是具有法律地位的药品标准，拥有最高的权威性。《中国药典》于1953年编纂出版第1版以后，相继于1963年、1977年分别编纂出版。从1985年起每5年修订颁布新版药典。

3. 卫生标准 卫生标准是指为实施国家卫生法律法规和有关卫生政策，保护人体健康，在预防医学和临床医学研究与实践的基础上，对涉及人体健康和医疗卫生服务事项制订的各类技术规定。卫生标准分为强制性标准、推荐性标准，国家标准、行业标准、地方标准，技术标准、管理标准和工作标准。《中国药品管理法》规定，药品必须符合国家药品标准。《中国药典》和药品标准为国家药品标准。

（五）药品广告监督管理

1. 审批 凡利用各种媒介或者形式发布的广告含有药品名称、药品适应证（功能主治）或者与药品有关的其他内容的，为药品广告，应当按照《药品广告审查办法》进行审查。非处方药仅宣传药品名称（含药品通用名称和药品商品名称）的，或者处方药在指定的医学药学专业刊物上仅宣传药品名称（含药品通用名称和药品商品名称）的，无需审查。

省、自治区、直辖市食药监部门是药品广告审查机关，负责本行政区域内药品广告的审查工作。县级以上工商行政管理部门是药品广告的监督管理机关。国家食药监总局对药品广告审查机关的药品广告审查工作进行指导和监督，对药品广告审查机关违反《药品广告审查办法》的行为，依法予以处理。

2. 审查依据 申请审查的药品广告，符合下列法律法规及有关规定的，方可予以通过审查，包括《中华人民共和国广告法》、《中华人民共和国药品管理法》、《中华人民共和国药品管理法实施条例》、《药品广告审查发布标准》以及国家有关广告管理的其他规定。

3. 药品广告批准文号 药品广告批准文号为"X药广审（视）第0000000000号"、"X药广审（声）第0000000000号"、"X药广审（文）第0000000000号"。其中"X"为各省（自治区、直辖市）的简称。"0"为由10位数字组成，前6位代表审查年月，后4位代表广告批准序号。"视"、"声"、"文"代表用于广告媒介形式的分类代号。药品广告批准文号有效期为1年，到期作废。

4. 发布 发布药品广告，应当遵守《中华人民共和国广告法》、《中华人民共和国药品管理法》和《中华人民共和国药品管理法实施条例》、《中华人民共和国反不正当竞争法》及国家有关法规。下列药品不得发布广告：①麻醉药品、精神药品、医疗用毒性药品、放射性药品；②医疗机构配制的制剂；③军队特需药品；④食药监总局依法明令停止或者禁止生产、销售和使用的药品；⑤批准试生产的药品。

处方药可以在国家卫生计生委和食药监总局共同指定的医学、药学专业刊物上发布广告，但不得在大众传播媒介发布广告或者以其他方式进行以公众为对象的广告宣传。不得以赠送医学、药学专业刊物等形式向公众发布处方药广告。不得在未成年人出版物和广播电视频道、节目、栏目上发布。药品广告中必须标明药品的通用名称、忠告语、药品广告批准文号、药品生产批准文号；以非处方药商品名称为各种活动冠名的，可以只发布药品商品名称。药品广告必须标明药品生产企业或者药品经营企业名称，不得单独出现"咨询热线"、"咨询电话"等内容。非处方药广告必须同时标明非处方药专用标识（OTC）。

七、药品不良反应报告与监测管理

（一）药品不良反应报告制度

概念及主要表现：①药品不良反应（adverse drug reaction，ADR）是指合格药品在正常用法用量下出现的与用药目的无关的有害反应。②ADR 报告和监测是指 ADR 的发现、报告、评价和控制的过程。③新的药品不良反应是指药品说明书中未载明的不良反应。说明书中已有描述，但不良反应发生的性质、程度、后果或者频率与说明书描述不一致或者更严重的，按照新的 ADR 处理。④药品群体不良事件是指同一药品在使用过程中，在相对集中的时间、区域内，对一定数量人群的身体健康或者生命安全造成损害或者威胁，需要予以紧急处置的事件。同一药品是指同一生产企业生产的同一药品名称、同一剂型、同一规格的药品。⑤药品重点监测是指为进一步了解药品的临床使用和不良反应发生情况，研究不良反应的发生特征、严重程度、发生率等，开展的药品安全性监测活动。⑥严重 ADR 是指因使用药品引起以下损害情形之一的反应：导致死亡；危及生命；致癌、致畸、致出生缺陷；导致显著的或者永久的人体伤残或者器官功能的损伤；导致住院或者住院时间延长；导致其他重要医学事件，如不进行治疗可能出现上述所列情况的。

（二）药品不良反应报告监测

1. 监督主体　食药监总局主管全国 ADR 报告和监测工作，地方各级食药监部门主管本行政区域内的 ADR 报告和监测工作。各级卫生计生主管部门负责本行政区域内医疗机构与实施 ADR 报告制度有关的管理工作。地方各级食药监部门应当建立健全 ADR 监测机构，负责本行政区域内 ADR 报告和监测的技术工作。

2. 实施主体　药品生产、经营企业和医疗机构获知或者发现可能与用药有关的不良反应，应当通过国家 ADR 监测信息网络报告；不具备在线报告条件的，应当通过纸质报表报所在地 ADR 监测机构，由所在 ADR 监测机构代为在线报告。各级 ADR 监测机构应当对本行政区域内的 ADR 报告和监测资料进行评价和管理。药品生产企业应当对收集到的 ADR 报告和监测资料进行分析、评价，并主动开展药品安全性研究。国家 ADR 监测中心应当根据对 ADR 报告和监测资料的综合分析和评价结果，及时发布 ADR 警示信息。

放射性药品生产企业许可证、放射性药品经营企业许可证的有效期为 5 年，期满前 6 个月，放射性药品生产、经营企业应当分别向原发证的卫生计生主管部门重新提出申请，按审批程序批准后，换发新证。

第三节　药品安全法律责任

药品安全法律责任是指由于违法药品法律法规所应承担的法律后果，构成要件包括以存在违法行为为前提、有法律明文规定、由国家强制力保证执行和有专门机关追究。药品安全法律责任包括刑事责任、民事责任和行政责任。药品安全刑事责任是行为人违反了药品管理法律法规，侵犯了不特定多数人的健康权，甚至构成犯罪时，对当事人最为严厉的一种制裁手段；民事责任主要是产品责任，即因缺陷产品致使被侵权人遭受人身伤害、财产损失而应承担的赔偿损失、消除危害、停止侵权的特殊侵权民事责任；行政责任包括在药品监管关行政法律关系中，行政相对人实施了违反行政法律法规的行为或不履行法律义务时应承担的法律后果，主要包括行政处罚和行政处分。

一、生产、销售假药、劣药的法律责任

（一）无证生产经营药品的法律责任

《中华人民共和国药品管理法》规定，未取得药品生产许可证、药品经营许可证或者医疗机构制剂许可证生产药品、经营药品的，依法予以取缔，没收违法生产、销售的药品和违法所得，并处违法生产、销售的药品（包括已售出的和未售出的药品，下同）货值金额二倍以上五倍以下的罚款；构成犯罪的，依法追究刑事责任。

（二）生产、销售假药的法律责任

1. 假药的界定 《中华人民共和国药品管理法》规定，禁止生产（包括配制，下同）、销售假药。

有下列情形之一的，为假药：①药品所含成分与国家药品标准规定的成分不符的；②以非药品冒充药品或者以他种药品冒充此种药品的。

有下列情形之一的药品，按假药论处：①国务院药品监督管理部门规定禁止使用的；②依照本法必须批准而未经批准生产、进口，或者依照本法必须检验而未经检验即销售的；③变质的；④被污染的；⑤使用依照本法必须取得批准文号而未取得批准文号的原料药生产的；⑥所标明的适应证或者功能主治超出规定范围的。

2. 法律责任 《中华人民共和国药品管理法》规定，生产、销售假药的，没收违法生产、销售的药品和违法所得，并处违法生产、销售药品货值金额二倍以上五倍以下的罚款；有药品批准证明文件的予以撤销，并责令停产、停业整顿；情节严重的，吊销《药品生产许可证》、《药品经营许可证》或者《医疗机构制剂许可证》；构成犯罪的，依法追究刑事责任。

《中华人民共和国刑法》第一百四十一条规定，生产、销售假药，足以严重危害人体健康的，处三年以下有期徒刑或者拘役，并处或者单处销售金额百分之五十以上二倍以下罚金；对人体健康造成严重危害的，处三年以上十年以下有期徒刑，并处销售金额百分之五十以上二倍以下罚金；致人死亡或者对人体健康造成特别严重危害的，处十年以上有期徒刑、无期徒刑或者死刑，并处销售金额百分之五十以上二倍以下罚金或者没收财产。

（三）生产、销售劣药的法律责任

1. 劣药的界定 《中华人民共和国药品管理法》规定，禁止生产、销售劣药。

药品成分的含量不符合国家药品标准的，为劣药。有下列情形之一的药品，按劣药论处：①未标明有效期或者更改有效期的；②不注明或者更改生产批号的；③超过有效期的；④直接接触药品的包装材料和容器未经批准的；⑤擅自添加着色剂、防腐剂、香料、矫味剂及辅料的；⑥其他不符合药品标准规定的。

2. 法律责任 生产、销售劣药的，没收违法生产、销售的药品和违法所得，并处违法生产、销售药品货值金额一倍以上三倍以下的罚款；情节严重的，责令停产、停业整顿或者撤销药品批准证明文件、吊销药品生产许可证、药品经营许可证或者医疗机构制剂许可证；构成犯罪的，依法追究刑事责任。从事生产、销售假药及生产、销售劣药情节严重的企业或者其他单位，其直接负责的主管人员和其他直接责任人员十年内不得从事药品生产、经营活动。对生产者专门用于生产假药、劣药的原辅材料、包装材料、生产设备，予以没收。

知道或者应当知道属于假劣药品而为其提供运输、保管、仓储等便利条件的，没收全部运输、保管、仓储的收入，并处违法收入百分之五十以上三倍以下的罚款；构成犯罪的，依法追究刑事责任。

擅自委托或者接受委托生产药品的，对委托方和受托方均依照生产、销售假药的责任给予处罚。

《中华人民共和国刑法》第一百四十二条规定：生产、销售劣药，对人体健康造成严重危害的，处三年以上十年以下有期徒刑，并处销售金额百分之五十以上二倍以下罚金；后果特别严重的，处十年以上有期徒刑或者无期徒刑，并处销售金额百分之五十以上二倍以下罚金或者没收财产。

二、违反药品监督管理规定的法律责任

药品的生产企业、经营企业、药物非临床安全性评价研究机构、药物临床试验机构未按照规定实施 GMP、GSP、GLP、GCP 的，给予警告，责令限期改正；逾期不改正的，责令停产、停业整顿；情节严重的，吊销药品生产许可证、药品经营许可证和药物临床试验机构的资格。无证生产、经营药品的予以取缔、没收违法生产、销售的药品和违法所得并处罚款；从无证生产、经营企业购入药品的责令改正、没收违法购进的药品并处罚款，情节严重的吊销药品生产许可证、药品经营许可证或医疗机构执业许可证。上述行为构成犯罪的，依法追究刑事责任。

三、违反药品广告的法律责任

因发布虚假广告，违反《中华人民共和国药品管理法》有关广告的管理规定的，依照中华人民共和国十二届全国人民代表大会最新修订通过、2015年9月1日起施行的《中华人民共和国广告法》的有关规定进行处罚，并由发放广告批准文号食药监部门或卫生行政主管部门撤销广告批准文号。食药监部门对药品广告不依法履行审查职责，对违法的广告内容作出审查批准决定的，对负有责任的主管人员和直接责任人员，由任免机关或者监察机关依法给予处分。有前两种行为，构成犯罪的，依法追究刑事责任。

本 章 小 结

药品指用于预防、治疗、诊断人的疾病，有目的地调节人的生理功能并规定有适应证或者功能与主治、用法和用量的物质，包括中药材、中药饮片、中成药、化学原料及其制剂、抗生素、生化药品、放射性药品、血清、疫苗、血液制品和诊断药品等。药品监督是国家授权的各级药品监督管理行政主体，依照药品管理法律授权，对药品、药事组织、药事活动、药品信息进行监督和检查活动，包括司法、检察机关和药事法人和非法人组织、自然人对管理药品的监督机关和药品监督员的监督活动。国务院药品监督管理部门主管全国药品监督管理工作，是药品监督管理工作的行政主体，拥有药品监督管理行政职权的所有权。药品的生产经营监督主要包括药品生产经营、药品销售与使用、药品再评价等。药品流通监督主要包括药品生产、经营企业购销药品过程，药品进口监督，药品监督检验，药品不良反应报告制度等。特殊管理药品监督主要包括麻醉药品、精神药品、医疗用毒性药品、放射性药品的监督管理。本章主要介绍了药品和药品监督的概念、法律依据、药品监督主体，药品生产、经营及流通监督管理，特殊药品监督管理，法律责任。

思 考 题

1. 什么是药品？药品的质量特性有哪些？
2. 基本药物、基本药物制度的概念与主要内容？
3. 药品生产企业和经营企业应具备哪些条件？
4. 什么是特殊药品？特殊药品有哪些规定？
5. 药品标准与国家药品标准？
6. 药品不良反应？药品不良反应报告监测包括哪些内容？
7. 生产、销售假药、劣药的法律责任都有哪些？

（周　令）

第九章 生活饮用水及涉水产品卫生监督

学习目标

掌握：生活饮用水及涉水产品的相关概念；生活饮用水及涉水产品预防性卫生监督、卫生许可及经常性卫生监督的主要内容。

熟悉：生活饮用水及涉水产品预防性卫生监督、卫生许可及经常性卫生监督的程序。

了解：生活饮用水及涉水产品相关的法律责任。

第一节 概 述

一、概 念

1. 生活饮用水（drinking water） 简称饮用水，指供人生活的饮水和用水，既包括日常生活的饮水，也包括日常洗漱、洗涤物品、沐浴的生活用水。饮用水是人类生存的最基本物质需求，是经济发展的基础，同时也是传播疾病的重要媒介。所以充足的卫生安全的生活饮用水，既能预防控制疾病，又提高了人们的生活质量。

2. 集中式供水（central water supply） 是由水源集中取水，经统一净化及消毒处理后，通过输配水管网送到用户或者公共取水点的供水方式。基本形式有三种：①市政供水，即城市和县镇的自来水；②自建供水，即企事业单位的自来水；③小型集中式供水，指农村日供水在 1000m^3 以下（或供水人口在 1 万人以下）的集中式供水，即一定规模以下的农村自来水。

3. 分散式供水（distributed water supply） 是指分散用户直接从水源取水，无任何设施或仅有简易设施的供水方式。基本在农村，如大口井、管井、水窖等。

4. 二次供水（secondary water supply） 是指集中式供水在入户之前经储存或再度加压、消毒等深度处理后，通过管道输送给用户的供水方式。基本形式有四种：①市政供水储存到水池或水箱中，再通过由恒压变频设备控制的水泵加压后，送到管网系统，最后送给用户。一般用于多幢多层建筑。②市政供水储存到低位水池或水箱中，再通过水泵加压后，送到高位水箱，最后送给用户。一般用于高层建筑。③在屋顶设置水箱，夜间市政水压高时靠管网自身压力向屋顶水箱贮水，白天水压低时供给高楼层用户，低楼层用户直接使用市政水。这种情况在南方城市的老旧楼房中比较普遍。④采用无负压供水设备直接接入市政供水管网，以连续密闭力加压方式供水。主要由无负压稳流调节罐、水泵、智能控制系统等组成。当用水量大于市政供水量时，罐的真空破坏装置开启，空气进入，使原本封闭的罐变为断流水罐，这一过程反复进行，实现连续供水。

5. 涉及饮用水卫生安全的产品（products concerning hygienic safety of drinking water） 简称涉水产品，是指凡在饮用水生产和供水过程中与饮用水接触的连接止水材料、塑料及有机合成管材、管件、防护涂料、水处理剂、除垢剂、水质处理器及其他新材料和化学物质。

二、监督的法律依据

生活饮用水及涉水产品监督的法律依据主要有《中华人民共和国传染病防治法》、《中华人民共和国水污染防治法》、《实施细则》、《中华人民共和国环境保护法》、《中华人民共和国水法》等。法规主要有《中华人民共和国城市供水条例》、《取水许可制度实施办法》(国务院令119号)及《突发公共卫生事件应急条例》等。行政规章主要有《生活饮用水卫生监督管理办法》(以下简称《管理办法》)、《饮用水水源保护区污染防治管理规定》、《城市供水水质管理规定》等。现行与饮用水相关的常用标准和规范有《生活饮用水卫生标准》、《地表水环境质量标准》、《地下水质量标准》等国家标准,《城市供水水质标准》、《村镇供水单位资质标准》等行业标准,《生活饮用水集中式供水单位卫生规范》、《涉及饮用水卫生安全产品生产企业卫生规范》、《生活饮用水输配水设备及防护材料卫生安全评价规范》等卫生规范。

三、职　责

(一)《传染病防治法》规定的部门法定职责

1. 卫生计生主管部门法定职责　①对供水单位卫生许可;②对饮用水供水单位和涉水产品监督检查;③依法对违法的供水单位、涉水产品处罚;④发现被传染病病原体污染的公共饮用水源,如不及时采取控制措施可能导致传播流行的,可以采取封闭公共饮用水源等临时控制措施;⑤未依法履行监督检查职责,不及时查处违法行为,其他失职、渎职行为,追究卫生计生主管部门法律责任。

2. 供水单位和涉水产品生产企业的法定职责　①供水单位供应的饮用水、涉水产品应当符合国家卫生标准和卫生规范;②供水单位从事生产或者供应活动应当依法取得卫生许可证;③供水单位供应的饮用水、涉水产品不符合国家卫生标准和卫生规范,导致或可能导致传染病传播、流行的,追究法律责任。

(二)《管理办法》规定的部门法定职责

1. 卫生计生主管部门的卫生监督职责　①国务院卫生计生主管部门及县级以上卫生计生主管部门主管饮用水卫生监督工作;②对新、改、扩建集中式供水单位预防性卫生监督和饮用水水源监测评价;③负责饮用水卫生监督监测工作;④对饮水污染事故调查处理;⑤对供水单位、涉水产品卫生许可;⑥卫生计生主管部门设饮水卫生监督员和聘任饮水卫生检查员;⑦对供水单位、涉水产品的违法行为追究法律责任。

2. 住房城乡建设主管部门的管理职责　国务院住房城乡建设主管部门主管全国城市饮用水管理工作,县级以上住房城乡建设主管部门主管本行政区域内城镇饮用水卫生管理工作。

(熊方毅)

第二节　集中式供水的卫生监督

一、预防性卫生监督

预防性卫生监督是对新、改、扩建的供水单位进行卫生审查,通常经过申请、受理、项目审查、项目认可、工程验收和验收认可等过程。

1. 申请和受理 集中式供水管理责任单位需要提交申请材料，在确认了材料完整性、合法性后就可以受理。受理后 10 个工作日内，监督人员进行设计资料和待建现场的审查，发现问题的，提出整改意见，责任单位按意见进行整改，之后再申请审查。

2. 项目审查 ①选址及周围环境。审查水厂待建现场与申报资料是否相符，是否选择了地势高、不易受洪水或污水侵害的地段，周围有没有污染源，是否便于防护；②水源选择和卫生防护。审查水源是否达到要求，有没有当地卫生、环保部门的水源评价报告和水质监测报告，水源预设的卫生防护措施是否符合规定；③水厂总体设计和取水构筑物设计。确认水厂卫生防护设施的设计是否符合要求。水厂的取水、制水、输配水过程的配置是否合理。整个厂区是否划分生产区、生活区和独立行政办公区。生产区外围 30m 内是否有居住区和污染源；④水处理工艺设计。审查水处理工艺流程的选择和主要构筑物的组成，以保证净化设备、设施是否能满足净水工艺要求，消毒设施是否能够正常运转。水处理工艺流程的选择及主要构筑物的组成原则应根据原水水质和处理后的水质要求确定。例如，待建水厂是地表水水厂，应根据水源水质设计相应的处理工艺，同时应设计水厂生产废水处理工艺。水源如果是含藻水、高浊水或受到不定期污染时，应设计预处理工艺，如化学氧化预处理、生物预处理等。假如是地下水厂，水源水的无机盐类超标时，应设计相应的特殊处理装置，如曝气接触氧化锰砂过滤除铁、除锰装置，活性氧化铝吸附除氟装置等；⑤输配水管网设计。审查输配水管网设计是否符合卫生要求，如输水干管设计是否不少于两条；管网是否设计成环状，若设计为枝状，末端是否设计排水阀；给水管是否设计在污水管上方等。输配水所用的涉水产品是否达到卫生安全要求；⑥水质检验室设计。审查、核实水质检验室设计能否满足今后水厂对水源水、净化构筑物出水、出厂水和管网水的检测要求。

3. 项目认可 项目审查完成后，符合要求的由卫生计生主管部门签发建设项目设计卫生审查认可书，进行下一步工程验收工作。

4. 工程验收和验收认可 首先进行土建验收，重点审查土建工程是否按设计图进行施工，如存在问题，可以要求建设单位在设备未安装前改进；土建验收合格后才可以进入设备安装阶段。水处理设备安装调试后，进行竣工验收，即对试运行的出厂水和管网末梢水进行检验。竣工验收合格后，由卫生计生主管部门签发建设项目竣工卫生验收认可书。

二、卫 生 许 可

饮用水集中式供水单位取得工商行政管理部门颁发的营业执照后，还应当向卫生计生主管部门提出许可申请，取得县级以上地方人民政府卫生计生主管部门颁发的卫生许可证，方可供水。

1. 卫生许可申请 集中式供水管理责任单位填报《卫生许可证申请书》，并如实提交其他有关材料。责任单位需对材料的真实性负责，否则将承担相应的法律后果。

2. 受理 受理人员需要对责任单位提交的申请材料的完整性、合法性、规范性进行审核。对不需要取得卫生行政许可或不属于卫生计生主管部门职权范围的，应出具行政许可不予受理的决定书；申请材料存在错误的，允许责任单位当场更正；申请材料不齐全或不符合法定形式的，应告知责任单位需要补正的内容。申请材料齐全、符合法定形式或补正申请材料达到要求的，卫生计生主管部门需要出具行政许可受理通知书。

3. 审查 受理申请后，由监督人员负责资料形式审查和生产现场审查。符合规定要求的，进入下一步办证程序；不符合规定要求的，应要求责任单位在规定时间内进行整改，整改期间不得从事供应生活用水，否则可以按无证经营予以处罚。复查后合格的，进入办证程序；不合格的应结合两次审查的结果，进入不予许可决定的程序。

（1）资料形式审查：审查申报资料是否齐全，内容是否反映水厂实际情况，有无不符合项。

（2）现场审查：现场审查内容包括：①水源：检查水源是否符合相关要求；②卫生管理规章制度：检查水厂的岗位责任是否明确，是否建立健全各种管理规章制度及档案等；③厂区环境：查看厂区是否存在污染因素；④水处理及卫生设施：检查生产区内水处理设备、设施是否齐全和符合要求，设备运转是否正常，是否能够确保安全供水等；⑤供水管网：检查管网是否与排水设施或非生活饮用水管网连接，是否有放水、清洗、消毒、检修制度；⑥涉水产品：查验水厂所用水处理药剂、滤料是否有卫生许可批件，核实进货凭证、验收记录等；⑦从业人员：核对各岗位从业人员是否持有效专业资格证、有效健康证明及卫生知识培训情况；⑧水质检验室：检查水质检验室的设备、人员、制度、检验记录等；⑨事故应急处理措施：查看水厂的水质污染应急处理方案、应急准备情况和污染事件报告制度；⑩水质现场监督检测：对水厂的出厂水、末梢水水质进行现场监督检测。

4. 许可决定　①许可证审批和发放时限：卫生计生主管部门应自受理之日起 20 日内作出卫生行政许可决定。做出准予卫生行政许可决定的，应当在决定后 10 日内向申请人发放卫生许可证，并予以公开。②卫生许可证有效期：卫生许可证有效期为 4 年。同其他行政许可一样，允许持有许可证的供水单位依法申请许可证的延续、变更或补发，或由发证的卫生计生主管部门依法撤销和注销。③卫生许可证的管理：责任单位在申请过程中有隐瞒或提供虚假材料等情况的，卫生计生主管部门不予受理或不予卫生行政许可，并给予警告，且要求申请人在一年内不得再次提出申请。

三、经常性卫生监督

对已获得卫生许可的饮用水集中式供水单位需要进行定期、有计划的监督和检查，以保证供水安全。

1. 现场监督检查　每年对已获得卫生许可的集中式供水单位的经常性监督检查次数应不少于 2 次。监督检查的内容和形式与许可审查基本一致，包括：水处理工艺和卫生设施与申报卫生许可时是否一致，是否擅自更改原有的建筑设计、布局流程和设施；水源保护区内是否有危害水源水质卫生的设施和行为；水厂卫生管理人员的规章制度、防污染措施、应急事故处理方案及污染事件报告制度是否完善及执行情况；水净化处理和消毒设施是否有效运行；供、管水人员是否持有有效资格证书及是否进行正规卫生知识培训；是否按要求进行水质检验，水质卫生监测结果是否合格；监督供水单位管网维修及配水系统的检查情况。监督检查时认真做好现场检查笔录并作为以后许可延续的凭证。如果发现问题应当场下达《卫生监督意见书》，责令供水单位在规定时间内整改。对违法行为要依法进行处罚。

2. 水质监测　水质监测的目的是帮助监督人员及时发现供水的问题或隐患。对辖区内供水单位的水质监测每季度应至少 1 次或者更多，可以根据当地市级以上卫生计生主管部门的年度抽检计划或根据当地实际确定的采样点、检验项目和频率，进行卫生监测。如果当地发生突发饮用水污染事件，还应当根据实际需要制定监测方案。

水质卫生监测是技术性比较强的工作，需要监督机构和检验机构共同完成，通常由监督机构采样后送交检验机构检验，检验机构完成检验后将结果报告交监督机构，所以监督人员应当掌握如何确定水质采样点，如何选择项目，学会如何进行水样采集与保存方法。

（1）水质采样点确定：①出厂水：在市政自来水厂和自建供水厂的出厂水设点。采样位置应设在出厂后、进入输送管道前，距离供水设施最近的取水口处。②末梢水：原则按每 2 万人口设置 1 个采样点。一般情况下，省会城市至少设 40 个点；地级城市至少设 20 个点；县（市）设 10 个点。最好选取不同水源类型和取水方式的供水末梢作采样点。采样位置应在用户水龙头处。

（2）检测频次和指标要求：①市政自来水出厂水：丰水期、枯水期各检测 1 次，进行全分析；

每季 1 次，检测菌落总数、总大肠菌群、消毒剂余量、色度、浑浊度、臭和味、肉眼可见物、pH、铁、锰、COD、氨氮及全分析中发现问题的指标。②市政自来水末梢水：丰水期、枯水期各检测 1 次，选 10%采样点进行全分析；每月 1 次，选 90%采样点检测菌落总数、总大肠菌群、消毒剂余量、色度、浑浊度、臭和味、肉眼可见物、pH、铁、锰、COD、氨氮及全分析中发现问题的指标。③自建供水：检测指标可参照市政自来水进行，频次可酌情减少。

（3）水样采集与保存：水样采集与保存遵循《生活饮用水标准检验方法》的规定进行。有几点是需要注意的：①采样前应根据水质检验目的和任务制订采样计划，内容可以包括：采样目的、检验指标、时间、地点、方法、频率、数量等；②采样时除油类指标外，一般理化指标采样前应先用水样荡洗采样器、容器和塞子 2~3 次。如果在同一地点、同时采几类指标的水样，必须先采微生物指标水样，要直接采，不要用水样涮洗已灭菌的采样瓶，还要避免手指和其他物品对瓶口的污染；③可以根据测定指标、测试方法、平行样品数量来确定采样体积。比如，一般理化指标约需 3~5L，常规微生物指标约需要 500ml，金属元素约需要 0.5~1L；④除了现场测定的样品外，大部分水样都需要运回实验室进行分析。在水样的运输和实验室管理过程中应该做到水样性质稳定、完整、不受玷污、损坏和丢失；⑤现场测试样品要认真记录结果并妥善保管。

案例 9-1

2013 年 3 月 19 日，××区卫生监督员和疾病预防控制中心人员在该辖区内某企业自建水站原水检查时发现出厂水余氯偏低。经现场检查发现该水站加氯系统中计量泵前次氯酸钠过滤器发生堵塞，加消毒剂不畅，责令该水站及时检修，并采样送检。3 月 22 日，××区疾病预防控制中心检测报告显示，该水站 3 月 19 日的出厂水水样检出总大肠菌群、耐热大肠菌群、大肠埃希菌。经立案调查，该水站供应的饮用水不符合《生活饮用水卫生标准》（GB 5749—2006），违反了《中华人民共和国传染病防治法》第二十九条第一款的规定。依据《中华人民共和国传染病防治法》第七十三条第（一）项的规定，××区卫生计生主管部门对其作出罚款人民币 1 万元的行政处罚。

问题：
1. 监督中常注意的简便直观水质卫生指标是哪项？
2. 该企业采用的水质消毒方法是什么？其存在的问题对水质卫生有哪些影响？

第三节　二次供水的卫生监督

一、预防性卫生监督

卫生计生主管部门需对新、改、扩建的二次供水管理责任单位进行预防性卫生监督审查，具体的程序和内容：

1. 申请　二次供水责任单位提交申请材料，申请材料包括：建设项目卫生审查申请书、二次供水设施位置图、二次供水设施场所图纸、拟选用涉水产品的相关卫生许可批件等。

2. 受理　责任单位提交的申请材料齐全后，由卫生计生主管部门出具受理通知书。

3. 审核　在受理后 10 个工作日内卫生监督员按有关标准规范和内容对供水单位进行审查。审核内容包括以下几点。

（1）地址与周围环境：施工现场位置要与责任单位的申请材料相符。低位水池周围 10m 以内不得有渗水坑、化粪池、垃圾堆和有毒有害物品等污染源，周围 2m 内不得有污水管道，不得毗邻厕所、浴室、盥洗室、厨房、锅炉房、污水处理间；高位水箱应设在通风良好、不冻结、不受热的专用房间内，不得利用建筑物本体结构作为水箱的壁板、底板和顶板。

（2）二次供水水箱设计要求：①容积：高位水箱按最高日供水量的 15%～20% 计算，低位水池按 20%～25% 计算。大于 500m^3 的应设计成两格，可保证清洗时不停水。如果设计容积水量在 48h 内不能更新，应设计水消毒装置；②水池和水箱应是饮用水专用。特殊情况下与消防用水合用时，应保证不产生死水层；③水池和水箱应有相应的透气孔；④人孔的位置和大小要满足清洗消毒工作的需要。人孔应高于顶部 5cm，内外设爬梯，便于清洗消毒和检查；⑤水箱必须安装在有排水设施的底盘上，排水管应设在底部。排水管和溢流管均不得直接与下水道连通，可以采用空气隔断装置；⑥设在建筑物内的水池和水箱，其顶部与房屋顶部之间距离应大于 80cm。建筑物的内墙不能作为池面。池壁与建筑物墙体之间的距离应大于 50cm，便于维护和检查。⑦不得将管线与市政供水或自建供水管道直接连通，特殊情况下需要连通时，须设不承压水箱；不得与非饮用水管网相连通；进水管不得兼做出水管。溢流管管径应大于进水管一级，管顶采用喇叭口集水。

（3）材质要求：供水设施、管道和其他与水直接接触的附属设备的材质、内壁涂料和内衬应达到卫生安全要求，应有卫生许可批件。严禁使用手糊玻璃钢和普通钢板制作水箱或制作衬里。

4. 项目认可 审查不合标准的，由监督员当场提出整改意见；符合要求的，由卫生计生主管部门签发《建设项目设计卫生审查认可书》和《建设项目竣工卫生验收认可书》。

二、卫生许可

饮用水二次供水卫生许可是二次供水单位在获得《建设项目竣工卫生验收认可书》后，向卫生计生主管部门提出的申请，经审查合格后在规定时间内发放卫生许可证的过程。对于有多套二次供水系统的供水单位，而且供水范围相互独立的，需要分别办理卫生许可。

1. 申请 由二次供水单位如实提交申请材料。

2. 受理 申请材料齐全后，由卫生计生主管部门出具行政许可受理通知书。

3. 审查 卫生许可审查内容包括：设施周围及泵房、水箱间的环境是否清洁卫生，排水是否良好；水池水箱是否加盖上锁，排水管和溢流管是否与下水道相连，透气孔是否有防尘罩，是否已经过清洗消毒；水泵等设备是否配置齐全，运行良好；岗位责任制，清洗消毒制度，从业人员健康体检制度、专业培训制度、管理档案、操作规程是否建立健全；水质污染应急处理方案、应急准备和污染事件报告制度是否符合要求；是否配备消毒剂余量检测仪器；供、管水人员是否经过卫生知识培训和健康体验；水质检测结果是否符合卫生标准。如有不合格内容就说明该单位还不具备许可条件，需要进一步整改。

4. 许可决定 同集中式供水的许可决定。

三、经常性卫生监督

对已获得卫生许可的二次供水单位需要进行定期、有计划的监督和检查，以保证供水安全。每年对二次供水单位的经常性监督检查次数应该不少于 2 次，如果需要可以增加到每季度至少 1 次。经常性卫生监督的主要检查内容如下。

1. 卫生许可证情况 卫生许可证是否真实、有效，是否在有效期内，是否按要求复核、换证。

2. 卫生管理情况 通过查看管理档案和运行记录，检查各项卫生制度和措施是否健全和落实情况，了解设施运行情况，卫生管理档案资料是否完整，供、管水人员是否经过卫生知识培训、是否有体检合格证等。

3. 建筑与布局更改情况 二次供水单位的建筑与布局是否有更改，如果有更改是否经相关部门核准。

4. 供水设施的日常使用情况 供水设施是否完备，运行是否良好；供水设施周围环境是否良好；使用的供水设备和产品是否具有卫生许可和卫生安全证明；供水设施是否加盖上锁，溢流管是否有防蚊措施，是否与下水道相连；水池是否定期清洗消毒；发生供水事故时是否有应急处理预案。

5. 水质消毒情况 二次供水设施是否设置消毒措施，是否对水质正确使用消毒剂。

6. 水质卫生情况 是否进行水质监测，是否有监测合格报告，监测项目是否齐全，近两年是否有监测不合格情况。

第四节　涉水产品的卫生监督

案例9-2

2011年10月9日，××市卫生局卫生监督员对某涉水产品生产企业进行监督检查——发现其仓库内堆放了规格为Φ15mm某牌不锈钢水管，该单位现场出示了×卫水字（2010）S0087号的"某牌不锈钢水管"涉及饮用水卫生安全产品卫生许可批件。该批件产品说明标注"产品规格：Φ≥20mm"，该单位于2011年3月份开始生产上述产品，监督员现场制作了现场检查笔录、卫生监督意见书、产品样品采样单等法律文书，并拍摄照片。该单位的行为违反了《管理办法》第十二条第二款，依据《管理办法》第二十七条的规定给予罚款人民币30 000元的行政处罚，同时责令立即改正违法行为。

问题：
1. 根据该企业获得的涉及饮用水卫生安全产品卫生许可批件是否可以生产其他涉水产品？
2. 该企业存在的问题及依据？

一、预防性卫生监督

凡新建、改建、扩建的涉水产品生产企业生产场所的选址、设计和施工均应符合《涉及饮用水卫生安全产品检验规定》的有关要求。选址、设计及设施应经省（自治区、直辖市）卫生计生主管部门审查，并参加竣工验收。

（一）选址与设计的卫生审核

1. 选址审核 涉水产品生产企业应选择地势干燥、水源充足、交通方便的区域。厂区周围不得有粉尘、有害气体、放射性物质和其他扩散性污染源，不得有昆虫大量孳生的潜在场所。不同种类的涉水产品选址要求不同：①化学制剂和涂料：因生产过程中可能对空气产生污染，故生产场所需要远离居民区；②PVC-U输配水管：因生产过程中可能产生大量的PVC粉尘，故生产场所与其他建筑应有一定的卫生防护间距和"三废"处理措施；③家用水质处理器：因生产过程中一般不产生污染物，故生产场所要清洁卫生，可选择在洁净工业区。

2. 厂区布局设计审核 涉水产品生产企业生产区、辅助生产区和生活区设置应能保证生产的连续性，做到功能分区明确，人流与物流、清洁区与污染区分开，不得交叉。应根据生产产品特点和工艺要求设置原辅料库、产品加工生产场所、成品库、检验室、危险品仓库等场所。

3. 辅助设施 厂区道路通畅,并有防止积水及扬尘的措施。动力、供暖、空调机房、给排水系统和废水、废气、废渣的处理系统等辅助建筑和设施的设置应不影响生产场所卫生。

4. 生产场所审查 应有与产品类型、生产规模相适应的生产用房,其净高一般不得低于3m,面积不小于100m²。生产场所通道应宽畅,水处理剂的生产场所通道应设安全护栏。墙壁和屋顶应用浅色、防潮、防腐蚀、防霉、防渗的无毒材料覆涂。地面应平整、耐磨防滑、无毒、耐腐蚀、不渗水,便于清洗消毒。需要清洗的工作区地面应有坡度,在最低处设置地漏。通风换气量的设计应按《工业企业设计卫生标准》(TJ36-79)的规定执行。采用紫外线消毒者,紫外线灯按30W/(10～15)m²设置,离地2m吊装。采光及照明,工作面混合照度不应小于200Lx,检验工作场所不应小于540Lx,其他场所不应小于100Lx。生产区厕所应设在生产场所外。

5. 生产设备、工具、管道 必须用卫生、无毒、无异味、耐腐蚀、不吸水、不变形的材料制作,表面应光滑,便于清洗消毒。

6. 水质处理器(材料) 生产场所应有与生产产品相适应的专用清洗、消毒场所和设备。装配(包装)区入口处应设更衣室,室内应有衣柜、鞋架等更衣设施。生产场所入口处和生产场所内适当的位置应设置流动水洗手设施。

(二)工程验收和验收认可

土建验收重点审查土建工程是否按设计图进行施工,有没有改变,存在什么问题,及时向建设单位发出卫生监督意见书,限期改进;竣工验收重点进行现场监测、评价和专项检查,制作竣工卫生验收报告并上报卫生计生主管部门,最后由行政部门签发《建设项目竣工卫生验收认可书》。

二、卫生许可

根据《管理办法》的规定,国家对涉水产品实行卫生许可制度。

(一)涉水产品许可范围及分类

1. 不需要监管的涉水产品 水杯、水壶、咖啡壶等食品容器。

2. 由卫生计生主管部门依法对其进行市场监管,但不需要获得卫生行政许可的涉水产品 ①矿化水器或矿化水剂;②陶瓷、水泥输配水设备;③氯(液氯、氯气);④石英砂;⑤水泵、阀门、水表、水处理剂加入器等机械部件。

3. 需要取得卫生行政许可批件的涉水产品 除上述两项,其他涉水产品均需取得卫生行政许可批件。

(1)需要事先取得国务院卫生计生主管部门颁发的卫生行政许可批件的涉水产品:①进口产品;②国产水质处理器和防护材料;③利用新材料、新工艺和新化学物质生产的涉水产品。

(2)需要事先取得生产所在地省级卫生计生主管部门的卫生行政许可批件的涉水产品:①用分类目录中列明材质制造的国产输配水设备;②用分类目录中列明材质制造的国产水处理材料;③用分类目录中列明材质制造的国产化学处理剂。

(二)涉水产品卫生许可的程序

1. 涉水产品生产企业卫生条件审核 涉水产品生产企业卫生条件审核是由省级卫生监督机构执行,在产品卫生行政许可实施前对产品生产环节有关内容进行核实。如审核合格,应在10个工作日内,向申报单位出具书面审核意见,且该审核需要在向检验机构送检产品前完成。①需要涉水产品生产企业卫生条件审核的情况:国产涉水产品首次申报卫生许可;已获得许可的涉水产品因变更或增加实际生产现场而需要变更许可批件;其他许可过程中需要进行生产企业卫生条件审核的情况。②提交审核材料的内容:包括卫生条件审核申请表、产品材料及配方、生产工艺简述和简图、生产设备清单、产品名牌和说明书、产品中与水接触的和可能对人体有害的材料的卫生安全合格证明及其他相关材料等。

2. 产品检验 涉水产品生产企业卫生条件审核合格后,向检验机构送检产品进行检验。检验机构应当按照国家相关标准和规范的要求进行检验,各个检验项目应当使用同一生产批号的产品。产品如需进行卫生安全性检验之外的检验,可在具有相应资质的其他实验室完成,检验方法应当符合国家有关法律、法规、规章、标准和规范的要求。检验机构应当在规定时限内出具检验报告。检验报告应当注明检验样品特征、性状、规格、数量和检验结论等,并附检验申请表、检验受理通知书、产品说明书、样品采样记录。

3. 产品许可 经生产能力审核和产品检验合格后,申请单位应根据涉水产品的分类向相应的卫生许可评审机构提交涉水产品卫生行政许可申请。评审机构受理申请单位的申请后,对产品进行审查。经审核不符合相关规定的不予批准行政许可;审核合格的,由卫生计生主管机构颁发涉水产品卫生许可批准文件。涉水产品的卫生许可批准文件的有效期为4年。

三、经常性卫生监督

涉水产品的经常性卫生监督包括对涉水产品生产企业的卫生监督和对涉水产品经营或使用单位的卫生监督。

(一)对涉水产品生产企业的经常性卫生监督

1. 涉水产品的卫生许可 企业涉水产品卫生许可批准文件应真实、有效,生产的涉水产品内容应与批件相符。产品标识(说明书)应符合许可核准内容,无夸大功能的宣传。

2. 生产企业布局 生产企业布局应符合许可审核的内容。

3. 生产安全体系 生产企业应配备专(兼)职卫生管理人员,建立卫生安全保证体系;制订产品企业标准;建立检验制度,配备合格检验人员,开展生产环境卫生、原料和产品安全自检,妥善保管各项原始记录。涉水产品卫生质量应符合国家标准和规范要求。

4. 原材料和成品储存 有原材料、成品和危险品仓库;原材料库应专人管理,按品种分类验收登记、分类分批分区储存,设置明显标志,防止混淆和污染。成品库规模应与生产能力相适应。成品经检验合格包装后按品种、批次分类储存于成品库中,防止相互混杂;原材料和成品库要便于通风,并有防尘、防鼠、防虫等措施。定期清扫,保持卫生;化学、腐蚀性、易燃易爆原料应专库储存,按危险品仓库有关要求设计和管理。

5. 涉水产品生产用水 涉水产品生产用水的水质及水量应满足生产工艺和卫生的要求。

6. 从业人员管理 从业人员上岗前,应经过卫生知识培训,考核合格后并持有效健康体检证者方可上岗;凡患有痢疾、伤寒、病毒性肝炎、活动性肺结核、化脓性或渗出性皮肤病等疾病或病原携带者,不得从事水质处理器(材料)的生产工作;操作人员手部有外伤时不得直接接触涉水产品和原料;生产场所禁止吸烟、进食及进行其他有碍涉水产品卫生的活动;生产人员进入生产场所必须穿戴整洁,不得将个人用品带入生产场所,水质处理器(材料)的生产人员进入生产场所需穿清洁的工作服、帽、鞋,洗净双手。

(二)涉水产品经营或使用单位的经常性卫生监督

1. 涉水产品的卫生许可 单位经营或使用的涉水产品应持有卫生许可批件,核实每种产品的生产日期是否在批件有效期内,产品的名称、型号、标签、说明书是否与批准内容相符。

2. 产品卫生质量 应对经营单位经营或使用的涉水产品进行抽样检验,以确定其产品卫生质量。

(刘利丹)

第五节 法律责任

卫生计生主管部门对供水单位、涉水产品的生产企业、经营或使用涉水产品企业进行监督检查，依据《传染病防治法》、《管理办法》等法律法规规定，对不符合规定的单位和企业行为需要依法进行处罚，构成犯罪的，依法追究刑事责任。

一、供水单位的法律责任

（1）集中式供水单位安排未取得体检合格证的人员从事直接供、管水工作或安排患有有碍饮水卫生疾病的或病原携带者从事直接供、管水工作的，县级以上地方人民政府卫生计生主管部门应当责令限期改进，并可对供水单位处以 20 元以上 1000 元以下的罚款。

（2）违反《管理办法》的规定，①在饮用水水源保护区修建危害水源水质卫生的设施或进行有碍水源水质卫生的作业的；②新建、改建、扩建的饮用水供水项目未经卫生计生主管部门参与选址、设计审查和竣工验收而擅自供水的；③供水单位未取得卫生许可证而擅自供水的；④供水单位供应的饮用水不符合国家规定的生活饮用水卫生标准；⑤未取得卫生计生主管部门的卫生许可而擅自从事二次供水设施清洗消毒工作的。有上列情形之一的，县级以上地方人民政府卫生计生主管部门应当责令限期改进，并可处以 20 元以上 5000 元以下的罚款；已取得许可证的，原发证部门可以依法暂扣或吊销许可证，构成犯罪的，可依法追究刑事责任。

（3）饮用水供水单位供应的饮用水不符合国家卫生标准和卫生规范导致或可能导致传染病传播、流行的，由县级以上人民政府卫生计生主管部门责令限期改正，没收违法所得，可以并处 5 万元以下的罚款；已取得许可证的，原发证部门可以依法暂扣或吊销许可证，构成犯罪的，可依法追究刑事责任；造成他人身体伤害或中毒的，应该依法承担相应的民事责任。

二、涉水产品相关的法律责任

（1）生产或者销售无卫生许可批准文件涉水产品的，县级以上地方人民政府卫生计生主管部门应当责令改进，并处以违法所得 3 倍以下的罚款，最高不超过 3 万元或处以 500 元以上 1 万元以下的罚款。

（2）涉水产品不符合国家卫生标准和卫生规范导致或可能导致传染病传播、流行的，由县级以上人民政府卫生计生主管部门责令限期改正，没收违法所得，可以并处 5 万元以下的罚款；已取得许可证的，原发证部门可以依法暂扣或吊销许可证，构成犯罪的，可依法追究刑事责任；造成他人身体伤害或中毒的，应该依法承担相应的民事责任。

本章小结

生活饮用水及涉水产品的卫生监督是各级卫生计生主管部门对供水单位和涉水产品生产单位、经营或使用单位遵守相关卫生法律、法规、规章以及其他规范性文件和行政处理决定的情况进行监督和审查的活动。本章主要介绍了生活饮用水和涉水产品的相关概念，预防性监督、卫生行政许可、经常性卫生监督的程序和审查内容，以及相关的法律责任。

思考题

二次供水的经常性卫生监督的主要检查内容有哪些？

（熊方毅）

第十章 健康相关产品卫生监督

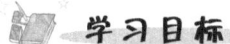

掌握：健康相关产品的基本卫生要求；化妆品、消毒产品及医疗器械生产企业、经营企业卫生监督的主要内容。

熟悉：化妆品、消毒产品及医疗器械卫生监督机构及其职责。

了解：健康相关产品的概念及分类；健康相关产品的命名原则；化妆品、消毒产品及医疗器械相关法律责任。

第一节 概 述

一、健康相关产品的概念及范围

从卫生监督的角度出发，健康相关产品（health related products）指法律、法规、规章规定的由国务院卫生计生主管部门、国家食品药品监督管理等部门审批的食品、药品、化妆品、医疗器械、涉水产品、消毒产品等与人体健康相关的产品。健康相关产品涉及范围广泛，人类生活中与衣、食、住、行、用有关的一切产品都属于健康相关产品。因食品、药品、涉水产品等已经在其他章节介绍，本章重点介绍化妆品、消毒产品、医疗器械这三种健康相关产品。

二、健康相关产品的卫生行政许可

（一）申报与受理

1. 职责 国务院卫生计生主管部门受理国产健康相关产品经生产能力审核和产品检验后的；进口健康相关产品经产品检验后的；进口健康相关产品转中国境内生产、加工或分装的申报工作。省级卫生计生主管部门负责对国产健康相关产品进行生产能力审核。国务院卫生计生主管部门或省级卫生计生主管部门认定的健康相关产品检验机构（简称检验机构）按有关规定承担相应的健康相关产品检验工作。

2. 评审机构 ①国务院卫生计生主管部门设立的健康相关产品审评机构（简称审评机构）承担健康相关产品的申报受理、组织评审、产品报批、审批结论反馈和档案管理等卫生计生主管部门交办的工作；②国务院卫生计生主管部门设立健康相关产品评审委员会（简称评审委员会），承担国务院相应的健康相关产品技术审评工作。

3. 申报与受理

（1）申报：申报单位应当直接向审评机构提出健康相关产品卫生行政许可申请，按照相关规定提交有关材料。

（2）受理：审评机构应当对申报材料是否符合法定形式、申请材料是否齐全等进行核对，并根据相关规定做出相应处理意见。

（二）产品生产能力现场审核

生产能力审核指通过对生产企业提交的技术资料的核对和现场审核，根据产品配方（或产品结构图）、生产工艺和生产设备清单核实生产企业是否具有相应产品的生产能力。生产企业在申报许可前，应当依据申报要求向所在地省级卫生计生主管部门提交有关的技术资料，申请对所申报产品的生产能力进行审核。

（三）产品检验

1. 送检样品要求　申报单位送检样品时，应当填写《健康相关产品检验申请表》；送检的国产消毒产品必须是经省级卫生计生主管部门签封的样品。

2. 样品接收　检验机构接收样品时按规定对样品及有关资料进行检查核对。对封样样品封条破损的样品不予接收。经核对符合要求的，检验机构接收者在《健康相关产品检验申请表》上签字，并出具《健康相关产品检验受理通知书》，并在规定时限内出具检验报告。

（四）审评与决定

1. 审评　审评机构受理后，应当在技术审查期限内组织有关专家及技术人员对申请材料进行技术审查，并根据危险性评估的结果，依据"技术审查延期"相关事项结论，作出技术审查结论，并出具"行政许可技术审查延期通知书"。

2. 决定　自接收到技术审查结论之日起20日内（技术审查时间不计算在内）完成行政审查，并依法作出是否批准的卫生行政许可决定；20日内不能做出卫生行政许可决定的，可以延长10日，并出具行政许可决定延期通知书，将延期理由告知申报单位。

申报单位在接到"不予行政许可决定书"之日起6个月内，可书面向审评机构要求退回提交的材料。

（五）许可变更与延续

1. 变更　被许可单位在卫生行政许可有效期满前要求变更卫生行政许可事项的，应当向审评机构提出申请，并按照有关规定提交材料。需要对配方或生产工艺等可能涉及健康相关产品卫生安全的内容变更的，应当按照新产品重新申报。对符合条件和要求的，国家卫生计生委应当依法予以变更，并重新颁发健康相关产品卫生行政许可证明文件；卫生行政许可证明文件上应当对变更事项作相应说明，原批准文号不变。对不符合条件和要求的，应当作出不予变更行政许可的书面决定，出具《不予变更/延续行政许可决定书》，并说明理由。

2. 延续　被许可单位申请延续行政许可有效期的应当在许可规定时限内向评审机构提出书面延续申请，并按照要求提交有关材料。审评机构接到延续申请后，组织专家对产品重新进行技术审查，并在该卫生行政许可有效期满前作出是否准予延续的决定。对准予延续卫生行政许可有效期的，应当向被许可单位重新颁发健康相关产品卫生许可证明文件，并在证明文件上对延续作相应说明，继续使用原批准文号。对不予批准延续的，出具"不予变更/延续行政许可决定书"。审评机构应当作出是否准予变更或延续健康相关产品卫生行政许可决定之日起10日内通知申报单位领取健康相关产品卫生计生行政许可决定书或者证明文件。

（六）档案管理

审评机构对涉及健康相关产品审批的资料实行档案管理。建立健康相关产品审批数据库，并提供检索和查询服务；申报产品样品应当保存至做出许可决定之后3个月。

三、健康相关产品命名规定

为保证健康相关产品命名的科学和规范,保护消费者权益。原卫生部于 2001 年 4 月发布了《健康相关产品命名规定》,具体要求如下。

(一)适用范围及原则

1. 适用范围 保健食品、化妆品、涉及饮用水卫生安全产品、消毒产品等由原卫生部审批的健康相关产品。

2. 命名原则 应符合国家有关法律、法规、规章、标准、规范的规定;反映产品的真实属性,简明、易懂,符合中文语言习惯;名称由商标名、通用名、属性名三部分组成,器械类产品名称还应当有产品型号。名称顺序为商标名、型号、通用名、属性名。

(二)命名规定

商标名应当符合国家有关法规的规定,不得使用有夸大功能或误导消费者的商标;通用名应当规范,不得使用明示或暗示治疗作用的文字;属性名不得使用抽象名称。

(三)禁止使用的产品命名

消费者不易理解的专业术语及地方方言;虚假、夸大和绝对化的词语等;庸俗或带有封建迷信色彩的词语;已经批准的药品名。

四、健康相关产品国家卫生监督抽检

(一)职责分工

国家卫生计生委统一管理、安排国家卫生监督抽检经费,经费应当专款专用;负责制订国家卫生监督抽检工作计划并组织实施。

省级卫生计生主管部门根据国家卫生监督抽检工作计划制订具体的实施方案,组织卫生监督、疾病控制和相关检验机构落实各项抽检任务。

(二)现场检查和采样要求

现场检查和样品采集由两名以上卫生监督员完成,向被抽检者出示监督证件,出具相关执法文书;采集样品的种类、数量应当满足检验、留样的需要,不得采集超过规定的数量。采样场所应当符合抽检计划的要求;现场检查和采样方法应当符合国家有关规定。

(三)对监督机构要求

卫生计生监督机构应当配备采样和传送工具,设置专用的留样储存场所、设施和设备,样品应按照产品标识的保存条件进行储存;卫生监督员应当及时将样品送检;对不合格样品应留样至抽查结果公布后 3 个月。对抽检结果有异议的样品,应当根据具体情况延长留样期限。

(四)检验

检验机构应当在接收样品前作好检验准备,自收到样品之日起 15 日内出具检验报告。特殊情况不能如期完成的,应在接收样品时予以说明,并明确完成时间。

依据国家卫生监督抽检计划进行检验,检验结果应依据国家有关法律、法规、规章、规范和标准进行判定。

(五) 产品复检

省级卫生计生主管部门应当在公布抽检的不合格产品信息前,将抽检结果告知被抽检单位。被抽检单位是经销单位的,还应将抽检结果告知该产品的生产单位或进口代理商。

产品生产单位、进口代理商或经销单位对抽检结果有异议的,可以在收到抽检结果通知之日起 10 日内书面向承担抽检工作的省级卫生计生主管部门或国务院卫生计生主管部门提出复检申请并申明理由。卫生计生主管部门应当在收到复检申请之日起 10 日内作出是否予以复检的决定。有下列情形之一的,不予复检:①产品微生物指标超标的;②留样超过保质期的;③留样在正常储存过程中可能发生改变影响检验结果的;④已进行过复检的;⑤逾期提出复检申请的;⑥样品的生产单位或进口代理商对其真实性提出异议,但不能提供有关证明文件的。

(六) 抽检结果的处理和公布

省级以上卫生计生主管部门可以通过电视、报纸、网络等形式及时向社会公布。向各相关省份通报,同时按照规定上报国家卫生计生委。

(七) 查处

各地卫生计生主管部门应对公布的国家卫生监督抽检结果涉及的违法生产经营单位依法及时进行查处,并责令生产经营单位采取下列整改措施:公告收回不合格产品;立即对单位内或在销的产品进行清理,不得继续生产销售不合格产品;其他法律法规规定的要求,开展追踪检查。

(窦志勇)

第二节 化妆品的卫生监督

案例 10-1

一起销售无生产许可证化妆品案

2014 年 11 月,某市食药监部门在化妆品抽检中发现,某化妆品商行经营的"×××药物祛斑美颜套装"(生产厂家:某市某化妆品有限公司;包装规格:20g×2/盒;有效期至:2017 年 3 月 6 日),检验结果不符合规定。

经市食品药品稽查总队向生产企业所在市食品药品监督管理局药品监管执法分局协查,其辖区内没有上述化妆品生产企业。

经调查,该化妆品商行从上门推销的推销员处购买"×××药物祛斑美颜套装"10 套,单套 100 瓶,用于试销售。上述经营部门未取得《化妆品生产企业卫生许可证》,企业生产的化妆品不符合国家化妆品卫生标准要求,违法行为属实,违反了《化妆品卫生监督条例》第五条第二款"未取得《化妆品生产企业卫生许可证》的单位,不得从事化妆品生产"及第十一条"生产企业在化妆品投放市场前,必须按照国家《化妆品卫生标准》对产品进行卫生质量检验,对质量合格的产品应当附有合格标记,未经检验或者不符合卫生标准的产品不得出厂"的规定。某市食品药品稽查总队依据《化妆品卫生监督条例》第二十七条的规定,给予该化妆品商行没收违法所得并处以违法所得 5 倍罚款,合计 5160 元的行政处罚。

问题:
1. 经营单位销售的产品存在的主要问题有哪些?
2. 经营单位存在哪些违法行为?

一、概 述

(一) 概念

化妆品 (cosmetics) 是指以涂擦、喷洒或者其他类似方法，用于人体表面（皮肤、毛发、指甲、口唇等）、牙齿以及口腔黏膜，以清洁、保护、美化、修饰以及保持其处于良好状态为目的的日用化学工业产品。

(二) 分类

化妆品种类繁多，一般可以按照化妆品的使用目的和使用部分来进行分类。按使用目的分为清洁类化妆品、护理类化妆品、美容修饰类化妆品等；按使用部位分为肤用化妆品、发用化妆品等；按监管要求分为特殊化妆品（包括染发、烫发、美白、防晒以及国务院食品药品监督管理部门认为其他需要特殊管理的化妆品）和普通化妆品（特殊化妆品以外的化妆品）。

二、化妆品卫生监督的法律依据和机构、职责

(一) 化妆品卫生监督的法律依据

《化妆品卫生监督条例》是我国化妆品卫生监督的主要法律依据。随后发布的《化妆品卫生监督条例实施细则》，比较详细地规定了化妆品生产、销售的卫生监督及不良反应的处理。《化妆品卫生规范》和《化妆品生产企业卫生规范》是化妆品卫生监督的主要技术依据。此外，发布的一系列通知，如《关于印发化妆品行政许可申报受理规定的通知》、《关于印发化妆品行政许可检验管理办法的通知》、《关于印发化妆品生产经营日常监督现场检查工作指南的通知》、《关于印发国产非特殊用途化妆品备案管理办法的通知》、《关于印发化妆品新原料申报与审评指南的通知》等，对化妆品的卫生监督做出相应规定。

(二) 卫生计生主管部门及职责

国家食品药品监督管理总局负责全国化妆品的监督工作。《化妆品卫生监督条例》和《化妆品卫生监督条例实施细则》中明确规定了国务院卫生计生主管部门及各级卫生计生主管部门在化妆品卫生监督工作中的职责。

1. 国家食品药品监督管理总局的主要职责 ①制定国家化妆品卫生监督工作的方针、政策，检查、指导全国化妆品卫生监督工作；②组织研究、制定化妆品卫生标准；③审查化妆品新原料、特殊用途化妆品、进口化妆品的卫生质量和使用安全性，批准化妆品新原料的使用、特殊用途化妆品的生产、进口化妆品的首次进口；④组织对化妆品卫生重大案件的调查处理；⑤依照《化妆品卫生监督条例》和《化妆品卫生监督条例实施细则》进行行政处罚。

2. 省级食品药品监督管理局的主要职责 ①辖区内化妆品卫生监督工作，负责检查、指导地、市级卫生计生主管部门的化妆品卫生监督工作；②辖区内化妆品生产企业实施预防性卫生监督和发放化妆品生产企业卫生许可证；③初审特殊用途化妆品的卫生质量，负责非特殊用途化妆品的备案；④组织辖区内化妆品卫生较大案件的调查处理。

3. 卫生监督员的职责 《化妆品卫生监督条例》和《化妆品卫生监督条例实施细则》中规定在化妆品卫生监督中实行化妆品卫生监督员制度，并对监督员的职责、权利和义务作了规定：①参加新建、扩建、改建化妆品生产企业的选址和设计卫生审查及竣工验收；②对化妆品生产企业和经营单位进行卫生监督检查，调查处理化妆品引起的危害健康事故；③对违反监督条例的单位和个人提出行政处罚建议；④按国家规定向生产企业和经营单位抽检样品，索取与卫生监督有关

的安全性资料；⑤不准在化妆品生产、经营单位兼职或任顾问，不准与化妆品生产、经营单位发生有碍公务的经济关系；⑥在卫生监督时，应佩戴证章，出示证件。

三、化妆品生产企业的卫生许可

化妆品生产企业经省级化妆品企业主管部门同意后，填写化妆品生产企业卫生许可证申请表，向地级市以上卫生计生主管部门提出申请。由各省（自治区、直辖市）卫生计生主管部门对申请卫生许可证企业按规定进行卫生条件审查，如有无与化妆品生产相适应的生产场地、环境条件、生产设施设备；有无与化妆品生产相适应的专业技术人员；有无对生产的化妆品进行质量检验的机构或者专职检验人员以及检验设备；有无保证化妆品安全的管理制度，及对直接从事化妆品生产人员进行健康体检。审查合格的，发给化妆品生产企业卫生许可证；经审查未批准的，也应当说明不批准的理由。化妆品生产企业卫生许可证采用统一编号，有效期4年。省（自治区、直辖市）卫生计生主管部门应每两年对企业复核一次。

四、化妆品的卫生监督

（一）化妆品的卫生监督要求

《化妆品卫生规范（2007版）》规定了化妆品原料及其终产品的卫生要求。

1. 一般要求 在正常及合理、可预见的使用条件下，必须确保在长期使用化妆品的过程中消费者的安全，不能因使用化妆品而给消费者带来健康危害；同时必须确保化妆品具有良好的微生物学质量，不会成为传播疾病的媒介。

2. 原料要求 ①禁止使用的化妆品原料共496种，其中421种为一些高毒物、剧毒物、光毒物、光敏物、危险药品、农药、致癌物、致畸物、致突变物、有毒动植物等；75种为中草药类的毒性强烈或对健康可能造成危害的物质；②限用的化妆品原料有67种；③化妆品中允许使用的防腐剂55种；④化妆品中允许添加的紫外线吸收剂24种；⑤化妆品中允许使用的着色剂157种；⑥染发类化妆品中允许使用的染发剂96种。

3. 终产品要求 化妆品必须使用安全，不得对施用部位产生明显的刺激和损伤，且无感染性。

化妆品终产品中的微生物指标规定：①普通化妆品的菌落总数每克或每毫升不得大于1000菌落形成单位（colony forming unit，CFU）；眼部化妆品、口唇黏膜化妆品、婴儿和儿童化妆品的菌落总数每克或每毫升不得大于500CFU；②每克或每毫升化妆品中不得检出粪大肠菌群、铜绿假单胞菌和金黄色葡萄球菌；③每克或每毫升化妆品中霉菌和酵母菌总数不得大于100CFU。

化妆品终产品中有毒物质的规定：除含有有机汞防腐剂的眼部化妆品外，其他化妆品中汞含量不得超过1mg/kg；除含醋酸铅的染发剂外，其他化妆品中铅含量不得超过40mg/kg；砷含量不得超过10mg/kg；甲醇含量不得超过2000mg/kg。

化妆品的直接容器必须使用安全材料，不得使用含有或释放可能对使用者造成伤害的有毒物质。

化妆品标签上应用中文注明产品名称、生产企业、产地，包装上要注明产品批号，含药物化妆品或可能引起不良反应的化妆品须注明使用方法和注意事项。

（二）生产企业的卫生监督

《化妆品卫生规范（2007版）》明确规定了对化妆品生产企业开展卫生许可和监督工作的内容和要求。规范要求主要从以下几个方面对生产企业提出要求：①选址、设施和设备的卫生要求；②原料和包装材料的卫生要求；③生产过程的卫生要求；④成品储存与出入库的卫生要求；⑤卫生管理的要求；⑥人员资质及个人卫生的要求。

（三）化妆品经营的卫生监督

1. 化妆品销售的卫生监督 化妆品经营单位和个人不得销售如下化妆品：①未取得化妆品生产企业卫生许可证的企业所生产的化妆品；②无质量合格标记的化妆品；③标签、包装或说明书不符合规定的化妆品；④未取得批准文号的特殊用途化妆品；⑤超过使用期限的化妆品。

2. 化妆品广告宣传的监督 化妆品的广告宣传不得有如下内容：①化妆品名称、制法、效用、性能不能虚假夸大；②使用他人名义保证或暗示，使人误解化妆品的效用；③宣传医疗作用。

（四）特殊用途化妆品及进口化妆品的卫生监督

特殊用途化妆品是指用于育发、染发、烫发、脱毛、美乳、健美、除臭、祛斑、防晒的化妆品，以及国务院食品药品监督管理部门认为其他需要特殊管理的化妆品。其中育发化妆品是指有助于毛发生长、减少脱发和断发的化妆品。染发化妆品是指具有改变头发颜色作用。烫发化妆品是指具有改变头发弯曲度，并维持相对稳定的化妆品。脱毛化妆品是指具有减少、消除体毛作用的化妆品。美乳化妆品是指有助于乳房健美的化妆品。健美化妆品是指有助于使体形健美的化妆品。除臭化妆品是指有助于消除腋臭的化妆品。祛斑化妆品是指用于减轻皮肤表皮色素沉着的化妆品。防晒化妆品是指具有吸收紫外线作用、减轻因日晒引起皮肤损伤功能的化妆品。

1. 特殊用途化妆品的卫生监督 ①特殊用途化妆品投放市场前必须进行产品卫生安全性评价；②特殊用途化妆品在通过初审后，人体试用或斑贴试验，应当在国务院卫生计生主管部门批准的单位进行；③应按照规定程序对特殊用途化妆品进行审查批准；④特殊用途化妆品批准文号为生产凭证；特殊用途化妆品证书为研制凭证，可用于该产品的技术转让；⑤特殊用途化妆品批准文号每4年重新审查1次；⑥特殊用途化妆品批准文号不得涂改、转让，严禁伪造、倒卖。

2. 进口化妆品的卫生监督 ①按规定程序申请进口化妆品卫生许可批件及批准文号；②进口化妆品卫生许可批件有效期为4年，期满前4~6个月可以向国务院卫生计生主管部门申请换发；③进口化妆品卫生许可批件和批准文号不得涂改、转让，严禁伪造、倒卖；④进口化妆品卫生许可批件只对该批件载明的品种和生产国家、厂商有效；⑤已获批准进口的化妆品在口岸由国家商品检验部门按照《中华人民共和国商品检验法》的规定进行检验。

（五）化妆品从业人员的卫生监督

1. 化妆品从业人员的资质监督 化妆品企业管理者应熟悉化妆品有关卫生法规、标准和规范性文件，能按照卫生部门的有关规定依法生产；直接从事化妆品生产的人员应经过化妆品生产卫生知识培训并经考核合格，身体健康并具有从业人员健康证明。从事卫生质量检验工作的人员应掌握微生物学的有关基础知识，掌握化妆品卫生规范和产品质量标准，熟悉化妆品的生产工艺和质量保证体系知识，上岗前应经卫生检验专业培训并通过省级食品药品监督管理局考核。从业人员应每年培训不少于1次，内容包括相关法律法规知识、卫生知识、质量知识、化妆品基本知识和安全培训等。

2. 化妆品从业人员的个人卫生监督 ①从业人员健康检查监督：从业人员应按规定每年至少进行1次健康检查，必要时接受临时检查；应按规定开展从事有职业危害因素作业的人员健康监护；建立从业人员健康档案。②从业人员个人卫生监督：从业人员应保持良好的个人卫生，生产人员进入生产车间前必须消毒双手，穿戴整洁的工作服；直接从事化妆品生产的人员不得佩戴首饰、不得染指甲或留长指甲、不得化浓妆；禁止在生产场所吸烟、进食或进行其他有碍化妆品卫生的活动，操作人员有手外伤时不得接触化妆品和原料，不得穿戴工作服进入非生产场所，不得将个人生活用品带入生产车间；临时进入生产区的非操作人员也应符合现场操作人员卫生要求。③从业人员工作服管理：工作服应有清洗保洁制度，定期进行更换；每名从业人员应有两套或以上工作服。④个人防护：从事职业危害因素的作业防护应符合国家相关法规和标准，生产过程中接触气溶胶、粉尘或挥发性刺激物时应戴口罩。

五、法律责任

未取得化妆品生产企业卫生许可证而擅自生产化妆品的企业，生产未取得批准文号的特殊用途化妆品，使用化妆品禁用原料和未经批准的化妆品新原料，进口或者销售不符合国家卫生标准的化妆品，以及违反其他有关规定的，可视具体情节，处以警告、限期改进、停产或停止营业、没收产品及违法所得、罚款、吊销化妆品生产企业卫生许可证、撤销特殊用途化妆品批准文号等行政处罚。造成人体损伤或者发生中毒事故的，有直接责任的生产企业和经营单位或者个人，应对受害者承担民事赔偿责任。造成严重后果，构成犯罪的，应依法追究刑事责任。

（刘利丹）

第三节　消毒产品的卫生监督

> **案例 10-2**
>
> **一起无证生产消毒剂案**
>
> 2010年4月23日，某市卫生监督所对某卫生消毒用品有限公司进行检查时发现，该公司无卫生许可证生产"8488"消毒液，当即对其生产的原料（醋酸91桶、工业用冰乙酸24桶和12桶无标识的原料）和成品（过氧乙酸20千克装8桶、25千克装24桶、5千克6桶）进行了封存，责令其停止生产消毒剂。该公司违反了《消毒管理办法》第三十四条"禁止生产经营下列消毒产品：（一）无生产企业卫生许可证、产品备案凭证或卫生许可批件的；（二）产品卫生质量不符合要求的"规定，依据《消毒管理办法》第四十七条"消毒产品生产经营单位违反本办法第三十三、三十四条规定的，由县级以上地方卫生行政部门责令其限期改正，可以处5000元以下罚款；造成感染性疾病暴发的，可以处5000元以上20 000元以下的罚款。"该市卫生行政部门现场予以没收销毁，并罚款5000元。
>
> 问题：
> 1. 卫生监督管理部门主要检查发现哪些违法事实？
> 2. 生产消毒产品许可主要有哪些？

一、概　述

（一）概念

1. 消毒（disinfection）　是指用化学、物理、生物的方法杀灭或消除环境中的病原微生物。

2. 消毒产品（disinfection products）　以消毒为目的而使用的物品或器械，主要指列入原卫生部《消毒产品分类目录》中的产品，包括消毒剂、消毒器械、卫生用品和一次性使用医疗用品等。

3. 消毒剂（disinfectant）　是指用于消毒、灭菌或洗涤消毒的制剂。

4. 消毒器械（disinfection apparatus）　是指用于消毒、灭菌的各种器械和装置，包括生物指示物、化学指示物和灭菌物品包装物。

5. 卫生用品（health aids）　是指与人体直接或间接接触的，并为达到人体生理卫生或卫生保健目的而使用的各种日常生活用品，包括棉签、口罩、避孕工具、妇女卫生纸、妇女卫生巾、消毒纸巾、隐形眼镜保存液、直接用于患者的漱口杯和一次性卫生餐具等。

6. 一次性医疗用品（disposable medical supplies） 是指医疗保健、卫生防疫机构诊断和治疗用的深入人体组织或与皮肤表面接触的，使用一次后即丢弃的需要消毒的医疗用品，包括一次性使用的注射器、输液器、手术巾、手术衣、口罩、一次性手套等。

（二）分类

1. 按生产类别分类 消毒剂、消毒器械、卫生用品。

2. 按照消毒产品用途、使用对象的风险程度分类 第一类为具有较高风险，需要严格管理以保证安全、有效的消毒产品，包括用于医疗器械的高水平消毒剂和消毒器械、灭菌剂和灭菌器械，皮肤黏膜消毒剂，生物指示物、灭菌效果化学指示物。第二类为具有中度风险，需要加强管理以保证安全、有效的消毒产品，包括除第一类产品外的消毒剂、消毒器械、化学指示物，以及带有灭菌标识的灭菌物品包装物、抗（抑）菌制剂。第三类为风险程度较低，实行常规管理可以保证安全、有效的除抗（抑）菌制剂外的卫生用品。

二、消毒产品卫生监督的法律依据和机构、职责

（一）消毒产品卫生监督的法律依据

《传染病防治法》第二十九条规定，用于传染病防治的消毒产品应当符合国家卫生标准和卫生规范；《消毒管理办法》、《消毒卫生标准》、《消毒产品检验规定》、《消毒技术规范》、《消毒产品标签说明书规范》、《消毒产品生产企业卫生许可规定》、《消毒产品生产企业卫生规范》、《消毒产品卫生监督工作规范》、《消毒产品卫生安全评价》等文件都对消毒产品的卫生监督作出相应规定。

（二）卫生计生主管部门及职责

1. 省级以上卫生计生主管部门职责 对已经获得卫生许可批件和备案凭证的消毒产品，如出现如下情形，须进行重新审查：①产品配方、生产工艺真实性受到质疑的；②产品安全性、消毒效果受到质疑的；③产品宣传内容、标签、说明书受到质疑的。重新审查不合格的，擅自更改产品名称、配方、生产工艺的，产品安全性、消毒效果达不到要求的，夸大宣传的，省级以上卫生计生主管部门可以注销产品卫生许可批准文号或备案文号。

2. 县级以上卫生计生主管部门职责 ①对辖区内有关机构、场所和物品的消毒工作进行监督检查；②对辖区内消毒产品生产企业执行《消毒产品生产企业卫生规范》情况进行监督检查；③对辖区内省级以上卫生计生主管部门消毒产品的卫生质量进行监督检查；④对辖区内消毒服务机构的消毒服务质量进行监督检查；⑤对违反《消毒管理办法》的行为采取行政控制措施或给予行政处罚。

3. 消毒产品检验机构职责 只有经省级以上卫生计生主管部门认定的检验机构才能从事消毒产品检验工作。消毒产品检验机构出具的检验和评价报告，应当客观、真实，符合有关规范、标准和规定。消毒产品检验机构出具的检验报告，在全国范围内有效。

三、消毒产品的卫生许可

（一）消毒产品生产企业的卫生许可

消毒剂、消毒器械、卫生用品和一次性医疗用品的生产企业应当取得所在地省级卫生计生主

管部门发放的卫生许可证后，才能从事消毒产品的生产。消毒产品生产企业迁厂或另设分厂，应向生产场所所在地的省级卫生计生主管部门申请消毒产品生产企业卫生许可证，即生产企业一个生产场所一证，多个生产场所的分别申请卫生许可证。取得卫生许可证的消毒产品生产企业变更企业名称、法定代表人或生产类别的，应向原发证机关提出申请换证。消毒产品生产企业卫生许可证有效期4年，每年复核1次，卫生许可证不得涂改、转让、伪造、出租、出借等；有效期满前3个月，生产企业应向原发证机关申请换证。

（二）消毒产品的备案制度

卫生用品在投放市场前应向省级卫生计生主管部门备案。省级卫生计生主管部门应在受理申请之日起15日内对符合要求的，发放备案凭证。进口卫生用品在首次进入中国市场销售前应向国务院卫生计生主管部门备案。国务院卫生计生主管部门受理申请之日起15日内对符合要求的，发放备案凭证。

（三）消毒剂、消毒器械的卫生许可

《消毒管理办法》规定，生产消毒剂、消毒器械应取得所在地卫生计生主管部分颁发的消毒剂、消毒器械卫生许可批件。生产企业应当按照要求，向所在地省级卫生计生主管部门提出申请，由省级卫生计生主管部门对其申报材料和样品进行初审；审查合格的方可报国务院卫生计生主管部门审批，并在受理申报之日起4个月内作出是否批准的决定，发给消毒剂、消毒器械卫生许可批件。进口消毒剂、消毒器械的卫生许可批件的审批，应当直接向国务院卫生计生主管部门提出申请。批件的有效期为4年，有效期满前6个月，生产企业或进口产品代理商应按照要求提出换发卫生许可批件的申请。

四、消毒产品的卫生监督

（一）消毒产品的一般卫生监督要求

（1）加工、出售、运输被传染病病原体污染或来自疫区可能被传染病病原体污染的皮毛，应当进行消毒处理。

（2）托幼机构应当健全和执行消毒管理制度，对室内空气、餐具、毛巾、玩具、幼儿活动的场所和接触的物品定期进行消毒。

（3）出租衣物及洗涤衣物的单位和个人，应当对相关衣物和场所进行消毒。

（4）从事致病微生物实验的单位应当执行管理制度和操作规程，应当对实验的器材和物品进行消毒，以防止实验室感染和致病微生物的扩散。

（5）殡仪馆、火葬场内与遗体接触的物品和车辆应当及时消毒。

（6）招用流动人员200人以上的用工单位，应当对流动人员集中生活起居的场所及使用物品进行定期消毒。

（7）疫源地的消毒应当按照有关法律、法规的规定进行。

（8）公共场所、血液制品的消毒管理当按照有关法律、法规的规定进行。

（二）消毒产品生产企业的卫生监督

1. 厂区选址的卫生要求 消毒产品生产企业不得建于居民楼，环境整洁，地面便于降尘和清除积水，周围无积水、无生活垃圾、无有害医学昆虫孳生地，与可能污染产品生产的有害场所至少有30m的距离。

2. 厂区布局的要求 包括：①厂区总体布局应合理，生产区和生活区应分开。厂区应具备生产车间、辅助用房、质检用房、物料和成品仓储用房等，且衔接合理。②厂区的生产和仓储用房

应有与生产规模相适应的面积和空间,生产车间使用面积应不小于 100m²,其中分装企业生产车间使用面积应不小于 60m²,生产车间净高不低于 2.5m;厂区内设置的厕所应采用水冲式,应采用易清洗、不易积垢材料;辅助设施应不影响产品质量。

3. 生产区的卫生要求 包括:①各功能间应按生产工艺流程进行合理布局,工艺流程应按工序先后顺序合理衔接。②生产区内应设更衣室,室内应配备衣柜、鞋架、流动水洗手等设施,并保持清洁卫生。消毒剂和卫生用品生产企业更衣室内还应配备空气消毒设施和手消毒设施。③同一生产区内或相邻生产区间的生产操作,不得相互污染,不同洁净度级别生产车间应避免交叉污染。④生产区通道应保证运输和卫生安全防护需要。⑤生产车间四壁、顶面和工作台面所用材质应便于清洁。隐形眼镜护理用品及皮肤黏膜消毒剂应设立净化车间。⑥对生产车间环境消毒时,所使用的消毒产品应符合国家有关规定。⑦卫生用品生产车间的环境卫生学指标应符合《一次性使用卫生用品卫生标准》(GB15979)及其他国家有关卫生标准、规范的规定。净化车间的洁净度指标应符合国家有关标准、规范的规定。

4. 设备要求 包括:①生产企业应具备适合消毒产品生产特点和工艺、满足生产需要、保证产品质量的生产设备和检验仪器设备。②与物料、产品接触的生产设备的选型、安装应符合生产和卫生要求,应易于清洗和消毒、耐腐蚀,且不应与产品发生化学反应或吸附作用,应便于生产操作、维修、保养。③对在生产过程中使用的管道、储罐和容器应定期清洗、消毒或灭菌。④用于生产和检验的仪器、仪表、量具、衡器等,其适用范围和精密度应符合生产和检验要求,应有合格标志,计量器具根据国家规定定期检定。

5. 物料和仓储要求 包括:①生产所用物料应能满足产品质量要求,符合相关质量标准和卫生计生行政部门的有关要求,并能提供相应的检验报告或相应的产品质量证明材料。消毒产品禁止使用抗生素、抗真菌药物、激素等物料。②仓储区应保持清洁和干燥,有通风、防尘、防鼠、防虫等设施,并有堆物垫板、货物架等。仓储区内应分区、分类储物,有明显标志。储物存放应离地、离墙存放不小于 10cm,离顶不小于 50cm。待检产品、合格产品、不合格产品应分开存放,有易于识别的明显标志。应有专人负责物料、成品出入库登记、验收,并记录备查。

6. 卫生质量要求

(1)生产企业应建立和完善消毒产品生产的各项标准操作规程和管理制度、生产设备和容器清洁消毒制度。应设立专(兼职)卫生管理员,负责对产品生产全过程的卫生质量管理,建立健全并如实记载生产过程的各项记录,记录应完整,保证溯源,不得随意涂改,妥善保存至产品有效期后 3 个月。

(2)产品自检要求:①建立与其生产能力、产品自检要求相适应的卫生质量检验室。微生物检验室应符合实验室设置的有关要求,并满足出厂检验项目的需要。②需要使用仪器设备的,可委托通过计量认证的检验机构进行检验;生产企业无微生物检验条件的应委托通过计量认证的检验机构对产品微生物指标进行检验。③每批产品投放市场前应按本规范的自检项目和产品企业标准出厂检验进行卫生质量检验,合格后方可出厂。④每年至少一次对生产车间的工作台表面、生产车间空气细菌菌落总数、工人手表面细菌菌落总数和致病菌进行检测,并有检验报告。

(三)消毒产品经营企业的卫生监督

1. 索证制度 经营企业采购消毒产品时,应索取:①生产企业卫生许可证复印件;②产品备案凭证或卫生许可证批件复印件。消毒产品的命名、标签、说明书应当符合相关规定。

2. 禁止经营的消毒产品 禁止经营无生产企业卫生许可证、产品备案凭证、卫生许可证批件及产品卫生质量不符合要求的消毒产品。

(四)消毒服务机构的卫生监督

消毒服务机构是指为社会提供对可能被污染的物品及场所、卫生用品和一次性医疗用品等进行消毒与灭菌服务的单位。消毒服务机构应向省级卫生计生主管部门提出申请，获得卫生许可证后方可开展消毒服务。消毒服务机构的卫生许可证有效期4年，每年复核1次。有效期满前3个月，消毒服务机构应向原发证机关申请换证。

消毒服务机构应当符合的要求：①具备符合国家相关规定的消毒与灭菌设备；②消毒和灭菌工艺流程与工作环境必须符合卫生要求；③具有能对消毒与灭菌效果检验的人员和条件，应建立自检制度；④用环氧乙烷和电离辐射的方法进行消毒和灭菌的单位，其安全与环境保护要按国家有关规定执行；其消毒服务人员必须经过专业技术培训，取得相应资格证书后方可上岗工作。

（五）对医疗卫生机构的卫生监督

医疗卫生机构应当建立消毒管理组织，制订消毒管理制度，定期开展消毒与灭菌效果监测工作；购进消毒产品必须建立和执行进货检查验收制度；使用进入人体或无菌器官的医疗用品必须达到灭菌要求，如各种注射、穿刺、采血器具应一人一用一灭菌；接触皮肤、黏膜的器械和用品需达到消毒要求；使用的一次性医疗用品，使用后应及时进行无害化处理；环境和物品应符合国家有关规定；排放污水、污物应进行无害化处理；运送传染病患者及其污染物物品的车辆和工具必须随时进行消毒处理；发生感染性疾病爆发、流行时，应及时报告当地卫生计生主管部门，并采取有效消毒措施。

（六）消毒产品从业人员的卫生监督

1. 卫生管理人员 具备专业知识和相关卫生法律法规等知识的专职或兼职卫生管理人员，并经培训合格上岗。

2. 质量检验人员 具备检验相关专业知识和实践经验，并经培训合格上岗。

3. 生产操作人员 应经过相关知识的培训合格后上岗。上岗前及每年必须进行1次健康体检，取得预防性健康体检合格证明后方可上岗。患有活动性肺结核、病毒性肝炎、肠道传染病患者及病原携带者、化脓性或慢性渗出性皮肤病、手部真菌感染性疾病的工作人员，治愈前不得从事消毒产品的生产、分装或质量检验。企业应建立相关卫生法律法规等和专业技术知识的培训计划与考核制度。生产人员在生产过程中应穿戴工作服，并不得有进食、吸烟等影响产品卫生质量的活动。在生产过程中应穿戴工作服、鞋和帽，不得穿戴工作服、鞋和帽等进入非生产场所，不得戴首饰、手表及染指甲、留长指甲等。净化车间的工作人员还应戴口罩。

五、法律责任

用于传染病防治的消毒产品不符合国家卫生标准和卫生规范的，导致或者可能导致传染病传播、流行的，应依据《中华人民共和国传染病防治法》第七十三条第三项规定，由县级以上人民政府卫生计生计生主管部门责令限期改正，没收违法所得，可以并处五万元以下的罚款；已取得许可证的，原发证部门可以依法暂扣或者吊销许可证；造成人体损伤的，有直接责任的生产企业和经营单位或者个人，应对受害者承担民事赔偿责任；构成犯罪的，依法追究刑事责任。

依据《国务院关于加强食品等产品安全监督管理的特别规定》第四条，生产者生产产品所使用的原料、辅料、添加剂、农业投入品，应当符合法律、行政法规的规定和国家强制性标准。违反前款规定，违法使用原料、辅料、添加剂、农业投入品的，由农业、卫生、质检、商务、药品等监督管理部门依据各自职责没收违法所得，货值金额不足5000元的，并处2万元罚款；货值金额5000元以上不足1万元的，并处5万元罚款；货值金额1万元以上的，并处货值金额5倍以上10倍以下的罚款；造成人体损伤的，有直接责任的生产企业应对受害者承担民事赔偿责任；造成严重后果的，由原发证部门吊销《许可证》；构成生产、销售伪劣商品罪的，依法追究刑事责任。

> **案例 10-3**
> **某区百姓大药房销售无证消毒剂案**
> 4月22日，某市卫生监督所对该市某大药房检查时发现，该药房柜台内销售的147桶2.5千克的"84消毒液"无任何标识。该药房商品采购管理人员也不能提供任何产品采购凭证及采购记录。经核实该大药房销售的产品属实无任何标识。该药房违反了《消毒管理办法》第三十四条"禁止生产经营下列消毒产品：（一）无生产企业卫生许可证、产品备案凭证或卫生许可批件的；（二）产品卫生质量不符合要求的"规定，依据《消毒管理办法》第四十七条"消毒产品生产经营单位违反本办法第三十三、三十四条规定的，由县级以上地方卫生计生主管部门责令其限期改正，可以处5000元以下罚款；造成感染性疾病暴发的，可以处2000元以上20 000元以下的罚款。"该市卫生计生主管部门现场予以没收销毁，并罚款5000元。
> 问题：
> 1. 经营单位消毒产品进货检查验收存在的问题有哪些？
> 2. 销售的产品标识存在的问题有哪些？

（刘利丹）

第四节 医疗器械的卫生监督

一、概　　述

（一）概念

医疗器械（medical appliance）是指单独或者组合使用于人体的仪器、设备、器具、材料或者其他物品，包括所配套的软件。医疗器械不仅是预防与诊断疾病、施行手术必不可少的工具，而且有的还直接用于治疗，对保护人体健康具有重要作用。

（二）分类

国家对医疗器械按照风险程度分为：第一类是风险程度低，实行常规管理可以保证其安全、有效的医疗器械。第二类是具有中度风险，需要严格控制管理以保证其安全、有效的医疗器械。第三类是具有较高风险，需要采取特别措施严格控制管理以保证其安全、有效的医疗器械。

依据医疗器械的结构特征分为：有源医疗器械和无源医疗器械。有源医疗器械是指需要使用电、气等驱动的器械，如X线机、心电监护设备等。无源医疗器械是指本身不需要驱动源的器械，如心血管支架、手术刀、一次性使用注射器等。

二、医疗器械卫生监督的法律依据和机构、职责

（一）医疗器械卫生监督的法律依据

《医疗器械监督管理条例》、《医疗器械注册管理办法》、《医疗器械分类规则》、《医疗器械新产品审批办法》、《医疗器械生产企业监督管理办法》、《医疗器械经营企业监督管理办法》、《医疗器械生产企业质量体系考核办法》等规章，为保证医疗器械安全、有效，保障人体健康和生命安全起到了积极的作用。

（二）卫生计生主管部门及职责

1. 国家食品药品监督管理总局职责　国家食药监总局负责全国医疗器械的监督管理工作，主要职责包括：负责拟定、修订医疗器械监督管理的相关法律法规；拟定、修订和颁布医疗器械、体外诊断试剂、卫生材料产品的标准，制订产品分类目录；注册进口医疗器械临床试验基地；核发医疗器械产品注册证和产品许可证；负责医疗器械质量体系认证和产品安全认证工作；审核医疗器械广告。

2. 县级以上地方人民政府食品药品监督管理部门职责　负责辖区内的医疗器械监督管理工作；对已经造成医疗器械质量事故的产品，可以予以查封、扣押；对已被撤销产品注册证书的医疗器械负责监督管理。

三、医疗器械产品备案与注册

《医疗器械监督管理条例》规定，第一类医疗器械实行产品备案管理，第二类、第三类医疗器械实行产品注册管理。

（一）备案与注册的申请

1. 备案与注册的申请材料　注册申请人和备案人需要提交的材料有：产品风险分析资料、产品技术要求、产品检验报告、临床评价资料、产品说明书及标签样稿、与生产品研制和生产有关的质量管理体系文件、证明产品安全有效所需的其他资料。

（1）产品备案：第一类医疗器械产品备案，由备案人向所在地市级人民政府食品药品监督管理部门提交备案材料。其中的产品检验报告可以是备案人的自检报告；临床评价资料不包括临床试验报告，可以是通过文献、同类产品临床使用获得的数据证明该医疗器械安全、有效的资料。进口的第一类医疗器械境外生产企业，由其在我国境内设立的代表机构或者指定我国境内的企业法人作为代理人，向国务院食品药品监督管理部门提交备案资料和备案人所在国或地区主管部门准许该医疗器械上市销售的证明文件。

（2）产品注册：申请第二类医疗器械产品注册的申请人应向所在地省（自治区、直辖市）人民政府食品药品监督管理部门提交注册申请资料。申请第三类医疗器械产品注册的申请人应向国务院食品药品监督管理部门提交注册申请资料。其中的产品检验报告应当是医疗器械检验机构出具的检验报告；临床评价资料应当包括临床试验报告，但依照《医疗器械监督管理条例》规定的免于进行临床试验的医疗器械除外。进口的第二类、第三类医疗器械境外生产企业，应当由其在我国境内设立的代表机构或者指定我国境内的企业法人作为代理人，向国务院食品药品监督管理部门提交注册申请资料和注册申请人所在国或地区主管部门准许该医疗器械上市销售的证明文件。

2. 受理　受理注册申请的食品药品监督管理部门应当自受理之日起3个工作日内将注册申请资料转交技术审评机构。技术审评机构应当在完成技术审评后向食品药品监督管理部门提交审评意见。

3. 审评决定　受理注册申请的食品药品监督管理部门应当自收到审评意见之日起20个工作日内作出决定。对符合安全、有效要求的，准予注册并发给医疗器械注册证；对不符合要求的，不予注册并书面说明理由。

4. 备案与注册变更　第一类医疗器械产品的备案资料载明的事项发生变化的，应当向原备案部门变更备案。已注册的第二类、第三类医疗器械产品，其设计、原材料、生产工艺、适用范围、使用方法等发生实质性变化，有可能影响该医疗器械安全、有效的，注册人应当向原注册部门申请办理变更注册手续；发生非实质性变化，不影响该医疗器械安全、有效的，应当将变化情况向原注册部门备案。

5. 注册延续 医疗器械注册证有效期为5年，有效期满6个月前向原注册部门提出延续注册的申请。接到延续申请的食品药品监督管理部门应当在医疗器械注册证有效期届满前作出准予延续的决定。逾期未作决定的，视为准予延续。有如下情形之一的，不予延续注册：注册人未在规定期限内提出延续注册申请的；医疗器械强制性标准已经修订，申请延续注册的医疗器械不能达到新要求的；对用于治疗罕见疾病及应对突发公共卫生事件急需的医疗器械，未在规定期限内完成医疗器械注册证载明事项的。

（二）医疗器械临床试验

医疗器械临床试验是指获得医疗器械临床试验资格的医疗机构对申请注册的医疗器械在正常使用条件下的安全性和有效性按照规定进行使用或验证的过程。开展医疗器械临床试验，应当按照医疗器械临床试验质量管理规范的要求，在有资质的临床试验机构进行，并向临床试验提出者所在地人民政府食品药品监督管理部门备案。接受临床试验备案的食品药品监督管理部门应当将备案情况通报临床试验机构所在地的同级食品药品监督管理部门和卫生计生主管部门。

医疗器械临床试验分为：①医疗器械临床试用：指通过临床使用来验证该医疗器械的理论原理、基本结构、性能等要素能否保证产品安全有效。②医疗器械临床验证：指通过临床使用来验证该医疗器械与已上市产品的主要机构、性能等要素是否实质性等同，是否具有同样的安全性和有效性。

第一类医疗器械产品备案，不需要进行临床试验。申请第二类、第三类医疗器械产品注册应当进行临床试验。省（自治区、直辖市）食品药品监督管理部门负责审批本行政区内的第二类医疗器械的临床试验；国家食品药品监督管理部门负责审批第三类医疗器械的临床试验。

但有下列情形之一的，可以免于临床试验：①工作机制明确、设计定型，生产工艺成熟，已上市的同品种医疗器械临床应用多年且无严重不良事件记录，不改变常规用途的；②通过非临床评价能够证明该医疗器械安全、有效的；③通过对同品种医疗器械临床试验或者临床使用获得的数据进行分析评价，能够证明该医疗器械安全、有效的。免于进行临床试验的医疗器械目录由国家食品药品监督管理部门制订、调整并公布。

四、医疗器械的卫生监督

（一）医疗器械生产的卫生监督

1. 开办医疗器械生产企业的条件 开办医疗器械生产企业应当符合国家医疗器械行业发展规划和生产政策。开办第一类、第二类医疗器械生产企业必须具备的条件，包括：①有与生产的医疗器械相适应的生产场地、环境条件、生产设备以及专业技术人员；②有对生产的医疗器械进行质量检验的机构或者专职检验人员及检验设备；③有保证医疗器械质量的管理制度；④有与生产的医疗器械相适应的售后服务能力；⑤产品研制、生产工艺文件规定的要求。开办第三类医疗器械生产企业，除上述条件外，还应当具备的条件：①有符合质量管理体系要求的内审员不少于2名；②有相关专业中级以上职称的专职技术人员不少于2名。

2. 医疗器械生产许可的审批监督 第一类医疗器械生产企业，应当在领取营业执照30日内，填写第一类医疗器械生产企业登记表，向所在地省（自治区、直辖市）食品药品监督管理部门提出申请。第二类、第三类医疗器械生产企业，应当向所在地省（自治区、直辖市）食品药品监督管理部门申请生产许可，并按规定提交相关材料及所生产的医疗器械的注册证。

受理生产许可申请的食品药品监督管理部门应当自受理之日起30个工作日内对申请资料进行审核，按照医疗器械生产质量管理规范的要求进行核查。对符合规定条件的，准予许可并发给医疗器械生产许可证；对不符合规定条件的，不予许可并说明理由。医疗器械生产许可证有效期为 5 年。有效期届满需要延续的，医疗器械生产企业应当在期满前 6 个月向原发证机关提出换证申请。

3. 医疗器械生产的监督管理 省（自治区、直辖市）食品药品监督管理部门负责辖区内医疗器械生产企业的监督管理工作。监督管理的方面包括：①生产的医疗器械是否符合国家标准、行业标准和注册产品标准；②是否超出许可范围生产医疗器械；③是否擅自降低生产条件；④是否遵守医疗器械说明书、标签和包装标识的管理要求；⑤是否按规定建立并有效实施质量跟踪和不良事件监测制度；⑥是否违法发布医疗器械广告；⑦是否擅自委托生产医疗器械或委托生产是否备案；⑧是否有其他违反法规要求的情况。省（自治区、直辖市）食品药品监督管理部门应当将监督检查中发现的问题记入生产企业的监管档案。

4. 医疗器械委托生产的管理 医疗器械委托生产的委托方和受托方应当是取得医疗器械生产企业许可证或已经登记的第一类医疗器械的生产企业。委托方还应符合以下条件：①其生产范围应当涵盖受托生产的医疗器械；②生产条件、检测能力、质量管理体系应当与受托生产的医疗器械相适应；③一次性使用的无菌医疗器械以及国家食品药品监督管理总局另有规定的其他医疗器械，除应当符合上述规定外，受托方还须具有涵盖受托生产产品的医疗器械注册证书。

具有高风险的植入性医疗器械不得委托生产，具体目录由国家食品药品监督管理部门制订、调整并公布。

（二）医疗器械经营的卫生监督

1. 开办医疗器械经营企业的监督 开办医疗器械经营企业应当具备如下条件，并通过食品药品监督管理部门的检查验收：①具有与经营规模和经营范围相适应的质量管理机构或专职质量管理人员；②具有与经营规模和经营范围相适应的相对独立的经营场所；③具有与经营规模和经营范围相适应的储存条件，即具有符合医疗器械产品特性要求的储存设施、设备；④应当有健全的产品质量管理制度；⑤应当具备与其经营的医疗器械产品相适应的技术培训和售后服务能力，或约定由第三方提供技术支持。

2. 医疗器械经营许可证的监督 经营第二类、第三类医疗器械的企业应当持有医疗器械经营许可证。申请人应当向拟办企业所在地省（自治区、直辖市）食品药品监督管理部门或接受委托的设区的市级食品药品监督管理部门提出申请，并提交相关材料。受理经营许可申请的食品药品监督管理部门应当自受理之日起 30 个工作日内进行审查，必要时组织核查。对符合规定条件的，准予许可并发给医疗器械经营许可证；对不符合规定条件的，不予许可并说明理由。医疗器械经营许可证有效期为 5 年。有效期届满需要延续的，医疗器械生产企业应当在期满前 6 个月向原发证机关提出换证申请。

（三）医疗器械使用的卫生监督

医疗机构应当从取得医疗器械生产许可证的生产企业或取得医疗器械经营许可证的经营企业购进合格的医疗器械，并检验产品合格证明；不得使用未经注册、无合格证明、过期、失效或淘汰的医疗器械。医疗机构对一次性使用的医疗器械不得重复使用；使用过的，应当按照规定销毁，并作记录。

1. 医疗器械采购与验收监督 医疗机构应当建立医疗器械进货查验制度，并对相关证明文件进行查验：首次采购医疗器械的，应当查验医疗器械生产许可证、医疗器械经营许可证；采购进口医疗器械的，应当查验医疗器械进口注册证书、进口检验质量报告书。

医疗机构应当对购进医疗器械进行逐批验收，并作记录。医疗器械验收记录应当包括产品名称、规格型号、产品批号、灭菌批号、生产日期、有效期、生产厂商、供货单位、购货数量、购进价格、购货日期、验收日期、验收结论等内容。验收记录及相关凭证应当至少保存 3 年；有产品有效期的，应当保存至超过产品有效期1年。

2. 医疗器械使用与保障监督　医疗机构应当凭医学证明文件或诊疗需要向就诊患者提供医疗器械或医疗器械服务。医疗机构应当按照使用说明书的要求使用医疗器械。医疗机构应当建立医疗仪器、设备安全使用管理制度，制订相应的操作规范，并督促使用技术人员严格按操作规程操作。医疗机构应当对医疗仪器、设备及植入性医疗器械的使用技术人员进行培训和考核，考核合格后方能上岗。医疗机构应当建立医疗仪器、设备维护和安全监测制度。

发现使用的医疗器械存在安全隐患的，医疗器械使用单位应当立即停止使用，并通知生产企业或者其他负责生产质量的机构进行检修，经检修仍不能达到安全标准的医疗器械，不得进行使用。

（四）进口医疗器械的卫生监督

首次进口的医疗器械，进口单位应当提供该医疗器械的说明书、质量标准、检验方法等有关资料和样品及出口国或地区批准生产、销售的证明文件，经国家食品药品监督管理部门审批注册，领取进口注册证后方可向海关申请进口手续。

检验检疫机构每年对一类、二类进口单位进行至少1次监督审核，发现下列情况之一的，可以根据情节轻重对其作出降类处理：①进口单位出现不良诚信记录的；②所进口的医疗器械存在重大安全隐患或发生重大质量问题的；③经检验检疫机构检验，进口单位年进口批次中出现不合格批次达到10%；④进口单位年进口批次未达到要求；⑤进口单位有其他违反法律法规行为的。降类的进口单位须在12个月后才能申请恢复原来的分类管理类别，且须经过重新考核。

（五）不良事件的处理与医疗器械的召回

1. 不良事件的处理　医疗器械不良事件是指获准上市的质量合格的医疗器械在正常使用情况下发生的，导致或者可能导致人体伤害的各种有害事件。对医疗器械不良事件的发现、报告、评价和控制的过程，即医疗器械不良事件监测，其目的是对存在安全隐患的医疗器械采取有效的控制，防止医疗器械严重不良事件的重复发生和蔓延，保障公众用械安全。医疗器械生产经营企业、使用单位应当对所生产经营或使用的医疗器械开展不良事件监测；发现医疗器械不良事件或可疑不良事件，应当按照规定，向医疗器械不良事件监测技术机构报告。医疗器械不良事件监测技术机构应当加强监测，主动收集不良事件信息；发现或接到不良事件报告的，应当及时进行核实、调查、分析，对不良事件进行评估，并向食品药品监督管理部门和卫生计生主管部门提出处理建议。食品药品监督管理部门应当根据医疗器械不良事件评估结果及时发布警示信息以及责令暂停生产、销售、进口和使用等控制措施；会同相关部门对引起突发、群发的严重伤害或死亡的医疗器械不良事件及时进行调查和处理，并对同类器械加强监测。

2. 医疗器械的召回　医疗器械生产企业发现其生产的医疗器械不符合强制性标准、经注册或者备案的产品技术要求或存在其他缺陷的，应当立即停止生产，通知相关生产经营企业、使用单位和消费者停止经营和使用，召回已经上市销售的医疗器械，采取补救、销毁等措施，记录相关情况，发布相关信息，并将医疗器械召回和处理情况向食品药品监督管理部门和卫生计生主管部门报告。医疗器械经营企业发现其经营的医疗器械存在问题的，应当立即停止经营，通知相关生产经营企业、使用单位、消费者，并记录停止经营和通知情况；医疗器械生产企业认为属于需要召回的医疗器械，应当立即召回。医疗器械生产经营企业未依照规定实施召回或停止经营的，食品药品监督管理部门可以责令其召回或停止经营。

五、法 律 责 任

《医疗器械监督管理条例》中规定，生产、经营未取得医疗器械注册证的第二类、第三类医疗器械的；未经许可从事第二类、第三类医疗器械生产活动的；未经许可从事第三类医疗器械经营活动的；生产不符合医疗器械国家标准或行业标准的医疗器械的；经营和使用无产品注册证书、无合格证明、过期、失效、淘汰的医疗器械的，或从无医疗器械生产许可证、经营许可证的企业购进医疗器械的；注册申报时，提供虚假证明和材料，以骗取医疗器械产品注册证书的；重复使用一次性医疗器械的，或应当销毁而未销毁的；提供虚假临床试验报告的，可视具体情节，由相关行政部门处以警告、限期改进、停产或停止营业、没收产品及违法所得、罚款、吊销许可证等行政处罚。造成人体损害的，有直接责任的生产企业和经营单位或者个人，应对受害者承担民事赔偿责任。造成严重后果的，构成犯罪的，应依法追究刑事责任。

本 章 小 结

本章叙述了健康相关产品的基本概念及其卫生监督管理的相关法律规定。重点叙述了三类健康产品：化妆品、消毒产品和医疗器械。分别介绍了这些健康产品的概念与分类，阐述了基本卫生要求，及其生产、经营、使用、广告宣传等环节的卫生监督内容与相关法律责任。

思 考 题

1. 《化妆品卫生规范（2007年版）》对生产企业提出的要求有哪些？
2. 医疗器械及其分类。

（窦志勇）

第十一章 国境卫生检疫法律制度与监督

掌握：国境卫生检疫的主体、国境卫生检疫的范围与所涉及的传染病病种。
熟悉：国境卫生检疫的概念和分类，国境口岸突发公共卫生事件应急处理的卫生监督内容。
了解：国境卫生检疫的法律责任。

> **案例 11-1**
> **某省检验检疫局依法严控入境传染病监测关卡**
> 2013 年 7 月 16 日，某省检验检疫局发现一名孟加拉国籍入境旅客通过入境通道红外体温监测仪时报警，该局立即对该旅客及一起入境的 3 名同事进行流行病学调查和医学排查，并进行有针对性的传染病快速检测。经实验室检测确认，该旅客和另一名同事患有登革热，立即将他们送传染病医院作进一步诊治。
> 登革热在世界各地发生过多次大流行，病例数百万计，在东南亚一直呈地方性流行。此病传播迅速，发病率高，可通过现代化交通工具远距离传播，是一种具有严重危害性的传染病。登革热的检出对防止这一疫情在我国的传播和流行具有重要意义。2013 年，该局共从出入境人员中检出登革热、疟疾、艾滋病、肺结核、甲型 H1N1 流感、梅毒等传染病 190 多例，均依据《中华人民共和国国境卫生检疫法》及《中华人民共和国国境卫生检疫法实施细则》《中华人民共和国传染病防治法》《口岸传染病排查处置基本技术方案》等采取适当的处理和防护措施，避免了疫情传入我国危害人民健康。
> 问题：我国与国境卫生检疫相关的法律法规规定的传染病的种类有哪些？

第一节 概 述

随着国际间人员交往和货物贸易的不断加强加快，各国应对由各种生物、物理、化学等因素而导致的公共卫生事件的形势也愈发严峻，如果不能加以有效管理和控制，后果将极其严重。国境卫生检疫机关必须坚持"预防为主"的卫生工作方针，认真贯彻国境卫生检疫的法律、法规，切实在国境口岸做好传染病检疫、监测和卫生监督工作，最大限度地防止传染病在国际间的传播，以保障人群健康和社会各要素的良好发展。

一、国境卫生检疫概念和分类

国境卫生检疫制度是防止传染病及其媒介生物传入传出我国，保障人民的生命健康，守卫国门的前哨。随着经济全球化的不断深入发展，国境卫生检疫制度对于促进对外贸易、保证人民生命财产的安全、促进我国社会主义建设事业的和谐发展起着越来越重要的作用。

（一）国境卫生检疫概念

国境卫生检疫（health quarantine inspection），是指国家国境卫生检疫机关为了防止传染病由国外传入或者由国内传出,通过国家设在国境口岸的卫生检疫机关,依照国境卫生检疫的法律、法规,在国境口岸对入境、出境人员、交通工具和集装箱,以及可能传播检疫传染病的行李、货物、邮包等,实施卫生检疫查验、传染病监测、卫生监督和卫生处理的卫生行政执法行为。这里的"国境口岸"指国际通航的港口、机场、车站、陆地边境和国界江河的关口。"查验"指国境卫生检疫机关实施的医学检查和卫生检查。"传染病监测"指对特定环境、人群进行流行病学、血清学、病原学、临床症状以及其他有关影响因素的调查研究,预测有关传染病的发生、发展和流行。"卫生监督"指执行卫生法规和卫生标准所进行的卫生检查、卫生鉴定、卫生评价和采样检验。"卫生处理"指隔离、留验和就地诊验等医学措施,以及消毒、除鼠、除虫等卫生措施。

(二)国境卫生检疫分类

根据不同的标准,国境卫生检疫可以分为若干种类。常见的分类有如下几种类别:

1. 根据入境、出境的方向不同,国境卫生检疫可分为入境检疫和出境检疫入境检疫 入境检疫(entry quarantine)指的是为了防止传染病由国外传入国内,通过国家设在国境口岸的卫生检疫机关,依照国境卫生检疫的法律法规,在国境口岸、关口对出入境人员、交通工具、运输设备,以及可能传播传染病的行李、货物、邮包等物品实施卫生检疫查检、疾病监测、卫生监督和卫生处理的卫生行政执法行为;出境检疫(exit quarantine)指的是为了防止传染病由国内传到国外,而由国家设在国境口岸的卫生检疫机关,依照国境卫生检疫的法律法规,在国境口岸、关口对出入境人员、交通工具、运输设备,以及可能传播传染病的行李、货物、邮包等物品实施卫生检疫查检、疾病监测、卫生监督和卫生处理的卫生行政执法行为。

2. 以实施检疫的国境口岸的地理位置为分类标准,可分为海港检疫、航空检疫和陆地边境检疫 海港检疫(seaport quarantine)是防止传染病通过海上交通门户传入、传出的一种防疫措施,海港检疫在一些航空事业相对落后的沿海国家的国境卫生检疫工作中占有重要地位;航空检疫(airport quarantine)指通过防止传染病从航空港传入或传出的一种防疫措施;而陆地边境检疫指的则是通过设立在国境线上的车站等边境口岸防止传染病传入或传出国境的一种防疫措施。

案例 11-2

某机场检疫人员在法航上检测到大量有害生物

2005年8月19日~8月31日,某机场局检疫人员在对法航13架次入境航班实施检疫查验时,在飞机货舱发现大量有害生物。经鉴定,在发现的有害生物中,动植物有害生物142批次,43种,医学媒介生物13种,包括我国不曾报道的蜚蠊6种。

2005年8月19日,机场局检疫人员在对法航(AF128,机身号为FGZCK)实施检疫查验时,在货舱地面发现有皮蠹、蚁类、蛾类、蜚蠊等大量有害生物,品种多、数量大,且有部分活体害虫。检疫人员立即将虫体收集,送交实验室鉴定。机场局对货舱及已卸离该架飞机的货物实施了杀虫和消毒处理。

8月20日~8月31日,检疫人员在法航的货舱中,又连续检出大量有害生物,每次查获少则数十只,多则几百只。经鉴定,检出的有害生物包括:医学媒介生物蜚蠊,其中包含我国不曾报道的6种11只蜚蠊,因我国尚无此品种,所以只有拉丁名而无中文名,分别是 *Blattella lobiventris* 1只、*Blattella sp* 3只、*Symploce pallens* 3只、*Margattea beauvoist* 1只、*Blattellidae* 1只和 *Balta sp* 2只。另外还检出白腹皮蠹、四纹露尾甲、黑粉虫、小点拟粉虫、负子蝽、蚂蚁、黄翅大白蚁、泥蜂、蚁蜂、小蠹、芫菁、步甲、象甲、虎甲、蚁甲、天蛾、夜蛾、螟蛾、草蛉、蜘蛛、马陆、锯谷盗、虎天牛等43种植物检疫害虫,涵盖了仓储害虫、蛀干害虫、食叶害虫三类。

问题: 我国国境卫生检疫卫生处理机制是什么?

二、国境卫生检疫的特征和作用

国境卫生检疫作为国际通行规则为世界各国普遍适用，其社会价值和地位具有不可替代性。

（一）国境卫生检疫的特征

国境卫生检疫的特征包括如下几个方面：①法律属性和政治属性的统一体，国境卫生检疫的法律属性体现在其对内是行政执法活动，而政治属性则体现在其对外是维护卫生主权的国家行为；②国境卫生检疫主体法律授权的国境卫生检疫机关及进口食品卫生监督检验机构；③以国境口岸为依托进行的行政执法行为；④以医学等自然科学为主要手段的执法行为；⑤从执法目的上来看，国境卫生检疫是以防止传染病传入或传出，保证食品和化妆品的卫生安全，保护人体健康为目的的执法活动。

（二）国境卫生检疫的作用

（1）国境卫生检疫在防止检疫传染病的传播、保护公民身体健康方面是一道重要屏障。

（2）国境检疫是国家维护根本经济效益与安全的重要技术贸易壁垒措施，是保证中国对外贸易顺利进行和持续发展的需要：①对进出口商品的检验检疫和监督认证是为了满足进口国的各种规定要求；②对进出口商品的官方检验检疫和监管认证是突破国外贸易壁垒和建立国家技术保护屏障的重要手段；③加强对重要出口商品质量的强制性检验是为了促进提高中国产品质量及其在国际市场上的竞争能力，以利扩大出口；④加强对进口商品的检验是为了保障国内生产安全与人们身体健康，维护国家对外贸易的合法权益；⑤在国际贸易中，对外贸易、运输、保险双方往往要求由官方或权威的非当事人，对进出口商品的质量、重量、包装、装运技术条件提供检验合格证明，作为出口商品交货、结算、计费、计税和进口商品处理质量与残短索赔问题的有效凭证。

（3）出入境动植物检疫对保护农林牧副渔的生产安全、生态安全，促进农畜产品的对外贸易和保护人体健康具有十分重要的意义。

三、国境卫生检疫机关

国境卫生检疫机关及其卫生监督员是法律赋予的负责国境卫生检疫的行政机关和行政执法人员，根据《中华人民共和国国境卫生检疫法实施细则》（以下简称《实施细则》）第十八条的规定，卫生检疫机关根据工作需要，可以设立派出机构。卫生检疫机关的设立、合并或者撤销，由国务院卫生计生主管部门决定。

（一）国境卫生检疫机关概念和职责

国境卫生检疫机关是国境卫生检疫法所授权的国境卫生检疫机构（institute of border sanitary quarantine）。该机关是国家在国境口岸设立的依法实施传染病检疫、疾病监测和卫生处理等活动的卫生执法机构，它代表国家在国境口岸行使检疫主权。国境卫生检疫机关的职责是：①执行《国境卫生检疫法》及其实施细则和国家有关卫生法规；②收集、整理、报告国际和国境口岸传染病的发生、流行和终息情况；③对国境口岸的卫生状况实施卫生监督；对入境、出境的交通工具、人员、集装箱、尸体、骸骨以及可能传播检疫传染病的行李、货物、邮包等实施检疫查验、传染病监测、卫生监督和卫生处理；④对入境、出境的微生物、生物制品、人体组织、血液及其制品等特殊物品以及能传播人类传染病的动物，实施卫生检疫；⑤对入境、出境人员进行预防接种、健康检查、医疗服务、国际旅行健康咨询和卫生宣传；⑥签发卫生检疫证件；⑦进行流行病学调查研究，开展科学实验；⑧执行国务院卫生计生主管部门指定的其他工作。

(二)卫生监督员的职责

国境口岸卫生检疫机关设国境口岸卫生监督员1～5名,执行卫生监督任务,由思想品质好、工作认真负责的国境口岸卫生检疫机关领导干部、检疫医师以上的业务人员兼任。国境口岸卫生监督员,经卫生检疫机关推荐,省(自治区、市)卫生计生主管部门审核,由卫生计生主管部门委任,并发给《国境口岸卫生监督员证件》。国境口岸卫生监督员的职责如下:①对国境口岸和停留在国境口岸的入境、出境交通工具进行卫生监督和卫生宣传;②在消毒、除鼠、除虫等卫生处理方面进行技术指导;③对造成传染病传播、啮齿动物和病媒昆虫扩散、食物中毒、食物污染等事故进行调查,并提出控制措施。

卫生检疫机关工作人员、国境口岸卫生监督员在执行任务时,应当穿着检疫制服,佩戴检疫标志;卫生检疫机关的交通工具在执行任务期间,应当悬挂检疫旗帜。检疫制服、标志、旗帜的式样和使用办法由国务院卫生计生主管部门会同有关部门制订,报国务院审批。

四、国境卫生检疫法律依据

国境卫生检疫法(Law of frontier health quarantine linspection)是为了防止传染病由国外传入或者由国内传出,保护人群健康,在实施国境检疫查验、疾病监测、卫生监督、卫生处理和突发公共卫生事件应对等活动中产生的各种社会关系的法律规范的总称。我国国境卫生检疫法主要包括:《国境卫生检疫法》(2007年12月29日修订)、《实施细则》(2016年2月6日修订)、《国际卫生条例》(2005年)、《中华人民共和国出境入境管理法》(2012年)、《中华人民共和国传染病防治法》(2013年6月29日修订)、《中华人民共和国国境口岸卫生监督办法》(2011年1月8日修订)、《口岸艾滋病预防控制管理办法》(2007年)、《艾滋病防治条例》(2006年)、《尸体出入境和尸体处理的管理规定》(2006年)、《出入境特殊物品卫生检疫管理规定》(2005年)、《出入境口岸食品卫生监督管理规定》(2005年)、《国境口岸突发公共卫生事件出入境检验检疫应急处理规定》(2003年)、《关于加强医用特殊物品出入境卫生检疫管理的通知》(2003年)、《出入境人员携带物检疫管理办法》(2003年)、《国际航行船舶出入境检疫管理办法》(2002年)、《出入境快件检验检疫管理办法》(2001年)、《进出境集装箱检验检疫管理办法》(2000年)、《人类遗传资源管理暂行办法》(1998年)。

第二节 国境口岸卫生检疫监测和监督

《国境卫生检疫法》及其实施细则是我国国境卫生检疫监测和监督的核心法律制度。国境口岸的卫生监测和监督是落实国境卫生检疫相关法律所规定的国境卫生检疫制度的重要环节之一,对于维护我国国家尊严,对于国境口岸预防和控制传染病的国际传播、保护人体健康,保障我国的经济发展方面有着提供卫生安全保障的重要作用。

一、国境卫生检疫的范围、病种和传染病监测

根据《国境卫生检疫法》及其实施细则的相关规定,国境卫生检疫的范围和病种包括如下几个方面。

(一)国境卫生检疫的范围

(1)入境、出境人员。入境、出境人员是指入、出我国国境的一切人员。外交人员不享有卫

生检疫豁免权。

（2）交通工具和运输设备。交通工具是指船舶、航空器、列车和其他车辆。运输设备是指货物集装箱。

（3）行李、货物、邮包、快件等。行李是指入境、出境人员携带的物品。货物是指由国外运进或者由国内运出的一切生产和生活资料。邮包是指入、出国境的邮件，包括与人类健康有关的啮齿动物、病媒昆虫、废旧物、微生物、人体组织、生物制品、血液及其制品等特殊物品。出入境快件是指依法经营出入境快件的企业，在特定时间内以快速的商业运输方式承运的出入境货物和物品。对应当实施检验检疫的出入境快件，未经检验检疫或者经检验检疫不合格的，不得运递。

（4）尸体、骸骨。入出境的尸体、骸骨托运人或者代理人，必须向国境卫生检疫机关申报，经卫生检查合格后，方准运进或者运出。

（5）微生物、血液等特殊物品。特殊物品包括入出境的微生物、人体组织、生物制品、血液及其制品等。

（6）人类遗传资源。指含有人体基因组、基因及其产物的器官、组织、细胞、血液、制备物、重组脱氧核糖核酸（DNA）构建体等遗传材料及相关的信息资料。

（二）国境卫生检疫所涉及的传染病

根据《国境卫生检疫法》和国务院有关部门的规定，目前我国检疫传染病及其监测传染病包括以下几种：①检疫传染病：鼠疫、霍乱、黄热病；②监测传染病：回归热、流行性斑疹伤寒、登革热、脊髓灰质炎、疟疾、流行性感冒、艾滋病；③禁止入境的疾病：严重精神病、传染性肺结核病或者可能对公共卫生造成重大危害的其他传染病。

（三）传染病监测

1. 传染病监测的概念和对象 传染病监测（monitoring of infectious diseases）是指对特定环境、人群进行流行病学、血清学、病原学、临床症状及其他有关影响因素调查研究，预测有关传染病的发生、发展和流行。

传染病监测的对象包括：入境、出境的交通工具、人员、食品、饮用水和其他物品及病媒昆虫、动物，以及在国境口岸的涉外宾馆、饭店内居住的入境、出境人员及工作人员等。

2. 传染病监测的内容 传染病监测的内容包括以下几个方面：①针对首发病例的个案调查；②暴发流行的流行病学调查；③传染源的调查；④国境口岸内监测传染病的回顾性调查；⑤病原体的分离、鉴定，人群和有关动物血清学调查及流行病学的调查；⑥针对有关动物、病媒昆虫、食品、饮用水及环境因素的调查；⑦对消毒，除鼠、除虫效果的观察及评价；⑧国境口岸及国内外监测传染病疫情的收集、整理、分析和传递；⑨针对监测对象开展健康检查和对监测传染病患者、疑似患者及同其密切接触的人员的管理。

3. 传染病监测的措施 ①出入境人员的传染病监测。禁止某些疫病患者入境。卫生检疫机关应当阻止患有严重精神病、传染性肺结核病或者可能对公共卫生造成重大危害的其他传染病的外国人入境；②填报健康申明卡。入境、出境检疫的人员，必须根据检疫医师的要求，如实填报健康申明卡，出示某种有效的传染病预防接种证书、健康证明或者其他有关证件，促使检疫机关工作人员对入、出境人员的健康状况有一大致了解，以有效阻止传染性疾病的扩散。健康申明卡属于一种法律文书，如若入出境人员刻意隐瞒真相，未能如实填报，则有可能被追究其相应的法律责任；③提交健康证明。凡申请出境居住1年以上的中国籍人员，必须持有检疫机关签发的健康证明。中国公民出境、入境管理机关凭卫生检疫机关签发的健康证明办理出境手续；凡在境外居住1年以上的中国籍人员，入境时必须向检疫机关申报健康情况，并在入境1个月内到就近的卫生检疫机关或者县级以上的医院进行健康检查。公安机关凭健康证明办理有关手续。健康证明的副本应当寄送到原入境口岸的卫生检疫机关备案。除此之外，国际通行交通工具上的中国籍员工，应当持有卫生检疫机关或者县级以上医院出具的健康证明。健康证明的项目、格式由国务院卫生计生主管部门统一作出规定，有效期为 12 个月。外国人来中国定居或者居留 1 年以上的，在申请入境签证时，还须交验所在国政府指定的卫生医疗部门签发的，或者卫生医疗部门签发的并经过公证机关公证的健康证明书。健康证明书自签发之日起 6 个月有效；④发放就诊方便卡。对来自检疫传染病和监测传染病疫区的人员，检疫医师可以根据流行病学和医学检查的结果，发给就诊方便卡。这是检疫机关对检疫传染病和监测传染病染疫人或染疫嫌疑人所进行的一项预防和控制措施。持有就诊方便卡的人员，必须到就近的检疫机关或其他医疗机构接受诊察和检验。各卫生检疫机关、医疗卫生单位遇到持有就诊方便卡的人员请求医学检查时，应当视同急诊给予医学检查。如果发现其患有检疫传染病或者监测传染病、疑似检疫传染病或者疑似监测传染病时，应当立即实施必要的卫生防疫措施，并且将有关情况及时报告给当地的卫生防疫机构和签发就诊方便卡的卫生检疫机关。

国境卫生检疫机关应对国境口岸的涉外宾馆、饭店内居住的入境、出境人员及工作人员实施传染病监测，并区别情况采取必要的预防、控制措施。卫生检疫机关在国境口岸内设立传染病监测点时，有关单位应当给予协助并提供方便。

> **案例 11-3**
> **中国籍船员体检查出患开放性肺结核**
>
> 2005 年 6 月，山东烟台局检疫人员在锚地对巴拿马籍"海平"轮实施入境检疫查验时发现，该轮 24 名中国籍船员中 7 名健康证过期。鉴于该轮船员无效健康证比率大，且其中 4 名船员健康证无效时间已超过 3 个月，检疫人员当场向船长出具船员健康体检通知单，要求该轮靠泊后，7 名船员立即到烟台保健中心进行健康体检。
>
> 经检查，7 名船员中一名水手患有开放性肺结核。检疫人员建议该船员住院治疗，并监督其离船。以往查出肺结核患者大多为劳务人员或准备上船的船员，很少在国际航行船舶的船员中发现此病。
>
> 问题：
> 1. 山东烟台局检疫人员对巴拿马籍"海平"轮的处理是否妥当？为什么？
> 2. 这一案例给予我们今后的国境卫生检疫工作何种启示？

二、有关国境卫生检疫对象的相关法律规定

《实施细则》第四条规定，入境、出境的人员、交通工具和集装箱，以及可能传播检疫传染病的行李、货物、邮包、快件等，应当接受检疫，经卫生检疫机关许可，方准入境或者出境。

（一）出入境人员检疫

依照《国境卫生检疫法》及其实施细则的规定，对出入境人员的检疫主要围绕以下几个方面展开：①入境的人员，必须在最先到达的国境口岸的指定地点接受检疫。除引航员外，未经国境卫生检疫机关许可，任何人不准上下交通工具，不准装卸行李、货物、邮包等物品。具体办法由《实施细则》规定；②出境的人员必须在最后离开的国境口岸接受检疫；③来自国外的船舶、航空器因故停泊、降落在中国境内非口岸地点的时候，船舶、航空器的负责人应当立即向就近的国境卫生检疫机关或者当地卫生计生主管部门报告。除紧急情况外，未经国境卫生检疫机关或者当地卫生计生主管部门许可，任何人不准上下船、航空器；④国境卫生检疫机关对检疫传染病染疫人必须立即将其隔离，隔离期限根据医学检查结果确定。对检疫传染病嫌疑人应当将其留验，留验期限根据该传染病的潜伏期确定；⑤国境卫生检疫机关对入境、出境的人员实施传染病监测，并采取必要的预防、控制措施；⑥国境卫生检疫机关有权要求入境、出境的人员填写健康

申明卡、出示某种传染病的预防接种证书；⑦对患有监测传染病的人、来自国外监测传染病流行区的人或者与监测传染病的人密切接触的人，国境卫生检疫机关应当区别情况，发给就诊方便卡，实施留验或者采取其他预防、控制措施，并及时通知当地卫生计生主管部门。各地医疗单位对持有就诊卡的人员，应当优先诊治。

（二）出入境交通工具检疫

对于出入境交通工具的检疫，《国境卫生检疫法》及其实施细则做了如下几个方面的规定：①入境的交通工具，必须在最先到达的国境口岸的指定地点接受检疫。除引航员外，未经国境卫生检疫机关许可，任何人不准上下交通工具，不准装卸行李、货物、邮包等物品。具体办法由《实施细则》规定；②出境的交通工具，必须在最后离开的国境口岸接受检疫；③来自国外的船舶、航空器因故停泊、降落在中国境内非口岸地点的时候，船舶、航空器负责人应当立即向就近的国境卫生检疫机关或者当地卫生计生主管部门报告。除紧急情况外，未经国境卫生检疫机关或者当地卫生计生主管部门许可，任何人不准上下船、航空器，不准装卸行李、货物、邮包等物品。

（三）出入境物品检疫

根据《国境卫生检疫法》及其实施细则的相关规定，对出入境物品的检疫包括如下几个方面：①根据《实施细则》第九条第二项，在国内或者国外检疫传染病大流行的时候，国务院卫生计生主管部门应当立即报请国务院决定采取下列检疫措施的一种或者全部：指定某些物品必须经过消毒、除虫，方准由国外运进或者由国内运出；第三项，禁止某些物品由国外运进或者由国内运出；②《实施细则》第十条规定，入境、出境的集装箱、货物、废旧物等物品在到达口岸的时候，承运人、代理人或者货主，必须向卫生检疫机关申报并接受卫生检疫。对来自疫区的、被传染病污染的以及可能传播检疫传染病或者发现与人类健康有关的啮齿动物和病媒昆虫的集装箱、货物、废旧物等物品，应当实施消毒、除鼠、除虫或者其他必要的卫生处理。集装箱、货物、废旧物等物品的货主要求在其他地方实施卫生检疫、卫生处理的，卫生检疫机关可以给予方便，并按规定办理。海关凭卫生检疫机关签发的卫生处理证明放行；③《实施细则》第十一条规定，入境、出境的微生物、人体组织、生物制品、血液及其制品等特殊物品的携带人、托运人或者邮递人必须向卫生检疫机关申报并接受卫生检疫，未经卫生检疫机关许可，不准入境、出境。海关凭卫生检疫机关签发的特殊物品审批单放行；④《实施细则》第十二条同时涉及出入境人员和物品的检疫，根据该条的规定，入境、出境的旅客、员工个人携带或者托运可能传播染病的行李和物品，应当接受卫生检查。卫生检疫机关对来自疫区或者被传染病污染的各种食品、饮料、水产品等应当实施卫生处理或者销毁，并签发卫生处理证明。海关凭卫生检疫机关签发的卫生处理证明放行。

（四）检疫传染病的管理

检疫传染病的管理规定在《实施细则》第八章关于检疫传染病管理规定了三种传染病和传染病的管理措施。

1. 鼠疫 《实施细则》关于鼠疫的规定如下：①第六十八条，鼠疫潜伏期的规定；②第六十九条，染有鼠疫的情形列举；③第七十条，染有鼠疫嫌疑情形列举；④第七十一条，对染有鼠疫的船舶、航空器应当实施的卫生处理措施；⑤第七十二条，对染有鼠疫嫌疑的船舶，应当实施本细则第七十一条第（二）项至第（六）项规定的卫生处理；⑥第七十三条，对没有染疫的船舶、航空器，如果来自鼠疫疫区，卫生检疫机关认为必要时，可以实施的卫生处理；⑦对到达的时候载有鼠疫病例的列车和其他车辆，应当实施的卫生处理。

2. 霍乱　《实施细则》对霍乱的管理规定包括如下几个方面：①第七十五条，霍乱的潜伏期；②第七十六条，船舶染有霍乱或其嫌疑的规定；③第七十七条，航空器染有霍乱或其嫌疑的规定；④第七十八条，对染有霍乱的船舶、航空器，应当实施的卫生处理；⑤第七十九条，对染有霍乱嫌疑的船舶、航空器应当实施的卫生处理；⑥第八十条，对没有染疫的船舶、航空器，如果来自霍乱疫区，卫生检疫机关认为必要时，可以实施的卫生处理；⑦第八十一条，对到达时载有霍乱病例的列车和其他车辆应当实施的卫生处理；⑧第八十二条，对来自霍乱疫区的或者染有霍乱嫌疑的交通工具，卫生检疫机关认为必要时，可以实施的卫生处理；⑨第八十三条，对来自霍乱疫区的水产品、水果、蔬菜、饮料及装有这些制品的邮包可以抽样检验，必要时实施卫生处理的规定。

3. 黄热病　对黄热病的管理《实施细则》做了如下几个方面的规定：①第八十四条，黄热病潜伏期的规定；②第八十五条，来自黄热病疫区的人员处理措施；③第八十六条，航空器染有黄热病的情形规定；④第八十七条，对来自黄热病疫区的航空器的处理措施；⑤第八十八条，船舶到达染有黄热病及其嫌疑的规定；⑥第八十九条，对染有黄热病的船舶、航空器，应当实施的卫生处理；⑦第九十条，对染有黄热病嫌疑的船舶、航空器，应当实施的卫生处理；⑧第九十一条，对来自黄热病疫区没有染疫的船舶、航空器可以实施的卫生处理；⑨第九十二条，对到达的时候载有黄热病病例的列车和其他车辆，或者来自黄热病疫区的列车和其他车辆，应当实施的卫生处理。

4. 传染病管理措施　《实施细则》对传染病的管理措施规定了就地诊验、留验和隔离三种措施：①第九十三条和九十四条规定的是就地诊验；②第九十五条规定的是留验；③第九十六条规定是隔离。

三、国境口岸卫生监督

国境口岸的卫生监督（border port health supervision），是指国境卫生检疫机关依法对国际通航的港口、机场、车站、陆地边境和国界江河的关口的检疫对象实施卫生检查、卫生鉴定、卫生评价和采样检验，并依法对对违法行为和不符合卫生要求的物品和环境采取一系列措施。

（一）国境口岸的环境卫生监督

国境口岸作为国际通航的港口、机场、车站、陆地边境和国境江河的关口，需要达到以下卫生要求：①国境口岸和国境口岸内涉外的宾馆、生活服务单位以及候船、候车、候机厅（室）应当有健全的卫生制度和必要的卫生设施并保持室内外环境整洁、通风良好；②国境口岸有关部门应当采取切实可行的措施，控制啮齿动物、病媒昆虫，使其数量降低到不足为害的程度。仓库、货场必须具备防鼠设施；③国境口岸的垃圾、废物、污水、粪便必须进行无害化处理，保持国境口岸环境整洁卫生。

（二）出入境交通工具的卫生监督

交通工具是指船舶、航空器、列车和其他车辆。出入境交通工具需要达到以下卫生要求：①交通工具上宿舱、车厢必须保持清洁卫生，通风良好；②必须备有足够的消毒、除鼠、除虫药物及器械，并备有防鼠装置；③货舱、行李舱、货车车厢在装货前或卸货后应当进行彻底清扫，有毒物品和食品不得混装，防止污染；④对不符合卫生要求的入境、出境交通工具，必须接受卫生检疫机关的督导立即进行改进。

国境口岸有关单位和交通工具负责人应当遵守以下几点：①遵守《国境卫生检疫法》和《实施细则》及有关卫生法规的规定；②接受卫生监督员的监督和检查，并为其工作提供方便；③按照卫生监督员的建议,对国境口岸和交通工具的卫生状况及时采取改进措施。

(三)食品、饮用水的卫生监督

国境口岸和出入境交通工具上的食品、饮用水均应保持清洁卫生,无毒无害,并且要防止其在转运、传递的过程中受到污染。对饮用水、食品及从业人员的卫生要求包括以下几个方面:①国境口岸和交通工具上的食品、饮用水必须符合有关的卫生标准;②国境口岸的涉外宾馆,以及向入境、出境的交通工具提供饮食服务的部门,营业前必须向卫生检疫机关申请卫生许可证;③国境口岸内涉外的宾馆和入境、出境交通工具上的食品、饮用水从业人员应当持有卫生检疫机关签发的健康证明书。该证书自签发之日起12个月内有效。

四、国境卫生检疫的卫生处理

卫生处理(sanitization)指隔离、留验和就地诊验等医学措施,以及消毒、除鼠、除虫等卫生措施。卫生检疫机关需对入境、出境的交通工具、人员、集装箱、尸体、骸骨,以及可能传播检疫传染病的行李、货物、邮包等实施检疫查验、传染病监测、卫生监督和卫生处理。

1. 交通工具的卫生处理 卫生检疫机关如若发现入境、出境的交通工具有下列情形之一的,应当实施消毒、除鼠、除虫或者其他卫生处理措施:①来自检疫传染病疫区的;②被检疫传染病污染的;③发现有与人类健康有关的啮齿动物或者病媒昆虫,超过国家卫生标准的。卫生检疫机关对已在到达本口岸前的其他口岸实施卫生处理的交通工具不再重复实施卫生处理。但有下列情形之一的,仍需实施卫生处理:①在原实施卫生处理的口岸或者该交通工具上,发生流行病学上有重要意义的事件,需要进一步实施卫生处理的;②在到达本口岸前的其他口岸实施的卫生处理没有实际效果的。

2. 尸体、骸骨的卫生处理 入境、出境的尸体、骸骨托运人或者代理人应当申请卫生检疫,并出示死亡证明或者其他有关证件,对不符合卫生要求的,必须接受卫生检疫机关实施的卫生处理。经卫生检疫机关签发尸体、骸骨入境、出境许可证后,方准运进或者运出。对因患检疫传染病而死亡的患者尸体,必须就近火化,不准移运。未经卫生检疫机关实施卫生处理,擅自移运尸体、骸骨的,国境卫生检疫机关可依据《国境卫生检疫法》及其实施细则的规定对其进行行政处罚。

3. 其他类型物品的卫生处理 入境、出境的集装箱、行李、货物、邮包等物品需要卫生处理的,由卫生检疫机关实施。对来自疫区的、被传染病污染的,以及可能传播检疫传染病或者发现与人类健康有关的啮齿动物和病媒昆虫的集装箱、货物、废旧物等物品,应当实施消毒、除鼠、除虫或者其他必要的卫生处理。集装箱、货物、废旧物等物品的货主要求在其他地方实施卫生检疫、卫生处理的,卫生检疫机关可以给予方便,并按规定办理。入境、出境的旅客、员工个人携带或者托运可能传播传染病的行李和物品,应当接受卫生检查。卫生检疫机关对来自疫区或者被传染病污染的各种食品、饮料、水产品等应当实施卫生处理或者销毁,并签发卫生处理证明。

五、国境口岸突发公共卫生事件应急处理的监督

为有效预防、及时缓解、控制和消除突发公共卫生事件的危害,保障出入境人员和国境口岸公众身体健康,维护国境口岸正常的社会秩序,依据《国境卫生检疫法》及其实施细则和《突发公共卫生事件应急条例》,应当做到对国境口岸突发公共卫生事件应急处理进行监督。监督的内容包括以下几个方面:①国家质检总局制订全国国境口岸突发事件出入境检验检疫应急预案。各级

检验检疫机构根据全国国境口岸突发事件出入境检验检疫应急预案，结合本地口岸实际情况，制订本地国境口岸突发事件出入境检验检疫应急预案，并报上一级机构和当地政府备案；②各级检验检疫机构应当根据国境口岸突发事件出入境检验检疫应急预案的要求，保证应急处理人员、设施、设备、防治药品和器械等资源的配备、储备，提高应对突发事件的处理能力。各级检验检疫机构应当依照法律、行政法规、规章的规定，开展突发事件应急处理知识的宣传教育，增强对突发事件的防范意识和应对能力；③质检总局建立国境口岸突发事件出入境检验检疫应急报告制度，建立重大、紧急疫情信息报告系统，并建立突发事件出入境检验检疫风险预警快速反应信息网络系统。各级检验检疫机构负责将发现的突发事件通过网络系统及时向上级报告，国家质检总局通过网络系统及时通报。突发事件发生后，发生地检验检疫机构经上一级机构批准，应当对突发事件现场采取紧急控制措施。

根据突发事件应急处理的需要，国境口岸突发事件出入境检验检疫应急处理指挥体系有权调集出入境检验检疫人员、储备物资、交通工具及相关设施、设备；必要时，国家质检总局可以依照《国境卫生检疫法》第六条的规定，提请国务院下令封锁有关的国境或者采取其他紧急措施。出入境交通工具上发现传染病患者、疑似传染病患者，其负责人应当以最快的方式向当地口岸检验检疫机构报告，检验检疫机构接到报告后，应当立即组织有关人员采取相应的卫生检疫处置措施。对出入境交通工具上的传染病患者密切接触者，应当依法予以留验和医学观察；或依照卫生检疫法律、行政法规的规定，采取控制措施。

第三节　法律责任

根据《国境卫生检疫法》及其实施细则的规定，在国际卫生检疫的执法过程中，国境卫生检疫涉及的法律责任主要包括了行政责任和刑事责任。

一、行政责任

行政责任（administrative responsibility）是指经济法主体违法经济法律法规依法应当承担的行政法律后果，是因为违反行政法或因行政法规定而应承担的法律责任，包括行政处罚和行政处分。国境卫生检疫行政责任（administrative responsibility of health quarantine inspection）指违反国境卫生检疫相关法律法规应当承担的法律后果。根据责任承担主体的不同，分为行政主体及其公务员承担的行政责任和行政相对人承担的行政责任。

（一）行政处罚

行政处罚（administrative penalty）是指行政机关或其他行政主体依法定职权和程序对违反行政法规尚未构成犯罪的相对人给予行政制裁的具体行政行为。国境卫生检疫的行政处罚指的是国境卫生检疫机关依法定职权和程序对违反国境卫生检疫法律法规尚未构成犯罪的相对人给予行政制裁的具体行政行为。

1.《中华人民共和国国境卫生检疫法》规定的行政处罚　《国境卫生检疫法》第五章规定了违反该法的行政责任，包括以下几个方面：

第二十条规定，对违反本法规定，有下列行为之一的单位或者个人，国境卫生检疫机关可以根据情节轻重，给予警告或者罚款：

（1）逃避检疫，向国境卫生检疫机关隐瞒真实情况的。

（2）入境的人员未经国境卫生检疫机关许可，擅自上下交通工具，或者装卸行李、货物、邮包等物品，不听劝阻的。罚款全部上缴国库。

（3）第二十一条规定，当事人对国境卫生检疫机关给予的罚款决定不服的，可以在接到通知之日起 15 日内，向当地人民法院起诉。逾期不起诉又不履行的，国境卫生检疫机关可以申请人民法院强制执行。

2.《实施细则》及其他相关法律法规规定的行政处罚　根据《实施细则》的规定，有下列行为之一的单位或个人，国境卫生检疫机关可以根据情节轻重，对其给予警告或一定数额的罚款：①应当受入境检疫的船舶，不悬挂检疫信号的；②入境、出境的交通工具，在入境检疫之前或者在出境检疫之后，擅自上下人员，装卸行李、货物、邮包等物品的；③拒绝接受检疫或者抵制卫生监督，拒不接受卫生处理的；④伪造或者涂改检疫单、证、不如实申报疫情的；⑤瞒报携带禁止进口的微生物、人体组织、生物制品、血液及其制品或者其他可能引起传染病传播的动物和物品的。

违反《实施细则》规定，具有以下几项行为的，处以警告或者 100 元以上 5000 元以下的罚款：①未经检疫的入境、出境交通工具，擅自离开检疫地点，逃避查验的；②隐瞒疫情或者伪造情节的；③未经卫生检疫机关实施卫生处理，擅自排放压舱水，移下垃圾、污物等控制的物品的；④未经卫生检疫机关实施卫生处理，擅自移运尸体、骸骨的。

违反《实施细则》规定，具有以下几项行为的，处以 1000 元以上 1 万元以下的罚款：①废旧物品、废旧交通工具，未向卫生检疫机关申报，未经卫生检疫机关实施卫生处理和签发卫生检疫证书而擅自入境、出境或者使用、拆卸的；②未经卫生检疫机关检查，从交通工具上移下传染病患者造成传染病传播危险的。

违反《实施细则》规定，具有以下几项行为的，处以 5000 元以上 3 万元以下的罚款：①瞒报或者漏报禁止进口的微生物、人体组织、生物制品、血液及其制品等特殊物品的；②未经检验检疫机构许可，擅自移运、销售和使用特殊物品的；③在规定时限内未向检验检疫机构申报或者拒绝接受特殊物品卫生检疫后续监管的；④伪造或者涂改检疫单、证的。

违反《出入境特殊物品卫生检疫管理规定》规定，有以下行为之一的，国境卫生检验检疫机构可以给予警告或者处以 5000 元以下的罚款：①未取得《卫生许可证》或者伪造《卫生许可证》从事食品生产经营活动的；②涂改、出借《卫生许可证》的；③允许未获得《健康证明书》的从业人员上岗的，或者对患有有碍食品卫生安全的传染病的从业人员不按规定调离的；④拒不接受检验检疫机构卫生监督的；⑤其他违反法律法规或者有关规定的。

如若口岸食品生产经营单位有以上情况之一的，检验检疫机构依照《国境卫生检疫法》及其实施细则等法律法规的相关规定予以行政处罚：①未取得《健康证明书》而从事食品生产经营活动的；②伪造体检报告的；③其他违反法律法规或者有关规定的。

在出入境口岸内以及出入境交通工具上的食品、饮用水从业人员有以上情况之一的，由检验检疫机构依照《国境卫生检疫法》及其实施细则等法律法规的相关规定予以行政处罚。

当事人对国境卫生检疫机关给予的罚款决定不服的，可以在接到通知之日起 15 日内，向当地人民法院起诉。逾期不起诉又不履行的，国境卫生检疫机关可以申请人民法院强制执行。卫生检疫机关在收取罚款时，应当出具正式的罚款收据。罚款全部上交国库。

（二）行政处分

国境卫生检疫行政处分（administrative sanction of health quarantine inspection）指的是国境卫生检疫机关及其所属的国家工作人员在国境卫生检疫工作中的违法失职行为尚不构成犯罪，依据国境卫生检疫法律法规应当承担的法律责任。《国境卫生检疫法》第二十三条规定的，国境卫生检疫机关工作人员，应当秉公执法，忠于职守，对入境、出境的交通工具和人员，及时进行检疫；违法失职的，给予行政处分，情节严重构成犯罪的，依法追究刑事责任。

依据《出入境口岸食品卫生监督管理规定》，如若检验检疫机构工作人员滥用职权，徇私舞弊，玩忽职守，根据情节轻重，给予行政处分或者依法追究刑事责任。

依据《国境口岸突发公共卫生事件出入境检验检疫应急处理规定》：①如若检验检疫机构未依照该规定履行报告职责，对突发事件隐瞒、缓报、谎报或者授意他人隐瞒、缓报、谎报的，尚不构成犯罪的，对主要负责人及其他直接责任人员予以行政处分；②如若突发事件发生后，检验检疫机构拒不服从上级检验检疫机构统一指挥，贻误采取应急控制措施时机或者违背应急预案要求拒绝上级检验检疫机构对人员、物资的统一调配的，对单位予以通报批评；造成严重后果，尚不构成犯罪的，对主要负责人或直接责任人员予以行政处分；③如若突发事件发生后，检验检疫机构拒不履行出入境检验检疫应急处理职责的，对上级检验检疫机构的调查不予配合或者采取其他方式阻碍、干涉调查的，尚不构成犯罪的，由上级检验检疫机构责令改正，对主要负责人及其他直接责任人员予以行政处分；④如若检验检疫机构工作人员在突发事件应急处理工作中滥用职权、玩忽职守、徇私舞弊的，尚不构成犯罪的，对主要负责人及其他直接责任人员予以行政处分。

依据《口岸艾滋病预防控制管理办法》的规定，检验检疫机构工作人员违反该办法规定的下列情形，造成艾滋病传播、流行以及其他严重后果，尚不构成犯罪的，由其所在单位依法给予行政处分：①未依法履行艾滋病疫情监测、报告、通报或者公布职责，或者隐瞒、谎报、缓报和漏报艾滋病疫情的；②发生或者可能发生艾滋病传播时未及时采取预防控制措施的；③未依法履行监督检查职责，发现违法行为不及时查处的；④未按照技术规范和要求进行艾滋病病毒相关检测的；⑤故意泄露艾滋病病毒感染者、艾滋病患者涉及个人隐私的有关信息、资料的；⑥其他失职、渎职行为。

二、刑事责任

违反国境卫生检疫法规应受到行政处罚或行政处分的违法行为，限定在其社会危害性仅可能引起检疫传染病传播的范畴之内。如果违法行为的社会危害性已经达到了引起检疫传染病传播或者引起检疫传染病传播严重危害的，就超出了行政法调整的法律关系的范围，构成了妨害国境卫生检疫罪或传染病防治失职罪，应由司法机关依照刑法追究其刑事责任（criminal responsibility）。

1.《国境卫生检疫法》和其他行政法规规定刑事责任　《国境卫生检疫法》以附属刑法的方式规定了国境卫生检疫相对人及国境卫生检疫机关工作人员行为的刑事责任：①第二十二条规定，违反本法规定，引起检疫传染病传播或者有引起检疫传染病传播严重危险的，依照《刑法》第一百七十八条的规定追究刑事责任；②第二十三条，国境卫生检疫机关工作人员，应当秉公执法，忠于职守，对入境、出境的交通工具和人员，及时进行检疫；违法失职的，给予行政处分，情节严重构成犯罪的，依法追究刑事责任。

《出入境特殊物品卫生检疫管理规定》第二十六条，对违反该规定，引起检疫传染病传播或者有引起检疫传染病传播严重危险的，依照《刑法》的有关规定追究刑事责任。

《国境口岸突发公共卫生事件出入境检验检疫应急处理规定》第三十条，在国境口岸突发事件出入境检验检疫应急处理工作中，口岸有关单位和个人有下列情形之一的，依照有关法律法规的规定，予以警告或者罚款，构成犯罪的，依法追究刑事责任：①向检验检疫机构隐瞒、缓报或者谎报突发事件的；②拒绝检验检疫机构进入突发事件现场进行应急处理的；③以暴力或其他方式妨碍检验检疫机构应急处理工作人员执行公务的。

《口岸艾滋病预防控制管理办法》第二十三条规定，任何单位和个人违反本办法规定，不配合检验检疫机构进行艾滋病疫情调查和控制的，检验检疫机构应当责令其改正；情节严重的，根据《国境卫生检疫法》及其实施细则的有关规定予以处罚；构成犯罪的，依法追究刑事责任。

2. 刑法规定的刑事责任　《刑法》第三百三十二条规定，违反国境卫生检疫规定，引起检疫传染病传播或者有传播严重危险的，处三年以下有期徒刑或者拘役，并处或者单处罚金。本罪侵犯的客体是国家对国境卫生检疫的正常管理活动，凡是违反国境卫生检疫法规定的行为，都可能成为本罪的行为，引起检疫传染病传播或者有传播严重危险是构成本罪的结果条件。本罪的这里所谓的违反国境卫生检疫规定，也就是本罪的客观方面表现为指单位或者个人有下列行为之一：①逃避检疫，向国境卫生检疫机关隐瞒真实情况的；②入境的人员未经国境卫生检疫机关许可，擅自上下交通工具，或者装卸行李、货物、邮包等物品、不听劝阻的。如若单位犯妨害国境卫生检疫罪的，对单位判处罚金，并对其直接负责的主管人员和其他直接责任人员，依照上述规定进行处罚。本罪的主体为一般主体，即年满16周岁的可以辨认和控制自己行为的自然人和单位均可构成本罪，主要包括以下几类人员：①入境、出境的旅客；②入境、出境的交通工具上的员工；③入境、出境的集装箱、货物、废旧物品的承运人、代理人或者货主；④入境、出境的微生物、人体组织、生物制品、血液及其制品或者其他可能引起传染病传播的动物等特殊物品的携带人、托运人或者邮递人；⑤入境、出境的尸体、骸骨的托运人或者代理人；⑥邮政部门或者邮政工作人员；⑦入境、出境的交通工具的负责人；⑧国境口岸的有关单位或其直接负责的主管人员和其他直接责任人员及国境口岸交通工具的负责人。

　　《刑法》第四百零九条规定了传染病防治失职罪，该条规定从事传染病防治的政府卫生计生主管部门的工作人员严重不负责任，导致传染病传播或者流行，情节严重的，处三年以下有期徒刑或者拘役。本罪侵犯的客体是国家对传染病防治的管理制度。本罪在客观方面表现为从事传染病研治工作的政府卫生计生主管部门工作人员严重不负责任，导致传染病传播或者流行，情节严重的行为。本罪的主体是特殊主体，指从事传染病防治的政府卫生计生主管部门工作人员。本罪在主观方面只能由过失构成，也就是行为人应当知道自己严重不负责任的行为，可能导致传染病传播或者流行，但是他疏忽大意而没有预见，或者是虽然已经预见到可能会发生，但他凭借着自己的知识或者经验轻信能够避免，以致发生了造成严重损失的危害结果。最高人民检察院高检发释字〔2006〕2号关于渎职侵权犯罪案件立案标准有明确规定，涉嫌下列情形之一的，应予立案：导致甲类传染病传播的；导致乙类和丙类传染病流行的。传染病防治失职罪的主体为从事传染病防治的政府卫生计生主管部门工作人员，当然包括从事口岸传染病防治的卫生检疫工作人员。

三、行政责任和刑事责任的竞合

　　国境卫生检疫工作中，由于国境卫生检疫法律规范和我国刑法典所归的行政违法和犯罪的构成要件在行为模式上存在彼此重合和包含的关系，因此同一个违反国境卫生检疫法律法规的案件事实可以同时被国境卫生检疫行政法规和刑法规定的有关违反国境卫生检疫的法律规范所指涉，进而导致行政责任和刑事责任的竞合问题。

　　对于国境卫生检疫行政责任和刑事责任竞合的处理，不同的国家和学界有不同的处理原则。我们在此不再一一赘述，只是根据我国法律对行政责任和刑事责任竞合的规定，归纳总结出我国对国境卫生检疫行政责任和刑事责任竞合的处理原则，其法律根据有以下几个法条：①我国《行政处罚法》第七条第二款规定，违法行为构成犯罪，应当依法追究刑事责任，不得以行政处罚代替刑事处罚；②根据我国《行政处罚法》第二十二条规定，违法行为构成犯罪的，行政机关必须将案件移送司法机关，依法追究刑事责任；③《行政处罚法》第二十八条，违法行为构成犯罪，人民法院判处拘役或者有期徒刑时，行政机关已经给予当事人行政拘留的，应当依法折抵相应刑期。违法行为构成犯罪，人民法院判处罚金的，行政机关已经给予当事人罚款的，应当折抵相应罚金；④《行政执法机关移送涉嫌犯罪案件的规定》（以下简称《移送规定》）第三条,行政执法机关在依法查处违法行为过程中,发现违法事实涉及的金额、违法事实的情节、违法事实造成的后果等,根据刑法关于破坏社会主义市场经济秩序罪、妨害社会管理秩序罪等罪的规定和最高人民法院、最高人民检察院关于破坏社会主义市场经济秩序罪、妨害社会管理秩序罪等罪的司法解释以及最高人民检察院、公安部关于经济犯罪案件的追诉标准等规定,涉嫌构成犯罪,依法需要追究刑事责任的,必须依照本规定向公安机关移送;⑤《移送规定》第十一条规定,行政执法机关对应当向公安机关移送的涉嫌犯罪案件,不得以行政处罚代替移送;行政执法机关向公安机关移送涉嫌犯罪案件前已经作出的警告,责令停产停业,暂扣或者吊销许可证、暂扣或者吊销执照的行政处罚决定,不停止执行;依照行政处罚法的规定,行政执法机关向公安机关移送涉嫌犯罪案件前,已经依法给予当事人罚款的,人民法院判处罚金时,依法折抵相应罚金。

> **知识链接**
>
> **行政责任与刑事责任竞合处理模式**
>
> 根据不同国家和地区对行政责任与刑事责任竞合的处理方式的不同,可以将其处理模式归纳为以下三种模式:
>
> 1. 并罚模式 采用并罚模式的典型国家是奥地利,奥地利行政处罚法第22条规定:"行政被告以各种独立之行为违反不同之行政义务时,或一行为而牵涉数罪名时,而应当别处罚时,应予各别处罚,违反行政义务行为与其他由行政官署或法院处罚之行为竞合时,适用同样之规定。"这一规定实际上将行政责任和刑事责任的法律竞合形态理解为并存式法律竞合中的重叠关系,并认为行政规范和刑事规范虽然规定的法律效果不同,但是并不矛盾,行政机关和司法机关可以根据各自职权对违法行为人重复实施惩处。
>
> 2. 刑优模式 刑优模式的典型国家是德国。该模式的处理原则是同一违法行为,即违反行政法律规范又触犯刑法的,仅依刑法处置,除非涉及公务员等身份足以构成惩戒的除外。
>
> 3. 综合模式 我国采用综合模式,也就是说在行政责任与刑事责任竞合的情况下的处理原则有二:①行政机关在发现涉嫌犯罪并移送公安机关进行刑事侦查后,不再针对同一违法行为作出有关人身权、财产权和政治权利的行政处罚,但仍可依法先作出行为罚和申诫罚;②已由司法机关作出有罪判决,行政机关不再针对同一违法行为作出与司法判决重复的可能关于人身权、财产权和政治权利的行政处罚,但在不重复情况下仍可依法追究当事人的行政违法责任。

本 章 小 结

国家制定国境卫生检疫制度是为了防止传染病及其媒介生物传入传出本国,保障本国人民的生命健康,守卫国门的前哨。随着经济全球化和国际间人员交往的频繁,各国应对各种生物、传染病、物理和化学等因素导致的公共卫生事件的形势也越来越严峻。为了帮助读者更好地掌握我国国境卫生检疫制度的相关知识,本章以国境卫生检疫的概念为核心,详细介绍了国境卫生检疫的分类、特征和作用,国境卫生检疫机关及其工作人员的职责,国境卫生检疫的法律依据,国境卫生检疫的范围、病种和传染病监测,检疫传染病的管理,国境口岸卫生监督,国境卫生检疫的卫生处理,国境口岸突发公共卫生事件应急处理的监督,违反国境卫生检疫法律法规的行政责任和刑事责任等概念和制度。通过穿插相关的案例和思考题来加深读者对我国国境卫生检疫制度的深入理解。

思 考 题

1. 国境卫生检疫制度的概念是什么？
2. 国境卫生检疫机关及其工作人员的职责是什么？
3. 我国国境卫生检疫法律法规有哪些？
4. 我国国境卫生检疫范围和病种是什么？
5. 我国传染病监测机制是什么？
6. 传染病防治失职罪与非罪的标准？
7. 传染病防治失职罪与妨害国境卫生检疫罪的区别？

（蒲　川　许　红　栗向霞）

第十二章 学校与托幼机构卫生法律制度与监督

学习目标

掌握：学校预防性卫生监督及经常性卫生监督的内容。
熟悉：学校卫生监督的法律依据及托幼机构卫生监督的内容。
了解：学校卫生监督的概念及意义。

案例 12-1
某高校师生使用未经检疫的山羊导致布氏菌感染的处罚案例

2010 年 12 月，某高校有关教师，购入 4 只未经检疫的山羊，以 4 只山羊为实验动物开展 5 次实验（共涉及 4 名教师、2 名实验员、110 名学生）前，未按规定对实验山羊进行现场检疫，同时在指导学生实验过程中未能切实按照标准的实验规范，严格要求学生遵守操作规程，进行有效防护。由于上述违法行为，2011 年 3～5 月，学校 27 名学生及 1 名教师陆续确诊感染布病。感染后学校隐瞒事实，未及时上报。

问题：
1. 该事件的哪些行为违法？违反了哪些具体规定？
2. 根据所提供案例情况，应对该大学进行哪些处罚？

学校是有计划、有组织地进行系统的教育活动的组织机构。托幼机构是指接收 0～6 岁儿童的各级各类托儿所、幼儿园。学校和托幼机构作为儿童和青少年的主要活动场所，其根本的工作任务是保障儿童和青少年的健康。保障儿童和青少年健康的重要途径是提供完善的卫生保健技术服务以及运用法律手段维护他们具有良好的生活环境。本章主要内容包括学校预防性卫生监督内容、学校经常性卫生监督内容、学校常见突发公共卫生事件处理原则和托幼机构卫生法律与监督制度内容等。

第一节 学校卫生法律制度与监督概述

学校卫生监督作为公共卫生监督的一部分。学校是培养儿童和青少年的教育场所，他们正处在生长发育期，做好他们的卫生保健工作，既可为国家培养德、智、体、美全面发展的建设人才，也可提高我国人口素质。学校卫生监督工作与儿童青少年的健康密切相关，因此，动员全社会力量做好学校卫生工作，并依法对学校卫生进行监督，对保障儿童和青少年的健康具有重大的长远意义。

一、概 念

学校卫生监督（school health supervision）是指县级以上地方人民政府卫生计生主管部门、卫生监督机构依据《学校卫生工作条例》及相关法律、法规、规章和卫生标准，对学校及其相关企业机构贯彻执行卫生法律、法规的情况进行监督检查，对违反卫生法律、法规的行为追究法律责任的一种行政管理活动。学校卫生监督是卫生执法的重要内容，从政策性、法律规范性、科学性和技术性方面来看，都是一项很强的卫生监督工作，属于国家卫生监督的一个重要组成部分。

二、学校卫生监督的重要性

儿童和青少年作为国家未来建设的人才，因此加强学校卫生监督工作，保障他们的健康具有重要而深远的意义。具体体现在以下几个方面：①它是国家教育事业不断发展的需要，随着我国国民经济的快速发展，国家教育投入逐年增加，新建、改建、扩建的各级各类学校不断涌现，新型的学校建筑、教学设施和卫生设备等大量出现，因此对新建校舍的选址、设计、教学和生活设施的预防性卫生监督的加强势在必行。②学校卫生监督是儿童和青少年身心健康成长的关键。学校作为儿童、青少年的学习、锻炼、娱乐和科技活动的场所，对学校内影响学生健康的学习、生活、环境、劳动、传染病防治和食品卫生等工作进行经常性卫生监督，对培养学生身心全面发展起着至关重要的作用。③学校卫生监督是保证学生所用的各项服务产品安全性的必要条件。随着我国经济的快速发展，供学生使用的产品越来越多，学生所用产品不仅要求种类齐全，更要求所用产品安全和便捷，而且要满足不同年级儿童少年身心发展的需要。要保证学生的健康成长，必须确保学生用品的卫生监督，因此要对学生使用的文具、娱乐器具、保健用品实行卫生监督。

三、学校卫生监督的主体及其职责

1. 主体 《学校卫生工作条例规定》，全国学校卫生工作的监督指导由国务院卫生计生行政部门负责；学校卫生工作的行政管理由国务院教育部门负责。卫生计生委可以委托国务院其他有关部门的卫生主管机构，在其职责范围内开展预防性、经常性卫生监督。

2. 职责 对学校卫生工作行使监督权，其具体卫生监督职责范围是：①新建、改建和扩建的校舍选址、设计；②学校内对学生健康学习、生活、劳动、环境、食品等方面的卫生及传染病防治工作；③学生使用的文具、娱乐器具、保健用品实施卫生监督。

另外，根据《学校卫生工作条例》，为了使学生的学习、生活、劳动、环境、食品等方面和传染病防治工作达到国家卫生标准和要求，学校要建立与其对应的管理制度。

四、学校卫生监督的法律依据

（一）法律

作为一项综合性的监督工作，学校卫生监督涉及很多方面的法律。首先，为保护儿童青少年的合法权益和身心健康，《中华人民共和国宪法》第四十六条规定："国家培养青年、少年、儿童在品德、智力、体育等方面全面发展。"其次，我国先后颁布了《中华人民共和国义务教育法》、《中华人民共和国未成年保护法》（以下简称《未成年人保护法》）、《中华人民共和国食品安全法》、《中华人民共和国传染病防治法》、《中华人民共和国职业病防治法》、《中华人民共和国母婴保健法》等法律，学校卫生监督的重要法律依据就是上述这些法律，其中相关条款对保护儿童和青少年健康发挥着非常重要的作用。

（二）行政法规和规章

为了保障学校卫生工作，国家制定了一系列相应的卫生要求和卫生措施。在新中国成立初期，国家颁布了《关于改善各级学校卫生状况的规定》；随后，国务院和相关部门又相继颁布了《关于全日制学校的教学、劳动和生活安排的规定》、《高等学校学生体质健康卡片》和《中小学体质健康卡片》等30余项学校卫生方面的规范性文件。根据相关统计数据，自新中国成立以来至1988年3月，党和政府颁发或转发的有关学校体育卫生工作的文件总计144个。经国务院批准，原国家教育委员会和原卫生部颁布了《学校卫生工作条例》（简称《条例》）；同时，国家颁布了《学校体育工作条例》。除此以外，根据WHO健康促进学校发展纲领，1999年卫生部制定了《健康促进学校工作指南》；之后，卫生部、教育部于2002年5月28日发布了《关于加强学校预防艾滋病健康教育工作的通知》，2006年卫生部办公厅、教育部办公厅颁发《学校和托幼机构传染病疫情报告工作规范（试行）》2008年卫生部、教育部制定了《中小学生健康体检管理办法》等，这些行政规章为学校卫生监督工作的开展提供了更具体的行政执法依据。

（三）卫生标准

国家根据卫生保健的要求，批准颁布了一系列具有法律约束力的学校卫生专业标准，属于卫生技术性法规，是学校卫生监督的专业技术依据。

目前，已经发布的有关学校卫生专业标准有：学校建筑设计标准包括：中小学校教室采暖温度标准（GB/T17225—1998），中小学校教室换气卫生标准（GB/T 17226—1998），中小学校教室采光和照明卫生标准（GB7793—2010），中小学校建筑设计规范（GB50099—2011），盲学校建筑设计卫生标准（GB/T18741—2002），学校课桌椅功能尺寸（GB3976—2002），电视教室座位位置范围和照度卫生标准（GB8772—2011），书写板安全卫生要求（GB28231—2011），学校课桌椅功能尺寸及技术要求（GB/T 3976—2014），学生宿舍卫生要求及管理规范（GB31177—2014），城市普通中小学校校舍建设标准（JB102—2002）；学习时间标准包括：中小学生一日学习时间卫生要求（GB/T17223—2012）；学习用品标准：学生使用电脑卫生要求（GB/T 28930—2012），铅笔涂层中可溶性元素最大限量（GB 8771—2007）；中小学教科书卫生要求（GB/T17227—2014）；饮水及营养午餐标准：生活饮用水卫生标准（GB5479—2006），学生营养午餐营养供给量（WS/T100-1998），学生营养餐生产企业卫生规范（WS 103—1999）；学生健康检查标准：中小学生健康教育规范（GB/T18206—2011），中小学生健康检查表规范（GB16134—2011），学生健康检查技术规范（GB/T 26343—2010），学生心理健康教育指南（GB/T29433—2012），标准对数视力表（GB11533—2011），儿童青少年斜视的诊断及疗效评价标准（WS/T200—2001），儿童青少年弱视的诊断及疗效评价标准（WS/T 201—2001），儿童少年屈光检测要求（WS/T 202—2001），儿童少年矫正眼镜卫生要求（WS 219—2015），儿童少年脊柱弯曲异常的初筛标准（GB/T16133—2014），儿童少年血红蛋白筛检标准（GB/T17099—1997），学龄儿童青少年营养不良筛查（WS/T 456—2014），儿童安全与健康一般指南（GB/T 31179—2014），0~6岁儿童健康管理技术规范（WS/T 479—2015），儿童青少年发育水平的综合评价（GB/T31178—2014），儿童青少年伤害监测方法（GB/T31180—2014）；其他：学校卫生综合评价（GB/T18205—2012）、中小学校传染病预防控制工作管理规范（GB28932—2012），中小学生体育锻炼运动负荷卫生标准（WS/T101—1998），学生军训卫生安全规范（WS/T 480—2015）。

此外，还有许多学校卫生标准正在准备修订和制订。学校卫生的行政监督工作可以以上述卫生标准作为专业技术依据。

第二节 学校卫生法律制度与监督

学校卫生监督工作包括学校预防性卫生监督和经常性卫生监督，以及协助有关部门对学校突发公共卫生事件进行调查处理。

一、学校预防性的卫生法律与监督

(一) 概念

学校预防性卫生监督(preventive health supervision of school)是指卫生计生行政部门依照国家有关法律、法规、卫生标准,对新建、改建、扩建学校的选址、建筑设计的审查和验收。预防性卫生监督主要是起到防患于未然的作用。在审查中,发现不符合卫生法规和卫生标准的要求时,提出及时的修改或改进意见,指导其采取有效措施,防止和消除不良环境对师生健康的影响。

(二) 监督依据

学校预防性卫生监督主要依据是《学校卫生工作条例》、《学校卫生管理条例》;《中小学校建筑设计规范》、《城市普通中小学校校舍建设标准》、《中小学教室采光和照明卫生标准》、《电视教室座位布置范围和照度卫生标准》、《中小学校教室采暖温度标准》、《中小学校教室换气卫生标准》、《书写板安全卫生要求》、《学校课桌椅功能尺寸》;《生活饮用水卫生监督管理办法》、《生活饮用水集中式供水单位卫生规范》、《二次供水设施卫生规范》、《沐浴场所卫生规范》、《游泳场所卫生规范》、《公共浴室卫生标准》、《游泳场所卫生标准》及《国家学校体育卫生条件试行基本标准》等。

(三) 监督内容

根据中华人民共和国国家标准《中小学建筑设计规范》、《城市普通中小学校校舍建设标准》,各级卫生计生行政部门对新建、改建、扩建的学校进行全面卫生审查。

> **案例 12-2**
> **某外国语学校新址污染事件行政处罚案例**
> 2016年4月17日,据报道,某外国语学校自搬迁新址后,493名学生检出皮炎、血液指标异常等,个别查出淋巴癌、白血病等。监督检查发现:该校区地下水、空气均检出污染物。学校附近正在开发的地块上曾是3家化工厂,该校区受到的污染与化工厂地块上污染物吻合。
> 问题:
> 1. 该校校址选择违反了哪些法律规定?
> 2. 卫计生行政部门应采取哪些行政处罚?

1. 校址选择卫生要求 学校校址选择应符合下列规定:①校址选择要在阳光充足、空气畅通、场地干燥、排水通畅、地势较高的地段。且要具备布置运动场的场地及提供给排水及供电设施的条件。②学校应设在无污染源的地段。学校与各类污染源的距离要达到国家规定的有关防护距离的规定。③学校主要教学用房的外墙与铁路的距离要至少保持300m;与机动车流量超过270辆/小时的道路同侧距离至少要到80m,若小于80m,必须采取有效的隔音措施。④学校不宜与不利于学生学习和身心健康、危机学生学习和身心健康及学生安全的场所毗邻。例如,与市场、公共娱乐场所及医院太平间等不宜毗邻。⑤学校校区内不得有架空高压输电线穿过。⑥中学服务半径应在1000m内,小学服务半径应在500m内。走读小学不宜跨越城镇街道、公路及铁路。具备学生宿舍的不受此服务范围限制。

2. 学校用地设计的卫生要求 学校用地由建筑用地、运动场地和绿化用地三部分组成。用地之间宜用绿化带隔离,若没有绿化带隔离,要以道路中心为界。学校建筑用地由建筑占地面积、建筑物周围通道、房前屋后的零星绿地、小片课间活动场所组成。学校运动场地由体育课及课外活动的整片运动场组成。学校绿化用地由成行绿地和室外科学园地组成。

3. 学校平面设计卫生要求 教学用房、教学辅助用房、行政管理用房、服务用房、运动场地、自然科学园地及生活区等应分区明确、布局合理、联系便利但互不干扰。

4. 教室组成与布置设计卫生要求 教学的基地是教室，学生70%的时间在教室内活动，因此教室的环境功能与使用功能的优劣，直接关系到学生的健康。教室组成与合理布置的基本卫生要求：普通教室、黑板设计和课桌椅设置应符合相关规定；实验室包括物理、化学、生物实验室的设计要符合相应规定；自然、地理、美术、书法的设计均应符合相应规定；音乐、舞蹈、语言、微机教室等的设计应符合相应规定；操场、图书阅览室等的设计应符合有关规定。

5. 行政和生活服务用房卫生要求 ①学校的办公室、会议室、保健室、广播室等行政办公室用房的设计要符合相关规定。②生活服务用房适宜设厕所、淋浴室、饮水处、学生宿舍、教职工单身宿舍、食堂、自行车棚等；各种用房要符合有关规定。

6. 学校建筑卫生设备卫生要求 各类用房面积指数、层数、净高和建筑结构（包括门、窗等）的设计也应符合有关规定。学校各种房间的采光、照明、取暖、通风，以及给排水设施应符合相应规定；学校的供、配电设计及广播设计等应符合相应规定。

二、学校经常性卫生监督

（一）概念

学校经常性卫生监督（regular health supervision of school）是指根据国家有关法律、法规和卫生标准等，卫生计生行政部门对现有的学校建筑设施、学习用品、学生学习、作息制度和教学卫生、学校体育运动场所和器材的卫生安全状况、学生的劳动卫生和安全防护、学校公共场所卫生和学生宿舍卫生、学校卫生设施和饮用水卫生、学校食品卫生、学校传染病管理、学校健康教育和学生常见病的防治、学校卫生保健机构的设置和人员配备情况等进行监督检查，对违反卫生法律、法规的行为追究法律责任的一种行政管理活动。

（二）监督依据

学校经常性卫生监督的主要依据是《传染病防治法》、《未成年人保护法》、《学校卫生工作条例》、《消毒管理办法》、《中小学生健康体检管理办法》、《中小学幼儿园安全管理办法》、《学校和托幼机构传染病疫情报告工作规范（试行）》、《国家学校体育卫生条件试行基本标准》等。

（三）监督内容

学校经常性卫生监督的具体内容如下：

1. 教室建筑、设备、采光、照明、微小气候和环境噪声的卫生监督 应与国家《中小学建筑设计规范》（GB50099—2011）相符。黑板、课桌椅的设置应与国家有关标准相符。

2. 学习和教学卫生监督 学校应当合理安排学生的学习时间。学生每日学习时间（包括自习），小学阶段不超过6小时，中学阶段不超过8小时，大学阶段不超过10小时。学校或者教师不得以任何理由和方式，延长授课时间及增加作业量，加重学生学习负担。

3. 学生体育锻炼和劳动安全卫生监督 ①学生体育锻炼，学校体育场地和器材要符合相应的卫生和安全需求；运动项目和运动强度应当适合学生的生理承受能力与体质健康状况，防止发生伤害事故。②学生劳动安全，学校应当根据学生的年龄，学校组织学生参加适当的劳动，并对参加劳动的学生、进行安全教育提供必要的安全与卫生防护措施。普通中小学生组织学生参加劳动，不能让学生接触有毒有害物质或者从事不安全工种的作业，不能让学生参加夜班劳动。普通高等学校、中等专业学校、技工学校、农业中学、职业中学组织学生参加生产劳动，接触有毒有害物质的，按照国家有关规定，需要提供相应的保健待遇。学校对接触有毒有害物质的学生要定期对他们进行体格检查,加强卫生防护。

4. 学校公共场所和宿舍卫生监督 学校应当根据相应标准和规定,建立卫生制度,加强对学生个人卫生、环境卫生以及教室、宿舍卫生的管理。

5. 学校卫生设备及饮用水卫生监督 学校根据相应标准及规定为学生设置厕所和洗手设施。寄宿制学校应为学生提供相应的洗漱、洗澡等卫生设施。学校应当为学生提供充足的符合卫生标准的饮用水。

6. 学校食品安全监督 学校食品卫生应与《食品安全法》中的有关规定相符。学校应当认真贯彻执行食品安全法律、法规,加强饮食卫生管理,办好学生膳食,加强营养指导。加强餐饮服务许可证、从业人员健康合格证、卫生知识培训证持有情况的卫生监督;监督食品加工、供应、销售单位的卫生情况和食品储存情况。

7. 学校传染病防治监督 学校应当认真贯彻执行传染病防治法律、法规,加强急、慢性传染病的预防和控制管理工作,同时加强地方病的预防和控制管理工作。学校传染病的管理工作应与《传染病防治法》的规定相符合,学校应当建立传染病的防治管理机构和传染病的疫情报告及登记制度,掌握学生因患传染病休退学的情况。监督发生传染病后的教室、宿舍、生活场所消毒情况,检查对学生是否实行有计划的预防接种制度。

8. 学校健康教育监督 学校对其进行卫生监督检查的内容包括:学校健康教育开课率、健康教育师资上岗合格率、健康教育效果评价优良率。

9. 常见病的防治监督 近视眼患病率、蛔虫感染率、贫血患病率、龋患率、牙龈炎患病率、龋齿充填率、营养不良患病率、沙眼患病率等。

10. 学校卫生保健机构设置与人员配备情况的监督 普通高等学校、中等专业学校、技工学校和规模较大的农业中学、职业中学、普通中小学根据相关卫生标准,设立卫生管理机构管理学校的卫生工作。普通高等学校要设立校医院或卫生科。校医院应设立保健科(室)、负责师生的卫生保健工作。城市普通中小学、农村中心小学和普通中学要设立卫生室,按照学生人数600:1的比例配备专职卫生技术人员。学生人数不足600人的学校,应配备专职或兼职的保健教师,开展学校卫生工作。

11. 学生使用文具、娱乐器具和保健用品的卫生监督 《学校卫生工作条例》中规定:"县以上卫生计生行政部门应对学生使用的文具、娱乐器具、保健用品进行卫生监督";"供学生使用的文具、娱乐器具、保健用品,必须符合国家有关卫生标准"。各级卫生监督部门按照《关于卫生监督监测工作实行分级管理的通知》对辖区内生产、经营使用的文具、娱乐器具、保健用品的单位应实施分级管理。

(1)学生使用的用品范畴:主要指具有一定卫生质量指标要求的学生用具、娱乐器具、保健用品。对学生用品的定义至今尚未完全统一,但确定哪些学生用品要实行卫生监督时,需要考虑以下两个特征:一是要以学生(青少年)使用的用品为主,如眼镜及视力保健产品、视力表、各类教材、课桌椅、铅笔、粉笔、口腔保健用品等;二是有卫生质量指标要求的产品,如眼镜片屈光度误差、光学中心位移量、散光轴向误差、隐形眼镜消毒液、保存液细菌含量、铅笔含铅量、含铬量、课桌椅各主要功能尺寸等。

(2)监督内容:学生用品主要围绕其安全性、功效性两方面进行卫生监督。这也是立法和制订卫生标准的出发点。首先要保证学生使用的文具、娱乐器具和保健用品的安全,防止对学生产生直接危害或间接危害,防止近期危害或远期危害。此外,学生使用的用品由于都具有一定的功能,须对其功效指标进行监督。

三、学校突发公共卫生事件处理的监督管理

学校突发公共卫生事件的处理主要是发生在学校的突发公共卫生事件。主要依据《突发事件

应对法》、《食品安全法》、《传染病防治法》、《传染病防治法实施办法》、《突发公共卫生事件应急条例》等法律、法规和行政规章。

（一）基本程序

1. 接报　在接到应急事件报告时，要询问报告人并做好记录，记录内容包括：事件发生的时间、地点、主要症状、涉及学生人数，报告者姓名、单位、电话，同时在学校卫生应急事件报告登记本上登记。

2. 报告　在接到应急事件报告后，采用最快的方式和最短的时间，向分管领导及相关科室报告。报告内容包括：发生的时间、地点、人数、症状、初步判断可能发生的原因。若领导有处理意见，应记录在应急事件报告登记本上。

3. 调查处理　如发生学校应急事件，应立即派人到达现场进行调查核实、取证、采样，采取必要的现场防护，并根据有关处理原则，采取预防控制措施。

4. 总结评估　学校卫生应急事件处理结束，应及时总结。总结报告包括：题目、事件经过、调查及处理（包括行政处罚、采取的措施、取得效果）和结论。

（二）各类突发公共卫生事件处理过程

1. 学校传染病疫情暴发处理过程　卫生监督机构在接到卫生计生行政部门有关学校传染病暴发的疫情处理任务后，要派卫生监督人员依法对学校进行监督检查和调查取证。依据监督检查的情况，作现场监督笔录，与疫情防控需要相结合，依法出具卫生监督意见书或控制决定，对涉嫌违反《传染病防治法》、《生活饮用水卫生监督管理办法》的依法立案进行调查。

2. 学校饮用水时间处理过程　卫生监督机构接到卫生计生行政部门有关学校饮用水污染事件的处理任务后，应派卫生监督人员对学校进行监督检查和调查取证，依法进行监督检查，监督检查内容包括学校饮用水的卫生管理情况及供水设施、水源的卫生安全防护、水质净化消毒设施及运行情况，水处理剂和消毒剂的使用情况等影响水质卫生的因素。同时，进行现场监督笔录的制作。根据影响水质卫生的因素情况，采取不同的处理措施。对被污染的水源、水质异常的学校饮用水，卫生监督员要及时报告卫生计生行政部门，依法责令停止使用；对因饮用水净化消毒或卫生管理不规范导致水质不合格的，要下达整改意见，水质检测合格后，才能恢复供水；对涉嫌违反《传染病防治法》、《生活饮用水卫生监督管理办法》的，要依法立案调查。工业污染造成饮用水污染事故的，应及时报告卫生计生行政部门，移交环境保护行政主管部门。对涉嫌认为投毒的，要及时报告卫生计生行政部门，移交公安司法机关。

3. 预防接种或预防性服药的异常反应处理过程　卫生监督机构接到卫生计生行政部门有关学校预防接种或预防性服药的异常反应处理任务后，应进行调查的内容包括：预防接种、预防性服药的组织实施单位，个人资质、接种的疫苗或预防性服药的品名、批号、生产厂家、学生异常反应的症状及程度等。同时，进行现场监督笔录的制作并采取应急控制措施。药品监督管理行政部门或组织有关专家对引起异常反应原因的进行调查处理。

4. 学生群体性心因性反应处理过程　卫生监督机构接到卫生计生行政部门有关学校学生群体性心因性反应处理任务后，调查事件的起因及经过，在排除确定危害学生健康的因素后，采取相应的对症处理措施，加强卫生知识宣传，解除学生的认识、理解误区，建议学校开展心理咨询活动。

（三）法律责任

学校发生突发公共卫生事件时，在卫生计生行政部门的领导下，卫生监督机构协助有关部门及时进行处理，并对违法行为进行立案调查。

第三节　学校卫生监督行政奖励与法律责任

案例 12-3

某区卫生监督情况调查

2015年9月，某区卫生计生委卫生监督所完成对全区学校教学环境卫生、传染病防控监督、生活饮用水卫生监督、学校卫生综合评价四项监督检查任务。

对全区138所各级各类学校开展了上述四项卫生监督工作，共抽取教学环境、学生饮水样品共计22件，发现部分中、小学存在教室课桌椅高度、教室照明以及生活饮用水消毒剂浓度不符合国家标准问题。针对存在问题，卫生监督员下达了意见书责令"问题"单位进行整改，目前生活饮用水问题已整改完毕，监督员还将密切关注"问题"单位教学环境的整改情况。

此次专项监督通过加强学校卫生监督、监测工作，科学实施学校卫生监督管理，促进了学生常见病、传染病等的预防和治疗，提高了学生健康水平，促进了学校卫生环境和教学卫生设施的改善。

问题：
1. 该监督部门发现的问题违反了哪些法律法规？
2. 作为一名卫生监督员，如何进行卫生监督？

一、学校卫生监督行政奖励

奖励与惩罚相结合是学校卫生监督的特点。要依法给予违法者行政处罚或追究相应的法律责任。同时，应给予做出成绩和有贡献者，精神上的表扬和物质上的奖励。《学校卫生工作条例》规定："对在学校卫生工作中成绩显著的单位或者个人，各级教育、卫生计生行政部门和学校应当给予表彰、奖励。"奖励的作用体现在两方面：一是鼓励相关学校、单位和个人更自觉地做好学校卫生工作，二是在学校卫生工作中树立学习的榜样。

二、学校卫生监督的处罚

《学校卫生工作条例》对卫生行政处罚作出具体规定如下。

（1）新建、改建、扩建校舍的，如果未经卫生计生行政部门许可，卫生计生行政部门对直接责任单位或者个人给予警告、责令定制施工或者限期改建。

（2）违反《学校卫生工作条例》规定，如果学校在教学建筑、环境噪声、室内微小气候、采光、照明等环境质量以及黑板、课桌椅的设置不符合国家有关标准；学生厕所、洗手间等设施不符合规定，不能为学生提供充足的符合卫生标准的饮用水的学校；体育场地和器材不符合卫生和安全要求，卫生计生行政部门应对直接责任单位或者个人给予警告并责令限期改进，对于情节严重的，可以同时建议教育行政部门给予行政处分。

（3）学校应当根据学生的年龄，组织学生参加适当的劳动，并对参加劳动的学生，进行安全教育，提供必要的安全和卫生防护措施。普通中小学校组织学生参加劳动，学生不得从事接触有毒有害物质或者不安全工种的作业，不得参加夜班劳动。导致学生健康损害的情况，卫生计生行政部门对直接责任单位或者个人给予警告、责令限期改进。

（4）对提供学生使用的文具、娱乐器具、保健用品的单位或个人，不符合国家有关卫生标准的，卫生计生行政部门对直接责任单位或者个人给予警告。情节严重者，可以会同工商行政部门没收其不符合国家有关卫生标准的物品,并处以非法所得两倍以下的罚款。

(5)拒绝或妨碍学校卫生监督员根据《学校卫生工作条例》实施卫生监督的,卫生计生行政部门对直接责任单位或者个人给予警告。情节严重的,建议教育行政部门给予行政处分或者处以200元以下的罚款。

第四节 托幼机构卫生法律制度与监督

为提高托儿所、幼儿园(child care center)卫生保健工作水平,预防和减少疾病发生,保障儿童的身心健康,必须加强托儿所、幼儿园的卫生保健管理。

一、托幼机构的卫生法律制度

1. 与托幼机构卫生保健管理工作直接相关的卫生法律 《母婴保健法》、《传染病防治法》、《食品安全法》、《药品管理法》和《执业医师法》等。

2. 相关的法规和文件 托幼机构是学龄前儿童生活和受教育的场所,其卫生保健工作是国家公共卫生的重要组成部分。为了便于托幼机构卫生保健工作的实施和落实,国家相关政府部门制订并发布了相关的法规和文件,如《托儿所幼儿园卫生保健管理办法》、《托儿所、幼儿园卫生保健制度》、《消毒管理办法》、《公共场所卫生管理条例》、《食品卫生监督程序》、《母婴保健法实施办法》、《传染病防治法实施办法》、《食物中毒事故处理办法》、《卫生部贯彻<中国儿童发展纲要(2011—2020年)>和<中国妇女发展纲要2011-2020年>实施方案》、《妇女卫生工作条例》等。

二、监督机构与监督内容

《托儿所幼儿园卫生保健管理办法》规定,县级以上各级人民政府卫生计生行政部门应当将托幼机构的卫生保健工作作为公共卫生服务的重要内容,加强监督与指导。具体监督内容包括托儿所幼儿园卫生保健管理、预防性和经常性卫生监督、卫生室的监督及托幼机构卫生保健工作的监督。

(一)托儿所幼儿园卫生保健管理

县级以上各级人民政府教育行政部门协助卫生计生行政部门检查指导托幼机构的卫生保健工作。县级以上妇幼保健工作负责辖区内托幼机构卫生保健工作的业务指导。业务指导的内容包括:膳食营养、体格锻炼、健康检查、卫生消毒、疾病预防等。疾病预防控制机构应当定期为托幼机构提供疾病预防控制咨询服务和指导。

各级教育行政部门应当将卫生保健工作质量纳入托幼机构的分级定类管理。托幼机构的法定代表人或负责人应当是本机构卫生保健工作的第一责任人。托幼机构应该根据规模、接收儿童数量等设立相应的卫生室或保健室,具体负责卫生保健工作。

(二)预防性卫生监督

新设立的托幼机构,招生前应取得县级以上地方人民政府卫生计生行政部门指定的医疗卫生机构,出具符合《托儿所幼儿园卫生保健工作规范》的卫生评价报告。

(三)经常性卫生监督

卫生监督执法机构应当依法对托幼机构的饮用水卫生、传染病预防和控制等工作进行监督检查。托幼机构设置提供餐饮服务的食堂,应当根据《食品安全法》及《实施条例》以及有关规章的要求，认真贯彻落实各项食品安全要求。食品药品监督管理等部门中负责餐饮服务管理的部门应当依法加强对托幼机构食品安全的指导与监督检查。

托幼机构的建筑、设施、设备、环境及提供的食品、饮用水等应当符合国家有关卫生标准、规范的要求。

托幼机构要每年组织在岗工作人员进行1次健康检查；患有传染病的在岗人员应当立即离岗治疗，治愈后方可上岗工作。精神病患者、有精神病史者不得在托幼机构工作。

（四）托幼机构卫生室的监督

（1）卫生室要符合医疗机构的基本标准，应当取得卫生计生行政部门颁发的医疗机构执业许可证。保健室配置应当符合保健室设置基本要求，并且不能开展诊疗活动。

（2）托幼机构应当聘用符合国家规定的卫生保健人员，卫生保健人员包括医师、护士和保健员等。在卫生室工作的医师应具有卫生计生行政部门颁发的医师执业证书。护士要具有护士执业证书。在保健室工作的保健人员要具有高中以上学历，并且经过卫生保健专业知识培训，具有托幼机构卫生保健基础知识，掌握卫生消毒、传染病管理和营养膳食管理等技能。托幼机构的卫生保健人员应当按照收托150名儿童至少设置1名专职卫生保健人员的比例配备。收托150名以下儿童的托幼机构，应当配备专职或兼职卫生保健人员。托幼机构的卫生保健人员要定期接受当地妇幼保健机构组织的卫生保健专业知识培训，并且他们要对机构内的工作人员进行卫生知识宣传教育、疾病预防、卫生消毒、膳食营养、食品卫生、饮用水卫生等方面的具体指导。托幼机构的工作人员上岗前必须进行健康检查，由县级以上人民政府卫生计生行政部门制订的医疗机构进行检查，取得托幼机构工作人员健康合格证后方可上岗。

（五）托幼机构卫生保健工作情况监督

托幼机构应当严格按照《托儿所幼儿园卫生保健工作规范》开展卫生保健工作，托幼机构卫生保健工作包括以下内容。

（1）依据儿童的不同年龄特点，建立科学、合理的一日生活制度，培养学生良好的卫生习惯。

（2）科学制订食谱，保证膳食平衡，为儿童提供合理的营养膳食。

（3）根据儿童的生理特点制订相适应的体格锻炼计划，制订根据儿童特点相适应的游戏及体育活动，并保证儿童户外活动时间，增进儿童身心健康。

（4）建立健康检查制度，开展儿童定期健康检查工作，建立儿童健康档案。坚持晨检及全日健康检查，做好儿童常见病、多发病的预防工作，发现问题并及时处理。

（5）严格执行卫生消毒制度，做好室内外环境及个人卫生。加强饮食卫生管理，保证食品安全。

（6）协助落实国家免疫规划，在儿童入托时应检查其预防接种证，未按规定接种的儿童要告知其监护人，督促监护人带儿童到当地规定的单位补种。

（7）加强日常保育护理工作，对体弱儿童实行专案管理。配合妇幼保健机构定期开展儿童眼、耳、口腔保健，开展儿童心理卫生保健。

（8）建立卫生安全管理制度，落实各项卫生安全防护工作，防止伤害事故发生。

（9）制订健康教育计划，针对儿童和家长开展多种形式的健康教育活动。

（10）做好各项卫生保健工作的信息收集、汇总和报告工作。

（11）在疾病预防控制机构的指导下，托幼机构应当做好传染病的预防和控制管理工作，发现传染病患儿，托幼机构应当及时按照法律、法规和卫生计生委的规定进行报告，在疾病预防控制机构的指导下，对环境进行严格的消毒和处理。在传染病流行期间，托幼机构应当加强预防控制工作，一旦发现在园（所）的儿童患疑似传染病时应当及时通知其监护人离园（所）诊治。患传染病的患儿治愈后，需凭医疗卫生机构出具的健康证明方可入园（所）。

入托幼机构前，儿童应当由医疗卫生机构进行健康检查，合格后才能进入托幼机构。儿童离开托幼机构 3 个月以上者应当进行健康检查后，才能进入托幼机构。医疗机构要按照规定的体检项目开展健康检查，不得违反规定擅自改变。

三、法律责任

托幼机构具有下列情形之一的，卫生计生行政部门责令限期改正，通报批评；逾期不改正的，给予警告。情节严重者，由教育行政部门依法给予行政处罚：①未按要求设立保健室、卫生室或者配备卫生保健人员的；②聘用未进行健康检查或健康检查不合格的工作人员的；③未定期组织工作人员健康检查的；④招收未经健康检查或健康检查不合格的儿童入托幼机构的；⑤未严格按照《托儿所幼儿园卫生保健工作规范》开展卫生保健工作的。

托幼机构在未取得医疗机构执业许可证下，擅自设立卫生室，进行诊疗活动的，按照《医疗机构管理条例》的有关规定进行处罚。

托幼机构未按照规定履行卫生保健工作的职责，导致传染病流行、食物中毒等突发公共卫生事件的，卫生计生行政部门、教育行政部门依据相关法律法规给予处罚。

县级以上医疗卫生机构未按照本办法规定履行职责，造成托幼机构发生突发公共卫生事件的，卫生计生行政部门依据相关法律法规给予处罚。

> **案例 12-4**
> **一起未取得有效卫生许可证擅自供水处罚案**
> 2013 年 6 月 27 日，某市卫生局卫生监督员在××大学进行日常卫生监督检查发现：在综合教学楼一楼设有直饮水机房，该机房向综合教学楼内的教职员工和学生提供直饮水，抽查了此楼内×、××号教室均设有直饮水终端饮水装置。直饮水机房面积 24m²，在其内设有一套康之源牌 KZY-500 型反渗透水处理设备、洗手盆一个、换气扇一台、紫外线杀菌灯一盏。学校现场提供了这套直饮水水质处理设备、管道及饮水终端卫生许可批件。此机房是 2013 年 5 月设置安装供水的，但未办理管道直饮水卫生许可证，也无水质消毒记录和水质检测报告。
> **问题：**
> 　1. ××大学未取得有效卫生许可证而擅自向学生供水的行为属于严重违法行为，违反了《生活饮用水卫生监督管理办法》规定的哪一条？
> 　2. 对该大学应如何处罚？

本 章 小 结

本章重点掌握学校卫生监督的概念、学校预防性卫生监督内容、学校经常性卫生监督内容、学校常见突发公共卫生事件处理原则和托幼卫生机构监督内容；熟悉学校卫生监督的法律依据、学校卫生监督的意义、学校卫生监督部门及其职责、学校卫生监督处罚；了解学校卫生监督行政奖励与法律责任、托幼机构卫生保健工作内容及托幼机构卫生保健的法律责任等。

思 考 题

1. 什么是学校卫生监督？
2. 学校卫生监督的法律依据有哪些？

（范红敏）

第十三章 母婴保健法律制度与监督

学习目标

掌握：母婴保健的概念、母婴保健服务的内容及具体的法律规定、产前诊断的概念及其实施。
熟悉：母婴保健医学技术鉴定的概念及其程序、监督机构母婴保健的监督管理职责。
了解：儿童保健的概念、违反母婴保健法的法律责任。

案例 13-1

**某医院妇科 21 人未持有效母婴保健技术考核合格证书
开展终止妊娠手术案**

2013 年 5 月 21 日，××省卫生计生主管部门计生厅在对××医院进行综合执法检查时发现：许某某、陆某某、章某、王某等四人从事终止妊娠手术工作，不能提供母婴保健技术考核合格证书。经查，该院妇科 15 人的母婴保健技术考核合格证书均已过期，王某一人未办理母婴保健技术考核合格证书，许某某为生殖科医师，未在妇科从事终止妊娠手术。以上事实有现场笔录、询问笔录、经确认的 9 张照片和该院妇科终止妊娠数据统计表 1 页等为证。经核实，该院提供的妇科终止妊娠数据统计表显示：在 5 月 21 日检查并发出卫生监督意见书后，该院 5 月 24 日及 29 日仍在做终止妊娠手术，应属情节严重。经调查取证，该院上述人员开展终止妊娠手术收费所得 8100 元。该院行为，违反了中华人民共和国母婴保健法实施办法第三十五条第三款的规定，依据《中华人民共和国母婴保健法实施办法》第四十条的规定，对该院作出警告，没收违法所得 8100 元，罚款 40 500 元的行政处罚，同时责令立即停止违法行为。

问题：卫生厅对该医院的处罚是否正确？为什么？

第一节 概 述

一、概 念

母婴保健法是指在调整保障母亲和婴儿健康、提高出生人口素质活动中产生的各种社会关系的法律规范的总和。

控制人口数量，提高人口素质，是我国的一项基本国策。提高人口素质是涉及经济、科技、教育、文化、卫生、体育等诸多领域的庞大的社会系统工程。新中国成立六十多年来，国家在母婴保健方面做了大量的宣传教育、科研和服务工作，并倡导性地推行了一些保健措施，这些措施使得人口质量显著提高。但是，由于母婴保健工作缺乏较为完善的法律保障，加之我国经济发展不均衡，目前我国母婴健康状况仍不容乐观，特别是在边远、贫困地区。我国边远、贫困地区孕产妇死亡率及婴儿死亡率均比经济发达地区高出好几倍，并且劣生现象严重。这将会给许多家庭带来不幸，给国家和社会带来沉重的经济负担。因此，必须用法律手段保证母婴健康，提高出生人口素质。

二、母婴保健立法

新中国成立以来,党和政府高度重视妇女和儿童的健康权利。《中华人民共和国宪法》中明确规定了妇女、儿童受国家保护。根据《中华人民共和国宪法》的有关规定,《中华人民共和国婚姻法》、《中华人民共和国未成年人保护法》、《中华人民共和国妇女权益保障法》也都有保护妇女和儿童健康的相关规定。

为了保障母亲和婴儿健康,提高出生人口素质,我国制定了一系列有关优生保健的法律、法规。1994年10月27日,第八届全国人大常委会第十次会议通过了《中华人民共和国母婴保健法》(以下简称《母婴保健法》),自1995年6月1日起施行。与此法律相配套,卫生部发布了《中华人民共和国母婴保健法实施办法》(以下简称《母婴保健法实施办法》)、《母婴保健监督处罚程序》。2001年6月20日,国务院又颁布了新的《中华人民共和国母婴保健法实施办法》取代了旧办法。卫生部先后颁布了《母婴保健医学技术鉴定管理办法》、《产前诊断技术管理办法》、《新生儿疾病筛查管理办法》等规章和《婚前保健工作规范》、《关于禁止非医学需要的胎儿性别鉴定和选择性别的人工终止妊娠的规定》、《孕前期保健工作管理办法》、《孕前期保健工作规范》等规范性文件。

2011年国务院公布了《2011—2020年中国妇女儿童发展纲要》,2012年2月,卫生部在《贯彻2011—2020年中国妇女儿童发展纲要实施方案》中提出,实施母婴安全行动,着力保障母婴安全,降低孕产妇和婴儿死亡率;实施出生缺陷综合防治行动,加强出生缺陷综合防治,减少先天残疾的发生;实施妇女儿童疾病防治行动,加强乳腺癌、宫颈癌、白血病、先心病、贫血等重大疾病防治;实施妇幼卫生服务体系建设行动,加强妇幼卫生体系建设,满足广大妇女儿童日益增长的健康需求等四大妇女儿童健康行动。

三、母婴保健法的立法目的与适用范围

为了保障母亲和婴儿健康,提高出生人口素质,我国制定了《母婴保健法》。凡在中华人民共和国境内从事母婴服务活动的机构及其工作人员都应当遵守《母婴保健法》和《母婴保健法实施办法》的规定。从事计划生育技术服务的机构开展计划生育技术服务活动,还应遵守《计划生育技术服务管理条例》的规定。

四、母婴保健技术服务的内容

国家发展母婴保健事业,提供必要条件和物质帮助,使母亲和婴儿获得医疗保健服务,国家对边远贫困地区的母婴保健事业给予扶持。国家鼓励、支持母婴保健领域的教育和科学研究,推广先进、实用的母婴保健技术,普及母婴保健科学知识。

母婴保健工作以保健为中心,以保障生殖健康为目的,实行保健和临床相结合,面向群体、面向基层和预防为主的方针。

《母婴保健法》规定,公民享有母婴保健的知情选择权。国家保障公民获得适宜的母婴保健服务的权利。根据《母婴保健法实施办法》的规定,母婴保健技术服务主要包括下列事项:①有关母婴保健的科普宣传、教育和咨询;②婚前医学检查;③产前诊断和遗传病诊断;④助产技术;⑤实施医学上需要的节育手术;⑥新生儿疾病筛查;⑦有关生育、节育、不育的其他生殖保健服务。

第二节 母婴保健相关法律规定

《母婴保健法》规定，医疗保健机构应当为公民提供婚前保健服务和孕产期保健服务。

一、婚前保健

（一）婚前保健的概念

婚前保健是指医疗保健机构对准备结婚的男女双方提供与结婚和生育有关的生殖健康知识，并根据需要提出医学指导意见。

（二）婚前保健的内容

1. 关于性卫生知识、生育知识和遗传病知识教育 具体包括以下内容：①有关性卫生的保健和教育；②新婚避孕知识及计划生育指导；③受孕前的准备、环境和疾病对后代影响等孕前保健知识；④遗传病的基本知识；⑤影响婚育的有关疾病的基本知识；⑥其他生殖健康知识。

2. 婚前卫生咨询 对有关婚配、生育保健等问题提供医学意见。医师应当为服务对象提供科学的信息，对可能产生的后果进行指导，并提出适当的建议。

3. 婚前医学检查 对准备结婚的男女双方可能患影响结婚和生育的疾病进行医学检查。

（1）婚前医学检查的内容：婚前医学检查应当遵守婚前保健工作规范并按照婚前医学检查项目进行。婚前医学检查包括询问病史、体格及对下列疾病的检查：①严重遗传性疾病，指由于遗传因素先天形成，患者全部或部分丧失自主生活能力，而且后代再现风险高，医学上认为不宜生育的疾病；②指定传染病，是指《中华人民共和国传染病防治法》中规定的艾滋病、淋病、梅毒、麻风病以及医学上认为影响结婚和生育的其他传染病在传染期内的；③有关精神病，是指精神分裂症、躁狂抑郁型精神病以及其他重型精神病；④医学上认为不宜结婚的其他疾病。

（2）婚前医学检查的结果：经婚前医学检查，医疗保健机构应当出具婚前医学检查证明。经婚前医学检查，对患指定传染病在传染期内或者有关精神病在发病期内的，医师应当提出医学意见；准备结婚的男女双方应当暂缓结婚，医疗保健机构应当为其治疗提供医疗服务。对诊断患医学上认为不宜生育的严重遗传性疾病的，医师应当向男女双方说明情况，提出医学意见；经男女双方同意，采取长效避孕措施或者施行结扎手术后不生育的，可以结婚。但《中华人民共和国婚姻法》规定禁止结婚的除外。

接受婚前医学检查的人员对检查结果持有异议的，可以申请医学技术鉴定，取得医学鉴定证明。虽然2003年颁布并实施的《婚姻登记管理条例》中对婚前检查并未作出明文规定，但为了自己的利益和民族发展，公民还应当自觉地在婚前接受婚检。

二、孕产期保健

孕产期保健是指从怀孕开始到产后42天内为孕产妇及胎、婴儿提供的医疗保健服务。孕产期保健服务包括下列内容。

（一）母婴保健指导

对孕育健康后代以及严重遗传性疾病和碘缺乏病等地方病的发病原因、治疗和预防方法提供医学意见。

对患严重疾病或者接触致畸物质，妊娠可能危及孕妇生命安全或者可能严重影响孕妇健康和胎儿正常发育的，医疗保健机构应当予以医学指导。医师发现或者怀疑患严重遗传性疾病的育龄夫妻，应当提出医学意见。育龄夫妻应当根据医师的医学意见采取相应的医学措施。

（二）孕妇、产妇保健

即指为孕妇、产妇提供卫生、营养、心理等方面的咨询和指导以及产前定期检查等医疗保健服务。

1. 产前检查 经产前检查，医师发现或者怀疑胎儿异常的，应当对孕妇进行产前诊断。经产前诊断，有下列情形之一的，医师应当向夫妻双方说明情况，并提出终止妊娠的医学意见：①胎儿患严重遗传性疾病的；②胎儿有严重缺陷的；③因患严重疾病，继续妊娠可能危及孕妇生命安全或者严重危害孕妇健康的。

2. 施行终止妊娠或者结扎手术的要求 施行终止妊娠或者结扎手术，应当经本人同意，并签署意见。本人无行为能力的，应当经其监护人同意，并签署意见。根据民法通则的规定，监护人包括：配偶、父母、成年子女、其他近亲属；关系密切的其他亲属、朋友愿意承担监护责任，经精神病人的所在单位或住所地的居民委员会、村民委员会同意的也可以担任监护人，没有上述可以担任监护人的，由精神病人的所在单位或者住所地的居民委员会、村民委员会或者民政部门担任监护人。依法施行终止妊娠或者结扎手术的，接受免费服务。

同时，国家提倡住院分娩。医疗、保健机构应当按照国务院卫生计生主管部门制订的技术操作规范，实施消毒接生和新生儿复苏，预防产伤及产后出血等产科并发症，降低孕产妇及围产儿发病率、死亡率。没有条件住院分娩的，应当由经县级人民政府卫生计生主管部门许可并取得家庭接生员技术证书的人员接生。

（三）胎儿保健

胎儿期是指从受孕到分娩共 280 天，约 40 周。胎儿在母体中孕育，如果孕妇受到药物、营养缺乏等不利因素的影响，往往胎儿的生长发育也会受到影响。因此，胎儿保健主要是对胎儿的生长发育进行监护，并提供有关的咨询和医学指导。

严禁采用技术手段对胎儿进行性别鉴定。对怀疑胎儿可能为伴性遗传病，需要进行性别鉴定的，由省级人民政府卫生计生主管部门指定的医疗、保健机构按照有关规定进行鉴定。

（四）新生儿保健

为新生儿生长发育、哺乳和护理提供的医疗保健服务。医疗保健机构和从事家庭接生的人员按照规定，出具统一制发的新生儿出生医学证明。

医疗、保健机构应当按照国家有关规定开展新生儿先天性、遗传性代谢病筛查、诊断、治疗和监测。进行新生儿访视，建立儿童保健手册（卡），定期对其进行健康检查和预防接种，提供有关预防疾病、合理膳食、促进智力发育等科学知识，做好婴儿多发病、常见病防治等医疗保健服务。

国家推行母乳喂养。医疗、保健机构应当为实施母乳喂养提供技术指导，为住院分娩的产妇提供必要的母乳喂养条件。医疗、保健机构不得向孕产妇和婴儿家庭宣传、推荐母乳代用品。同时，妇女享有国家规定的产假。有不满 1 周岁婴儿的妇女，所在单位应当在劳动时间内为其安排一定的哺乳时间。

总之，通过孕产期系列保健服务，不仅保护产妇的健康，也保护了孩子的健康，对促进整个民族健康水平的提高有积极作用。

（五）胎儿性别鉴定的法律规定

1. 严禁非医学需要的性别鉴定 《母婴保健法》规定，严禁采用技术手段对胎儿进行性别鉴定，但医学上有需要的除外。对怀疑胎儿可能为伴性遗传病，需要进行性别鉴定的，由省级卫生计生主管部门指定的医疗保健机构按照国务院卫生计生主管部门的规定进行鉴定。《产前诊断技术管理办法》规定，开展产前诊断技术的医疗保健机构不得擅自进行胎儿的性别鉴定。2002年卫生部、国家计生委、国家食品药品监督管理局联合发布的《关于禁止非医学需要的胎儿性别鉴定和选择性别的人工终止妊娠的规定》指出，未经卫生行政部门或计划生育行政部门批准，任何机构和个人不得开展胎儿性别鉴定和人工终止妊娠手术；法律法规另有规定的除外。

2. 实施医学需要胎儿性别鉴定的程序 实施医学需要的胎儿性别鉴定，应当由实施机构3人以上的专家组集体审核。经诊断，确需终止妊娠的，由实施机构为其出具医学诊断结果，并通报县级人民政府计划生育行政部门。

3. 对胎儿性别鉴定及实施终止妊娠手术的监管 ①县级以上人民政府计划生育、卫生和食品药品监督管理等行政部门，按照各自职责，对本行政区域内的胎儿性别鉴定和施行终止妊娠手术工作实施监督管理。②符合省、自治区、直辖市人口与计划生育条例规定生育条件，已领取生育服务证，拟实行中期以上（妊娠14周以上）非医学需要的终止妊娠手术的，需经县级人民政府计划生育行政部门或所在乡（镇）人民政府、街道办事处计划生育工作机构批准，并取得相应的证明。③市（地）级人民政府卫生计生主管部门负责初步审查实施医学需要的胎儿性别鉴定的医疗保健机构，报省（自治区、直辖市）人民政府卫生计生主管部门批准，并通报同级人民政府计划生育行政部门。④县级以上人民政府卫生计生主管部门应当会同计划生育行政部门制订对妊娠妇女使用超生诊断仪和染色体检测进行胎儿性别鉴定的管理制度，明确规定对妊娠妇女使用超声诊断仪和染色体检测专用设备的技术人员的资格条件及操作要求。医疗保健和计划生育技术服务机构应制订相关管理制度，切实加强对有关人员的法制教育和职业道德教育。⑤承担施行终止妊娠手术的医务人员，应在手术前查验、登记手术者身份证，以及规定的医学诊断结果或相应的证明。

三、母婴保健医学技术鉴定

1. 技术鉴定组织 依据《母婴保健法》的规定，县级以上地方人民政府可以设立医学技术鉴定组织，即母婴保健医学技术鉴定委员会，负责对婚前医学检查、遗传病诊断和产前诊断结果有异议的进行医学技术鉴定。母婴保健医学技术鉴定委员会分为省、市、县三级。其中，省级母婴保健医学技术鉴定委员会的鉴定为最终鉴定结论。

母婴保健医学技术鉴定委员会必须由医德高尚、具有丰富临床经验和医学遗传学知识，具备主治医师以上专业技术职务的人员组成。鉴定委员会的组成人员，由卫生计生主管部门提名，同级人民政府聘任。鉴定委员会进行医学鉴定时须有5名以上相关专业医学技术鉴定委员会成员参加。医学技术鉴定实行回避制度，凡与当事人有利害关系，可能影响公正鉴定的人员，应当回避。

2. 技术鉴定的程序 当事人（包括公民和医疗、保健机构）对婚前医学检查、遗传病诊断、产前诊断结果有异议，需要进一步确诊的，可以自接到检查或者诊断结果之日起15日内向所在地县级或者设区的市级母婴保健医学技术鉴定委员会提出书面鉴定申请。

母婴保健医学技术鉴定委员会应当自接到鉴定申请之日起30日内作出医学技术鉴定意见，并及时通知当事人。

当事人对鉴定意见有异议的，可以自接到鉴定意见通知书之日起15日内向上一级母婴保健医学技术鉴定委员会申请再鉴定。

第三节　女职工劳动保护特别规定

为了保护女职工的身心健康及其子女的健康发育和成长，《中华人民共和国妇女权益保障法》、

《女职工劳动保护特别规定》、《女职工保健工作规定》对女职工的保健措施作了明确规定。

一、经期保健

宣传普及月经期卫生知识，建立女职工月经卡。女职工在100人以上的单位，应逐步建立女职工卫生室，健全相应的制度并设专人管理，对卫生室管理人员应进行专业培训。女职工每班在100人以下的单位，应设置简易的温水箱及冲洗器。对流动、分散工作单位的女职工应放发单人自用冲洗器。

女职工在月经期间，单位不得安排从事高空、低温、冷水和国家规定的第三级体力劳动强度的劳动。患有重度痛经及月经过多的女职工，经医疗或妇幼保健机构确诊后，月经期间可适当给予1~2天的休假。

二、孕期保健

孕前及已婚待孕女职工禁忌从事铅、汞、苯、铬等作业场所属于《有毒作业分级》标准中第Ⅲ~Ⅳ级的作业。对有过两次以上自然流产史，现又无子女的女职工，应暂时调离有可能直接或间接导致流产的作业岗位。

女职工在怀孕期间，所在单位不得安排其从事国家规定的第三级体力劳动强度的劳动和孕期禁忌从事的劳动，不得在正常劳动日以外延长劳动时间，对不能胜任原劳动的，应当根据医务部门的证明，予以减轻劳动量或者安排其他劳动。怀孕7个月以上（含7个月）的女职工，一般不得安排其从事夜班劳动，在劳动时间内应安排一定的休息时间。怀孕的女职工，在劳动时间内进行产前检查，应当算作劳动时间。

三、产期保健

根据《女职工劳动保护特别规定》，女职工产假为98天，其中产前休假15天。难产的，增加产假15天。生育多胞胎的，每多生1个婴儿，增加产假15天。目前各省（自治区、直辖市）都有本地方关于产假的规定，大都在国家规定的基础上给予了适当延长。

四、产后哺乳期保健

女职工产假期满恢复工作时，要先安排一定时间的过渡性工作，使女职工逐渐适应边工作边哺育婴儿。

有不满1周岁婴儿的女职工，其所在单位应当在每班劳动时间内给予其两次哺乳（含人工喂养）时间，每次30分钟。哺乳时间和在本单位内哺乳往返途中的时间，算作劳动时间。不得安排从事国家规定的第三级体力劳动强度的劳动和哺乳期禁忌从事的劳动，不得延长劳动时间，一般不得安排夜班劳动。

第四节　儿童卫生保健

儿童保健是指0~6岁儿童为对象的保健服务。儿童保健管理包括散居儿童保健管理和学龄前集体儿童卫生保健管理。

2009年卫生部印发的《全国儿童保健工作规范（试行）》规定，要根据不同年龄儿童生理和心理发育特点，提供基本保健服务，包括出生缺陷筛查与管理（包括新生儿疾病筛查）、生长发育监测、喂养与营养指导、早期综合发展、心理行为发育评估与指导、免疫规划、常见疾病防治、健康安全保护、健康教育与健康促进等。

一、儿童保健有关机构及其职责

1. 卫生计生行政部门　各级卫生计生主管部门是儿童保健工作的主管部门，职责是：①负责制订儿童保健工作方针政策、发展规划、技术规范与标准，并组织实施；②根据当地区域卫生规划，建立健全儿童保健服务机构和服务网络，提供专业人员、经费、房屋和设备等必要的服务条件；③建立完善的质量控制和绩效评估制度，对辖区内儿童保健工作者进行监督管理。

2. 妇幼保健机构　妇幼保健机构是辖区内专业公共卫生机构和妇幼保健的技术指导中心，职责是：①在卫生计生主管部门领导下，制订并实施辖区儿童保健工作计划；②制订健康教育工作计划，开展有针对性的健康教育和健康促进活动。定期对健康教育效果进行评估，不断探索适宜不同人群的健康教育方式，提高健康教育质量；③承担对下级妇幼保健机构的技术指导、业务培训和工作评估，协助开展儿童保健服务；④负责对社区卫生服务机构、乡（镇）卫生院和其他医疗机构的儿童保健工作进行技术指导和业务培训，推广儿童保健适宜技术；⑤按照《托儿所幼儿园卫生保健管理办法》的要求，对辖区托幼机构卫生保健工作进行业务管理、技术指导、人员培训和考核评估；⑥做好儿童保健信息的收集、汇总、上报、分析、反馈和交流等管理工作，做好信息统计工作的质量控制，确保资料的准确性；⑦建立健全婴儿及5岁以下儿童死亡和出生缺陷监测系统，建立残疾儿童筛查和报告制度，开展儿童死亡评审工作；⑧对危害儿童健康的主要问题开展调查与科学研究，为卫生计生主管部门提供决策依据；⑨根据当地儿童保健工作规划，有计划、有重点地开展儿童保健服务；⑩完成卫生计生主管部门交办的其他任务。

3. 乡（镇）卫生院、社区卫生服务中心　儿童保健职责是：①开展与机构职责、功能相适应的儿童保健健康教育和技术服务；②掌握辖区内儿童健康基本情况，完成辖区内各项儿童保健服务与健康状况数据的收集、上报和反馈；对村卫生室、社区卫生服务站的儿童保健服务、信息收集、相关监测等工作进行指导和质量控制；③接受妇幼保健机构的技术指导、培训和工作评估。

4. 村卫生室和社区卫生服务站　儿童保健职责是在乡（镇）卫生院或社区卫生服务中心指导下，开展或协助开展儿童保健健康教育和服务，收集和上报儿童保健服务与健康状况数据。

5. 其他医疗卫生机构　儿童保健职责是：①医疗卫生机构开展儿童保健服务，应遵循《全国儿童保健工作规范（试行）》；②开展儿童保健服务的医疗卫生机构应接受妇幼保健机构的技术指导、服务管理与工作评估；③参与辖区儿童保健工作技术指导、业务培训、考核评估。

二、儿童保健的内容

1. 胎儿保健　动态监测胎儿发育状况，为孕妇提供合理膳食、良好生活环境和心理状态的指导，避免或减少孕期有害因素对胎儿的影响，开展产前筛查和诊断。

2. 新生儿保健　主要是：①新生儿出院前，由助产单位医务人员进行预防接种和健康评估，根据结果提出相应的指导意见；②开展新生儿访视，访视次数不少于2次，首次访视应在出院7天之内进行，对高危新生儿酌情增加访视次数。访视内容包括全面健康检查、母乳喂养和科学育儿指导，发现异常，应指导及时就诊；③按照《新生儿疾病筛查管理办法》和技术规范，开展新生儿疾病筛查工作。

3. 婴幼儿及学龄前期儿童保健　主要是：①建立儿童保健册（表、卡），提供定期健康体检或生长监测服务,做到正确评估和指导;②为儿童提供健康检查,1岁以内婴儿每年4次、1~2岁儿童每年2次、3岁以上儿童每年一次。开展体格发育及健康状况评价,提供婴幼儿喂养咨询和口腔卫生行为指导。按照国家免疫规划进行预防接种;③对早产儿、低出生体重儿、中度营养不良、单纯性肥胖、中重度贫血、活动期佝偻病、先心病等高危儿童进行专案管理;④根据不同年龄儿童的心理发育特点,提供心理行为发育咨询指导;⑤开展高危儿童筛查、监测、干预及转诊工作,对残障儿童进行康复训练与指导;⑥开展儿童五官保健服务,重点对龋齿、听力障碍、弱视、屈光不正等疾病进行筛查和防治;⑦采取综合措施预防儿童意外伤害的发生。

第五节　母婴保健技术服务的监督

一、各个单位及人员的职责

(一)卫生计生主管部门工作的职责

1. 国务院卫生计生主管部门主管全国母婴保健工作,履行下列职责　①制订母婴保健法及本办法的配套规章和技术规范;②按照分级分类指导的原则,制订全国母婴保健工作发展规划和实施步骤;③组织推广母婴保健及其他生殖健康的适宜技术;④对母婴保健工作实施监督。

2. 县级以上地方人民政府卫生计生主管部门负责本行政区域内的母婴保健监督管理工作,履行下列监督管理职责　①依照母婴保健法和本办法以及国务院卫生计生主管部门规定的条件和技术标准,对从事母婴保健工作的机构和人员实施许可,并核发相应的《许可证书》;②对母婴保健法和本办法的执行情况进行监督检查;③对违反母婴保健法和本办法的行为,依法给予行政处罚;④负责母婴保健工作监督管理的其他事项。

(二)母婴保健机构的职责

(1)从事遗传病诊断、产前诊断的医疗、保健机构和人员,须经省(自治区、直辖市)人民政府卫生计生主管部门许可。

(2)从事婚前医学检查的医疗、保健机构和人员,须经设区的市级人民政府卫生行政部门许可。

(3)从事助产技术服务、结扎手术和终止妊娠手术的医疗、保健机构和人员以及从事家庭接生的人员,须经县级人民政府卫生计生主管部门许可,并取得相应的合格证书。

(三)母婴保健工作人员的职责

医疗、保健机构应当根据其从事的业务,配备相应的人员和医疗设备,对从事母婴保健工作的人员加强岗位业务培训和职业道德教育,并定期对其进行检查、考核。

医师和助产人员(包括家庭接生人员)应当严格遵守有关技术操作规范,认真填写各项记录,提高助产技术和服务质量。助产人员的管理,按照国务院卫生计生主管部门的规定执行。从事母婴保健工作的执业医师应当依照《母婴保健法》的规定取得相应的资格。

医疗、保健机构应当按照国务院卫生计生主管部门的规定,对托幼园、所卫生保健工作进行业务指导。

(四)母婴保健监督员的职责

母婴保健监督员在法定范围内,根据卫生计生主管部门或相应的监督管理机构交付的任务,行使下列监督职权：①监督检查《母婴保健法》和《母婴保健法实施办法》的执行情况；②对违反《母婴保健法》和《母婴保健法实施办法》的单位和个人提出处罚意见；③提出改进母婴保健工作的建议；④完成卫生计生主管部门交给的其他监督检查任务。⑤参与有关案件的处理。

母婴保健监督员必须熟练掌握和运用与本职工作有关的各项国家法律、法规、规章、国家标准，技术规范和工作程序等。母婴保健监督员必须做到：①遵纪守法，廉洁奉公，作风正派，实事求是；②忠于职守，有法必依，执法必严，违法必究；③风纪严谨，证件齐全，文明执法，恪守职业道德；④遵守监督执法程序、标准、规范和制度；⑤取证及时、完善，方法科学，手段合法；⑥执法文书书写规范，手续完备；⑦履行相关法律、法规规定的保密义务；⑧遇有与被监督者有直接利害关系或其他有碍公正执法情况时，应当回避。

二、法律责任

（一）行政责任

《母婴保健法》规定，未取得国家颁发的有关合格证书，有下列行为之一的，县级以上地方人民政府卫生计生主管部门应当予以制止，并可根据情节给予警告或者处以罚款：①从事婚前医学检查、遗传病诊断或者医学技术鉴定的；②施行终止妊娠手术的；③出具法律规定的有关医学证明的。同时，违法出具的医学证明视为无效。

《母婴保健法实施办法》规定，母婴保健机构或者人员未取得母婴保健技术许可，擅自从事婚前医学检查、遗传病诊断、产前诊断、终止妊娠手术和医学技术鉴定或者出具有关医学证明的，由卫生计生主管部门给予警告，责令停止违法行为，没收违法所得；违法所得5000元以上的，并处违法所得3倍以上5倍以下的罚款；没有违法所得或者违法所得不足5000元的，并处5000元以上2万元以下的罚款。

从事母婴保健技术服务的人员出具虚假医学证明文件的，依法给予行政处分；有下列情形之一的，由原发证部门撤销相应的母婴保健技术执业资格或者医师执业证书：①因延误诊治，造成严重后果的；②给当事人身心健康造成严重后果的；③造成其他严重后果的。

违反《母婴保健法》及其实施办法进行胎儿性别鉴定的，由卫生计生主管部门给予警告，责令停止违法行为；对母婴保健机构直接负责的主管人员和其他直接责任人员，依法给予行政处分。进行胎儿性别鉴定2次以上的或者以营利为目的进行胎儿性别鉴定的，并由原发证机关撤销相应的母婴保健技术执业资格或者医师执业证书。

（二）民事责任

母婴保健机构及其工作人员在母婴保健工作中，违反医疗卫生管理法律、行政法规、部门规章和诊疗护理规范、常规，过失造成患者人身损害的，应根据有关法律规定，承担相应的民事责任。

（三）刑事责任

根据《母婴保健法》规定，取得相应合格证书的从事母婴保健的工作人员由于严重不负责任，造成就诊人员死亡或者严重损害就诊人身体健康的，构成犯罪的，追究刑事责任。

《中华人民共和国刑法》第三百三十六条规定，未取得医生执业资格擅自为他人进行节育复通手术、假节育手术、终止妊娠手术或者摘取宫内节育器，情节严重的，处3年以下有期徒刑、拘役或者管制，并处或者单处罚金；严重损害就诊人身体健康的，处3年以上10年以下有期徒刑，并处罚金；造成就诊人死亡的，处10年以上有期徒刑，并处罚金。

本 章 小 结

本章重点讲述了母婴保健法的概念、母婴保健法律制度的主要内容、母婴保健技术服务的内容、婚前保健的内容、孕产期保健相关法律规定、胎儿性别鉴定的法律规定及违法非医学需要的性别鉴定的法律责任、母婴保健医学技术鉴定的内容及程序、女职工劳动保护特别规定、儿童保健的内容、儿童保健的有关机构及其职责、行政部门及母婴保健机构在母婴保健技术服务中的职责、有关单位和个人违反母婴保健法的法律责任。

思 考 题

违反《母婴保健法》的法律责任有哪些?

（画宝勇）

第十四章 人口与计划生育法律制度与监督

学习目标

掌握：流动人口计划生育工作管理法律制度与监督；计划生育技术服务管理法律制度与监督及相关法律责任。

熟悉：生育调节、生育权、生殖健康的概念及其相关规定。

了解：中国人口发展现状及特点；人口和计划生育立法进程。

第一节 概 述

一、概 念

1. 人口与计划生育法 是指调整人口发展规划制定和实施、公民生育权的行使、计划生育服务和管理活动中产生的各种社会关系的法律规范的总称。

2. 人口 是构成社会生活主体并具有一定数量和质量的人所组成的社会群体，是一切社会生活的基础。人口的数量、结构及变动与经济、社会发展密不可分。人口问题是关系我国全面协调可持续发展的重大问题，是影响经济社会发展的重要因素。

3. 计划生育 是指依据人口与社会经济发展的客观要求，在全社会范围内实行人类自身生产的计划化。我国把实行计划生育作为基本国策，采取综合措施，控制人口数量，提高人口素质；依靠宣传教育、科学技术进步和综合服务，建立健全奖励和社会保障制度，开展人口与计划生育工作；其目的在于实现人口与经济、社会、资源、环境的协调发展，促进社会进步。

二、中国人口发展现状与特点

新中国成立60多年来，中国人口发展经历了两个不同的时期：一是实行计划生育政策之前，人口发展处于无计划、自发的高增长时期；二是实行计划生育政策之后，人口发展逐步走向有计划、可控制的平稳增长时期。这两个不同发展时期的区别，不仅表现在出生率、死亡率的变化上，而且还表现在人口发展模式的转变及人口年龄结构的变化上。数据显示，我国老年人口规模呈现总量扩张、增量提速的发展态势，人口抚养负担正逐步增加。目前，中国虽已步入老年型社会，但尚处于人口老龄化的早期，未来中国人口类型将从轻度老龄化转变成深度老龄化，进而转化成重度老龄化，银发浪潮将成为21世纪我国主要的人口问题之一。如何在应对人口老龄化和促进经济社会发展之间架起一座桥梁，达成双赢的局面，是我们亟待研究思考的问题。

三、人口与计划生育的立法进程

1978年，我国《宪法》第一次写入计划生育的内容，规定："国家提倡和推行计划生育。"1982年，宪法进一步增加了有关计划生育的条款与内容。《宪法》第二十五条规定："国家推行计划生育,使人口的增长同经济和社会发展计划相适应。"第四十九条规定:"夫妻双方有实行计划生育的义务",这些规定确定了计划生育的法律地位。社会主义市场经济体制的逐步建立和社会主义民主法制建设进程的加快,对依法治理人口与计划生育工作提出了更高的要求。人口与计划生育工作长期以来依靠政策和地方立法开展工作的状况已不能适应新形势发展的需要。2001年12月29日由第九届全国人民代表大会常务委员会第二十五次会议通过、2002年9月1日施行的《中华人民共和国人口与计划生育法》是我国立法历史上的重要法律。它首次将我国推行二十多年之久的基本国策终于以基本法律的形式予以确认,从而结束了有国策而无国法(这里指国家基本法律)的历史。国家制定《人口与计划生育法》既是贯彻落实党的十五大提出依法治国基本方略和落实计划生育基本国策的要求,也符合广大人民群众的迫切愿望,对稳定低生育水平,保障计划生育事业稳定、健康、持续发展具有重大的现实意义和深远的历史意义。

2015年,全国人民代表大会常务委员会表决通过了人口与计划生育法修正案,全面二孩政策于2016年1月1日起正式实施,这是人口与计划生育法的又一次建设性改革。

四、职 责

《人口与计划生育法》规定,国务院领导全国的人口与计划生育工作。地方各级人民政府领导本行政区域内的人口与计划生育工作。

国务院计划生育行政部门负责全国计划生育工作和与计划生育有关的人口工作。县级以上地方各级人民政府计划生育行政部门负责本行政区域内的计划生育工作和与计划生育有关的人口工作。县级以上各级人民政府其他有关部门在各自的职责范围内,负责有关的人口与计划生育工作。工会、共产主义青年团、妇女联合会及计划生育协会等社会团体、企业事业组织和公民应当协助人民政府开展人口与计划生育工作。

五、人口发展规划的制订与实施

(一)人口发展规划的编制

《人口与计划生育法》规定,国务院编制人口发展规划,并将其纳入国民经济和社会发展计划。县级以上地方各级人民政府根据全国人口发展规划及上一级人民政府人口发展规划,结合当地实际情况编制本行政区域的人口发展规划,并将其纳入国民经济和社会发展计划。

(二)人口发展规划的实施

县级以上各级人民政府根据人口发展规划,制定人口与计划生育实施方案并组织实施。县级以上各级人民政府计划生育行政部门负责实施人口与计划生育实施方案的日常工作。乡、民族乡、镇的人民政府和城市街道办事处负责本管辖区域内的人口与计划生育工作,贯彻落实人口与计划生育实施方案。

(三)财政投入

国家根据国民经济和社会发展状况逐步提高人口与计划生育经费投入的总体水平。各级人民政府应当保障人口与计划生育工作必要的经费。各级人民政府应当对贫困地区、少数民族地区开展人口与计划生育工作给予重点扶持。国家鼓励社会团体、企业事业组织和个人为人口与计划生育工作提供捐助。任何单位和个人不得截留、克扣、挪用人口与计划生育工作费用。

(四)综合措施

综合措施包括:①人口与计划生育实施方案应当规定控制人口数量,加强母婴保健,提高人口素质的措施。②村民委员会、居民委员会应当依法做好计划生育工作；机关、部队、社会团体、企业事业组织应当做好本单位的计划生育工作。③计划生育、教育、科技、文化、卫生、民政、新闻出版、广播电视等部门应当组织开展人口与计划生育宣传教育。大众传媒负有开展人口与计划生育的社会公益性宣传的义务。④学校应当在学生中，以符合受教育者特征的适当方式，有计划地开展生理卫生教育、青春期教育或者性健康教育。⑤流动人口的计划生育工作由其户籍所在地和现居住地的人民政府共同负责管理，以现居住地为主。⑥国家鼓励开展人口与计划生育领域的科学研究和对外交流与合作。

第二节　生育调节法律制度与监督

一、概　　念

1. 生育调节　是指人们利用经济、行政、法律、医学等手段对生育行为的干预和调节。

2. 生育权　是指公民享有生育子女及获得与此相关的信息和服务的权利。《人口与计划生育法》规定，公民有生育的权利，也有依法实行计划生育的义务，夫妻双方在实行计划生育中负有共同的责任。

3. 生殖健康　是指生殖系统及其功能和过程所涉及的一切事宜上身体、精神和社会等方面的完好状态，而不仅仅是指没有疾病或者不虚弱。

二、生　育　权

生育权应当包括以下几部分内容：

（1）公民有生育的权利，也有不生育的权利。公民有权利选择生育与不生育，不生育也不应当受到歧视。《人口与计划生育法》第二十二条规定，"禁止歧视、虐待生育女婴和不育的妇女"；我国《妇女权益保障法》第四十七条规定，"妇女有按照国家有关规定生育子女的权利，也有不生育的自由"。

（2）在生育权问题上夫妻之间享有平等的权利。从理论上说，生育是男女双方的共同行为，不可能依靠单方实现，因此，一方不能强迫另一方实现这个权利，这个权利应当是以双方协商为基础的，两个人共同的意愿才能实现。国际公约和国内法律都更强调妇女的生育权。例如，联合国国际公约和文件中提出，"确认和重申妇女的生育自由权是赋予她们权利的根本"，"各国政府应当促进和鼓励妇女和男子平等参与家庭责任的所有方面，包括计划生育、育儿和家务"。我国《妇女权益保障法》也对保护妇女的生育权做出了专门规定，之所以这样规定并不是排斥男性的生育权，而是由于传统的旧思想、旧观念及习惯势力的影响，使妇女的生育权得不到保障，常常被忽视、被剥夺，因而国内法和国际法都进一步强调保障妇女的生育权利。我国实行计划生育，以避孕为主，育龄夫妻可自主选择计划生育避孕节育措施，预防和减少非意愿妊娠。

（3）自由而负责任地决定生育子女的时间、数量和间隔的权利。我国法定结婚年龄为男性不得早于22周岁，女性不得早于20周岁。《人口与计划生育法》规定，自2016年1月1日起，国家提倡一对夫妻生育两个子女。符合法律、法规规定条件的，可以要求安排再生育子女。具体办法由省（自治区、直辖市）人民代表大会或者其常务委员会规定。少数民族也要实行计划生育，具体办法由省（自治区、直辖市）人民代表大会或者其常务委员会规定。夫妻双方户籍所在地的省（自治区、直辖市）之间关于再生育子女的规定不一致的，按照有利于当事人的原则适用。符合法律、法规规定生育子女的夫妻，可以获得延长生育假的奖励或者其他福利待遇。不符合规定生育子女的公民，则应当依法缴纳社会抚养费。

公民的生育权是一项基本的人权，如何正确看待和理解生育权，是我们进行计划生育立法不容回避的问题。公民的生育权是与生俱来的，是先于国家和法律发生的权利，作为人的基本权利，生育权与其他由宪法、法律赋予的选举权、结社权等政治权利不同，是任何时候都不能剥夺的。因此，多年来，有一种观点主张，生育是完全自由的，生不生、生多少、跟谁生，都是当事人自己的事，不需要法律的规定；但随着社会的发展，国际社会对生育权问题提出的新的观点，就是自由且负责任的行使生育权，强调夫妻和个人对子女、家庭和社会的"责任"，强调夫妻在行使生育权时，要考虑到将来子女的需要和对社会的责任。从这个意义上讲，公民有生育的权利，但同时应当承担对家庭、子女和社会的责任。

三、生殖健康

1994年世界人口与发展大会通过的《行动纲领》，提出了"生殖健康"的概念。生殖健康的内涵包括：①人们能够有满意而且安全的性生活，而不担心传染病和意外妊娠；②有生育能力，可以自由决定是否和何时生育及生育多少；③妇女能够安全地通过妊娠和分娩，妊娠结局是成功的，且婴儿成活并健康成长；④夫妇能获得并选择安全、有效、负担得起和可以接受的计划生育方法，如有避孕措施的知情权和安全保障权利以及患不孕症公民有获得咨询和治疗的权利。

《人口与计划生育法》规定，国家创造条件，保障公民知情选择安全、有效、适宜的避孕节育措施。实施避孕节育手术，应当保证受术者的安全。防止非意愿妊娠。计划生育技术服务人员应当指导实行计划生育的公民选择安全、有效、适宜的避孕措施。《妇女权益保障法》也规定，育龄夫妻双方按照国家有关规定计划生育，有关部门应当提供安全、有效的避孕药具和技术，保障实施节育手术的妇女的健康和安全。这些规定都是从生殖健康的角度为保障公民生育权做出的规定。

案例 14-1

一起医疗美容门诊部非法代孕被吊销案

2013年3月，中央电视台记者暗访卓越医疗美容门诊部，拍摄了记者与工作人员商谈代孕的过程。3月25日，北京市卫生和计划生育委员会联合食品药品监督管理局、公安对卓越医疗美容门诊部进行了现场检查。发现标有"捐卵"、"IVF"（IVF即人类辅助生殖技术）、"促排卵治疗方案"、"卵泡监测"等字样的各种记录，一台存有妇科超声检查记录的B超机，大量促排卵药物及取卵针。门诊部执业人员有护士、实习护士各1人，铂生卓越医疗科技（北京）有限责任公司财务人员1人。未见到门诊部法人、负责人、医师、检验人员等。现场未发现执业活动，未发现与医疗美容相关的记录。

经批准，3月31日立案，案由为"北京卓越医疗美容门诊部超出登记的诊疗科目范围开展人类辅助生殖技术"。办案人员对先行登记保存的书证、电脑主机内记录、B超仪内记录进行了全面梳理，对门诊部法人委托人朱某进行了调查。发现涉案主体多且关系错综复杂，有北京卓越医疗美容门诊部、铂生卓越医疗科技公司、"香港福臣"等。涉嫌违法事实有超出登记的诊疗科目执业、出借《医疗机构执业许可证》、非法行医，并涉嫌刑事犯罪。经与法制、司法、公安部门深入沟通、专题研究，结论是在现有法律制度下，现有证据，无法认定涉案主体的刑事犯罪责任。因公安机关未能介入，案件承办人员受职权所限，无法对关键涉案人员进行调查取证，也未能调阅银行资金往来，造成本案违法事实的认定和违法收入的认定非常困难。最终以在门诊部现场查获、法人委托人签字认可的诊疗记录、银行商户存根，及法人委托人的调查笔录为主要证据，按照超出登记的诊疗科目范围开展了超促排卵治疗，违法收入超出3000元，依据《医疗机构管理条例》第四十七条和《医疗机构管理条例实施细则》第八十条第二款第（一）项的规定，给予了3000元罚款，并吊销《医疗机构执业许可证》的行政处罚。2013年6月28日下达行政处罚决定书，当事人自觉履行结案。

问题： 北京市卫生计生委、食品药品监督管理局和公安局为何无法认定该门诊部的刑事犯罪责任？

第三节 流动人口计划生育工作管理法律制度与监督

流动人口是指离开户籍所在地的县、市或者市辖区，以工作、生活为目的异地居住的成年育龄人员。下列人员除外：因出差、就医、上学、旅游、探亲、访友等事由异地居住、预期将返回户籍所在地居住的人员；在直辖市、设区的市行政区域内区与区之间异地居住的人员。

一、组 织 管 理

（一）流动人口计划生育工作领导

《流动人口计划生育工作条例》规定，县级以上地方人民政府领导本行政区域内流动人口计划生育工作，将流动人口计划生育工作纳入本地经济社会发展规划，并提供必要的保障；建立健全流动人口计划生育工作协调机制，组织协调有关部门对流动人口计划生育工作实行综合管理；实行目标管理责任制，对有关部门承担的流动人口计划生育工作进行考核、监督。

流动人口计划生育工作由流动人口户籍所在地和现居住地的人民政府共同负责，以现居住地人民政府为主，户籍所在地人民政府予以配合。

（二）职责

（1）国务院人口和计划生育部门主管全国流动人口计划生育工作，制订流动人口计划生育工作规划并组织实施；建立流动人口计划生育信息管理系统，实现流动人口户籍所在地和现居住地计划生育信息共享，并与相关部门有关人口的信息管理系统实现信息共享。

（2）县级以上地方人民政府人口和计划生育部门主管本行政区域内流动人口计划生育工作，落实本级人民政府流动人口计划生育管理和服务措施；组织实施流动人口计划生育工作检查和考核；建立流动人口计划生育信息通报制度，汇总、通报流动人口计划生育信息；受理并及时处理与流动人口计划生育工作有关的举报，保护流动人口相关权益。

县级以上人民政府公安、民政、人力资源社会保障、住房城乡建设、卫生、价格等部门和县级以上工商行政管理部门在各自职责范围内，负责有关的流动人口计划生育工作。

（3）乡（镇）人民政府、街道办事处负责本管辖区域内流动人口计划生育工作，对流动人口实施计划生育管理，开展计划生育宣传教育；组织从事计划生育技术服务的机构指导流动人口中的育龄夫妻（以下称育龄夫妻）选择安全、有效、适宜的避孕节育措施，依法向育龄夫妻免费提供国家规定的基本项目的计划生育技术服务。

流动人口现居住地和户籍所在地的乡（镇）人民政府、街道办事处之间建立流动人口计划生育信息通报制度，及时采集流动人口计划生育信息，运用流动人口计划生育信息管理系统核实、通报流动人口计划生育信息。

二、监 督 管 理

（1）流动人口中的成年育龄妇女（以下称成年育龄妇女）在离开户籍所在地前，应当凭本人居民身份证到户籍所在地的乡（镇）人民政府或者街道办事处办理婚育证明；已婚的，办理婚育证明还应当出示结婚证。婚育证明应当载明成年育龄妇女的姓名、年龄、公民身份号码、婚姻状况、配偶信息、生育状况、避孕节育情况等内容。流动人口户籍所在地的乡（镇）人民政府、街道办事处应当及时出具婚育证明。

（2）成年育龄妇女应当自到达现居住地之日起30日内提交婚育证明。成年育龄妇女可以向现居住地的乡（镇）人民政府或者街道办事处提交婚育证明，也可以通过村民委员会、居民委员会向现居住地的乡（镇）人民政府或者街道办事处提交婚育证明。

流动人口现居住地的乡（镇）人民政府、街道办事处应当查验婚育证明，督促未办理婚育证明的成年育龄妇女及时补办婚育证明；告知流动人口在现居住地可以享受的计划生育服务和奖励、优待，以及应当履行的计划生育相关义务。村民委员会、居民委员会应当协助乡（镇）人民政府、街道办事处开展工作，做好流动人口婚育情况登记。

（3）流动人口现居住地的县级人民政府公安、民政、人力资源社会保障、卫生等部门和县级工商行政管理部门应当结合部门职责，将流动人口计划生育工作纳入相关管理制度；及时向所在地同级人口和计划生育部门通报在办理有关登记和证照等工作中了解的流动人口婚育证明办理情况等计划生育信息。接到通报的人口和计划生育部门应当及时会同乡（镇）人民政府、街道办事处落实流动人口计划生育管理和服务措施。

（4）流动人口在现居住地享受下列计划生育服务和奖励、优待：①免费参加有关人口与计划生育法律知识和生殖健康知识普及活动；②依法免费获得避孕药具，免费享受国家规定的其他基本项目的计划生育技术服务；③晚婚晚育或者在现居住地施行计划生育手术的，按照现居住地省（自治区、直辖市）或者较大的市的规定，享受休假等；④实行计划生育的，按照流动人口现居住地省（自治区、直辖市）或者较大的市的规定，在生产经营等方面获得支持、优惠，在社会救济等方面享受优先照顾。

（5）流动人口现居住地的地方各级人民政府和县级以上地方人民政府有关部门应当采取措施，落实对流动人口的计划生育服务和奖励、优待。流动人口户籍所在地的地方各级人民政府和县级以上地方人民政府有关部门应当依法落实法律、法规和规章规定的流动人口计划生育服务和奖励、优待。

（6）流动人口中的育龄夫妻应当自觉落实计划生育避孕节育措施，接受户籍所在地和现居住地人民政府的计划生育管理。流动人口现居住地从事计划生育技术服务的机构应当按照所在地省（自治区、直辖市）或者较大市的规定，为已婚育龄妇女出具避孕节育情况证明。流动人口现居住地的乡（镇）人民政府或者街道办事处应当根据已婚育龄妇女的避孕节育情况证明，及时向其户籍所在地的乡（镇）人民政府或者街道办事处通报流动人口避孕节育情况。流动人口户籍所在地的县级人民政府人口和计划生育部门、乡（镇）人民政府或者街道办事处不得要求已婚育龄妇女返回户籍所在地进行避孕节育情况检查。

（7）流动人口现居住地的村民委员会、居民委员会应当协助所在地的乡（镇）人民政府或者街道办事处了解本村或者本居住地区流动人口计划生育情况，及时向乡（镇）人民政府或者街道办事处通报相关信息。房屋租赁中介机构、房屋的出租（借）人和物业服务企业等有关组织和个人在村民委员会、居民委员会了解流动人口计划生育情况时，应当如实提供相关信息。

（8）用人单位应当做好本单位流动人口计划生育工作，依法落实法律、法规和规章规定的流动人口计划生育奖励、优待，接受所在地的乡（镇）人民政府或者街道办事处和县级以上地方人民政府人口和计划生育部门的监督、检查。

（9）育龄夫妻生育第一个子女的，可以在现居住地的乡（镇）人民政府或者街道办事处办理生育服务登记。办理生育服务登记，应当提供下列证明材料：①夫妻双方的居民身份证；②结婚证；③女方的婚育证明和男方户籍所在地的乡（镇）人民政府或者街道办事处出具的婚育情况证明材料。育龄夫妻现居住地的乡（镇）人民政府或者街道办事处应当自收到女方的婚育证明和男方的婚育情况证明材料之日起7个工作日内，向育龄夫妻户籍所在地的乡（镇）人民政府或者街道办事处核实有关情况。育龄夫妻户籍所在地的乡（镇）人民政府或者街道办事处应当自接到核实要求之日起15个工作日内予以反馈。核查无误的，育龄夫妻现居住地的乡（镇）人民政府或者街道办事处应当在接到情况反馈后即时办理生育服务登记；情况有误、不予办理的，应当书面说明理由。现居住地的乡（镇）人民政府或者街道办事处应当自办理生育服务登记之日起 15 个工作日内向育龄夫妻户籍所在地的乡（镇）人民政府或者街道办事处通报办理结果。

（10）出具婚育证明或者其他计划生育证明材料，不得收取任何费用。流动人口计划生育工作所需经费，按照国家有关规定予以保障。

（11）地方各级人民政府和政府有关部门以及协助查验婚育证明的村民委员会、居民委员会及其工作人员，应当对涉及公民隐私的流动人口信息予以保密。

第四节　计划生育技术服务管理法律制度与监督

> **案例 14-2**
>
> 某医院非法为他人施行计划生育手术案
>
> 2012 年 9 月，某市出生人口性别比整治办公室接到群众举报称"某医院妇科医师为孕妇做人工流产手术"。该办公室随即联合市卫生局、公安局、食品药品监督管理局的执法人员前往举报地核实调查，经查情况属实。并于当天到该院收费处进行核查，查获了患者唐某、赵某等 34 份收费清单。执法人员对有关药品、电动流产吸引器、人工流产包、《麻醉知情同意书》、《人工流产手术知情同意书》、收费清单、患者门诊资料进行了证据保全。2012 年 9 月 6 日，某市卫生局对该院涉嫌非法为他人施行计划生育手术予以立案调查。
>
> 办案人员对患者谢某、该院的主要负责人王某、法定代表人陈某进行了询问核实，证实该院的母婴保健技术服务执业许可证的核准项目是助产技术项目，没有核准终止妊娠项目，该院聘用妇科医师王某于 2012 年 7 月至 9 月 5 日开展人工流产术 34 例，收取手术费 63680 元的违法事实。某市卫生局经合议后认为，该院上述行为违反了《中华人民共和国人口与计划生育法》第三十五条的规定，依据该法第三十六条第（一）项的规定，决定责令该院立即改正违法行为，并对该院作出相应的行政处罚。
>
> **问题**：以上案例说明了什么问题？作为国家卫生工作人员应该了解和掌握哪些关于计划生育技术服务的法律、法规知识？

计划生育技术服务，是指计划生育技术指导、咨询以及与计划生育有关的临床医疗服务。加强计划生育技术服务工作，对控制人口数量、提高人口素质、保障公民的生殖健康权利等都具有重要意义。

计划生育技术服务实行国家指导和个人自愿相结合的原则：公民享有避孕方法的知情选择权；国家保障公民获得适宜的计划生育技术服务的权利；国家向农村实行计划生育的育龄夫妻免费提供避孕、节育技术服务，所需经费由地方财政予以保障，中央财政对西部困难地区给予适当补助；计划生育技术服务网络由计划生育技术服务机构和从事计划生育技术服务的医疗、保健机构组成，并纳入区域卫生规划；国家依靠科技进步提高计划生育技术服务质量，鼓励研究、开发、引进和推广计划生育新技术、新药具。

一、计划生育技术服务机构和人员

（一）计划生育技术服务机构

从事计划生育技术服务的机构包括计划生育技术服务机构和从事计划生育技术服务的医疗、保健机构。《计划生育技术服务管理条例》规定：

（1）从事计划生育技术服务的机构，必须符合国务院计划生育行政部门规定的设置标准。设立计划生育技术服务机构，由设区的市级以上地方人民政府计划生育行政部门批准，发给计划生育技术服务机构执业许可证，并在计划生育技术服务机构执业许可证上注明获准开展的计划生育技术服务项目。

（2）从事计划生育技术服务的医疗保健机构，由县级以上地方人民政府卫生计生主管部门审查批准，在其医疗机构执业许可证上注明获准开展的计划生育技术服务项目，并向同级计划生育行政部门通报。

从事计划生育技术服务的机构的执业许可证明文件每3年由原批准机关校验1次。从事计划生育技术服务的机构的执业许可证明文件不得买卖、出借、出租，不得涂改、伪造。从事计划生育技术服务的机构的执业许可证明文件遗失的，应当自发现执业许可证明文件遗失之日起30日内向原发证机关申请补发。

（二）计划生育技术服务人员

计划生育技术服务人员中从事与计划生育有关的临床服务人员，应当依照执业医师法和国家有关护士管理的规定，分别取得执业医师、执业助理医师、乡村医生或者护士的资格。在计划生育技术服务机构执业的执业医师和执业助理医师应当依照执业医师法的规定向所在地县级以上地方人民政府卫生计生主管部门申请注册。具体办法由国务院计划生育行政部门、卫生行政部门共同制订。个体医疗机构不得从事计划生育手术。计划生育技术服务人员必须按照批准的服务范围、服务项目、手术术种从事计划生育技术服务，遵守与执业有关的法律、法规、规章、技术常规、职业道德规范和管理制度。

二、计划生育技术服务内容

（一）计划生育技术指导、咨询

计划生育技术指导、咨询包括：①生殖健康科普宣传、教育、咨询；②提供避孕药具及相关的指导、咨询、随访；③对已经施行避孕、节育手术和输卵（精）管复通手术的，提供相关的咨询、随访。

（二）与计划生育有关的临床医疗服务

与计划生育有关的临床医疗服务包括：①避孕和节育的医学检查；②计划生育手术并发症和计划生育药具不良反应的诊断、治疗；③施行避孕、节育手术和输卵（精）管复通手术；④开展围绕生育、节育、不育的其他生殖保健项目。

三、监督管理

（一）监督管理部门

国务院计划生育行政部门负责全国计划生育技术服务的监督管理工作。县级以上地方人民政府计划生育行政部门负责本行政区域内计划生育技术服务的监督管理工作。县级以上人民政府卫生计生主管部门负责对从事计划生育技术服务的医疗、保健机构的监督管理工作。

（二）计划生育技术服务监督管理

（1）向公民提供的计划生育技术服务和药具应当安全、有效，符合国家规定的质量技术标准。从事计划生育技术服务的机构施行避孕、节育手术、特殊检查或者特殊治疗时，应当征得受术者本人同意，并保证受术者的安全。任何机构和个人不得进行非医学需要的胎儿性别鉴定或者选择性别的人工终止妊娠。

（2）因生育病残儿要求再生育的，应当向县级人民政府计划生育行政部门申请医学鉴定，经县级人民政府计划生育行政部门初审同意后，由设区的市级人民政府计划生育行政部门组织医学专家进行医学鉴定；当事人对医学鉴定有异议的，可以向省（自治区、直辖市）人民政府计划生育行政部门申请再鉴定。省（自治区、直辖市）人民政府计划生育行政部门组织的医学鉴定为终局鉴定。

（3）国家建立计划生育技术服务统计制度和计划生育技术服务事故、计划生育手术并发症和计划生育药具不良反应的鉴定制度和报告制度。

（4）国务院计划生育行政部门定期编制并发布计划生育技术、药具目录，指导列入目录的计划生育技术、药具的推广和应用。

（5）开展计划生育科技项目和计划生育国际合作项目，应当经国务院计划生育行政部门审核批准，并接受项目实施地县级以上地方人民政府计划生育行政部门的监督管理。

（6）涉及计划生育技术的广告，其内容应当经省（自治区、直辖市）人民政府计划生育行政部门审查同意。

第五节 法 律 责 任

一、《人口与计划生育法》的相关法律责任

（1）《人口与计划生育法》规定，有下列行为之一的，由计划生育行政部门或者卫生行政部门依据职权责令改正，给予警告，没收违法所得；违法所得1万元以上的，处违法所得二倍以上六倍以下的罚款；没有违法所得或者违法所得不足10 000元的，处10 000元以上30 000元以下的罚款；情节严重的，由原发证机关吊销执业证书；构成犯罪的，依法追究刑事责任：①非法为他人施行计划生育手术的；②利用超声技术和其他技术手段为他人进行非医学需要的胎儿性别鉴定或者选择性别的人工终止妊娠的；③实施假节育手术、进行假医学鉴定、出具假计划生育证明的。

（2）伪造、变造、买卖计划生育证明，由计划生育行政部门没收违法所得，违法所得5000元以上的，处违法所得二倍以上十倍以下的罚款；没有违法所得或者违法所得不足5000元的，处5000元以上20 000元以下的罚款；构成犯罪的，依法追究刑事责任。

以不正当手段取得计划生育证明的，由计划生育行政部门取消其计划生育证明；出具证明的单位有过错的，对直接负责的主管人员和其他直接责任人员依法给予行政处分。

（3）计划生育技术服务人员违章操作或者延误抢救、诊治，造成严重后果的，依照有关法律、行政法规的规定承担相应的法律责任。

（4）国家机关工作人员在计划生育工作中，有下列行为之一，构成犯罪的，依法追究刑事责任；尚不构成犯罪的，依法给予行政处分；有违法所得的，没收违法所得：①侵犯公民人身权、财产权和其他合法权益的；②滥用职权、玩忽职守、徇私舞弊的；③索取、收受贿赂的；④截留、克扣、挪用、贪污计划生育经费或者社会抚养费的；⑤虚报、瞒报、伪造、篡改或者拒报人口与计划生育统计数据的。

二、《流动人口计划生育工作条例》的相关法律责任

（1）流动人口户籍所在地的乡（镇）人民政府或者街道办事处在流动人口计划生育工作中有

下列情形之一的，分别由乡（镇）人民政府的上级人民政府或者设立街道办事处的人民政府责令改正，通报批评；情节严重的，对主要负责人、直接负责的主管人员和其他直接责任人员依法给予处分：①未依照条例规定为流动人口出具计划生育证明材料，出具虚假计划生育证明材料，或者出具计划生育证明材料收取费用的；②违反条例规定，要求已婚育龄妇女返回户籍所在地进行避孕节育情况检查的；③未依法落实流动人口计划生育奖励、优待的；④未依照条例规定向流动人口现居住地的乡（镇）人民政府、街道办事处反馈流动人口计划生育信息的；⑤违反条例规定的其他情形。

（2）流动人口现居住地的乡（镇）人民政府或者街道办事处在流动人口计划生育工作中有下列情形之一的，分别由乡（镇）人民政府的上级人民政府或者设立街道办事处的人民政府责令改正，通报批评；情节严重的，对主要负责人、直接负责的主管人员和其他直接责任人员依法给予处分：①未依照条例规定向育龄夫妻免费提供国家规定的基本项目的计划生育技术服务，或者未依法落实流动人口计划生育奖励、优待的；②未依照条例规定查验婚育证明的；③未依照条例规定为育龄夫妻办理生育服务登记，或者出具虚假计划生育证明材料，或者出具计划生育证明材料收取费用的；④未依照条例规定向流动人口户籍所在地的乡（镇）人民政府、街道办事处通报流动人口计划生育信息的；⑤违反条例规定的其他情形。

三、《计划生育技术服务管理条例》的相关法律责任

（1）计划生育技术服务机构或者医疗、保健机构以外的机构或者人员违反条例规定，擅自从事计划生育技术服务的，由县级以上地方人民政府计划生育行政部门依据职权，责令改正，给予警告，没收违法所得和有关药品、医疗器械；违法所得5000元以上的，并处违法所得二倍以上五倍以下的罚款；没有违法所得或者违法所得不足5000元的，并处5000元以上20 000元以下的罚款；造成严重后果，构成犯罪的，依法追究刑事责任。

（2）计划生育技术服务机构未经批准擅自从事产前诊断和使用辅助生育技术治疗不育症的，由县级以上地方人民政府卫生行政部门会同计划生育行政部门依据职权，责令改正，给予警告，没收违法所得和有关药品、医疗器械；违法所得5000元以上的，并处违法所得二倍以上五倍以下的罚款；没有违法所得或者违法所得不足5000元的，并处5000元以上20 000元以下的罚款；情节严重的，并由原发证部门吊销计划生育技术服务的执业资格。

（3）逾期不校验计划生育技术服务执业许可证明文件，继续从事计划生育技术服务的，由原发证部门责令限期补办校验手续；拒不校验的，由原发证部门吊销计划生育技术服务的执业资格。

（4）买卖、出借、出租或者涂改、伪造计划生育技术服务执业许可证明文件的，由原发证部门责令改正，没收违法所得；违法所得3000元以上的，并处违法所得二倍以上五倍以下的罚款；没有违法所得或者违法所得不足3000元的，并处3000元以上5000元以下的罚款；情节严重的，并由原发证部门吊销相关的执业资格。

（5）从事计划生育技术服务的机构未经批准擅自扩大计划生育技术服务项目的，由原发证部门责令改正，给予警告，没收违法所得；违法所得5000元以上的，并处违法所得二倍以上五倍以下的罚款；没有违法所得或者违法所得不足5000元的，并处5000元以上20 000元以下的罚款；情节严重的，并由原发证部门吊销计划生育技术服务的执业资格。

本 章 小 结

本章介绍了人口与计划生育相关的法律制度与监督内容。概述了法律制度中国人口发展现状及特点，人口和计划生育立法进程。详细论述了生育调节、生育权、生殖健康的概念及其相关法

律制度与监督；流动人口计划生育工作管理的相关法律制度与监督；计划生育技术服务管理的相关法律制度与监督。最后简单介绍了生育调节、流动人口计划生育工作、计划生育技术服务管理相关的法律责任。

思 考 题

2013年12月15日下午2点30分，某区卫生局接到某市某区计生局转交的南方×省×市××镇计划生育办公室《关于××镇洪桥村明某、王某夫妇非法鉴定胎儿性别情况的调查报告》和×××非法鉴别胎儿性别光碟一盘后，某区卫生局非常重视，立即组成调查组立案查处。

该区卫生监督所接到案件查处任务后，立即会同辖区计生委人员前往某市某区×××诊所展开调查。检查过程中卫生执法人员在×××诊所一个上锁的柜子中发现B型超声显像仪1台、宫内节育器26个、性别预测试纸10盒。随即当场制作了现场检查笔录、询问笔录等相关执法文书。2013年12月21日又进一步对×××诊所违法事实进行了补充调查取证。诊所负责人×××对其非法开展胎儿性别鉴定，超出医疗机构执业许可证诊疗科目许可范围B超检查和上环、取环手术及其本人无影像学资格证书从事B超检查的违法事实一一予以承认。2013年12月22日，卫生执法人员对案件进行了合议，合议一致认为本案事实清楚，证据确凿，情节严重。应依据《中华人民共和国人口与计划生育法》第三十六条；《医疗机构管理条例》第四十七条、第四十八条；卫办发〔2006〕284号《卫生部关于严禁利用超声等技术手段进行非医学需要的胎儿性别鉴定和选择性别人工终止妊娠的通知》给予该诊所下列行政处罚：①非法开展胎儿性别鉴定，罚款人民币20 000元整。②超范围从事医学诊疗活动，罚款人民币3000元整。③聘非卫生技术人员从事医学卫生技术工作，罚款人民币3000元整。上述三项并处罚款人民币26 000元整，没收违法所得人民币2675元整，吊销医疗机构执业许可证和×××医师执业证书。某区卫生局于2013年12月26日对其下达了行政处罚听证告知书。2014年1月16日举行了听证会，听证会上×××的委托代理人就鉴定胎儿性别的数量、实施计划生育手术的数量和违法所得的计算提出了质疑，承办人出示了相关的证据和执行法律法规的依据。最后经重大案件集体讨论，于1月17日下达正式行政处罚决定书：给予①警告；②没收非法所得200元；③罚款26 000元；④吊销《医疗机构执业许可证》；同时给予负责人×××吊销《医师执业证书》的行政处罚。当事人×××对案件不服，在法定诉讼期限内对本行政处罚案件提起了诉讼，经一审、二审，基层法院和中级法院认定该行政处罚案件事实清楚，程序合法，适用法律、法规准确，主体正确，处罚得当。两审法院驳回了原告的上诉请求，有效地维护了卫生法律法规的权威性和严肃性。

(陈 默 郭振友)

第十五章 公共场所法律制度与监督

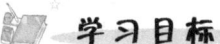 **学习目标**

掌握：公共场所的概念、公共场所卫生管理法律规定的内容。
熟悉：公共场所预防性卫生监督与经常性卫生监督的主要内容。
了解：我国公共场所控烟的法律规定。

案例 15-1

2014 年 5 月 23 日 20:03，某市某区卫生执法监督大队卫生监督员依法对某娱乐城进行现场卫生监督检查时，发现该单位没有公共场所卫生许可证擅自营业，自 2014 年 1 月 22 日开业至今已逾 3 个月；陈某、曾某等 9 名直接为顾客服务的从业人员未取得有效健康合格证明。监督员对该单位进行了以下处理：对当事人未取得公共场所卫生许可证擅自营业的违法行为给予警告和罚款人民币 5000 元的行政处罚，从业人员未取健康证明的违法行为给予警告和罚款人民币 1000 元的行政处罚，同时责令立即改正违法行为。

处理依据：《公共场所卫生管理条例实施细则》第三十五条第一款，对未依法取得公共场所卫生许可证擅自营业的，由县级以上地方人民政府卫生计生行政部门责令限期改正，给予警告，并处以 500 以上 5000 以下罚款。

问题：
1. 公共场所营业除了应该办理工商营业许可证以外，还需要办理哪些相关证件？
2. 该案例中，该娱乐城的经营行为违反了哪些法律、法规？

公共场所卫生监督工作是我国卫生监督的重要组成部分。公共场所是人群聚集的生活环境，其卫生状况的好坏直接影响人体健康，同时也反映了一个地区、一个国家的文明程度。同时，公共场所是大众社交、娱乐、学习不可或缺的环境，如果监管不力，不良的卫生状况将会给大众的健康带来严重的危害。

第一节 概 述

案例 15-2

2014 年 6 月 16 日 10:40，某市卫生执法监督大队到某实业有限公司大酒店的游泳馆进行监督抽样，委托四川某环境检测有限公司进行检测，四川某环境检测有限公司出具的检测报告结果显示：所抽检样品除游离余氯超标外其他指标检测结果均符合《游泳场所卫生标准》（GB 9667—1996）的规定。卫生执法监督大队认为：该实业有限公司大酒店游泳池水水质卫生指标不符合《游泳场所卫生标准》，当事人的行为违反了《四川省公共场所卫生管理办法》第十二条第二款的规定：甲类场所单位应当依据国家相关规定定期对有关卫生指标进行检测，乙类场所单位应当按省卫生计生行政部门规定的检测频次进行卫生指标检测。依据《四川省公共场所卫生管理办法》第三十六条第一款第五项的规定，给予警告、罚款人民币1500元的行政处罚。
问题：
1. 游泳池的水质如果不符合卫生标准，可能有哪些健康隐患？
2. 除了游泳池以外，还有哪些公共场所的卫生状况需要卫生监督机构依法监督？

一、公共场所概述

（一）公共场所的概念及特点

1. 公共场所（public place） 是指提供公众工作、学习、经济、文化、社交、娱乐、体育、参观、医疗、卫生、休息、旅游和满足部分生活需要所使用的，具有一定围护结构的社会公共设施。它是公众的人工生活环境，对其中从业的人员来说是劳动环境。

2. 公共场所特点

（1）人员集中，流动性大：公共场所是短时间内人员高度集中的环境，在一定空间内同时接纳众多人群。进入公共场所的人群成分复杂，男女老幼，体质强弱和处在不同生理状态下的人员互相接触，彼此交往。

（2）设备和物品容易污染：绝大多数公共场所都有很多设备、器械和供多人使用的物品。这些物品和设备反复为多人所使用和触摸，因此，容易交叉污染，危害人群身体健康。当某种传染病流行时，应少去公共场所。

（3）公共场所容易传播疾病：公共场所人员众多，接触密切，是传播各种传染病的场所，也就是说，在公共场所影响健康的致病因素传播快。首先容易传播呼吸道疾病。呼吸道传染病能否传染，在一定意义上决定于人口的密度和接触机会。人口密度越大，接触机会越多，越容易传播。其次，容易传播肠道传染病。公共场所设有公用餐具、茶具、毛巾、脸盆和卧具，多人反复交叉接触，容易被肠道致病菌污染，传播肠道传染病。另外也容易传播某些接触性疾病，如癣、皮肤病、性病等。

（二）公共场所卫生管理立法

为了预防疾病，创造良好的公共场所卫生条件，保障人体健康，1987年4月1日国务院发布了《公共场所卫生管理条例》（以下简称《条例》），对全国公共场所的卫生工作实行法制化管理。2011年3月10日，原卫生部发布了《公共场所卫生管理条例实施细则》，于2011年5月1日起实施。为了保障条例实施，加强公共场所卫生监督和管理，1987年，原卫生部制定了《公共场所卫生监督监测要点》和《公共场所从业人员培训大纲》。以后又陆续制定了《旅店业卫生标准（GB 9663—1996）》等十几项公共场所国家卫生标准和《公共场所卫生监测技术规范（GB/T 17220—1998）》。2006年原卫生部发布了《公共场所集中空调通风系统卫生管理办法》。2007年原卫生部与商务部组织制定了《住宿业卫生规范》、《沐浴场所卫生规范》和《美容美发场所卫生规范》，与国家体育总局组织制定了《游泳场所卫生规范》。

（三）公共场所分类

根据《公共场所卫生管理条例》的规定，公共场所包括7大类28种，分别是：①住宿与交际场所，包括宾馆、饭馆、旅馆、招待所、车马店、咖啡馆、酒吧、茶座等；②洗浴、美发场所，包括公共浴室、理发店、美容店；③文化娱乐场所，主要是和文化娱乐有关系的，包括电影院、录像厅、游戏厅、音乐厅、舞厅；④体育和娱乐场所，主要是和休闲有关系的，如体育场、游泳馆、公园，公园作为公共场所大家印象不是很深；⑤文化交流场所，包括展览馆、博物馆、美术馆、图书馆；⑥购物场所，主要包括商店、书店；⑦就诊与交通场所，是两类场所在一起的。就诊场所，主要是指医院的门诊部，交通场所主要是大家经常乘坐的交通工具，包括火车、飞机、汽车、地铁。除了上述7类28种以外，银行和邮政营业厅、证券交易厅、会展中心、照相馆（婚纱影楼）、网吧、KTV歌厅、按摩店、足浴室、棋牌室、保龄球馆、台球室、室内健身场所、老年人活动中心、殡仪馆、商城（集市）、娱乐城、儿童乐园、温泉度假村、高尔夫球场、旅游景点等也都属于公共场所。

（四）公共场所内常见的影响人体健康的有害因素

1. **物理性因素** 如气温、气湿、气流、辐射、采光、照明、噪声、震动等。
2. **化学性因素** 如颗粒物、CO、CO_2、甲醛、氨、挥发性有机化合物（VOC）、臭氧、多环芳烃、苯系化合物等。
3. **生物性因素** 主要是一些呼吸道致病菌、病毒和皮肤真菌、病媒生物等。
4. **放射性因素** 包括氡及其子体等。

二、公共场所卫生要求

（一）公共场所的基本卫生要求

公共场所的环境具有一定的封闭性，设施公用，进出人员多而且流动性强，某些疾病容易传播。所以，条例对公共场所的卫生质量做了明确的规定，公共场所的卫生要求为：

1. **室内空气质量要达到国家标准** 各类公共场所内空气要达到国家规定的各项卫生标准（包括CO_2、CO、甲醛、可吸入颗粒物、细菌总数等），还应该依靠自然通风或机械通风措施，确保室内空气清洁。
2. **微小气候适宜** 各类公共场所的建筑物构成的人工环境形成一定的微小气候，在不同季节要采取不同的措施，以保证室内微小气候适宜。温度、湿度、风速等要达到国家有关标准，以利于顾客和旅客的身体健康。
3. **采光、照明良好** 公共场所要尽量采用自然光，保证充足的采光时间，在自然采光量不足的情况下，必须实行人工照明。
4. **噪声符合国家标准** 公共场所要保证噪声不得超过国家标准。如舞厅、影剧院、候车室、商店等噪声较大的公共场所，应该采取必要的措施，使噪声达到规定标准。
5. **公共用品和卫生设施符合卫生标准** 公共场所所提供或使用的化妆品、涉及饮用水卫生安全产品、消毒产品等健康相关产品，应当符合国家有关法律、法规和卫生标准的要求。为顾客提供的用品用具使用前应当清洗消毒，其储存设施应当分类设置和专门使用。禁止重复使用一次性用品。公共场所应当配备与其经营项目相适应的清洗消毒设施，应当配备有效的鼠、蚊、蝇、蟑螂和其他病媒生物的预防控制设施。各种卫生设施要符合卫生标准，防止传染病通过各种用具在人群中传播。
6. **用水水质达到卫生标准要求** 生活饮用水要达到国家规定的生活饮用水标准要求。公共浴池、游泳池、天然浴场等公共场所的用水也必须达到标准规定，按照规定定期换水、消毒，保证对人体无害。防止病原携带者接触水源和水体，造成水源性传染病的传播。
7. **室内装饰的卫生要求** 公共场所进行室内整体装饰、装修期间不得营业，装修后空气质量经检测合格后方可营业。公共场所局部装饰、装修期间，采取有效措施，非装饰、装修区域室内空气质量合格的，可正常营业。

（二）公共场所卫生管理要求

公共场所的卫生管理主要是指公共场所的经营者要加强自身的卫生管理，主要包括以下几个方面。

1. 卫生许可证管理　《条例》规定，经营单位取得卫生许可证后，方可向工商行政管理部门申请登记，办理营业执照。卫生许可证两年复核一次。

2. 建立卫生管理制度　经营单位设立卫生管理组织或者配备专（兼）职卫生管理人员，建立卫生管理制度、卫生安全保障措施和卫生管理档案。

3. 从业人员卫生知识培训　经营单位负责所经营的公共场所的卫生管理，建立卫生责任制，对本单位的从业人员进行卫生知识培训和考核工作。

4. 对公共场所从业人员的健康管理　公共场所经营者应当定期组织从业人员进行健康检查，不得安排未取得健康合格证明的人员上岗。患有有碍公共卫生的疾病者，治愈前不得从事直接为顾客服务的工作。

5. 公共场所危害健康事故报告　公共场所经营者应该防止危害健康的事故发生，建立传染病和公众健康危害事故报告制度，发生疫情和公众健康危害事故时，及时向所在地卫生监督部门报告。

（三）公共场所卫生监督的职责

1. 公共场所卫生监督机构及其职责　根据条例及其实施细则规定，各级人民政府卫生计生行政部门是公共场所卫生监督的法定机构，依法实施管辖范围内的公共场所的卫生监督职能。卫生监督机构对公共场所的卫生监督职责是：对新建、改建、扩建的公共场所的选址和设计进行卫生审查，并参加竣工验收；对公共场所进行卫生监督监测和卫生技术指导；监督公共场所从业人员的健康检查，指导公共场所经营单位对从业人员进行卫生知识的教育和培训；对违反《公共场所卫生管理条例》的单位和个人进行行政处罚。

2. 公共场所卫生监督员及其职责　卫生监督机构根据需要设立公共场所卫生监督员，卫生监督员负责对辖区内公共场所的卫生进行监督检查，执行各级人民政府卫生计生行政部门安排的各项任务。公共场所卫生监督员由同级人民政府发给证书。民航、铁路、交通、厂（场）矿卫生防疫机构的公共场所卫生监督员由其上级主管部门发给证书。卫生监督员在执行任务时应该佩戴证章，出示证件。公共场所卫生监督员的职责是：有权对公共场所进行现场检查和索取有关资料，经营单位不得拒绝或隐瞒。卫生监督员对所提供的技术资料有保密的责任。

（四）各类公共场所的卫生要求

1. 旅店　我国原卫生部发布的《旅店业卫生标准（GB 9663—1996）》将旅店的客房卫生标准分为 3 类：①三至五星级饭店、宾馆；②一和二星级饭店、宾馆和非星级带空调的饭店和宾馆；③普通旅店、招待所。

针对上述 3 类场所分别制订了温度、相对湿度、风速、CO_2、CO、甲醛、可吸入颗粒物、空气细菌总数、台面照度、噪声、新风量、床位占地面积等相应的卫生标准。此外，还规定了日常卫生要求，如卧具、脸盆、脚盆和拖鞋应该一客一换，要有防蚊、蝇、鼠害措施，二次供水应该符合卫生要求。还规定了旅店客房应该有较好的朝向和设置消毒间等。

2. 文化娱乐场所　我国原卫生部发布的《文化娱乐场所卫生标准（GB 9664—1996）》规定：文化娱乐场所选址应该远离污染源；内外环境应整洁、美观，地面无果皮、痰迹和垃圾；室内采用湿式清扫；场内禁止吸烟；应该设有消毒间等。此外，还对文化娱乐场所的温度、相对湿度、风速、CO_2、CO、甲醛、可吸入颗粒物、空气细菌总数、动态噪声和新风量等都做了相应的规定。

3. 公共浴室　我国原卫生部发布的《公共浴室卫生标准（GB 9665—1996）》规定：①公共浴

室应设有更衣室、浴室、厕所和消毒等房间。更衣室（包括兼作休息室）必须有保暖、换气设备，地面要防渗、防滑；②池浴每晚要彻底清洗，经过消毒后再换水，池水每日至少要补充 2 次新水；③公用茶具应做到一客一洗一消毒，拖鞋和修脚工具每客用后应消毒；④浴室内及其卫生间应及时清扫、消毒，做到无积水、无异味；⑤应设有禁止患性病和各种传染性皮肤病（如疥疮、化脓性皮肤病、广泛性皮肤霉菌病等）的顾客就浴的明显标志。此外，还规定了浴室的气温、空气质量和水温等卫生标准。

4. 理发店、美容店　《理发店、美容店卫生标准（GB 9666—1996）》规定：①理发店、美容院（店）应有健全的卫生制度。店内应有消毒设施或消毒间；②围布、脸巾应洁净，每客用后应清洗消毒，其细菌数应符合《旅店业卫生标准（GB 9663—1996）》的要求，应做到一客一用一消毒；③理发、美容工具用后应消毒，消毒后应分类存放；④必须备有供患头癣等皮肤传染病顾客专用的理发工具，并有明显标志，用后即时消毒，并单独存放；⑤使用化妆品应符合《化妆品卫生标准（GB 7916—87）》的规定；⑥理发店、美容店的空气质量应该满足《理发店、美容店卫生标准（GB 9666—1996）》的规定。

5. 游泳场所　《游泳场所卫生标准（GB 9667—1996）》规定：天然游泳场的水底不应有障碍物和污染源，并且严禁在有血吸虫病区或潜伏有钉螺地区设计和开辟游泳场；游泳场所禁止出租泳衣泳裤；严禁患有病毒性肝炎、心脏病、皮肤真菌感染、重症沙眼、急性结膜炎、中耳炎、肠道传染病、精神病等患者和酗酒者进入游泳场所；游泳场的水质和空气质量应符合《游泳场所卫生标准（GB 9667—1996）》的规定。

6. 体育馆、图书馆、博物馆、美术馆、展览馆　对于上述场馆，要建立健全各种卫生制度，加强卫生宣传教育。严禁随地吐痰，馆内严禁吸烟，保持馆内清洁。图书馆、阅览室内不得进行印刷和复印。

国家卫生标准对这些馆内的微小气候、空气质量和通风都做了相应的规定，并强调了通风和照明的卫生要求。《体育馆卫生标准（GB 9668—1996）》和《图书馆、博物馆、美术馆、展览馆卫生标准（GB 9669—1996）》分别适用于体育馆和图书馆、博物馆、美术馆、展览馆。

7. 商场（店）、书店　《商场（店）、书店卫生标准（GB 9670—1996）》规定：①商场（店）、书店营业厅应有机械通风设备，进风口应远离污染源；②新建、改建、扩建的商场（店）、书店营业厅应利用自然采光，采光系数不小于 1/6；③店内应清洁整齐，采用湿式清扫，垃圾日产日清；④综合商场内出售食品、药品、化妆品等商品的柜台应分设在清洁的地方。出售农药、油漆、化学试剂等商品，应有单独售货室，并采取防护措施；⑤出售旧衣物等生活用品的商店，应有消毒措施和消毒制度，旧衣物必须经消毒后方可出售。此外，还对店内的微小气候、空气质量、噪声和照度都做了规定。

8. 医院候诊室　《医院候诊室卫生标准（GB 9671—1996）》规定：①候诊室应保持清洁、整齐、安静；②室内应采用湿式清扫，垃圾废弃物应日产日清。卫生间应随时清扫、消毒、保洁；③候诊室应有通风设施，保持室内空气新鲜；④候诊室内禁止吸烟及从事污染环境的其他活动；⑤候诊室内应设有痰盂和污物箱。痰盂和污物箱应每日清洗和消毒；⑥不得在候诊室内出售商品和食物；⑦候诊室内不设公用饮水杯；⑧应有健全的消毒制度，疾病流行时应加强消毒（传染病专科医院应一天一消毒）；⑨候诊室内的微小气候、空气质量、噪声和照度应严格执行《医院候诊室卫生标准（GB 9671—1996）》的规定。

9. 公共交通等候室　《公共交通等候室卫生标准（GB 9672—1996）》规定了等候室内的微小气候、空气质量、噪声和照度的卫生标准。同时要求环境应清洁整齐，应有足够数量的卫生设施。应设有公用饮水处，未经消毒的公用茶具不得供给旅客使用。应有防虫、防鼠措施，病媒昆虫指数（Index of infectious insects）和鼠密度（Mice density）应达到国家爱国卫生运动委员会的考核规定。

10. 公共交通工具　《公共交通工具卫生标准（GB 9673—1996）》规定了旅客列车车厢、轮船客舱、飞机客舱等场所的微小气候、空气质量、噪声和照度的卫生标准。并要求旅客使用的卧具、铺位、席位必须清洁卫生。饮水水质应该符合《生活饮用水卫生标准（GB 5749—85）》的要求，储水设备应定期清洗消毒。旅途中产生的垃圾应集中处理，集中销毁。未经消毒的公用茶具不得供旅客使用。病媒昆虫指数和鼠密度应达到国家爱国卫生运动委员会的考核规定，用于消毒、杀虫和灭鼠的药物不得损害人体健康。

11. 公共场所集中空调通风系统　《公共场所集中空调通风系统卫生管理办法》（卫监督发〔2006〕53号）规定了公共场所集中空调通风系统的有关卫生标准。集中空调通风系统的新风应当直接来自室外，严禁从机房、楼道及天棚吊顶等处间接吸取新风。新风口应当远离建筑物的排风口、开放式冷却塔和其他污染源，并设置防护网和初效过滤器。送风口和回风口应当设置防鼠装置，并定期清洗，保持风口表面清洁。集中空调通风系统应当具备下列设施：①应急关闭回风和新风的装置；②控制空调系统分区域运行的装置；③空气净化消毒装置；④供风管系统清洗、消毒用的可开闭窗口。新建、改建和扩建的集中空调通风系统应当进行预防空气传播性疾病的卫生学评价，评价合格后方可投入运行。集中空调通风系统应当保持清洁、无致病微生物污染，并定期清洗。当空气传播性疾病在本地区暴发流行时，公共场所经营者应当按照卫生行政部门的要求启动预防空气传播性疾病的应急预案，并且每周对运行的集中空调通风系统下列设备或部件进行清洗、消毒或者更换。集中空调通风系统导致或者可能导致空气传播性疾病时，公共场所经营者应当及时关闭所涉及区域的集中空调通风系统，并按照当地疾病预防控制机构的要求对公共场所及其集中空调通风系统进行消毒处理。

第二节　公共场所的卫生监督

案例 15-3

为了加强公共场所建设项目的监督管理，某区卫生局卫生监督所组织执法人员对一家新建的住宿场所经营单位进行了预防性卫生监督，并进行了现场指导。

依据《公共场所卫生管理条例实施细则》、《住宿业卫生规范》和《山东省公共场所预防性卫生审查管理办法》等相关要求，卫生监督所首先对申请单位提交的书面资料进行了严格审查，同时，委派执法人员深入建设项目工地现场，对建设布局、流程，包括功能间（布草间、消毒间等）布局，采光、照明、通风、给排水、噪声控制、通风系统等卫生设施的合理性、选址的正确性进行审查，对存在的问题，当场提出合理化意见，要求在建设装修过程中严格按照住宿业卫生标准和规范进行施工，以免在验收时出现不符合卫生标准和要求现象，产生返工情况。

接下来，卫生监督所将继续加大对公共场所新建、改建、扩建工程项目的监管力度，从源头上控制和消除卫生安全隐患，切实保障广大群众的身体健康。

问题：卫生监督部门为什么要在公共场所建设前及建设过程中进行卫生监督？

公共场所的卫生监督是指各级公共场所的卫生监督机构依法对管辖范围内的公共场所卫生状况进行的监督。公共场所卫生监督的目的是研究各种公共场所环境及其对滞留在这种环境下的人群健康所产生的影响，掌握其影响的性质和程度，制订公共场所卫生标准和卫生要求，制订改善公共场所环境所应采取的卫生措施和监督管理方法，以创造卫生的环境，预防疾病，保障健康。

一、公共场所预防性卫生监督

公共场所预防性卫生监督又称公共场所设计卫生审查。卫生部门依据法规对城乡规划和公共场所建筑等新建、改建、扩建的建设项目的设计方案（包括任务书和图纸资料）进行卫生学审核，并作出卫生学评价，竣工后进行验收，发现卫生问题及时研究解决。通过设计卫生审查，督促各有关单位在规划、选址、设计、施工时切实贯彻国家的有关卫生标准、条例和法规，从而防止工程建成后污染环境，影响居民健康；保证各项工程建设符合卫生学要求。这是最积极有效的预防措施。主要包括以下内容。

（一）选址

公共场所的选址十分重要，一旦选择不当，不仅造成重大的经济损失，而且还带来一系列的卫生问题。但公共场所选址的预防性卫生监督是一件难度很大的工作，往往出现难以兼顾各项卫生学原则或建设地点已经选定，调整有极大困难，又缺乏应有卫生条件的情况。积极的工作方法是从整体上主动参与城市布局总体规划，在个案上采取两害相权取其轻的办法，避免严重的卫生问题发生。对有严重卫生问题的，卫生监督部门要明确、直接地提出反对意见，行使卫生监督职责。对公共场所的选址进行卫生审查时，应遵循以下卫生学原则。

（1）是否符合城市的总体规划和功能分区要求；

（2）所选择的地址尽可能符合下述要求：地势平坦、干燥，地下水位低，土壤清洁，空气清新，通风日照良好，水源不受污染，交通方便；

（3）附近无污染源（产生烟气、毒气、臭气、噪声源等工业企业），有污染源时地址是否选在上风向，有无足够的符合卫生要求的卫生防护距离；

（4）是否符合布局合理的要求：可根据公共场所的性质、服务功能和卫生标准的要求进行布局。例如，住宿场所应选择交通方便，环境相对安静的地段；疗养性质的旅店宜选于安静、空气清新的风景区；文化娱乐与文化交流场所，应建于交通方便的城市发展的中心区，同时接近居民区，远离工业污染源的地段，并应交通方便；公共交通等候室占地面积要求宽阔，便于车流、人流出入通畅，有便于绿化和停车的场地；商场、书店、理发和美容店、公共浴室等，应选于接近居民区和交通方便的地段。

（二）设计

建设项目的规模有大小之分，在民用建筑中有一定知名度的特殊建筑物，应划入大型建筑项目，如剧院（不含电影院），博物馆，展览馆，纪念馆，国家、省、市级图书馆，机场，地铁，中心城市的火车站、汽车站、码头，部、省、市级综合医院，国家、省、市级体育场（馆）等。建筑项目设计阶段包括可行性研究、初步设计、施工设计三个前期阶段，这些阶段都可能存在一些对环境、对人体产生影响的卫生问题。大量的预防性卫生监督工作往往从这些阶段开始。

1. 受理 由项目建设单位填写建设项目卫生审查申请书，并提交建筑物的选址和环境情况、设计图纸、卫生专篇等材料。一般包括设计说明书，总体平面布置图，主建筑物平面图、剖面图、立面图（包括二次供水设备、污水处理设备等），工艺流程图，工艺设备平面与立面配置图，采暖通风与空气调节图，给排水系统平面与透视图，衣房、洗消间及设备图，卫生防护措施、设备的设计图及文字说明（包括防震隔音、防潮、防辐射等），三废治理的设计图及文字说明等。

2. 审查 设计阶段的预防性卫生监督工作，主要是审阅卫生篇章（建设项目卫生评价报告书或有关卫生防护措施说明文字），审阅设计图纸（布局、流程、卫生防护措施和设施等），核算设计参数是否满足卫生要求。经综合分析后，作出审核评价意见（对设计不合理之处提出修改意见）。

3. 认可 经审查认为设计基本符合卫生要求可以施工的建设项目，发给建设项目卫生审查认可书，作出审查结论予以认可。对存在非原则性的不足之处，可在认可书中提出，要求施工阶段完善，准予施工。对设计不符合卫生要求的，则填写卫生监督意见书，要求重新修改有关设计内容。

（三）施工

施工阶段的预防性卫生监督，主要是监督"同时施工"和"按图施工"的贯彻落实。主要的工作形式是施工现场的检查。在实际工作中应特别注意以下两个问题：一是建设单位因资金紧缺，暂缓卫生防护设施施工建设；二是建设单位擅自变更业经审批认可的设计图纸进行施工。

小型建设项目，尤其小型改建、扩建的项目，在实际工作中由于注意了施工设计预防性卫生监督，省去了施工阶段的预防性卫生监督，故应在竣工验收时，核对是否"按图施工"。

（四）竣工验收

竣工验收，是预防性卫生监督工作的最后一个步骤。验收合格后，卫生监督工作即转入经常性卫生监督。

二、公共场所经常性卫生监督

公共场所经常性卫生监督是指监督机关对公共场所的卫生有计划地进行定期或不定期的检查、指导、监督和监测。

公共场所经营单位取得《卫生许可证》后，可以向工商行政管理部门申请办理营业执照，开始正式营业。卫生计生主管部门也开始对经营单位依法实施公共场所经常性卫生监督。

（一）主要内容

公共场所经常性卫生监督的主要内容如下：①卫生组织、卫生制度是否建立、健全及执行情况；②基本卫生设施是否具备；③公共场所内外的环境卫生状况；④消毒制度、消毒设施是否健全、完好及运行情况；⑤对公共场所的卫生标准及有关规定的执行情况；⑥通风换气设施的运行状况；⑦从业人员健康体检、卫生知识培训及患有禁忌证的从业人员的调离情况；⑧复核卫生许可证持有情况。

（二）许可情况

1. 卫生许可证 《卫生许可证》是卫生计生主管部门在企业开业前，依据企业申请进行预防性卫生监督后，认为经营的项目符合卫生标准和要求而制订、下发的卫生许可证明书。

准备开业的公共场所经营者持有主管部门的证明后，应该认真填写公共场所卫生许可证申请表，同时向卫生计生行政部门提供法定代表人或者负责人身份证明、公共场所地址方位示意图、平面图和卫生设施平面布局图、公共场所卫生检测或者评价报告、公共场所卫生管理制度、从业人员健康检查、卫生知识培训合格证等材料。

上述材料齐备后，送卫生计生行政部门审查，县级以上地方人民政府卫生计生行政部门应当自受理公共场所卫生许可申请之日起 20 日内，对申报资料进行审查。根据现场监测结果，对合格者由县级以上行政部门签发卫生许可证，并由各级卫生监督机构负责发放；对不符合规定条件的，作出不予行政许可的决定并书面说明理由。经营单位取得《卫生许可证》后，方可向工商行政管理部门申请登记，办理营业执照。

公共场所《卫生许可证》有效期限为 4 年，每 2 年复核 1 次。复核时经营者需要携带原卫生许可证，按卫生计生行政部门规定的办理期限到所属卫生计生行政部门办理手续。如果复核不合格，卫生计生行政部门应该给予卫生技术指导，并限期改进或者停业整顿。对在短期内无法改进或拒不改进者，停发《卫生许可证》。已有工商营业执照者，可通知工商部门吊销其营业执照。整改达标后，重新申领《卫生许可证》。公共场所卫生许可证应当在经营场所醒目位置公示。

2. 健康证 公共场所经营者应当组织从业人员每年进行健康检查，从业人员在取得有效健康合格证明后方可上岗。患有痢疾、伤寒、病毒性肝炎、活动期肺结核、化脓性或者渗出性皮肤病以及其他有碍公共卫生的疾病的，治愈前不得从事直接为顾客服务的工作。

经营单位应该做好体检的组织工作，从业人员必须亲自持体检表进行体检和复检。卫生监督机构按照人员名单逐项审核，体检合格者在其《健康证》上加盖"体检合格"章及公章，并注明发证日期。发现漏检人员、漏检项目或检出阳性者应及时通知经营单位补检或复检。健康合格证不得涂改、转让、倒卖和伪造。

3. 卫生知识培训 公共场所经营者应当建立卫生培训制度，组织从业人员学习相关卫生法律知识和公共场所卫生知识，并进行考核。对考核不合格的，不得安排上岗。公共场所从业人员的健康教育应按原卫生部颁发的《公共场所从业人员卫生知识培训教学大纲》进行。新职工应该在工作前接受培训并经考核合格后方可上岗，以后每两年复训一次。

（三）公共场所卫生监测

1. 卫生监测的程序 卫生监督人员对公共场所进行卫生监测时，其监测程序大致可以分为五个部分。

（1）制订公共场所监测计划：确定被监测单位、监测范围、监测方式、样品数量、分析和最后的评价等。

（2）卫生监测的布点：原则上要有均匀性、代表性，采集平行样本对照，尽量避免各种因素的影像。

（3）采样时间和频次：一般应每个季度监测一次，至少每年监测两次（冬春季和夏秋季），每次监测1～3天，每天采样不少于3次。影剧院、餐厅等场所应包括晚间的采样，游泳池、浴池应有下午的监测水样。

（4）样品的采集分析方法：应采用国家推荐的标准方法。

（5）资料的整理与评价：将获得的监测数据进行核查、归类、整理分析。对公共场所的卫生学综合评价应包括设计卫生、现场环境质量、卫生设施效果和环境对健康影响的评价，并提出改进意见。

2. 公共场所卫生监测项目 见表15-1。

表15-1 公共场所主要监测项目

各类场所	监测项目
旅店业	CO_2、CO、甲醛、可吸入颗粒物、空气细菌总数、噪声、新风量、台面照度、卧具、茶具等
文化娱乐场所	CO_2、CO、甲醛、可吸入颗粒物、空气细菌总数、动态噪声、新风量等
公共浴池	室温、水温、CO_2、CO、照度、池水浊度、用具的消毒
理发、美容店	CO_2、CO、甲醛、可吸入颗粒物、氨、空气细菌总数、用具的消毒
游泳场所	池水浊度、水温、pH值、游离性余氯、尿素、水中细菌总数及大肠菌群、有毒物质、漂浮物质、空气细菌总数、CO_2、池水净化消毒等
体育馆	微小气候、甲醛、可吸入颗粒物、空气细菌总数、照度等
图书馆、博物馆等	CO_2、甲醛、可吸入颗粒物、空气细菌总数、噪声、照度、微小气候等
商场（店）、书店	CO_2、CO、甲醛、可吸入颗粒物、噪声、照度、微小气候等
医院候诊室	微小气候、CO_2、CO、甲醛、可吸入颗粒物、空气细菌总数、噪声、照度等
交通等候室	微小气候、CO_2、CO、甲醛、可吸入颗粒物、空气细菌总数、噪声、照度、通风量等
交通工具	微小气候、CO_2、CO、甲醛、可吸入颗粒物、空气细菌总数、噪声、照度、新风量、饮水水质、卧具、病媒昆虫等

> **知识链接**
>
> **公共场所卫生监督量化分级管理知识**
>
> 卫生部 2009 年 1 月 16 日发布《公共场所卫生监督量化分级管理指南》，在全国推行公共场所卫生监督量化分级管理制度，建立公共场所卫生信誉度评价体系。公共场所卫生监督量化分级管理是对取得卫生许可满一年的公共场所经营单位进行经常性卫生监督的量化评分，根据审查结果对其进行风险性分级和公共场所卫生信誉度分级，并确定次年公共场所卫生监督的频率。
>
> 根据法律、法规、规章和标准、规范的要求，对公共场所评价项目进行量化，并应用风险性分析理论，按风险度高低分为关键项目和非关键项目。通过监督量化评价评定公共场所卫生信誉等级，以客观公正地反映其卫生状况。省级卫生计生行政部门统一组织实施并指导本行政区域的公共场所量化分级工作。公共场所的量化评分和卫生信誉度等级评定原则上由卫生许可证的发放和实施日常监督机构负责。公共场所卫生信誉度等级应根据每次日常监督量化评价的结果确定。监督频次随量化评价结果做相应调整，以合理分配监督资源。公共场所卫生信誉度等级应向社会公示，并使用统一标识。增强消费者公共场所卫生意识，使消费者在知情的前提下做出消费选择，便于社会监督。
>
> 制定量化分级评分表，对公共场所的卫生状况进行量化评价。根据量化评价结论确定公共场所卫生信誉度等级和卫生监督频次。根据公共场所卫生监督量化分级评分表评价，按 100 分标化后，总得分在 90 分以上的，卫生状况为优秀，卫生信誉度为 A 级；总得分在 70~89 分的，卫生状况为良好，卫生信誉度为 B 级；总得分在 60~69 分的，卫生状况为一般，卫生信誉度为 C 级；总得分低于 60 分的，责令限期整改，并依法处理。

（四）从业人员健康状况的监督

公共场所从业人员应该定期进行健康检查，以保障从业人员和顾客的健康。从业人员一经发现患有《公共卫生场所管理条例》规定的职业禁忌证，应及时调离工作岗位，对可疑传染病患者需随时进行健康检查，明确诊断。《公共卫生场所管理条例》规定的疾病有：

1. 病毒性肝炎 肝炎患者经系统治疗后基本痊愈（主要症状消失，肝区无明显压痛及肿大，肝功能正常，乙型肝炎表面抗原阴性）可恢复工作。

乙型肝炎患者肝功能恢复正常，但乙肝表面抗原阳性者，需 e 抗原阴性，并经 6 个月各方面的观察（症状、体征、肝功等）确已痊愈，并不带病毒时，可恢复原工作。乙肝病毒携带者 e 抗原阳性，不得从事理发美容业、公共浴池业等直接为顾客服务的工作。

2. 痢疾 包括阿米巴痢疾、细菌性痢疾，应尽早发现患者，及时隔离治疗。对已患病的从业人员，应暂时调离现在的工作岗位，经过治疗，临床症状消失，大便培养阴性，停药后 2 周内大便培养 3 次阴性者，可恢复工作。

3. 伤寒 伤寒患者临床症状和体征消失，大便连续培养 3 次阴性者可从事不直接为顾客服务的工作。需进行观察，第二年粪便检查连续 2 次培养阴性者，方可从事直接为顾客服务的工作。

4. 活动期肺结核 对活动期肺结核患者和痰中带菌者应隔离治疗，痰培养阴性或 1 周内连续涂片 2 次阴性，达到临床治愈方可恢复工作。

5. 皮肤病 化脓性、渗出性皮肤病及接触性传染的皮肤病患者治愈前不得从事直接为顾客服务的工作，治愈后方可恢复工作。

6. 其他有碍公共卫生的疾病 如重症沙眼、急性出血性结膜炎、性病等，需治愈后可从事原工作。对过去持有健康合格证的从业人员确诊为上述疾病者，由卫生监督机构向患者所在单位发放职业禁忌人员调离通知书。经营单位应将患者调离直接为顾客服务的岗位，并于接到通知书之日起十日内将患者健康证及其回执送交卫生监督机构。传染病患者治愈后，经复查确属痊愈，卫生计生行政部门补发健康合格证或补盖体检合格章。

第三节 公共场所禁烟监督

> **案例 15-4**
>
> 2015年10月6日，某地铁运营管理办公室执法队员在巡查时发现，地铁大芬站C出入口通道上有乘客在吸烟，执法队员立即出示执法证件并上前制止，同时摄像取证，但当事人不以为然，继续吸着烟往出口方向走，随后执法队员依据《深圳经济特区控制吸烟条例》，对其处以50元的罚款。
>
> 《深圳经济特区控制吸烟条例》（以下简称《条例》）是深圳借鉴香港经验，并由深圳市人民代表大会审议并通过的一项地方性法规，从2014年3月1日正式实施。《条例》规定：在室内工作场所、室内公共场所、公共交通工具内以及学校、公园、医疗卫生机构等室外场所禁止吸烟；在禁止吸烟场所吸烟且不听场所经营者、管理者劝阻的，由有关部门按照职责范围责令改正，处以50元罚款并当场收缴；拒不改正的，处以200元罚款；有阻碍执法等情况的，处以500元罚款。禁止吸烟场所经营者或管理者未履行该条例有关规定的，执法部门首先予以警告；逾期不改正的，处以3万元罚款。"条例"还禁止发布或者变相发布烟草广告；以派发、赠予烟草宣传品等直接或间接的手段鼓励、诱导购买烟草制品的单位将会被处以高达10万元罚款。
>
> 问题：为什么在公共场所吸烟要受到处罚？

一、概　述

烟草危害是当今世界最严重的公共卫生问题之一。"吸烟等于慢性自杀"已是妇孺皆知，然而，被动吸烟对非吸烟者的危害远比主动吸烟者自我损害更为严重这一事实却不为大众所知。所谓被动吸烟（passive smoking）是指不吸烟者吸入吸烟者呼出的烟雾及卷烟燃烧产生的烟雾，也称"非自愿吸烟"或"吸二手烟"。根据WHO定义，不吸烟者每周至少有一天环境烟草烟雾（environment tobacco smoke，ETS）暴露时间超过15分钟，即为被动吸烟。ETS由主流烟雾和测流烟雾构成。被动吸烟者吸入的是测流烟雾，与主流烟雾相比，测流烟雾所含致癌物水平更高，其一氧化碳是主流烟雾的5倍，焦油和烟碱是3倍，苯并芘是4倍，氨是46倍，亚硝胺（强致癌物）是50倍。可见，长期被动吸烟者所遭受的危害比主动吸烟者自身健康损害更加严重。若不考虑被动吸烟，则吸烟行为的危害程度将被低估。在我国，被动吸烟的主要受害者是妇女和儿童，他们绝大多数自己不抽烟，但是经常在家庭、公共场所遭受他人的二手烟。此外，职场、会场也经常存在二手烟泛滥的情况。控制公共场所吸烟刻不容缓。

二、国外控烟立法现状和处罚规定

（一）各国控烟立法历程

在20世纪50年代末60年代初，美国牛津大学的Richard Doll爵士等就以流行病学方法证实了吸烟与肺癌的关系，启动了世界性的控烟运动。目前，全世界已经有一百多个国家通过立法控烟。

各国的控烟立法基本分为两类：一类是控制烟草的生产、销售、促销活动的立法，内容包括：

①控制烟草广告、赞助和促销活动；②健康警示语及标明焦油和尼古丁含量；③对有害物质的控制；④对向未成年人销售香烟的限制；⑤经济策略。1971年，美国国会规定，香烟盒上必须注明"吸烟有害健康"的警示语，并开始在中、小学中普遍推行控烟教育。欧盟从2005年7月起全面禁止在新闻媒体上做烟草广告。2006年1月1日起《西班牙烟草法》规定，不得在公共管理部门、医疗、教育、文化、体育单位出售香烟，禁止销售散装香烟；禁止在任何媒体、影视剧院播放张贴烟草广告，以不允许免费散发烟草制品促销；禁止直接或通过自动售烟机向不满18岁的未成年人售烟。另一类是改变吸烟习惯的立法，内容包括：①税收和价格政策；②控制在公共场所和公共交通工具内吸烟；③控制在工作场所吸烟；④防止青少年吸烟；⑤健康教育。1964年美国卫生署开始倡导开展控烟工作，并通过州级立法，禁止在工作场所和包括酒吧和餐厅在内的公共场所吸烟。1970年新加坡颁布了《反吸烟法》，禁止在公共交通工具、影剧院和其他指定的场所吸烟。1988年，加拿大联邦议会通过了《不吸烟者健康法案》，规定公共场所和公共区域（包括飞机航班）禁止吸烟。1995年。波兰通过了《防止吸烟危害和保护身体健康法》，规定在公共场所、医疗单位、文教体育部门禁止吸烟。2004年3月，爱尔兰通过并实施《2004年公众卫生（烟草）（修订）法令》，在公共场所全面禁烟、建立无烟工作场所，成为第一个在封闭的公众地方和工作场所实施全国性的全面禁烟的国家。3个月后，挪威的无烟立法也开始生效。2006年1月西班牙新的《烟草法》规定，禁止在封闭的工作场所吸烟。2006年3月，苏格兰禁二手烟的法律生效。2008年1月，法国也颁布了公共场所禁烟的法令。

> **知识链接**
>
> 新加坡1970年通过了第一部禁烟法，从那以后，留给烟民的空间越来越小，甚至公共汽车站也不允许吸烟。2006年，禁烟区扩至所有封闭的公共场所。随地扔烟头将被处以500新元（约合2630元人民币）罚款。在任何禁烟区吸烟的人，初犯者罚款250新元，再犯者500新元，第三次违反规定则处罚1000新元。新加坡法律甚至规定，屡教不改者要做义工或接受最高1年的有期徒刑。
>
> 目前，新加坡是世界上唯一禁止进口任何烟草产品的国家。而且新加坡成为率先在香烟包装上复印与吸烟有关的疾病信息劝阻消费者。其中包括一张患有癌症的孕妇胎死腹中的照片，极具视觉冲击力。

（二）WHO《烟草控制框架公约》

为了促进控烟运动，WHO宣布1988年4月7日为第一个"世界无烟日"（World No-Tobacco Day）。自1989年起，每年的5月31日为"世界无烟日"。2010年"世界无烟日"的主题和口号是"性别与烟草——特别抵制针对女性的市场营销"；2011年的主题和口号是"世界卫生组织《烟草控制框架公约》——烟草致命如水火无情，控烟履约可挽救生命"；2015年世界无烟日的主题是"制止烟草制品非法贸易"。

2003年5月21日，在瑞士日内瓦举行的第56届世界卫生大会上，世界卫生组织192个成员国一致通过了《烟草控制框架公约》。2005年2月27日，世界卫生组织第一部具有法律约束力的公共卫生多边条约《烟草控制多边公约》（以下简称《公约》）正式生效。《公约》及其议定书对烟草及其制品的成分、包装、广告、促销、赞助、价格和税收等问题均作出了明确规定。《公约》旨在提供一个各缔约国在国家、区域和全球各级实施烟草控制措施的框架，使烟草使用和接触"二手烟"机会大幅度下降，从而保护人们免受香烟的危害。2006年1月9日，《公约》在我国生效。2007年7月，《公约》第二次缔约方大会通过了《公约》第8条《防止接触烟草烟雾准则》。

《公约》要求成员国应采取以下控烟措施：①减少烟草需求的价格和税收措施；②防止接触烟草烟雾；③管制和披露烟草制品成分；④烟草制品的包装和标签；⑤禁止烟草广告、促销和赞助；

⑥降低与烟草依赖和戒烟有关的烟草需求;⑦消除一切形式的烟草制品非法贸易;⑧禁止向未成年人销售烟草制品;⑨坚持法律诉讼是烟草控制的重要策略;⑩促进民间社会的参与意识。

三、我国控烟的法律规定

(一)国家的控烟法律法规

1979年,经国务院批准,卫生部等四部委联合发布了《关于宣传吸烟有害与控制吸烟的通知》,确定了我国政府对控烟的立场;1981年国家教育委员会在《中学生守则》明确规定:中学生禁止吸烟;1985年全国爱国卫生运动委员会和铁道部发布《关于禁止在旅客列车上随地吐痰、乱扔脏物和在不吸烟车厢内吸烟的规定》;1987年全国爱国卫生运动委员会和卫生部等部委又联合发出《关于在儿童活动场所积极开展不吸烟活动的通知》,同年国务院颁布《公共场所卫生管理条例》,规定在公共场所内禁止吸烟。1990年2月27日正式成立领导、协调全国控烟工作的机构——中国吸烟与健康协会(2004年更名为中国控制吸烟协会)。近年来,我国已经开展了多项公共场所禁止吸烟的活动,如1992年开始在全国创建"无烟学校"、1999年开始在全国创建"无烟医院"等。

我国目前还没有一部国家层面的专门针对"控制吸烟"的法律法规,但是1979年以来,国家颁布有关和涉及控制吸烟的法律、法规、规章和规范性文件达40多个。1997年,全国爱国卫生运动委员会、卫生部、铁道部、交通部、建设部、民航总局颁布《关于在公共交通工具及其等候室禁止吸烟的规定》,对公共交通工具及其等候室禁烟提出进一步要求。

基于对公约的承诺,为做好控烟履约工作,发挥示范带头作用,卫生部、国家中医药管理局、总后卫生部和武警部队卫生部2009年5月联合发出《关于2011年起全国医疗卫生系统全面禁烟的决定》,要求军地所有卫生计生主管部门和至少50%的医疗卫生机构到2010年应建成无烟单位,确保实现2011年全国医疗卫生系统全面禁烟的目标。

我国现行的控烟有关的法律法规还包括:《中华人民共和国烟草专卖法》、《中华人民共和国广告法》、《中华人民共和国未成年人保护法》、《公共场所卫生管理条例》、《中华人民共和国消防法》中有关控烟的内容。

(二)地方的控烟法律法规

公共场所禁止吸烟地方立法始于1993年,到目前为止,全国所有的省会城市及大部分地级以上城市均颁布实施了本地区的公共场所禁止吸烟规定。

2009年12月10日,上海市人民代表大会批准《上海市公共场所控制吸烟条例》,并于2010年3月1日正式实施。2009年11月27日,杭州市人民代表大会批准《杭州市公共场所控制吸烟条例》,并于2010年3月1日正式实施。

2014年11月28日,北京市第14届人民代表大会常务委员会第15次会议通过了《北京市控制吸烟条例》——被称为"史上最严"的控烟法规。《北京市控制吸烟条例》自2015年6月1日起实施。该条例规定:

北京市控制吸烟工作坚持政府与社会共同治理、管理与自律相互结合,实行政府管理、单位负责、个人守法、社会监督的原则。市和区、县人民政府加强对控制吸烟工作的领导,将控制吸烟工作纳入国民经济和社会发展规划,保障控制吸烟工作的财政投入,推进控制吸烟工作体系建设。下列公共场所、工作场所的室外区域禁止吸烟:①幼儿园、中小学校、少年宫、儿童福利机构等以未成年人为主要活动人群的场所;②对社会开放的文物保护单位;③体育场、健身场的比赛区和坐席区;④妇幼保健机构、儿童医院;⑤市人民政府可以根据举办大型活动的需要,临时划定禁止吸烟的室外区域。

吸烟区的划定应当遵守下列规定:①设置明显的指示标志和吸烟有害健康的警示标识;②远

离人员密集区域和行人必经的主要通道；③符合消防安全要求。

国家机关、企事业单位、社会团体和其他社会组织应当将控制吸烟工作纳入本单位日常管理，依法划定禁止吸烟区域，制止违法吸烟和不文明吸烟行为；其法定代表人或者主要负责人负责本单位的控制吸烟工作。鼓励国家机关、企事业单位、社会团体和其他社会组织自行实施全面禁烟。

禁止烟草制品销售者从事下列行为：①向未成年人出售烟草制品；②在幼儿园、中小学校、少年宫及其周边 100m 内销售烟草制品；③通过自动售货机或者移动通信、互联网等信息网络非法销售烟草制品。

禁止吸烟场所的经营者、管理者负有下列责任：①建立禁止吸烟管理制度，做好宣传教育工作；②在禁止吸烟场所设置明显的禁止吸烟标志和举报投诉电话号码标识；③不得在禁止吸烟场所提供烟具和附有烟草广告的物品；④开展禁止吸烟检查工作，制作并留存相关记录；对在禁止吸烟场所内的吸烟者予以劝阻，对不听劝阻的要求其离开；⑤对不听劝阻且不离开的，向卫生计生行政部门投诉举报。禁止吸烟场所的经营者、管理者违反上述规定，由市或者区、县卫生计生行政部门责令限期改正；拒不改正的，处 2000 元以上 10000 元以下罚款。禁止吸烟场所的经营者、管理者可以利用烟雾报警、浓度监测、视频图像采集等技术手段监控吸烟行为，加强对禁止吸烟场所的管理。

个人应当遵守法律法规的规定，不得在禁止吸烟场所和排队等候队伍中吸烟；在非禁止吸烟场所吸烟的，应当合理避让不吸烟者，不乱弹烟灰，不乱扔烟头。否则将被处以 50 元人民币罚款，拒不改正的最高可处 200 元罚款。

公众发现有人在"禁烟区域"吸烟，可以拨打北京市统一举报电话 12320，也可通过"无烟北京"微信进行投诉。这是目前国内与世界卫生组织制定的《烟草控制框架公约》最为接轨的一部地方性法规。

第四节 法律责任

> **案例 15-5**
>
> 2012 年 12 月 1 日上午 8：30，某区卫生执法监督大队接到顾客电话投诉：某宾馆房间内有异味；被盖上有污渍；桌面上有灰尘；室内卫生环境较差。
>
> 该大队卫生执法人员来到该宾馆对投诉顾客入住的房间进行现场检查。发现该房间地面卫生差；桌面、电视机表面等有灰尘；台灯桌面有两个纸屑；临近厕所墙面从天棚至墙底均呈霉斑状；床上的被褥上有 10cm×8cm 的褐红色污迹。
>
> 该卫生执法监督大队认为：顾客投诉的案件违法事实清楚，证据确实充分。该宾馆未能给顾客提供一个卫生、舒适的住宿环境，没有对顾客用品用具进行及时清洗、消毒和保洁，情节比较严重。已经违反了《公共场所卫生管理条例实施细则》第十四条的规定。按照《公共场所卫生管理条例事实细则》第三十六条的规定上限处罚，决定如下：①给予警告；②给予 2000 元的罚款，同时责令立即改正违法行为。
>
> 问题：此案例中的处罚属于何种处罚？并分析。

一、行政责任

（一）警告

具有下列行为之一者，予以警告：

（1）违反《公共场所管理条例》第六条规定，卫生制度不健全或从业人员未经卫生知识培训即上岗者。

（2）违反《公共场所卫生管理条例实施细则》第五条第一项规定，不按时进行健康检查者。

（3）符合《公共场所管理条例》第十四条第一项规定，但有一项主要卫生指标不合格者。

（二）罚款

具有下列行为之一者，处以罚款：

（1）经警告处罚仍无改进者。

（2）有两项以上主要卫生指标不合格者。

（3）违反《公共场所管理条例》第七条规定，未获得健康合格证而上岗工作者。

（4）患有《公共场所管理条例》第七条所列疾病之一者，仍从事直接为顾客服务工作者。

（5）对涂改、转让、倒卖或伪造健康合格证者。

（6）未取得卫生许可证擅自营业者。

（7）未取得卫生合格证擅自营业者。

（8）拒绝卫生监督者。

（9）对涂改、转让、倒卖或伪造卫生许可证者。

（10）违反《公共场所管理条例》第九条规定，发生危害健康事故未及时报告者。

（11）未取得《建设项目卫生许可证》而擅自施工者，并视具体情况责令其停止施工。

（12）违反《公共场所卫生管理条例实施细则》第八条规定，造成健康危害事故的。

（13）虽无人员死亡，但造成人员损害的。

（14）造成人员死亡的。

（三）停业整顿

有下列情况之一者，责令7天以内的停业整顿，仍无改进者可将期限延长至90天：

（1）违反《公共场所卫生管理条例实施细则》第八条规定，经卫生计生行政部门确定需要采取紧急措施的。

（2）基本卫生条件不具备的。

（3）经两次罚款处罚后仍无改进的。

（四）吊销卫生许可证

经90天停业整顿后，仍无改进或违法情节严重，造成严重后果的，由发证机关吊销卫生许可证。

上述各项处罚可单独使用也可合并使用，但不可超出规定的处罚范围和权限。公共场所卫生监督机构罚款只限定在20～3000元之内。超过3000元的罚款及停业整顿的处罚，由卫生监督部门提出，经同级卫生计生行政部门审批后方可执行，地、市级以下卫生监督机构应报省、自治区或直辖市卫生监督机构备案。吊销卫生许可证必须经过原发证单位批准。

对罚款、停业整顿、吊销卫生许可证的行政处罚送达后3个月内被处罚单位不履行也不起诉时，由卫生监督机构向当地人民法院申请强制执行；3个月内被处罚单位不服处罚，而向当地人民法院起诉时，卫生监督机构应做好应诉准备。

二、民事责任

《公共场所管理条例》第十五条规定："违反本条例的规定造成严重危害公民健康事故或中毒事故的单位或者个人，应当对受害人赔偿损失。"案件的受理应按《赔偿法》和《中华人民共和国民事诉讼法》的有关规定处理。

三、刑事责任

《公共场所管理条例》第十五条规定:"违反本条例致人残疾或者死亡,构成犯罪的,应由司法机关依法追究直接责任人员的刑事责任。"

公共场所卫生监督机构和卫生监督员必须尽职尽责,依法办事。对玩忽职守,滥用职权,收取贿赂的,由上级主管部门给予直接责任人员行政处分。构成犯罪的,由司法机关依法追究直接责任人员的刑事责任。

本章小结

公共场所的环境具有一定的封闭性,设施公用,进出人员多而且流动性强,某些疾病容易传播。所以,《条例》对公共场所的卫生质量做了明确的规定。根据《条例》及其实施细则规定,各级人民政府卫生计生行政部门是公共场所卫生监督的法定机构,依法实施管辖范围内的公共场所的卫生监督职能。卫生监督机构根据需要设立公共场所卫生监督员,卫生监督员负责对辖区内公共场所的卫生进行监督检查,执行各级人民政府卫生计生行政部门安排的各项任务。公共场所禁止吸烟地方立法始于1993年,到目前为止,全国所有的省会城市及大部分地级以上城市均颁布实施了本地区的公共场所禁止吸烟规定。2014年11月28日,北京市第14届人民代表大会常务委员会第15次会议通过了《北京市控制吸烟条例》——被称为"史上最严"的控烟法规。

思考题

监督执法机构怎样才能实施好公共场所卫生监督工作?

(陈永聪)

第十六章 红十字会法律制度与监督

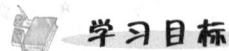

学习目标

掌握：《中华人民共和国红十字会法》的立法宗旨；红十字基本原则；红十字会的性质。
熟悉：红十字会组织机构；红十字会职责；红十字会标志使用；红十字经费的来源和管理。
了解：红十字运动发展历程；国内红十字立法情况；相关法律责任。

第一节 概 述

一、发 展 历 程

（一）红十字运动发展历程

红十字运动（the red cross movement）起源于1859年，创始人亨利·杜南。1863年2月，瑞士日内瓦公共福利会选出的亨利·杜南等5人在日内瓦召开了首次会议，并成立"救援伤兵国际委员会"。1863年10月，欧洲16个国家的代表在日内瓦召开首次外交会议，一致通过了《红十字决议》，决定在各国建立救护团体，其标志定为"白底红十字"。1864年8月，签订了《红十字公约》，且被各国相继承认。救援伤兵国际委员会于1875年改名为红十字国际委员会（International Committee of the Red Cross，ICRC）。1986年在日内瓦召开的第25届红十字国际会议上通过了《国际红十字会和红新月运动章程》，将国际红十字运动改称为国际红十字和红新月运动，包括红十字国际委员会、国际红十字会与红新月会国际联合会（International Federation of Red Cross and Red Crescent Societies，IFRC）和各国红十字会和红新月会。截至2015年年底加入国际联合会的国家共190个。

> **知识拓展**
>
> **中国红十字会简介**
>
> 清光绪三十年（1904年）2月，日俄战争爆发。工部尚书吕海寰邀约上海官绅及各国驻沪代表，倡议成立红十字会。同年，万国红十字会上海支会成立。1906年，清政府签署承认了《日内瓦公约》。1907年，万国红十字会上海支会改名为大清红十字会，吕海寰任会长。1912年大清红十字会改名中国红十字会。红十字国际委员会于1912年1月15日通报各国，正式承认中国红十字会为国际红十字运动的成员。1919年，中国红十字会加入红十字会国际协会。新中国成立后，中国红十字会于1950年进行了协商改组，周恩来总理亲自主持并修改了《中国红十字会章程》。1952年，周恩来总理发表声明，承认1949年缔约的日内瓦四公约，同年7月，第18届国际红十字大会承认中国红十字会是中国唯一合法的全国性红十字会。1993年10月，通过了《中华人民共和国红十字会法》，使中国红十字事业有了法律保障。2015年5月5日，中国红十字会召开第十次全国会员代表大会，大会聘请中共中央政治局委员、国家副主席李源潮同志为中国红十字会名誉会长，聘请全国政协副主席韩启德同志为中国红十字会名誉会长，选举全国人大常委会副委员长陈竺同志担任中国红十字会会长，通过了《中国红十字事业2015—2019年发展规划》。

（二）我国红十字立法概况

1993年10月31日第八届全国人民代表大会常务委员会第四次会议审议通过了《中华人民共和国红十字会法》（以下简称《红十字会法》）。

1996年1月29日中华人民共和国国务院、中华人民共和国中央军事委员会令第194号发布《中华人民共和国红十字标志使用办法》（以下称《红十字标志使用办法》）。1997年，中国红十字会第六届理事会第四次会议通过了《中国红十字会募捐和接受捐赠工作条例》《中国红十字会红十字标志标明性使用规定》。2001年，中国红十字会第七届理事会第二次会议通过了《中国红十字会自然灾害和突发事件救助规则》。2009年10月26日中国红十字会第八届理事会第六次会议通过了《中国红十字会会员管理办法》，2009年10月29日中国红十字会第九次全国会员代表大会通过了《中国红十字会会费管理办法》和《中国红十字会章程》，《中国红十字会章程》后于2015年进行修订，修订后的《中国红十字会章程》于2015年5月6日通过并开始实施。

《红十字会法》颁布实施后，各省（自治区、直辖市）先后通过了《实施<中华人民共和国红十字会法>办法》，在本行政区内实施。

2013年10月30日，十二届全国人民代表大会常务委员会立法规划公布，《红十字会法》修改被纳入规划，由全国人民代表大会教科文卫委员会直接起草、修改、提请审议。2014年2月28日，第十二届全国人民代表大会教科文卫委员会在人民大会堂召开第十次会议，会议原则通过了《红十字会法》（修改）起草工作方案，正式启动了《红十字会法》修法工作。2016年3月9日张德江委员长作了全国人大常委会工作报告，报告指出，2016年全国人民代表大会常务委员会将统筹推进社会、文化等领域立法工作，修改《红十字会法》。

二、国际红十字与红新月运动七项基本原则

1986年10月第二十五届红十字国际大会修改并通过的《国际红十字与红新月运动章程》声明，国际红十字与红新月运动（以下简称"运动"）在履行职责时，恪守人道（humanity）、公正（impartiality）、中立（neutrality）、独立（independence）、志愿服务（voluntary service）、统一（unity）、普遍（universality）七项基本原则。

1. 人道 "运动"的本意是要不加歧视地救护战地伤员。在国际和国内两方面，努力防止并减轻人们的疾苦，不论这种痛苦发生在什么地方。运动的宗旨是保护人的生命和健康；保障人类尊严；促进人与人之间的相互了解、友谊和合作，促进持久和平。

2. 公正 "运动"不因国籍、种族、宗教信仰、阶级和政治见解而有所歧视，仅根据需要，努力减轻人们的疾苦，优先救济困难最紧迫的人。

3. 中立 为了继续得到所有人的信任，"运动"在冲突双方之间不采取立场，任何时候也不参与带有政治、种族、宗教或意识形态的争论。

4. 独立 "运动"是独立的。虽然各国红十字会是本国政府的人道工作助手并受本国法律的制约，但必须经常保持独立，以便任何时候都能按运动的原则行事。

5. 志愿服务 "运动"是个志愿救济运动，绝不期望以任何方式得到利益。

知识链接

红十字志愿服务进社区让8万哈尔滨市民受益

哈尔滨市积极开展社区红十字志愿服务，定期组织专业志愿服务队进入社区开展学雷锋志愿服务活动。哈尔滨市红十字会在100个社区中组建志愿服务队，积极发动红十字志愿者的能动作用，在社区广泛开展义诊宣传进社区、捐资助学进村、初级救护培训进家庭、爱心服务进敬老院等志愿服务活动。此外，哈尔滨市红十字会志愿者也经常开展社会捐助活动，使特殊困

难人群普遍得到救助。2014年，有688名志愿者参与了红十字志愿服务活动，平均个人服务时长190小时，受益群众约8万名。

6. 统一 任何一个国家只能有一个红十字会或红新月会。它必须向所有人开放，必须在全国范围内开展人道主义工作。

7. 普遍 "运动"是世界性的。在"运动"中，所有红会享有同等地位，负有同样责任和义务，相互支援。

第二节 红十字会的性质和组织

一、红十字会的性质

中国红十字会是中华人民共和国统一的红十字组织，是从事人道主义工作的社会救助团体，是国际红十字运动的成员。中华人民共和国公民，不分民族、种族、性别、职业、宗教信仰、教育程度，承认中国红十字会章程并缴纳会费的，可以自愿参加红十字会。

中国红十字会遵守《中华人民共和国宪法》和法律，遵循国际红十字和红新月运动确立的基本原则，依照中国参加的《日内瓦公约》及其附加议定书和《中国红十字会章程》，独立自主地开展工作。

中国红十字会根据独立、平等、互相尊重的原则，发展同各国红十字会和红新月会的友好合作关系。

> **知识拓展**
> **红十字"人道救心专项基金" 首批20位患儿获救助**
> 2015年10月，由爱心企业捐赠设立的"某大学附属第一医院红十字人道救心专项基金"正式启动，该基金主要用于为某省民政部门认定的困难家庭的先天性心脏病患儿（18周岁及以下）提供人道救助，包括在厦外来务工人员（至申请之日，在厦连续暂住登记满2年或签订劳动合同满1年以上者）患先天性心脏病的子女，救助标准将根据患儿的病情复杂程度，分为5000元、10000元、15000元及全额救助。截至10月30日，已有20位患儿接受手术，康复良好。这20位患儿中，年龄最小的45天，最大的18岁，另外还有约40位患儿已提出申请，等待救助。

二、红十字组织

（一）红十字会组织

县级以上按行政区域建立地方各级红十字会，根据实际工作需要配备专职工作人员。全国性行业根据需要可以建立行业红十字会。全国建立中国红十字会总会。

各级红十字会理事会由会员代表大会民主选举产生。理事会民主选举产生会长和副会长。各级红十字会会员代表大会闭会期间，由理事会执行会员代表大会的决议。理事会向会员代表大会负责并报告工作，接受其监督。上级红十字会指导下级红十字会工作。

中国红十字会总会设名誉会长和名誉副会长。名誉会长和名誉副会长由中国红十字会总会理事会聘请。

中国红十字会总会具有社会团体法人资格，对外代表中国红十字会，对内指导全国红十字会的工作，会址设在北京。地方各级红十字会、行业红十字会依法取得社会团体法人资格，各级红十字会会址设在同级政府所在地。

（二）红十字会的职责和权利

1. 红十字会职责

（1）和平时期职责：《中国红十字章程》规定，红十字会在和平时期履行下列职责：①宣传和执行《红十字会法》和《红十字标志使用办法》；②开展备灾救灾工作。制订应急预案，建立应急救援队伍；储备救灾物资，建设和管理备灾救灾设施；在自然灾害和突发事件中，开展救护和救助工作；依法接受国内外组织和个人的捐赠；及时向灾区群众和受难者提供急需的人道援助，参与灾后重建；③开展应急救护和防病知识的宣传、普及、培训；开展初级卫生救护培训，组织群众参加意外伤害和自然灾害的现场救护；提高应急条件下的应急救助能力和水平；④建设和管理中国造血干细胞捐献者资料库；开展捐献造血干细胞的宣传动员、组织工作；⑤开展无偿献血的宣传推动工作，与各级人民政府共同对先进单位和个人进行表彰奖励；⑥开展社会救助及相关服务工作。对易受损人群进行救助，为困难群众提供服务；在社区、农村中建立红十字服务站，开展服务群众、宣传培训、募捐救助等活动；开展帮助寻找失散亲人、重建家庭联系等其他人道服务工作；⑦依法开展和推动遗体、器官（组织）捐献工作；开展艾滋病预防控制宣传和教育、关心爱护艾滋病病毒感染者、患者及其他人道救助工作；⑧开展有益于青少年身心健康的红十字青少年活动；⑨开展红十字志愿服务活动；⑩宣传国际人道法、红十字运动基本原则，总会承担中国国际人道法国家委员会秘书处的日常工作；⑪依法开展募捐活动；在公共场所设置红十字募捐箱并进行管理；依照法律法规自主处分募捐款物；⑫兴办符合红十字会宗旨的社会福利事业；⑬参加国际人道救援工作；开展与国际红十字组织和各国红十字会或红新月会及其他国际组织的交流与合作；⑭完成人民政府委托事宜。

> **知识拓展**
>
> **人道援助拉近中国与世界距离**
>
> 随着中国国力增强，中国红十字会更加积极主动地开展对外交往工作，拉近了中国和世界的距离，也拉近了中国红十字会和国内外需要帮助的人们的距离。2010年1月12日，加勒比岛国海地发生里氏7.0级地震，中国政府通过中国红十字会向尚未建立外交关系的海地捐款100万美元。2011年2月16日，利比亚发生武装叛乱，中国红十字会于8月和10月两次向利比亚提供紧急人道主义救援物资。2014年2月，价值500万元人民币的1万个家庭箱从中国启运，送抵缅甸北部克钦地区。2015年4月，中国红十字会与埃塞俄比亚红十字会签约开展第一个人道主义援助项目，这一项目涉及教育、医疗和水务领域。在首次援助行动中，中国红十字会向该地区选定的小学校赠送价值28.6万美元的桌椅、发电机和信息通信设备。未来，中国红十字会将积极推动与周边及发展中国家互利共赢的民间交流，开创人道国际交流与合作的新局面。

（2）战时和武装冲突时期职责：依据《日内瓦公约》及其附加议定书，红十字会在战时和武装冲突时期履行下列职责：①组织红十字救护队，参与战场救护；②在武装部队中依法协助开展传染病的防治工作；③对战区平民进行救助；④协助战俘、被监禁者及难民与家人取得联系，转交钱物，并为此建立必要的通信渠道；⑤参与探视和见证交换战俘。

2. 红十字会权利 红十字会在履行职责时享有以下权利：①红十字会有权处分其接受的救助物资；在处分捐赠款物时，应当尊重捐赠者的意愿；②在自然灾害和突发事件中，为执行救助任务的需要，红十字会救援人员优先使用交通、通信等资源，执行救助任务并标有红十字标志的人员、物资和交通工具有优先通行的权利；③任何组织和个人不得拒绝、阻碍红十字会工作人员依法履行职责；④执行人道主义救助任务的红十字会工作人员，在战争和武装冲突中受《日内瓦公约》及其附加议定书的保护,在自然灾害和突发事件中受国家有关法律法规的保护;⑤红十字会兴办的社会福利事业按照国家有关规定,享受税收减免政策;⑥红十字会接受的国(境)外组织和个人捐赠的救灾物资,享受国家有关减税、免税政策。有关部门优先安排运输和办理有关放行手续;⑦红十字会开展活动和宣传工作,广播、电视、报刊、网络等新闻媒体应积极支持。

> **案例 16-1**
> **8000 万善款未按捐赠人员意愿使用案**
> 2013 年 4 月 25 日,艺术家方某在微博中称:"2008 汶川地震,一百多名艺术家义拍八千多万元,定向捐给青城山市,所有工作公开进行。至今日,青城山没收到,善款不知所终。"后来他又进一步解释,自 2008 年义拍至今 5 年,"我本人未得到善款使用的任何说明"。随后,画家刘某、收藏家唐某等多位曾参与义拍的艺术家也都转发"同问"。
> 8472 万元善款转给红会后用在了哪里?为什么捐款方不知情呢?红十字会在《关于汶川地震北京保利国际拍卖公司义拍捐款的情况说明》中答复,红十字会确认收到了 8472 万元善款,"由于捐方所提援建项目最终未能纳入四川灾后重建规划,致使立项选点工作一直没有落实。为使捐款全部用于灾后重建工作,根据汶川灾后重建的实际情况,经总会执委会研究,决定使用捐款在川、陕、甘等受灾省区援建博爱家园。从 2010 年开始,累计立项援建'博爱家园'242 个,使用资金 8470 万元(博爱家园资助标准 35 万元/个)"。
> **问题:**
> 1. 红十字会是否有权处分其所接受的捐赠款物?
> 2. 在处分捐赠款物时应如何考虑哪些问题?

第三节　红十字标志使用监督

一、红十字标志

红十字标志是白底红十字。红十字标志是国际人道主义保护标志,是武装力量医疗机构的特定标志,是红十字会的专用标志。除《红十字标志使用办法》规定外,禁止任何组织或个人使用红十字标志。

(一)红十字标志的保护作用

红十字标志的保护性使用,是指在武装冲突中,冲突各方对依照《红十字标志使用办法》的规定佩带红十字标志的人员和标有红十字标志的处所及其物品、医务运输工具,必须予以保护和尊重。红十字作为保护性标志使用时,不得在标志上添加任何内容。

1. 人员使用标志　在武装冲突中,下列人员可以使用保护性红十字标志:①武装力量医疗机构的医务人员和工作人员;②红十字会的工作人员和医务人员;③经国务院或者中央军事委员会批准的国际红十字组织和外国红十字组织的工作人员和医务人员;④军用的和民用的医务运输工具上的医务人员和工作人员;⑤经国务院或者中央军事委员会批准的国内外的志愿救助团体人员和民用医疗机构的医务人员。使用保护性红十字标志的人员,必须随身携带由国务院或者中央军事委员会授权的部门签发的身份证明。

2. 机构组织使用标志　在武装冲突中,下列机构或者组织及其处所、物品、医务运输工具可以使用保护性红十字标志:①武装力量的医疗机构;②参加救助活动的红十字会;③经国务院或者中央军事委员会批准的国内外的志愿救助团体和医疗机构；④经国务院或者中央军事委员会批准的国际组织。

（二）红十字标志的标记作用

武装力量医疗机构的人员、处所及其物品、医务运输工具，和平时期可以使用保护性红十字标志作为标记。

红十字作为标明性标志使用时，在红十字下方必须伴以红十字会的名称或者名称缩写，并不得将红十字置于建筑物顶部。红十字会的工作人员、会员和其他有关人员履行职责时，应当佩带标有红十字的小尺寸臂章；不履行职责时，可以佩带标有红十字的小尺寸胸针或者胸章。

1. 人员 下列人员可以使用标明性红十字标志：①红十字会工作人员；②红十字会会员；③红十字青少年会员。

2. 场所 下列场所可以使用标明性红十字标志：①红十字会使用的建筑物；②红十字会所属的医疗机构；③红十字会开展符合其宗旨的活动场所。

3. 物品 下列物品、运输工具可以使用标明性红十字标志：①红十字会的徽章、奖章、证章和红十字会的印刷品、宣传品；②红十字会的救灾、救护物资及运输工具。

二、红十字标志的使用监督

红十字标志不得用于：①商标或者商业性广告；②非红十字会或者非武装力量的医疗机构；③药店、兽医站；④商品的包装；⑤公司的标志；⑥工程设计、产品设计；⑦《红十字标志使用办法》规定可以使用红十字标志以外的其他情形。

地方各级人民政府依照《红十字标志使用办法》对本行政区域内红十字标志的使用实施监督管理。地方各级红十字会应当协助本级人民政府对红十字标志的使用实施监督管理。

案例 16-2

三家医疗机构滥用红十字标志案

2013 年 6 月 26 日，针对一些医疗机构滥用红十字标志的违法行为，某省某市红十字会依照《中国红十字会法》和《中国红十字会标志使用办法》的规定，开展了红十字标志专项检查，清理整顿违法行为，规范红十字标志正确使用，维护红十字标志的严肃性和纯洁性。此次专项检查，市红十字会共发现三家个体医疗机构滥用红十字标志。

问题：
1. 这三家个体医疗机构能否使用红十字标志？
2. 红十字会应该如何处理滥用红十字标志的行为？

第四节 红十字经费监督

一、红十字经费来源与管理

红十字会经费的主要来源有：①红十字会会员缴纳的会费；②接受国内外组织和个人捐赠的款物；③动产和不动产的收入；④人民政府的拨款；⑤其他合法收入。

红十字会为开展救助工作，可以进行募捐活动。红十字会接受用于救助和公益事业的捐赠物资，按照国家有关规定享受减税、免税的优惠待遇。

任何组织和个人不得侵占和挪用红十字会的经费和财产。

二、红十字经费使用的监督

有效的监督是红十字事业健康发展的重要保证。2012年7月10日，国务院印发了《关于促进红十字事业发展的意见》（以下简称《意见》），《意见》称要建立和完善法律监督、政府监督、社会监督、自我监督相结合的综合性监督体系。

（一）法律监督

按照《红十字会法》的有关规定，建立健全红十字会经费审查监督制度。经费的使用应当与其宗旨一致，每年向同级理事会报告。

（二）政府监督

红十字会的经费使用情况接受同级人民政府监察、审计部门的监督。监察部门对红十字会执法、廉政、效能情况进行监察，审计部门对红十字会财务收支的真实性和合法合规性进行审查，包括财政预算执行审计、财政决算审计和其他财政收支审计（即由审计机关对预算外资金的收取和使用进行审计监督）。

（三）社会监督

红十字会对募捐款物，应当向社会公示，接受捐赠者的监督。红十字会要建立社会监督委员会，对捐赠款物的管理、使用情况进行监督。2012年于12月7日，中国红十字会社会监督委员会在北京正式成立，成立的社会监督委员会对红十字会的社会捐赠款物使用情况、财务、重大项目实施情况等进行独立监督。

红十字会对接受的境外捐赠款物，应当建立专项审查监督制度，接受国际红十字组织的监督、审计。

（四）自我监督

红十字会要建立绩效考评和问责机制，严格实行责任追究。

第五节 法律责任

一、阻碍红十字会工作人员履行职责的法律责任

《中华人民共和国刑法》二百二十七条规定，在自然灾害和突发事件中，以暴力、威胁方法阻碍红十字会工作人员依法履行职责的，处3年以下有期徒刑、拘役、管制或者罚金。

阻碍红十字会工作人员依法履行职责未使用暴力、威胁方法的，有下列情形之一的，减轻处罚或者不予处罚：①情节特别轻微的；②主动消除或者减轻违法后果，并取得被侵害人谅解的；③出于他人胁迫或者诱骗的；④主动投案，向公安机关如实陈述自己的违法行为的；⑤有立功表现的。

二、滥用红十字标志的法律责任

有下列情形之一的,红十字会有权予以劝阻,并要求其停止使用;拒绝停止使用的,红十字会可以提请人民政府责令停止使用:①红十字会的工作人员、会员、红十字青少年会员以外的人员使用标明性红十字标志的;②非红十字会使用的建筑物及其他场所使用标明性红十字标志的;③非红十字会的医疗机构使用标明性红十字标志的;④不属于红十字会的物品、运输工具等使用标明性红十字标志的;⑤有违反《红十字标志使用办法》规定使用红十字标志的情形的。

将红十字标志用于商标或者商业性广告、非红十字会或者非武装力量的医疗机构、药店和兽医站、商品的包装、公司的标志、工程设计和产品设计以及《红十字标志使用办法》规定可以使用红十字标志以外的其他情形的,由县级以上人民政府责令停止使用,没收非法所得,并处1万元以下的罚款。

本 章 小 结

本章对红十字会的性质、组织,红十字标志的使用,红十字会的职责,红十字会经费的来源与管理及相关法律责任予以介绍。中国红十字会是中华人民共和国统一的红十字组织,是从事人道主义工作的社会救助团体。红十字总会、地方各级红十字会、行业红十字会具有社会团体法人资格。《红十字会法》规定了红十字会需要履行的职责,人民政府保障红十字会依法履行职责,阻碍红十字会工作人员履行职责需承担法律责任。红十字标志具有保护作用和标明作用,《红十字标志使用办法》对红十字标志使用情形和禁用情形作出了明文规定,违反相关规定需承担法律责任。要建立和完善法律监督、政府监督、社会监督、自我监督相结合的综合性监督体系,保证红十字事业的健康发展。

思 考 题

1. 《中华人民共和国红十字会法》的立法宗旨是什么?
2. 红十字七项基本原则有哪些?
3. 红十字标志具有哪些作用?

(韩冬梅 白 钢)

参 考 文 献

包大跃. 2006. 食品卫生法规与监督. 北京：北京大学医学出版社.
毕玉国，刘云凯，张志强. 2007. 中华人民共和国国境卫生检疫法与口岸传染病控制. 口岸卫生控制，12（3）.
卞耀武. 2002. 职业病防治法律制度. 中国卫生法制，10（1）：4-14.
陈晓阳，沈秀芹，曹永福. 2006. 医学法学. 北京：人民卫生出版社.
陈焱. 2011. 卫生监督理论与实践. 北京：科技文献出版社.
池昌，李毅，张靖. 2012. 中华人民共和国国境卫生检疫法实施细则修改后的相关犯罪问题研究. 口岸卫生控制，（2）.
达庆东，戴金增. 2011. 卫生监督. 第2版. 上海：复旦大学出版社.
达庆东，田侃. 2014. 卫生法学纲要. 第5版. 上海：复旦大学出版社.
董恒进. 2013. 卫生监督与服务实践技能教程. 杭州：浙江大学出版社.
杜仕林. 2012. 卫生法学. 广州：中山大学出版社.
樊立华. 2005. 卫生监督学. 北京：人民卫生出版社.
樊立华. 2012. 卫生法律制度与监督学. 第3版. 北京：人民卫生出版社.
樊立华. 2013. 卫生监督学. 第2版. 北京：人民卫生出版社.
国家标准. 2003. GB 18871—2002 电离辐射防护与辐射源安全基本标准. 北京：中国标准出版社.
国务院关于促进红十字事业发展的意见. 2012. 国务院.
姜虹. 2013. 卫生法学. 北京：北京大学医学出版社.
姜明安. 2015. 行政法与行政诉讼法. 第6版. 北京：北京大学出版社，高等教育出版社.
雷红宇，冯翔宇，刘启军. 2006. 国境卫生检疫的地位和作用探讨. 口岸卫生控制，12（1）.
黎东生. 2013. 卫生法学. 北京：人民卫生出版社.
李崇善. 2011. 卫生法学. 沈阳：辽宁大学出版社.
李士俊. 2008. 电离辐射计量学基础. 苏州：苏州大学出版社.
吕秋香，杨捷. 2011. 卫生法学. 北京：北京大学出版社.
马佳凤. 2014. 我国职业病防治的法律规制. 苏州大学硕士学士论文.
马俊. 2013. 新形势下关于我国国境卫生检疫法律法规的思考. 口岸卫生控制，18（4）.
潘自强，程建平，等. 2008. 电离辐射防护和辐射源安全. 北京：原子能出版社，527-675.
全国人民代表大会常务委员会.2015.中华人民共和国食品安全法.
仕均 2009. 电离辐射工业应用的防护与安全. 北京：原子能出版社.
涂彧. 2014. 放射卫生学. 北京：中国原子能出版社.
汪建荣. 2013. 卫生法. 第4版. 北京：人民卫生出版社.
卫生部令第46号.放射诊疗管理规定.[2006-01-24].
吴崇其，张静. 2012. 卫生法学. 第2版. 北京：法律出版社.
奚晓明. 2010. 中华人民共和国侵权责任法条文理解与适用. 北京：人民法院出版社.
信春鹰. 2012. 中华人民共和国精神卫生法解读. 北京：中国法制出版社.
熊薇，赖晓全，徐敏. 2015. 医院感染预防与控制指南. 北京：科学出版社.
徐天强. 2009. 行政处罚案例评析. 上海：复旦大学出版社.
薛晓林，陈锐. 2015. 卫生计生监督执法案例评析汇编. 北京：中国协和医科大学出版社.
杨芳，杨才宽. 2013. 卫生法学. 第2版. 合肥：中国科学技术大学出版社.
杨科雄. 2014. 行政责任与刑事责任竞合的处理. 人民司法.
杨立新. 2008. 医疗侵权法律与适用. 北京：法律出版社.
原卫生部等17部门.2008.全国精神卫生工作体系发展指导纲要（2008年—2015年）.

张丹枫. 2009. 放射防护实用手册. 济南：济南出版社.
张静，赵敏. 2014. 卫生法学. 北京：清华大学出版社.
郑平安. 2010. 卫生法学. 第2版. 北京：科学出版社.
郑雪倩. 2011. 医院管理学——医院法律事务分册. 北京：人民卫生出版社.
中华人民共和国国家主席令第52号. 2011. 职业病防治法.
中华人民共和国红十字会法·中华人民共和国红十字标志使用办法. 2003. 北京：法律出版社.
中华人民共和国精神卫生法. 2013. 北京：中国法制出版社.
朱兆银. 2013. 论国境卫生检疫的基本属性. 中国检验检疫，（8）.
Iaea. 1996. International basic safety standards for protection against ionizing radiation and for the safety of radiation sources（Safety series No.115）.Vienna.
Iaea safety reports series No. 63，Release of Patients After Radionuclide Therapy，2009.

中英文对照

A

艾滋病　acquired immune deficiency syndrome，AIDS

B

保健食品　health foods
被动吸烟　passive smoking
标准操作规程　standard operating procedure，SOP
病历　medical record
病媒昆虫指数　Index of infectious insects
补正　Redress
部分无效　Partial invalidity

C

出境检疫　exit quarantine
处方(prescription)
处方药　prescription drugs
传染病　infectious disease
传染病防治法(the prevention and control of infectious diseases，TPC)
传染病监测　monitoring of infectious diseases
传染病预警　early warning of infectious diseases

D

独立　independence

E

二次供水　secondary water supply

F

妨害传染病防治罪　Crime of obstruction of the spread of infectious diseases
放射性药品　radioactive pharmaceuticals
非处方药　over-the-counter drugs，OTC drugs
非法采供血罪(crime of illegally collecting or supplying blood)
非法行医罪　crime of illegal medical practice
非要式卫生监督行为　unessential action of health supervision
非自愿住院　involuntary hospitalization

分散式供水　distributed or non-centralized water supply

G

感染　infection
工程分析　engineering analysis
公共场所　Public place
公正　impartiality
国际红十字会与红新月会国际联合会　International Federation of Red Cross and Red Crescent Societies，IFRC
国家食品药品监督管理总局　China food and drug administration，CFDA
国境口岸的卫生监督　border port health the sanitary supervision at frontier port
国境卫生检疫　health quarantine inspection
国境卫生检疫法　law of frontier health quarantine inspection
国境卫生检疫机构　institute of border sanitary quarantine
国境卫生检疫行政处分　administrative sanction of health quarantine inspection
国境卫生检疫行政责任　administrative responsibility of health quarantine inspection

H

海港检疫　seaport quarantine
航空检疫　airport quarantine
红十字国际委员会　International Committee of the Red Cross，ICRC
红十字运动　the red cross movement
护士　nurse
化妆品　cosmetics
环境烟草烟雾　environment tobacco smoke，ETS

J

羁束卫生监督行为　restricted action of health supervision
集中式供水　central water supply

建设项目　construction project
经常性卫生监督　regular health supervision
精神卫生　mental health
精神卫生监督　mental health supervision
精神药品　psychotropic drugs
精神障碍　mental disorders
精神障碍预防　mental disorders prevention
拘束力　restriction

L

临床试验　clinical trial
临床用血　blood for clinical use

M

免疫规则　immunization program
麻醉药品　narcotic drugs

P

普遍　universality

Q

强行划拨　coercive appropriation
强行扣缴　coercive deduction
强制履行　forcible fulfillment
确定力　determination

R

人道　humanity
人工辐射　Artificial radiation
入境检疫　entry quarantine

S

涉及饮用水卫生安全的产品　products concerning hygienic safety of drinking water
申诫罚　reprimand
生活饮用水　drinking water
世界无烟日　Word No-Tobacco Day
食品　food
食品安全　food safety
食品安全标准　food safety standards
食品安全法规　food safety regulation
食品安全法律体系　legal system of food safety
食品安全风险监测　surveillance of food safety risks
食品安全风险评估　assessment of food safety risks
食品安全监督　food safety inspection
食品安全事故　food safety accidents
食品生产许可　food product permit

受个人剂量监测　personal dose monitoring
鼠密度　Mice density

T

天然辐射　natural radiation
统一　unity
突发公共卫生事件　public health emergency
突发公共卫生事件应急条例　emergency regulations for public health emergencies
托儿所、幼儿园　child care center

W

卫生处理　sanitization
卫生法　health law
卫生法的调整对象　object of regulation of health law
卫生法的解释　interpretation of health law
卫生法的实施　enforcement of health law
卫生法的效力范围　effectiveness range of health law
卫生法律救济　health legal remedies
卫生法律责任　health legal responsibility
卫生法制宣传教育　education of health legal system
卫生技术人员　medical personnel
卫生监督　health supervision
卫生监督程序　health supervision procedure
卫生监督法律关系　legal relationship of health supervision
卫生监督检查　health supervision and inspection
卫生监督手段　means of health supervision
卫生监督文书　document of health supervision
卫生监督依据　basis of health supervision
卫生监督员　health supervisor
卫生监督主体　health supervision subject
卫生立法　health legislation
卫生行政处罚　health administration punishment
卫生行政处罚的管辖　jurisdiction of health administrative punishment
卫生行政复议　health administrative reconsideration
卫生行政奖励　health administrative encouragement and reward
卫生行政赔偿　health administration compensation
卫生行政强制执行　forcible execution of health administration
卫生行政诉讼　health administration proceedings
卫生行政许可　health administrative permit

卫生用品　health aids
无效　Invalidity

X

现场职业卫生调查　worksite survey of occupational health
消毒产品　disinfection products
消毒剂　disinfectant
心理健康促进　mental health promotion
刑事责任　criminal penalty redponsibility
行为罚　conduct penalty
行政处罚　administrative penalty
行政责任　administrative responsibility
学校经常性卫生监督　regular health supervision of school
学校卫生监督　school health supervision
学校预防性卫生监督　preventive health supervision of school

Y

药品　drugs
药品标准　drug standard
药品不良反应　adverse drug reaction，ADR
药品监督　supervision of drugs
药品监督管理　inspection and management of drugs
药品经营质量管理规范　good supply practice for pharmaceutical products，GSP
药品生产　produce drug
药品生产企业　drug manufacturer
药品生产质量管理规范　good manufacturing practice for drugs，GMP
药师　pharmacist
要式卫生监督行为　essential action of health supervision
一次性医疗用品　disposable medical supplies
医疗废物　medical waste
医疗广告　medical advertisement
医疗机构　medical institution
医疗技术　medical technology
医疗器械　medical appliance
医疗事故　medical accident
医疗事故罪　crime of medical accident
医疗损害　medical damage
医疗文书　medical documents
医疗用毒性药品　toxic drugs for medical use
医师　physician
医用加速器　medical accelerator
依申请卫生监督行为　health supervision in accordance with application
依职权卫生监督行为　health supervision in accordance with authority
疫情报告人　the outbreak speaker
疫区　the epidemic area
预防接种　preventive inoculation
预防性卫生监督　preventive health supervision

Z

证明力　power of certification
执业　practice
执业药师　licensed pharmacist
职业病　occupational diseases
职业病报告　notification occupational diseases
职业病危害　occupational diseases hazard
职业病危害防护设施　facility for control occupational hazard
职业病危害控制效果评价　effect-assessment for occupational hazard control
职业病危害因素　occupational hazard factors
职业病危害预评价　pre-assessment of occupation hazard
职业病诊断　diagnosis of occupational diseases
职业病诊断鉴定　appraisal of diagnosis for occupational disease
职业健康监护　occupational health surveillance
职业健康检查　occupation medical examination
职业禁忌证　occupational contraindication
职业史　occupational history
职业照射　occupational exposure
志愿服务　voluntary service
滞纳金　overdue fine
中立　neutrality
中药材生产质量管理规范试行　good agricultural practice for chinese crude drugs，GAP
注册　register
转基因食品　genetically modified foods，GMF
资格　qualification
自由裁量卫生监督行为　freely considered action of health supervision